Rudolf zur Lippe
Naturbeherrschung am Menschen I

Das Verhältnis zu unserem eigenen Körper kommt in der neueren europäischen Geschichte kaum zu seinem Recht. Rudolf zur Lippe will diesem Mangel den Entwurf einer Einheit von körperlicher und geistiger Entfaltung entgegensetzen. Sein Entwurf basiert auf der wissenschaftlichen Rekonstruktion von Ökonomie und politischen Verhältnissen, von Sozial- und Ideengeschichte der beiden ersten frühkapitalistischen Epochen und der in ihnen möglichen selbständigen körperlichen Entwicklung, wie wir sie in Ballett, Sport, Körperhaltung und physischer Selbstdarstellung der Zeit finden. Lippe leistet damit unschätzbare Vorarbeiten für eine nicht nur materialistisch fundierte, sondern im vollen Sinne materiale Ästhetik.

Rudolf zur Lippe, geb. 1937, lehrt Gesellschaftswissenschaften, Sozialphilosophie und Ästhetik an der Universität Oldenburg. Der 1974 erschienenen *Naturbeherrschung* folgte 1975 der Aufsatzband *Bürgerliche Subjektivität, Autonomie als Selbstzerstörung* und 1977 *Am eigenen Leibe. Zur Ökonomie des Lebens* (Syndikat).

Rudolf zur Lippe

Naturbeherrschung am Menschen I

Körpererfahrung als Entfaltung von Sinnen und Beziehungen in der Ära des italienischen Kaufmannskapitals

Syndikat

CIP-Kurztitelaufnahme der Deutschen Bibliothek
ZurLippe, Rudolf:
Naturbeherrschung am Menschen / Rudolf zur Lippe. – Frankfurt am Main : Syndikat.
ISBN 3-8108-0098-8 kart.
ISBN 3-8108-0099-6 Lw.
1. Körpererfahrung als Entfaltung von Sinnen und Beziehungen in der Ära des italienischen Kaufmannskapitals. – 1979.
(Syndikat-Reprise)

Syndikat Reprise

Umschlag nach Entwürfen von Rambow, Lienemeyer und van de Sand
Motiv: Giovanni di Paolo, *Il Paradiso* (Ausschnitt)
Satz und Druck: Passavia, Passau /
Poeschel & Schulz-Schomburgk, Eschwege
Bindung: Gebhardt, Ansbach

Printed in Germany
ISBN 3-8108-0098-8 kart.
ISBN 3-8108-0099-6 ln.

Inhalt

Vorwort 7
Einführung 9
Naturbeherrschung am Menschen und Ballett 11
Zum Begriff Naturbeherrschung am Menschen 22
Zur Selbstreflexion als Veränderung gegenwärtiger Strukturen 28
Produktion als lebendige Mitte 44
Materialistische Ästhetik 70
Zum Vorgehen der Arbeit 78

Teil I
Höfe und Kaufmannskapital 89
Höfe und Kaufmannskapital 91
Die Ära der Kontorkriege 97
»Lässigkeit« und Mäßigung als Ausdruck und als Ostentation 104
»Kultur« als Klassenstrategie 111
Neue Entfaltungen und neue Bornierungen 130
Gesellschaftliche Wirksamkeit kaufmännischen Kalkulierens 142

Teil II
Die Möglichkeit einer Einheit von Metrik und Mimesis 157
Vorbemerkung zur Einführung in den Gegenstand: Die Praxis des frühen italienischen choreographierten Tanzes 159
Die posa, eine lebendige Mitte als zentrales Prinzip 163
Die Kategorien der frühen choreographischen Ästhetik I: die misura 181
Die Kategorien der frühen choreographischen Ästhetik II: die memoria 195
Methodologische Zwischenbemerkung 213
Die Kategorien der frühen choreographischen Ästhetik III: maniera, aiere, movimento 216

Teil III
Die Ära des Kaufmannskapitals 229
Handwerksproduktion und weltweiter Handel 231
Verhältnis zur Produktion 235
Stand der Arbeitsteilung 265
Fragen nach Kooperation 272
Zusammenfassung 285

Teil IV
Die Vorstellung einer versöhnbaren Welt 291
Zur historischen Verbindlichkeit – Florentiner Akademie oder Adamitensekten 293
Liebe als Erkenntnis 297
Erkenntnismodell und Tauschform im Quattrocento 310
Kommunikationsmodell und gemeinsame Arbeit im Quattrocento 318
Die Ambivalenz der Harmonie von Besonderem und Allgemeinem, von Teilen und Ganzem 325

Zusammenschau und Übergang: Die quattrocentonischen Höfe als Verkündigung von spätritterlicher Ideologie und Kaufmannskapitalpraxis 333

Anmerkungen 343

Vorwort

In diesen beiden Bänden werden Untersuchungen über das erste Stadium von »Naturbeherrschung am Menschen« im europäisch kapitalistischen Sinne des Begriffs zur Diskussion gestellt. Die Vorarbeiten begannen vor sieben Jahren. Ursprünglich sollte die gegenwärtige Problematik in der Form einer Art »Philosophie des modernen Balletts« dargestellt werden. Dahinter stand die Absicht, die Unterdrückung von innerer Natur in dem gesellschaftlich lebenden Menschen aufzuzeigen und sie als eine Funktion der Herrschaft der spätkapitalistischen Gesellschaften über die äußere Natur wie der herrschaftlichen Ausbeutung der Menschen innerhalb dieser Gesellschaften und außerhalb zu analysieren. Je deutlicher wurde, wie diese Absicht an dem besonderen Gegenstand der Beziehungen der Menschen zu ihrem eigenen Körper (vor allem im Tanz) sachbedingt einzulösen wäre, desto wesentlicher hat sich der Ansatz verändert, und zwar in zweifacher Richtung. Die gegenwärtigen Verhältnisse müssen so weit in die Geschichte ihrer Entstehung zurückverfolgt werden, bis man auf das Stadium stößt, in dem über die Grundbestimmung unserer gesellschaftlichen Entwicklung entschieden worden ist, nämlich die spezifisch kapitalistische Form der allgemein notwendigen Arbeitsteilung als Dichotomie der Klassen im modernen Sinn. Diese Grundbestimmung mit ihren besonderen historischen Bedingungen und Auswirkungen muß von dem Wendepunkt (Frühkapitalismus) her aufgerollt werden. Zweitens muß eine solche Untersuchung so breit angelegt werden, daß die choreographierten Bewegungen und Haltungen (Ballett) ausführlich genug mit den wichtigsten Bereichen der Klassengeschichte in der Entstehungsphase zusammen analysiert werden können, um als die exemplarische Erscheinung begriffen zu werden, die sie in einem bestimmten, begrenzten Sinne tatsächlich darstellen.

So ist das Buch viel weniger »ästhetisch« im gebräuchlichen Sinne des Wortes geworden, als das anfangs möglich gewesen wäre; es trägt vielleicht mehr zu einer materialistischen Anthropologie bei und auch dazu, daß unter dem Begriff »Ästhetik« alle sinnlichen Anteile der menschlichen Existenzformen verstanden und unter sozialpsychologischen und gesellschaftstheoretischen Kategorien auf politische Ökonomie bezogen werden können. Mittelbar wird damit dieser gesamte Bereich in die politische Forderung nach radikaler gesellschaftlicher Veränderung einbezogen. Dieses Buch ist aber unmittelbar keineswegs politisch, sondern nur wissenschaftlich – vielleicht dennoch ein Schritt auf dem langen Wege heraus aus der bürgerlich isolierten Wissenschaft!

Kritik, Einflüsse und Hinweise von anderen waren schon bei der Bestimmung des Gegenstandes sehr wichtig; sie sind für die Veränderungen im Laufe der Jahre immer wichtiger geworden – vor allem gemeinsame Arbeit gerade auch in Zusammenhängen, die mit dem engeren Gegenstand dieser Untersuchungen immer weniger zu tun hatten und sogar eine immer stärkere Spannung gegenüber den notwendigen Anforderungen wissenschaftlicher Erschließung von Quellen und Sicherung von Interpretationen auszuhalten gegeben haben. Namen nenne ich nur gelegentlich in der Form von Zitaten; im übrigen gibt wohl am besten der Niederschlag im Text selbst Rechenschaft und Ausdruck des Dankes. Meinen Dank aussprechen möchte ich allen Bibliotheken und Instituten, die in der Bundesrepublik, in Frankreich, England und Italien bei der oft sehr komplizierten Materialsuche ihre Hilfe gegeben haben. Dies ist auch die geeignete Stelle, um der Deutschen Forschungsgemeinschaft zu danken, die durch ein Stipendium drei Jahre lang die Arbeit an diesen beiden Bänden möglich gemacht hat. Der in dem Folgenden vollzogene Problematisierungs- und Erkenntnisschritt führt vorerst mehr implizit zu zentralen gesellschaftstheoretisch-sozialpsychologischen Ansatzpunkten. Inzwischen gibt es wenigstens einige gesellschaftskritische Arbeiten, in denen die psychisch-physiologischen Zusammenhänge aus ihrer ökonomischen wie sozialpsychologischen Entstehung und Bedeutung analysiert werden. Die Diskussion über die ›Naturbeherrschung am Menschen‹ wird sich ebenso wie meine weitere Arbeit bereits darauf beziehen können.

Im Juli 1974, Rudolf Lippe

Einführung

Naturbeherrschung am Menschen und Ballett
Zum Begriff Naturbeherrschung am Menschen
Zur Selbstreflexion als Veränderung gegenwärtiger Strukturen
Produktion als lebendige Mitte
Materialistische Ästhetik
Zum Vorgehen der Arbeit

Naturbeherrschung am Menschen und Ballett

Die beiden Bände beginnen mit einer Darstellung, in der die unter besonderen Gesichtspunkten entwickelten Modelle und Analysen der jeweiligen Periode (Teil II, III und IV) am sozialgeschichtlichen und sozialpsychologischen Material der Zeit noch einmal zu einer Einheit zusammentreten. Diese Einheit beruht selbstverständlich vor allem auf dem gegenwärtigen Interesse an einer historischen Entwicklung, kann aber vielleicht trotzdem zu der Situation hinführen, wie sie den damals Lebenden sich als Komplex von Problemen, Möglichkeiten und Unmöglichkeiten darstellte. Dabei erhalten ästhetische Phänomene im weitesten Sinne des Begriffs besondere Beachtung, im wesentlichen als materialer Enstehungsgrund sozialpsychologischer Prozesse, also spezifischer Ausbildungen von Beziehungen der Menschen zueinander (Interaktion und Kommunikation) und zu ihrer eigenen Körperlichkeit und Bewußtheit (Ich, Identität). Dafür werden, vor allem im jeweils zweiten Teil der Bände, die Zeugnisse und Rekonstruktionen der beiden ersten Perioden des europäischen Balletts in den Mittelpunkt gestellt. Dieses Interesse für das sogenannte klassische Ballett in seiner frühen Geschichte dürfte überraschen. Die Gründe müssen deshalb ausführlich geklärt werden.

Zunächst gibt es einen lebendigen, vortheoretischen Zusammenhang. Wenn man Freude an körperlicher Bewegung hat, so kann man dem in unserer Gesellschaft etwas konsequenter oder systematischer, sagen wir ruhig: etwas gründlicher als bei gelegentlichen Tanzvergnügen oder Spaziergängen eigentlich nur nachgehen, indem man Sport betreibt. Körperliche Arbeit ist längst derart stumpfsinnig und einseitig belastend geworden, daß niemand auf die Idee kommt, durch einen entsprechenden Beruf seine Freude an körperlicher Bewegung ausbilden zu wollen. Schon immer ist diese Möglichkeit, sich »auszuarbeiten«, durch bloß mühevolle Verausgabung von Kräften mehr als wett gemacht worden; Berufskrankheiten und das Risiko der Verstümmelung haben schon immer das pedantische Lob

der Handarbeit durch die höheren Stände zu einem Hohn in den Ohren selbst derer gemacht, die doch auch ein intimes Verhältnis zu ihrem gefährlichen Beruf als Bergleute, als Glasbläser oder als Tischler gehabt haben. Heute läßt sich nicht mehr ausmachen, ob die traditionelle Liebe zu bestimmten Berufen eher darin begründet war, daß dieser Broterwerb der einzig mögliche überhaupt war, oder darin, daß im Handwerk zweifellos Geschicklichkeiten ausgebildet werden, die sich nicht nur im fertigen Produkt, sondern auch als eine ganz unvertauschbare Entfaltung des einzelnen Menschen niederschlagen.
Jedenfalls sind derartige Berufe heute nur noch die Ausnahme von der Regel. Ihre Wiederbelebung im jugendlichen Underground durch Lederarbeiten und Schmuckbastelei erinnert bis jetzt noch mehr an die verarmte bessere Witwe, die sich mit der Anfertigung von Nadelarbeiten durchschlägt, als daß sie bereits den Beginn einer neuen Form körperlicher Arbeit überzeugend darstellen könnte. Der Sport braucht einem nicht erst als Ertüchtigung der Arbeitskraft und in Werkssportvereinen verleidet zu werden, deren Funktionen im Unterdrückungszusammenhang Kracauer im Angestelltenbuch sehr drastisch vorgeführt hat; Einseitigkeit, abstrakte Leistungsnormen, Sportverletzungen machen ihn auf olympischem Niveau ebenso wie als tägliche Freude der Werktätigen fragwürdig.
Mein Gegenvorschlag ist nun gewiß nicht der ›Schwanensee‹ für jedermann. Wenn das sogenannte Kunstturnen sich noch ein bißchen perfektioniert, dann könnten zwar entsprechende Fernsehkurse bald zu erwarten sein. Aber erstens ist mein Interesse am Ballett gerade durch den Schock bestimmt gewesen, den mir die ersten Feenvorstellungen im tutu versetzt haben, und zweitens ist der Zusammenhang überhaupt etwas weitläufiger vermittelt – wohl auch erfreulicher. Ich begegnete dem Sartreschen Existenzialismus auf dem Umweg über seinen Niederschlag in den frühen Balletten von Maurice Béjart, und dieser allerdings außerordentlich angemessene Umweg gerade über die physische Existenz der Menschen und ihre Ausdrucksmöglichkeiten vergegenwärtigte mir, daß der Kunsttanz aus der klassischen Tradition neben aller Künstlichkeit und schematischen Stilisierung des Körpers doch auch großartige Entdeckungen an uns selbst möglich machen kann.

Allerdings schienen mir die körperlichen Erfahrungen und ihre Zusammenhänge mit unserem Denken, Leiden und Empfinden noch viel wichtiger zu sein, mit denen ich später durch Meditationsformen aus fremden Kulturen, insbesondere der japanischen, bekannt wurde. Sie sind vor allem deshalb wichtiger, weil sie nicht von einigen Professionellen auf einer Bühne für Zuschauer verwirklicht werden, die sich nur indirekt mit den Bewegungen und ihrem Sinn auseinandersetzen können, sondern mit jeder unserer täglichen Handlungen in Verbindung gebracht werden können. Selbstverständlich steht für die meisten Menschen, die heute in Europa oder den Vereinigten Staaten von diesen Traditionen etwas mitbekommen, ebenfalls ein Schock am Anfang. Seitdem reichlich voreilig begeisterte, dafür aber oft ziemlich finster entschlossene Leute es mit Yoga, Zen und Bogenschießen treiben, wie einst heruntergekommene Alchemisten mit den ketzerischen Weisheiten des Mittelalters unter naturwissenschaftlicher und protestantischer Zensur, scheuen sich viele vor einer näheren Beschäftigung mit solchen Übungen. Vor etwa zehn Jahren war das kaum der Fall, obwohl schon seit dem Jugendstil esoterische Zirkel in Europa immer wieder, und oft recht kokett, Anschluß an die fernen Traditionen gesucht haben. Die Körpermeditationen gewannen für mich ihre Bedeutung gerade in der Gegenüberstellung zu dem, was damals die fortgeschrittenste Form des europäischen Kunsttanzes war, und zu den körperlichen Ausdrucksmöglichkeiten der Menschen überhaupt, die in Balletten wie ›Sinfonie für einen einsamen Menschen‹ oder ›Hochspannung‹ als eine besonders eindrucksvolle Form von Reflexion auf die Situation der Menschen vorgeführt wurden.
In der Vertrautheit mit den meditativen Prozessen körperlicher Selbstreflexion, sowohl in der großen Ruhe wie in Bewegungen von erstaunlicher physischer Logik, werden Möglichkeiten zu Sicherheit und Unbeschwertheit frei, die weder das Ballettideal der angeblichen Schwerelosigkeit noch der Drill sportlicher oder gar beruflicher Übungen vermitteln können. Andererseits erlebt man im klassischen Tanzunterricht, daß selbst noch so schematische Übung bestimmte Entdeckungen ermöglicht. Im mehr oder weniger stupiden Training erreicht man wenigstens, daß die Empfindungen, die man

bei einem Luftsprung irgendwo in der Natur oder beim Sport hat, nicht irgendwie Spaß machen, sondern eben doch eine ganz bestimmte Erfahrung sind; man weiß, wie man sie wiederholen oder durch bestimmte Haltungen und Schritte verändern kann. Die Gegenüberstellung mit den transkulturellen Erfahrungen führte aber vor allem auch zu einer immer präziseren Kritik an der europäischen Praxis.

Der Ausgangspunkt dazu ist bereits genannt: Die Meditationen wie die Tanzkunst sind zwar beide durchaus reflektierte Formen menschlicher Selbstdarstellung und Körpererfahrung; aber Kunst heißt, in unserer Gesellschaft jedenfalls, grundsätzlich Trennung zwischen einem praktischen Vollzug und einem beurteilenden Betrachter, während jene Übungen gerade auf der Einheit von Beobachtung an sich selbst und eigener Arbeit an einer sinnvollen Haltung oder Bewegung beruhen. Von hier aus kreuzen sich nun verschiedene Überlegungen. Selbst in den handwerklichen oder agrarischen Gesellschaften, aus denen die Meditationen stammen, haben sich die Meditationstraditionen im wesentlichen als eine Praxis der Privilegierten gebildet und erhalten. Damit ist ihr erster Vorzug gegenüber der europäischen Kunstform erheblich beeinträchtigt. Ihr zweiter Vorzug liegt in dem engen Zusammenhang, den diese Übungen mit jeder täglichen Tätigkeit in jenen Kulturen hatten; es gibt keine grundsätzliche Trennung zwischen praktischen Handlungen und Haltungen im instrumentellen Sinne und jener reflektierten Körperlichkeit. Vielmehr vollzieht sich das, was die Japaner den Weg nennen, als wechselseitiger Bezug des einen auf das andere mit dem Ziel, alles zu einer reflektierten Praxis zu integrieren. Aber dieser zweite Vorzug gegenüber der arbeitsteiligen, Arbeit und Freizeit einander konfrontierenden Gegenwart ist ebenfalls äußerst problematisch.

Denn die Trennung läßt sich nicht durch Integrationsübungen in der Freizeit überwinden, schon gar nicht, wenn man so tut, als ob das, was in handwerklichen oder agrarischen Lebensorganisationen geistige und materielle Produktion in sich vereinigen kann, in der industrialisierten Welt und unter den Deformationen ihrer entfremdeten Arbeit dieselbe Funktion erfüllen könnte. Immerhin geben die Ansätze, die in solchen

Erfahrungen sich bilden, eine konkretere Vorstellung von einer Gegendimension zu unserem europäischen Verhältnis zur Natur am eigenen Leib. In den Leerstellen unserer Einsatzpläne und in den unfreiwilligen Nebenprodukten unserer rationellen Tätigkeiten entdecken wir nämlich verwandte Möglichkeiten und Bedürfnisse. Selbst die »Trimm-Dich«-Propaganda spricht heimliche Wünsche zu einer körperlichen Entfaltung an, die weit über das Programm für nützliche Volksgesundheit hinausgehen. Schon etwas deutlicher ist das Bedürfnis in den neueren Tänzen zu spüren, die nicht mehr »Gesellschaftstänze« sind, sondern – freilich noch recht widerspruchsvoll und deshalb unbefriedigend – individuelles Erleben körperlicher Selbsterfahrung einerseits und zugleich Versuche zu gemeinsamem Tanzen von vielen andererseits versprechen. Trotz den erwähnten Gefahren von illusionärer Praxis im Abseits ist dies gewiß der Bereich, in dem der Underground mit den politischen Fortsetzungen der Studenten- und Schülerbewegung am meisten gemeinsam hat.
Demgegenüber stellte sich heraus, daß der europäische Kunsttanz gerade in seiner einigermaßen willkürlichen Differenzierung menschlicher Bewegungen ein für das Verhältnis unserer Gesellschaft zu der Physis des Menschen typisches Phänomen darstellt. Die Kritik daran hat exemplarische Bedeutung aus mehreren, zueinander in Beziehung stehenden Gründen. Das Ballett hing bis zum achtzehnten Jahrhundert eng mit dem Tanzen überhaupt zusammen, zumindest der aristokratischen und der bürgerlichen Schichten. Neben der recht naturwüchsig betriebenen Jagd, neben Reiten und den weniger einflußreichen Sportarten und dem allerdings äußerst streng geregelten Fechten war das Tanzen die wichtigste Disziplin der gesellschaftlichen Körpererziehung. Es war gleichzeitig aber auch die wichtigste Form von körperlicher Betätigung, die nicht den Zwecken der Reproduktion, sei es im Kampf oder in der Herstellung von Produkten, untergeordnet war. Das Tanzen der Bauern, Handwerker und Soldaten mag ganz fröhlich und einfallsreich gewesen sein; aber ihm waren inzwischen die Verbindungen zu einem umfassenderen Sinn, wie sie in den kultischen Tänzen der vorchristlichen, teils noch der mittelalterlichen Zeiten wenigstens grundsätzlich bestanden hatten,

abgeschnitten. Schon weil diese Bereiche der vergangenen gesellschaftlichen Praxis auch in der Überlieferung unterdrückt worden sind, müssen wir im wesentlichen an den überlieferten Formen anknüpfen, in denen am ehesten noch bei uns Vorstellungen von freier und sinnvoller körperlicher Äußerung enthalten sind. An ihnen kann sich wenigstens etwas von den mehr oder weniger heimlichen Hoffnungen auf eine Gegendimension auch in unserer Vorgeschichte zeigen; wichtiger aber fast noch ist an ihnen, daß hier die Kritik an der Instrumentalisierung, an schematischer Naturbeherrschung am Menschen begrifflich klar ansetzen und ihre Modelle entwickeln kann. Gerade da, wo der Anspruch auf eine freie und sinnvolle körperliche Selbstdarstellung erhoben werden kann, wo die Deformationen der Praxis sich unverwechselbar gegen die notwendig üblen Folgen der Reproduktionsnot im Druck äußerer Natur recht klar abgrenzen lassen, kann die Ideologiekritik erarbeitet werden.

Den entscheidenden Schritt zu der eigentlichen Kritik, zur Kritik an der Geschichte der Unterdrückung von innerer wie äußerer Natur durch die Produktion von Waren können wir vom Ansatz dieser Untersuchungen her nicht mehr einlösen. Er muß aus dem Zusammenhang eines Kampfes gegen die Naturbeherrschung am Menschen in der spätkapitalistischen Produktionsorganisation getan werden. Beides erfordert eine umfangreiche Arbeit an den technologisch objektiven Faktoren der kapitalistischen Produktion seit der Industrialisierung wie an deren Rückwirkungen auf die subjektive Situation am Arbeitsplatz. Über den Taylorismus, Fließband und Großbüro bis zur »Humanisierung der Arbeit« im Teamwork sind die verschiedenen Phasen technisch, ökonomisch, subjektiv und politisch zu rekonstruieren. Dazu machen wir erst den Anfang. Die diesen beiden Bänden entsprechenden Untersuchungen zur Gegenwart und ihrer unmittelbaren industriellen Vorgeschichte bis ins neunzehnte Jahrhundert zurück könnten aus diesem Anfang entstehen. Das Phänomen Kunsttanz, von dem ich für die Ära des Kaufmannskapitals an den oberitalienischen Höfen und der frühen Manufaktur im französischen absolutistischen Zentralismus ausgehe, kann in eine Auseinandersetzung mit der Gegenwart der Naturbeherrschung am Menschen nur

als Epiphänomen eingehen. Allerdings sind einige neue Verarbeitungen seiner Möglichkeiten interessant genug, gerade in einer teilweise sich durchsetzenden Beziehung der künstlerischen Experimente auf die Möglichkeiten und die Verhinderungen von körperlicher Erfahrung in der gegenwärtigen Phase der Produktionsgeschichte. Diese scheint mir dadurch gekennzeichnet zu sein, daß die selbst nach den Maßstäben ihrer Güterproduktion inzwischen mögliche, äußerst drastische Herabsetzung der durchschnittlich für die Reproduktion notwendigen Arbeitszeit nicht nach der Logik der menschlichen Bedürfnisse realisiert wird: Diese würden verlangen, daß sogenannte »produktive«, verwertete Arbeit der Entfaltung von Subjektivität jenseits der Warenproduktion untergeordnet wird; statt dessen werden die frei werdenden Produktionspotentiale dazu eingesetzt, noch den Rest dessen, was sich vor der Beherrschung durch den Primat der Warenproduktion hatte flüchten können, durch die kapitalistische Verwaltung des Konsums, durch Freizeitindustrie, Kulturindustrie usf. auch noch zu unterwerfen.
Zu Vorarbeiten bei der Konkretisierung der Vorstellungen, die den herrschenden Strategien entgegenzusetzen sind, eignen sich die beiden Epochen aus dem Übergang einer vorkapitalistischen Geschichte in die bürgerlich kapitalistische Organisation von Produktion und Gesellschaft in verschiedener Hinsicht. Vor allem die gewissermaßen körperliche und geistige Arbeit vereinenden Tänze des Quattrocento geben Gelegenheit, im Zuge ihrer Rekonstruktion und ihrer stringent zu führenden Analyse zu bedenken, was so oder verändert davon unsere eigenen Verkehrsformen inhaltlich und im formalen Bezug zugleich weiterbringen könnte. An den hauptsächlich äußerlichen Ordnungsentwürfen des sechzehnten Jahrhunderts ist vor allem lohnend, daß sie uns zu einer Reflexion der systematisch bestimmten Voraussetzungen zwingen, die zwar in ihrer historischen Einseitigkeit die Menschen gegen die äußere und sogar gegen die innere Natur mehr und mehr abgeschlossen haben, die aber trotzdem für jede bestimmte Entfaltung eine notwendige Voraussetzung sind.
Es war der Anspruch Adornos an diese Arbeit, daß sie Kategorien für das Ballett – und für Tanz überhaupt, vielleicht so-

gar für das Verhältnis der Menschen zu ihrer eigenen physisch materiellen Basis – nicht als Invarianten eines ästhetischen Urteilens, sondern aus einer Rekonstruktion der Ballettgeschichte selbst entwickeln müsse. Vage Vorstellungen von den Zusammenhängen zwischen künstlerischen Gestalten, allgemeiner gesellschaftlicher Praxis und vielleicht einer in beiden vergleichbar sich niederschlagenden europäischen Geschichte genügten nicht, auch wenn sie sich nach der politischen Seite, möglicherweise sogar auch nach der ökonomischen etwas besser ausweisen ließen als gewöhnlich. Darum entstand ein Arbeitsplan, der den ästhetischen Ansatz ideologiekritisch und immanent anzugehen versprach. Allerdings brachte es der Gegenstand Ballett mit sich, daß sehr bald der Kontext der gesellschaftlichen Verhältnisse ganz explizit erarbeitet werden mußte. Die körperliche Tätigkeit muß im Zusammenhang mit dem, was historisch Arbeit bedeutete und bedeuten konnte, diskutiert werden. Die körperliche Selbsterfahrung der Tanzenden war als solche ein Privileg für eine Klasse von Herrschenden; sie wurde als Selbstdarstellung der Klasse vor den Beherrschten unmittelbar in die politisch ökonomischen Unterdrückungszusammenhänge einbezogen und erfordert deshalb deren genaue Analyse. Mehr will ich nicht vorwegnehmen; es war jedenfalls notwendig, eine eigene Theorie des Kaufmannskapitals zu entwickeln, eine Theorie auch der ökonomischen Entwicklung zum nationalen Zentralismus und der Funktion des bisher immer nur als Spätfeudalismus dargestellten absolutistisch werdenden Monarchen. In diesem Kontext ist die Selbstkonstitution bürgerlicher individueller Autonomie neu zu begreifen. Alle diese Stränge dienen mittelbar der Selbstreflexion auf unsere gegenwärtig anstehenden gesellschaftlichen Probleme und auf die Ansätze zu einer Gegendimension in unserer eigenen Vorgeschichte, und zwar als eine strenge Reflexion auf deren Stellung im Verhältnis zu den fortgesetzt, wenn auch wesentlich verändert geltenden Konstituentien der kapitalistischen Organisation der Gesellschaft, die seinerzeit durchgesetzt wurde gegen die agrarisch-handwerklich-feudale Organisation und die heute überwunden werden muß.

Insofern vereinigt die Naturbeherrschung am Menschen I und II in sich bereits ein wenig das, was Adorno bei ihrer Planung als Alternative ausgesprochen hat. Er fragte mich nämlich, ob ich aufgrund meiner volkswirtschaftlichen Studien nicht eher an eine Rekonstruktion der Marxschen Vorstellungen gehen könne, wie die entfremdet arbeitsteilige Produktion durch eine Organisation befreiter Arbeit überwunden werden könne, nachdem inzwischen nicht mehr anzunehmen sei, daß die notwendige Reproduktion der Menschen durch Güter einfach mit der Entfaltung von innerer Natur in freier Arbeit der Individuen zu vereinigen sei. Daß ich mich damals angesichts dieser Alternative für den Ansatz über die Ballettgeschichte entschied, zeigt auch, welchen Prozeß seine Durchführung bis in die vorliegende Form darstellt. Sie stellt aber dar, was sie auch erst mit sich gebracht hat. Welchen gesellschaftstheoretischen Zusammenhang, welche strategischen Ansatzpunkte sogar für gegenwärtige verändernde Praxis ich auf diesem Wege würde vielleicht einholen können, ahnte ich nur, als ich mich für das zunächst beschränktere und sicherer erscheinende Feld entschied.

Allerdings wußte ich, daß in den zunächst zu untersuchenden Epochen der einigermaßen reflektierte Tanz eben nicht eine vereinzelte Kunstrichtung und kein im engen Sinn ästhetisches Phänomen gewesen ist. Ballett war in diesen gesellschaftlichen Verhältnissen zwar schon Teil der von der herrschenden Klasse oktroyierten Kultur; aber es hatte im Gegensatz insbesondere zur Malerei, aber auch zu Theater und Musik noch bis ins siebzehnte Jahrhundert hinein einen gewissen allgemeinverbindlichen Stellenwert für die geltende Lebensform, es hatte noch nach der Profanisierung aller künstlerischen Anteile am mittelalterlichen Kult weiterhin die Funktion eines Rituals. Als solches hatte es eine ungeheure Bedeutung, die man sich von dem, was seit dem verspätet und oberflächlich bürgerlich psychologisierten Handlungsballett des achtzehnten Jahrhunderts Ballett heißt, gar nicht vorstellen kann. Im neunzehnten Jahrhundert wurde ja der Elfentanz auf dem Spitzenschuh geradezu der abgeschmackteste Seelenschmus, mit dem sich das Großbürgertum über seine innere Verarmung im Zuge der Entfesselung der Produktivkräfte in der großen Maschinerie hinweghalf. Freilich war das Ballett damit auch so sehr äußerster Gegensatz zur brutalen Großartigkeit der Naturbeherrschung, daß in seiner scheinhaften Wirklichkeit sich Vorstellungen einer Versöhnung von Mensch und Natur manifestierten, deren Ausdruck uns noch heute tief berühren kann. Dem »homme machine« wurden Phantasien von einem »homme plante«, einem pflanzenhaft harmonischen menschlichen Wesen entgegengehalten. Aber erstens hat die europäische Geschichte auch in den Traditionen der Kunst kaum an solchen vereinzelten Ansätzen zu einer inneren Entfaltung weitergearbeitet, sondern vor allem nach der Struktur der Produktionsgeschichte an den handgreiflich vergegenständlichten Resultaten ein verläßlicheres Rückgrat gesucht, und außerdem waren die Ausdrucksmomente in dem repräsentativen Potpourri aus kitschigem Historismus, brillanter Virtuosentechnik und langatmig melancholischem Romantizismus bei weitem nicht tragfähig genug, um auf ihnen eine bessere Entwicklung zu begründen. Infolgedessen hatte es das Ballett im zwanzigsten Jahrhundert sehr schwer, irgendwie vernünftig die Beine auf die Erde zu kriegen.

Bis heute herrscht, schon weil dies die bequemste Form von Kontinuität ist, in vielen mehr oder weniger modischen Varianten das vor, was Ferner Hall den »sogenannten Pseudo-Neo-Klassizismus« heißt. Er ist im allgemeinen so akademisch wie seine Auffassung von der Technik des Bewegungskodex und neigt, wie um aus dieser Armut an Potentialen eine Tugendlehre zu machen, zum Lob des Archetypus. Ich meine, das Beste und Interessanteste daran kann man sich an den frühen Entstehungsphasen dieses Kodex und seiner Grundstrukturen besser klarmachen, weil sie damals in der lebendigen Auseinandersetzung mit einer existenziellen Problemsituation unserer Geschichte sich herausbildeten, mit der sogenannten Renaissance. In diesem historischen Zusammenhang sollten sie bestimmte Funktionen erfüllen. Soweit sie das sinnvoll getan haben, sind sie implizit in die Konstitutionsgeschichte unserer Gegenwart eingegangen. Im übrigen gehört ihre bloße Wiederholung zu den traurigen Formen von gattungsgeschichtlicher Regression, die sich in den Augen der konservativen Kulturkritiker mit der Gloriole von amtlich verbürgtem Niveau schmücken können. Es ist etwas anderes, wenn diese Haltungen, Schritte, choreographischen Prinzipien von einst

präzise, aber mitleidlos in neue existenzielle Konfrontationen gezogen werden, in denen auch Möglichkeiten aus ihnen realisiert werden können, die sie bislang nicht freigaben, weil sie gesellschaftlich nicht realisierbar waren. Derartiges hat Béjart unternommen und damit recht hohe Maßstäbe gesetzt. Doch liest er das Vergangene vielleicht zu sehr im Sinne der zeitlosen Hermeneutik des Surrealismus und seiner französischen wie deutsch romantischen Traditionen, um wesentlich mehr realisieren zu können, als daß er den Anspruch auf gegenwärtige Einlösung traditioneller Versprechen mit aller Leidenschaft artikuliert. Sein Ballet du XXe Siècle ist darin stärker und klarer als die expressionistischen Schulen seit der Wandervogelzeit und bis in die heutigen amerikanischen Richtungen des Modern Dance. Mitleidloser und in bezug auf die gegenwärtige Bedeutung wahrscheinlich noch präziser experimentiert aber van Maanen mit der Ballettradition. Diese Präzision scheint mir dadurch möglich zu sein, daß seine choreographische Arbeit sich die historische Praxis der Menschen anzueignen sucht, daß deren körperlich geistige Befindlichkeit unter den gegenwärtigen Verhältnissen tanzend reflektiert und für Künstler und Zuschauer konkreter bewußt wird. Um genauer zu wissen, was da vorgeht, bedarf es nicht eines möglichst vollständigen und gescheiten Überblicks über das pluralistische Angebot der zeitgenössischen Ballettstile, sondern eben der systematischen Beschäftigung mit der Geschichte körperlicher Erfahrung und ihrer besonderen Form Ballett.
Und da, so muß man sagen, nützen die wenigen ernsthaften Versuche zu einer grundlegenden Auseinandersetzung, die bis heute vorliegen, zunächst recht wenig, weil sie allgemein an der Geschichte sowohl in der Tiefendimension der Materialverarbeitung wie auch, infolgedessen, in den Strukturierungen der Analyse mit invarianten Kriterien herummanövrieren. Deshalb kann eine bibliographie raisonnée von der modernen Affektenlehre bei Dalcroze bis zur Phänomenologie der Körperlichkeit des ›Thinking Body‹ oder der Anwendung von Jungscher Archetypenlehre auf das Ballett durch Gerhard Zacharias heute nicht sinnvoll sein. Ich plane allerdings einen kleinen Band, in dem die hier nur skizzierte Motivationsgeschichte der Auseinandersetzung mit dem Ballett und ande-

ren körperlichen Erfahrungsformen in Gestalt einiger Aufsätze dargestellt werden könnte; das wäre dann auch der Ort für einen kritischen Rundblick durch die Literatur zu Ballett, »Bewegungssprache« und dergleichen.

Zum Begriff Naturbeherrschung am Menschen

Der Ausdruck besagt, daß die Herrschaft des Menschen über Natur auch »am eigenen Leib« ausgeübt wird. Daraus ergeben sich vier Fragestellungen, die jede von einem anderen Ende das Elend, das der Begriff bewußtmachen soll, dem theoretisch klärenden, vielleicht sogar dem praktisch verändernden Zugriff näherrücken. Erstens: Was bedeutet Herrschaft der Menschen über die Natur? Zweitens: Wie stellt sich im Zusammenhang mit Herrschaft über Natur das Verhältnis der Menschen zu der Natur dar, die sie selber sind? Drittens: In dem Begriff Naturbeherrschung am Menschen drückt sich implizit Kritik an der historischen Entwicklung aus; wer kann das Subjekt dieser Kritik sein und wo ist ihr historischer Ort? Viertens: Was bedeutet das Verhältnis zur inneren Natur für den Gattungsfortschritt?

Erstens. Herrschaft über Natur üben die Menschen gesellschaftlich organisiert aus. Wie das geschieht und mit welchen Folgen in der Natur und für die Menschen, ist in den verschiedenen Gesellschaften und unter den verschiedenen Lebensbedingungen, die die Natur ihnen anbietet, ganz unterschiedlich. Dabei sind Folgen in der Natur als veränderte Lebensbedingungen unmittelbar und als Gegenstand sinnlicher Wahrnehmung, die nicht unmittelbar zur physischen Reproduktion der Menschen gehört, von Bedeutung, ebenso Folgen für die Form dieser Reproduktion und der Organisation der Gesellschaft insgesamt wie individuell lebensgeschichtlich. Abhängigkeit, Einwirkung, Rückwirkung und veränderte Abhängigkeit schaffen ein historisches Gewebe von Wechselbeziehungen, das nicht mehr kausalgeschichtlich, sondern nur noch konstitutionslogisch rekonstruiert werden kann.

In einer chaotisch sich darstellenden Welt haben alle Kulturen nach Regelmäßigkeiten gesucht, um im Wechsel der Jahreszeiten und in der periodischen Wiederkehr von Sternbildern oder Tierzügen Orientierungen zu gewinnen. Solche Konzepte eines festen Rhythmus verdanken sich ebenso der Beobachtung einer kaum beeinflußbaren Natur, wie sie nur in gesellschaftlichen Verhältnissen möglich sind, die bei größter gegenseitiger Abhängigkeit einige Erfahrungen elementarer gegenseitiger Verläßlichkeit bieten. Die Konzepte werden in Berechnungen umgesetzt, etwa wann ein bestimmtes Wild unter welchen Umständen am besten gejagt werden, wann Felder am günstigsten bebaut werden können. Sie setzen sich ebenso in den Modus der Selbsterfahrung um, daß man tanzend mit dem eigenen Körper Rhythmus herzustellen vermag. Das Bewußtsein davon kann in Verbindung mit einer mythischen Naturinterpretation zu magischen Ritualen entwickelt werden, durch die dieses Vermögen der Menschen, das sich an ihrer eigenen Natur eingestellt hat, selber Orientierungen zu setzen, auf die übrige Natur übertragen wird. Es bedeutet eine, wenn auch beschwörend animistische Machtausübung. Machtzuwachs gegenüber der Natur ermöglicht, rückwirkend, auch die Gesellschaft nach den Orientierungskonzepten weiter zu organisieren, sie damit wiederum zu präziseren Konzepten und Strategien gegenüber den Bedrohungen durch die Natur und gegenüber ihren Angeboten zu befähigen. Naturbeherrschung ist der Stand dieser Entwicklung – wir können ruhig von einem Konstitutionsprozeß sprechen –, in dem der Antagonismus zwischen den gesellschaftlich organisierten Menschen und der Natur zu deren weitgehender Unterwerfung und Verfügbarkeit geführt hat. Heute heißt das: Bekämpfung von Krankheiten und Schädlingen, Ausbeutung von Energiequellen und Rohstoffen, Züchtung von Tieren und Pflanzen, Schaffung von Transportwegen und Beförderungsmitteln.

Zweitens. Dabei bleiben die Menschen abhängig von der Natur; sie haben physische Bedürfnisse und sind weiterhin bedroht, dem Tod ausgeliefert. Der Mensch ist selber Natur. Und Natur ist der Gegenstand aller unserer leiblich-sinnlich sich realisierenden Bedürfnisse und Vermögen. Die Menschen gebrauchen ihre eigene Natur sowohl in Tätigkeiten als auch aufnehmend und erleidend als Organ und Instrument gegenüber der übrigen Natur und schlagen aufgrund dieser Erfahrung ihre materielle Basis ihrer individuellen Existenz und den Phänomenen der Gattung Mensch zu. Für ihre Selbstbestimmung ist das auch notwendig. Nur wirft die insofern notwendige Eindeutigkeit und Richtigkeit dieses Zuschlags das Problem auf, wie sich das Verhältnis der Menschen zu ihrem Leib darstellt, während sich ihr Antagonismus gegenüber der Natur herausbildet und immer mehr zu Naturbeherrschung wird.

Das Bewußtsein der Einheit mit der Natur wird durch den Kampf gegen ihre Bedrohung und um ihre Angebote zwar gebrochen, durch die Verwiesenheit auf sie aber auch wieder gestärkt. Es drückt sich in wohl allen Schöpfungsmythen aus, indem diese immer eine Rechtfertigung enthalten, mit der ein Schuldbewußtsein der Gattung für die Opfer, die ihre Nahrung, Kleidung und so fort für die Natur bedeuten, abgefangen wird; allerdings auf sehr verschiedene Weise bei den verschieden lebenden und organisierten Gesellschaften.

Ein nordamerikanischer Indianerstamm, der einerseits selbst mit der Natur in vieler Hinsicht unter ähnlichen Voraussetzungen lebt wie die Tiere, die er jagt, und andererseits ganz auf das stetige, ungeschmälerte Vorkommen dieser Tiere angewiesen ist, stellt sein Verhältnis zu ihnen als brüderlich vor und erklärt und begrenzt seine Tötung von Beute als einen streng den Bedürfnissen entsprechenden Antagonismus. Das drückt sich in der Vorstellung aus, daß ein einst paradiesischer Zustand durch einen Angriff der Tiere auf den ersten Menschen gebrochen und nach dessen Sieg mit Hilfe des guten Gottes soweit wie möglich wiederhergestellt wurde. Das heißt, die Tiere müssen seine Selbsterhaltung durch Jagd zugestehen, aber sie soll für die Menschen gefährlich sein, und sie sollen die Tiere als brüderliche Geschöpfe achten. Dazu steht etwa der Satz der alttestamentarischen Schöpfungsgeschichte im krassen Gegensatz, mit dem ein rächender Gott den Viehzüchtern und Ackerbauern gebietet, sich die Erde untertan zu machen, aber ihn zu fürchten. Dort hat sich entsprechend der Antagonismus gegenüber der zu unterwerfenden Natur bis in die Verachtung des menschlichen Leibes und der durch ihn vermittelten Erfahrungen als den Sünden des Fleisches fortgesetzt. Den Tiernachahmungen, in afrikanischen oder indianischen Tänzen, durch die mimetische Erkenntnis und Auseinandersetzung mit Natur sich vollziehen, stehen der Tanz um das goldene Kalb und der Verführungstanz der Salome als sinnliche Verirrung und Verwirrung gegenüber.

Das Schuldbewußtsein gegenüber der äußeren Natur hat zumindest darin einen Grund, daß das Verhältnis zu ihr paradigmatisch ist für das Verhältnis zur inneren. Heute ist die Hühnerfarm als Fabrik von lebendigem Fleisch Konsequenz der gleichen Konzeption, die die Erforschung der letzten psychischen und motorischen Zusammenhänge im Menschen vor allem für eine noch raffiniertere und totalere Ausbeutung von Arbeitskraft nutzt oder erlaubt, die Reduktion von sinnlicher Wahrnehmung in Form der Isolationsfolter zur subtilen Repression einzusetzen.

Drittens. Offensichtlich steht die Naturbeherrschung in der Situation der Büffel tötenden Indianer, der Vieh züchtenden alttestamentarischen Juden und der modernen Industrieländer zwar in einem Zusammenhang, aber sie nimmt je völlig andere Ausmaße und Bedeutung an. Zugleich ist es selbstverständlich, daß die Menschen, indem sie der Natur als einer äußeren gegenübertreten, damit in den vielfältigen und vielschichtigen Wechselbeziehungen zwischen Gesellschaft und Natur die tätige, treibende Seite sind und notwendig also auch die willkürliche, beherrschende. Wogegen richtet sich dann die Kritik, die in dem Begriff Naturbeherrschung steckt? Da es grundsätzlich nicht möglich ist, quantitativ zu entscheiden, bis zu welchem Maß der Antagonismus sich als Selbstentfaltung der menschlichen Gattung und von wo an er sich als verwerfliche Hegemonie über die Natur objektiviert, betrifft die Frage den Zusammenhang in allen seinen geschichtlichen Phasen bzw. in allen seinen gegenwärtigen Schichten und Dimensionen.

Sie verwandelt sich deshalb in die Frage nach dem historischen Subjekt und dem historischen Ort von Kritik an Naturbeherrschung am Menschen, an Naturbeherrschung überhaupt. Eine solche Fragestellung wird von einem Subjekt hervorgebracht, das sich selber nur durch eine Geschichte konstituieren konnte, die jenen Antagonismus hervorgebracht und verwirklicht hat

und über alle Einwirkungen, Rückwirkungen und Abhängigkeiten als ein systematisch strukturierendes Moment in allen ihren Konzepten, Strategien, Unmöglichkeiten und Möglichkeiten enthält. Da es nur dadurch ein Subjekt Gattung Mensch gibt, daß sie die Natur als Objekt ihrer Beherrschung unterworfen hat, ist unklar, was die Menschen berechtigen oder in den Stand setzen könnte, so zu tun, als ob sie sich von bewußtloser Natürlichkeit hätten abheben können, ohne durch solches Tun der Natur den Part des zu Beherrschenden zuzuteilen.
Die Vorstellungen von einem Paradies oder einem goldenen Zeitalter vor der Geschichte der Menschheit, die sich in den meisten Mythologien und Religionen finden, projizieren die Sehnsucht nach der Versöhnung, Brüderlichkeit, Harmonie in die Vergangenheit. Damit sind sie als Vorstellung oder Konzept unverlierbar. Ihr Subjekt ist ein göttlicher Schöpfer, dem die Bereiche der Natur, die den Menschen unzugänglich sind, der ahistorische, aber für sie anschauliche Ort seiner fortbestehenden Existenz sind. Die vorgeschichtliche Vergangenheit enthält die Versprechung für eine ebensolche nachgeschichtliche Zukunft; nur hoffend oder auch mitwirkend, jedenfalls ist der Mensch wesentlich auf ihm Unzugängliches verwiesen. Diese Verwiesenheit ist indessen in dem Maße eingegrenzt worden, in dem die Abhängigkeit gegenüber der Natur durch systematisches Handeln und Erkennen gemildert wurde. Die bürgerlich kapitalistische Gesellschaft in Europa hat die Unabhängigkeit so weit geführt wie keine andere und es ermöglicht, daß an die Stelle der Projektion in die Vergangenheit einer Schöpfungsgeschichte eine realgeschichtliche Rekonstruktion der Entstehung von Natur und Gattung getreten ist, an die Stelle des Versprechens für die nachgeschichtliche, jenseitige Zukunft die bewußte Arbeit für die Verwirklichung von Harmonie in der diesseitigen Existenz. Aber das ebenfalls geschichtlich gewordene Subjekt, die Menschheit, die diesen Plan konzipieren und ausführen soll, leidet gerade in diesem Stand ihrer Entwicklung tiefer denn je selber unter den Folgen der Naturbeherrschung: Als kalkuliertes System von Herrschaft und Ausbeutung der einen Menschen über die anderen, von Herrschaft über die innere Natur aller Menschen wie über die äußere ist Naturbeherrschung die Naturbeherrschung am Menschen ge-

worden; sie läßt Versöhnung und Brüderlichkeit ebenso unrealistisch erscheinen, wie die gewonnene Unabhängigkeit gegenüber der Natur erst Entfaltung und Freiheit realisierbar macht.

Viertens. Diese historische Situation zwingt die Menschen dazu, die bewußtlos vorangerollte Geschichte ihrer Konstitution als selbst- und weltbewußte Wesen zu reflektieren, nunmehr mit Bewußtsein, und das heißt kritisch, zu rekonstruieren, wenn die Möglichkeiten, die aus dieser Geschichte resultieren, zu realisierbaren Potentialen gemacht werden sollen, statt explosionsartig in Selbst- und Weltzerstörung unterzugehen. Dabei erhält die Reflexion auf die innere Natur und auf unser Verhältnis zu ihr zentrale Bedeutung: Als die materielle Basis menschlicher Existenz ist sie nicht nur die physische Voraussetzung, sondern das stofflich-sinnliche Medium unserer Entfaltung in jener Freiheit; und in dieser existenziellen Einheit von Natur und von dem, was der Natur gegenübertritt, muß die Entfaltung der Gattung zur vernünftigen Geschichte werden. In jedem einzelnen Menschen steht unser Verhältnis zur inneren Natur exemplarisch für das zu Natur insgesamt – ich meine damit, es hat sowohl direkte wie paradigmatische Bedeutung.

Die kritische Rekonstruktion ist eine Arbeit für die zukünftige Gesellschaft. Die materielle Basis der Menschen ist ihre individuelle Physis nicht weniger als die gesellschaftlich unterworfene äußere Natur und deren Objektivationen in Form von Produktionsmitteln und -verhältnissen. Wenn der Fortschritt der Menschheit über das gegenwärtige Elend zur Entfaltung in Freiheit nur möglich ist im Zuge der Reflexion auf die Konstitutionsgeschichte und dabei gerade auch das Verhältnis zur inneren Natur und wenn damit die individuellen menschlichen Existenzen zu bewußten Bestimmungen der Gattung erhoben werden müssen, dann trifft sich dies mit einer notwendig grundlegenden Tendenz einer zukünftigen Gesellschaft: Weitere Entfaltung der Gattung in reflektierter Beziehung auf die Natur kann nur über die Entfaltung der empirischen Individuen realisiert werden. Ob eine solche theoretische und praktische Reflexion auf Subjekt mehr Individualismus bedeutet, ist die Frage. Ihre Beantwortung hängt davon ab, wie sehr

Individualismus an die historischen Bornierungen der kapitalistischen Gesellschaft bürgerlicher Individuen gebunden ist. Jedenfalls wird sich der Gattungsfortschritt in mehr Subjektivität objektivieren müssen. Deshalb ist die Frage, wie eine entsprechende Selbstreflexion auszusehen habe, Gegenstand dieser Überlegungen zur Naturbeherrschung am Menschen und ist zugleich notwendig als methodologische Metaüberlegung.

Zur Selbstreflexion als Veränderung gegenwärtiger Strukturen

Wie kann die Reflexion vergangener Praxis gegenübertreten und deren Zeugnisse so interpretieren, daß sie einen Grund für Kritik an der gegenwärtigen bilden? Wie können äußere Natur und das bloß Naturhafte am Menschen in die Interpretation seiner historischen Praxis einbezogen werden, wenn diese sich doch gerade durch den Antagonismus hervorgebildet hat? Wie kann unser Verhältnis zur Natur, dem grundsätzlich Nichtbegrifflichen, und wie kann unser Verhältnis zu anderen historischen Situationen unserer Vorgeschichte oder der Geschichten anderer Kulturen, die sich, soweit überhaupt, doch in einer für uns grundsätzlich unkontrollierbaren Begrifflichkeit darbieten, in Begriffen gefaßt werden, die einen stringenten Zusammenhang mit unserem Verständnis von unserer Praxis verbürgen?
Daß sich die Reflexion heute im verstehenden Rückblick auf die Geschichte deren unglücklichen Verlauf als Ursprung gegenwärtiger Probleme und deren eventuale Möglichkeiten als gegenwärtige Potentiale gewinnen möge, ist ein Desiderat, das in der heutigen Diskussion in verschiedenen hermeneutischen Ansätzen auftaucht. So treten Apel und Habermas damit in scharfen Gegensatz zu allen Theorien, nach denen menschliche Praxis nach dem Muster von Naturwissenschaften erklärt und geplant werden soll. Apels Haltung ist aber explizit resignativ, wenn er sagt: »An diesem dunklen Einschlag

der sich in der menschlichen Geschichte fortsetzenden Naturgeschichte des Menschen scheitern – so scheint mir – die Bemühungen der hermeneutischen Identifikation mit den Autoren räumlich und zeitlich entfernter Kulturen.«[1] Habermas nimmt, so möchte ich sagen, implizit Resignation in seinen Ansatz auf, indem er tendenziell Konstitutionsprozesse immer nur als den Text ihrer Geschichte begreift. Die Problematik ist für lebensgeschichtliche Zusammenhänge und für anthropologische grundsätzlich weitgehend die gleiche und wird von Habermas am deutlichsten vielleicht in bezug auf die Psychoanalyse formuliert, wo er als das Ziel dieser Selbstreflexion die Fähigkeit des Analysanden bezeichnet, seine Lebensgeschichte vollständig erzählen zu können.[2] Ich möchte zunächst von Apel das Stichwort Identifikation aufnehmen und nach der Ebene oder dem Medium solcher Identifikation mit dem »Entfernten« fragen.

Die hermeneutische Identifikation bezieht sich auf »die Autoren entfernter Kulturen«; sie ist offenbar, so legt hier der Ausdruck Autoren wie das hermeneutische Verfahren insgesamt nahe, vermittelt über diese Kulturen als zu interpretierende Texte. Habermas betont, daß der Analysand am Ende der Analyse seine Lebensgeschichte als seine »eigene« müsse erzählen können. Er identifiziert sich also in bezug auf einen verdrängten Teil seiner Selbstkonstitution mit sich selbst über seine Lebensgeschichte. In diesem Fall ist der Ausdruck Autor noch problematischer als im anthropologischen Zusammenhang, so daß wir besser sagen, der Analysand identifiziert sich demnach mit seinem entfernten Selbst aus der verdrängten Episode als mit dem Subjekt seiner Lebensgeschichte. Diese Geschichte, die er jetzt erzählen kann, ist das Medium seiner Identifikation mit seinem durch die Verdrängung entfernten Selbst, und sie realisiert sich über die Vervollständigung, die er an der Objektivation seiner selbst, nämlich an seiner Lebensgeschichte als Text, vornimmt.

Das Modell ist grundsätzlich ohne weiteres auf eine Rekonstruktion von Kulturgeschichte übertragbar; eine solche Übertragung stößt allerdings auf den entscheidenden praktischen Hinweis, daß gerade im Sinne eines hermeneutischen Verstehens »räumlich und zeitlich entfernte Kulturen« in einem wesentlichen Grad entfernter vom interpretierenden Subjekt der Identifikationsbemühungen sind als zurückliegende Teile einer Lebensgeschichte, weil in aller Regel diese in demselben historischen Begriffs- oder Interpretationsrahmen, in demselben Rahmen historischen Handelns und Erkennens liegen, wie er im Zeitpunkt der hermeneutischen Bemühung gilt, während jene als eigene historische Rahmen sich den Begriffen unserer Praxis weitgehend verschließen dürften.

Es liegt uns in diesem Zusammenhang nichts an einer Diskussion des psychoanalytischen Verfahrens und seiner Rezeption durch die Hermeneutik. Daß sie unter den meinen durchaus verwandten Aspekten von Alfred Lorenzer zur Zeit geführt wird, erlaubt mir indessen, an dem Modell einer Rekonstruktion von Lebensgeschichte in der Analyse einige allgemeine Überlegungen zu einem Reflexionsmodell zu entwickeln. Die Psychoanalyse ist eine Therapie; sie dient dazu, mit den Menschen deren individuelle Fähigkeiten voll zu erarbeiten, alle ihre Vermögen und Bedürfnisse in ihre Praxis einzubringen. Sie ist deshalb doppelt auf Praxis bezogen, auf die gegenwärtig unmögliche und zukünftig mögliche wie auf die in der Vergangenheit realisierte. Die Psychoanalyse verbindet beide nun nicht bloß insofern, als sie den vollständigen Text der vergangenen Praxis für eine gegenwärtige Praxis des Erzählens von Geschichte verfügbar macht. Selbstreflexion könnte in diesem Text die unglücklichen oder gewissermaßen fehlerhaften Wendungen der Konstitutionsgeschichte des Selbst erkennen und feststellen, müßte aber bei der Verdoppelung einer schlechten Praxis durch deren vollständige Geschichtsschreibung sich begnügen. Diese Geschichtsschreibung wäre Aufklärung über schlechte bestehende Verhältnisse und Erklärung ihrer Vorgeschichte, würde als solche aber gerade zu deren weiterer Verfestigung führen, weil sie die Erkenntnis des Werdeganges nur statisch mit dem Interesse an einer anderen Praxis konfrontieren kann. Resignation wäre die Folge beim Subjekt. Eine solche Analyse würde vor dem für sie unlösbaren Problem stehen, wie die Erkenntnis des Vergangenen in eine reale Veränderung von Praxis übersetzt werden könne, selbst wenn sich die gegenwärtigen Probleme in Begriffen fassen lassen, die zugleich der Rekonstruktion hermeneutisch befriedigend dienen.

Verhaltensveränderung als Kontrolle ist praktischer Bezug der analytischen Therapie auf die historische Gesellschaft, wenn auch, in der bürgerlichen Form, ein keineswegs ausreichender Bezug. Wenn das Individuum in seiner Praxis, die Teil der gesellschaftlichen ist, sich so verhalten kann, daß die alten Verdrängungen sich nicht reproduzieren und nicht dafür neue einsetzen, dann ist individuell der Zustand überwunden, in dem verdrängt wurde. Dann ist aber auch gesellschaftlich der Zustand überwunden, aufgrund dessen verdrängt werden mußte. Die individuelle Therapie kann wahrhaft nur im Zuge einer gesellschaftlichen, nämlich der ebenso revolutionären Überwindung gattungsgeschichtlicher »Aufspaltungen«, wie Lorenzer sie nennt, gelingen. Wo ein Individuum, vielleicht im Zusammenhang mit anderen, eine entsprechende Veränderung der gesellschaftlichen Verhältnisse vorwegnimmt, indem es wenigstens sich selbst dem Zwang zur Verdrängung bewußt widersetzt, fallen Therapie und Politisierung zusammen.

Der historische Kontext der Analyse wird im Bereich der sprachlichen Klärung der Lebensgeschichte repräsentiert. Die hermeneutischen Elemente, Umgangssprache wie Begriffssprache, individueller wie gesamtgesellschaftlicher Analysen stellen Konzepte dar oder gehören Konzepten zu, die entweder genau den Stand der gesellschaftlichen historischen Praxis abbilden oder aber deren Strukturen paraphrasierend erweitern, die jedoch immer noch, wenn auch mittelbar, auf ihn bezogen sind. Diesen Bezug nennt die Hermeneutik die historische Bedingtheit von Systemen und muß in ihnen Grund zur Resignation darüber sehen, daß Beziehung auf »Entferntes« nicht gelingen kann. Ich hoffe, daß sich von seiten der Hermeneutik Gegenvorstellungen zu dieser Darstellung erheben werden, und werde sie gern als Kritik an meinem Verständnis ihres Ansatzes aufnehmen. Mir scheint jedenfalls, daß man den Spieß umdrehen und konsequent unsere Praxis zum Grund der Beziehung auf entfernte erklären muß. Auf sie sind, freilich in gesondert zu bestimmender Weise, unsere hermeneutischen Mittel und Instrumente notwendig bezogen und können darum die Transformation der entfernten Gegenstände unseres Verstehens besorgen, deren es für eine Übertragung in gegenwärtige Praxisbezüge bedarf. Historische Wahrheit

kann sowieso nicht heißen, daß wir geschichtslos Immergültiges über entfernte Geschichte aussagen können. Die Annahme auf dem Gebiet der lebensgeschichtlichen Analyse, die zurückliegenden verdrängten Situationen fielen unter denselben hermeneutischen Interpretationsrahmen, wie er zum Zeitpunkt der Therapie gilt, ist ebenso haltlos wie pragmatisch. Manches spricht für eine ziemlich hohe statistische Wahrscheinlichkeit, daß während einer Generation das Vergangene sich weit weniger »entfernt«, als eine entfernte Kultur es bereits ist. Aber das ist kein systematisches, kein stringentes Argument. Um seine höchst relative Wichtigkeit zu erkennen, braucht man es nicht einmal empirisch zu falsifizieren; um so deutlicher wird die Falsifikation demonstriert, wenn etwa Patienten des revolutionären China auf ihre frühere Lebensgeschichte reflektieren. Wenn dann, wie Behrmann berichtet, eine Therapie gerade im Bezug auf neu gewonnene Perspektiven der gesellschaftlichen Praxis die Menschen wieder zu ihrem individuellen Anteil an ihr befähigen kann, dann zeigen sich genau der Ort und das Subjekt der praxisverändernden Selbstreflexion.[3]
Es geht mir darum, daß die hermeneutischen Bemühungen als Medium nur die Resultate von Prozessen in Form von Texten berücksichtigen und entsprechend Identifikationen nur über Texte vermittelt als Identifikation mit deren Autoren vorzustellen vermögen. Unsere Kritik an diesem Vorgehen muß gleichzeitig mindestens einen Hinweis auf ein positives Gegenmodell enthalten. Da die Psychoanalyse wohl der einzige systematische Versuch innerhalb der bürgerlichen Wissenschaften ist, der Praxis als solche zum Medium von Reflexion macht, und da die Übertragbarkeit ihres Modells auf Kulturgeschichte grundsätzlich möglich scheint, möchte ich an ihrem Verfahren meine Überlegung auch zu Ende führen. Ihr Gelingen ist ausdrücklich nicht verifizierbar, etwa indem Deutungshypothesen des Analytikers mit zuverlässigen Informationen über die tatsächlichen Ereignisse konfrontiert und zur Kongruenz gebracht würden, obwohl sich dergleichen Mißverständnisse und Selbstmißverständnisse nur zu oft finden. Habermas legt auch nicht die Betonung darauf, daß der Analysand am Ende seine Lebensgeschichte erzählt, also auf die Verbalisierung als solche, sondern darauf, daß er sie erzählen *kann*. Damit ist der Gegen-

stand der Psychoanalyse, nämlich Möglichkeiten zu erarbeiten, tendenziell richtig bezeichnet und gegen positivistische Fehlinterpretationen gesichert. Trotzdem muß man weitergehen und eindeutig herausstellen, daß die Therapie sich auf vergangene Praxis nicht als erzählbare und auf gegenwärtige bzw. zukünftige nicht als die Möglichkeit, zu erzählen, bezieht. Sprache oder Text sind für sie nur vergegenständlichende Momente des therapeutischen Weges, der zu realisierbaren Potentialen führen muß. Sie bezieht sich auf die in der Vergangenheit entstandene konkrete Unfähigkeit zu einem bestimmten Handeln und Verhalten und arbeitet auf die Möglichkeit hin, über die Rekonstruktion der einst unmöglich gewordenen Praxis als erzählbare Lebensgeschichte hinaus die Fähigkeit zu Handeln und Verhalten in der zukünftigen Praxis zu gewinnen.

Ihr Modell unterscheidet sich von dem hermeneutischen in folgenden Elementen. Sie sieht die vergangene Praxis nicht als verlorenes Substrat einer historischen Struktur, die über ihre textartige Überlieferung zu interpretieren wäre, sondern als Situation. Die existenzielle Differenz zwischen Text und Situation bleibt nicht im Vagen. Die Bemühungen um Identifikation richten sich nicht auf einen Autor von Geschichte, die damit nur im Stadium des Resultats berücksichtigt wird; vielmehr identifizieren sich die um Rekonstruktion Bemühten mit einem Menschen, der selber nur ein Teil jener Situation war. Medium der Identifikation sind nicht Erkenntnismodelle und Handlungsstrategien, sondern notwendiges Orientierungsbedürfnis, Interpretationsversuche und Verhaltensansätze als Entwürfe gegenüber der damals noch ungelösten Problemkonstellation.

Selbstverständlich kann aufgrund eines solchen Ansatzes die Resignation angesichts der Schwierigkeiten, ob die Rekonstruktion dem historischen Interpretationsrahmen der vergangenen Situation und dem damaligen Selbstverständnis kongruent sei oder nicht, keineswegs überwunden werden. Eine derartige Übereinstimmung würde noch im hermeneutischen Verstehen letztlich das naturwissenschaftliche Erklärungsverfahren reproduzieren. Das entscheidende positive Moment am Verfahren der Psychoanalyse liegt gerade darin, daß in ihm ein ganz anderer Begriff der Richtigkeit von Bemühungen, Vergangenes, »Entferntes« zu reflektieren, begründet ist. Sein Kriterium liegt in der Frage, ob für die Zukunft die notwendigen Möglichkeiten, Fähigkeiten in den Menschen hergestellt werden können, und diese Frage entscheidet sich in der zukünftigen Praxis selbst. Im folgenden möchte ich vor allem diesem Moment genauer nachgehen. Das bedeutet nicht, daß ich das Problem der Hermeneutik meine vernachlässigen zu können; es ist keineswegs gelöst oder irrelevant geworden. Es spielt selbstverständlich im psychoanalytisch lebensgeschichtlichen Rekonstruktionsmodell ebenso wie im kulturgeschichtlich anthropologischen weiterhin eine Rolle von größter Bedeutung, weil das Bemühen, auf ein historisch Anderes zu reflektieren, immer auf Hermeneutik als Vermittler der spezifischen Differenzen angewiesen bleibt. Aber ihm kommt nicht länger der Gestus einer ersten Frage zu und auch nicht der Primat für unseren Bezug auf das Historische. Die Hermeneutik gehört in die Funktion eines notwendigen Mittels oder einer begrifflichen Mitte, über die wir zukünftige Praxis auf die vergangene zu reflektieren haben. Im Gegensatz zu dieser resultathaften Mitte steht aber nun die je aktuell prozeßhafte Beziehungsdimension. Existenzielle und historische Bestimmung der gegenwärtigen Situation der Menschen wie der Menschheit können nur im Sinne eines heuristischen Prinzips analytisch gegeneinander isoliert werden; aber verstehende Rekonstruktion und Arbeit an einer veränderten Praxis haben nur in wechselseitigem Bezug aufeinander einen Sinn.

Damit ist auch der Ort der Kritik an den Strukturen, die aus der Vergangenheit anstehen und von denen hier die der Naturbeherschung, der Naturbeherrschung am Menschen interessieren, grundsätzlich angegeben: Die gesellschaftliche Organisation, die wir wünschen und herbeiführen wollen können. Da die Untersuchungen, die ich vorlege, sich mit dieser projektiven Dimension nur mittelbar beschäftigen können, muß eine präzisere Bezeichnung ebenso wie die eines Subjekts der Kritik auf implizite Hinweise begrenzt bleiben. Deutlicher werden beide am ehesten noch darin, daß und mit welchen Perspektiven die Rekonstruktion zweier Perioden der europäisch frühkapitalistischen Geschichte unternommen wird. Kritik an der gegenwärtigen Praxis gibt die Motivation und Ausrichtung des Problembewußtseins ebenso wie eine vorläufige Deutung des Vergangenen. Soweit sie auf die Geschichte als den Ursprung der gegenwärtigen Probleme angewandt wird und sich an deren geronnenen Resultaten in der Gegenwart festmacht, ist sie Ideologiekritik. Soweit die Kritik sich darüber hinaus auf »entfernte« Praxis zu beziehen vermag, indem sie diese positiv als Modelle im Hinblick auf eine Übertragbarkeit in die gegenwärtig anstehenden Problemlösungen untersucht, dient sie der Aneignung von Gegenpraxis zu den bestehenden Verhältnissen. Diese zweite Dimension von Reflexion auf das »Entfernte« ist ein besonders wichtiges Medium von Identifikation mit historischen Situationen bzw. deren Subjekten. Sie geht von der Einstellung aus, daß eine Möglichkeit, die es schon einmal gab, die aber gegenwärtig verunmöglicht ist, selbst dann tendenziell neu realisiert werden könnte, wenn sie in nuce, nur ansatzweise, als Entwurf oder bloß Voraussetzung dazu existiert hat. In jedem Falle muß ohnehin eine Rekonstruktion dessen vorgenommen werden, was in dieser Situation die Möglichkeit konstituierte und was ihre Einlösung verunmöglichte. Die parallele Diskussion von Lebensgeschichte und Anthropologie legt es nahe, im Sinne von Lorenzer Protosymbole auch für die Geschichte der Gattung anzunehmen und entfernte Problemlösungen als eine Art Hof von Möglichkeiten für die Gegenwart zu betrachten, die gewiß nicht tel quel und gewiß nur unter ganz bestimmten historisch zu realisierenden Bedingungen, aber doch grundsätzlich aktualisierbar wären wie die Potentiale des individuellen Vorbewußten auch.

Die Übertragbarkeit muß im Bereich der begrifflichen Mitte geleistet werden, indem alle historischen Situationen, Möglichkeiten und Realisierungen in den Begriffen einer Konstitutionslogik gefaßt werden, als deren verschiedene Phasen und Richtungen sie begriffen werden könnten. Eine solche Konstitutionslogik kann freilich nur nach den Strukturen unserer gesellschaftlich historischen Erfahrung und ihren denkbaren Verlängerungen bzw. Komplettierungen entworfen werden. Diese hermeneutisch unbefriedigende Begrenzung wäre aber nicht weiter tragisch, weil sie die Selbstreflexion keineswegs auf die Strukturen des Bestehenden bornieren würde. Sie ist sogar notwendig, da sie zugleich den reflektierten historischen Stand markiert, von dem aus ohnehin alle Bemühungen ausgehen müssen, wenn sie auf unsere Praxis bezogen bleiben, ihren Sinn als Selbstreflexion erfüllen sollen. So enthalten etwa die konstitutionslogischen Modelle, die Hegel in der ›Phänomenologie‹ gibt, weit mehr noch die weniger seiner durchgehenden Systematik angepaßten in den ›Jenenser Realphilosophien‹, besonders bei einer materialistisch dialektischen Interpretation und über eine Konfrontation mit der von Hegel ausdrücklich verarbeiteten Realgeschichte ganz außerordentliche Möglichkeiten, stringent Konzepte weit über die gegenwärtigen Verhältnisse hinaus zu entfalten. Damit scheint mir auch ein Ansatz gefunden zu sein, das Problem der Naturbeherrschung in der erkenntnistheoretischen Gestalt, in der Adorno es identifiziert hat, in eine praktische Perspektive aufzulösen: »was dem Begriff entgegengesetzt wird, muß man also begrifflich zurichten, bis es selber zu einem Begriff wird«.[4] Die Gewaltsamkeit der Begriffe kann nicht einfach durch ein sich dem Gegenstand überlassen[5] wiedergutgemacht werden; wohl aber kann die scheinbare Endgültigkeit des Begriffs in einen praktisch-politischen Bezug zurückgenommen werden. So gewinnt der Bezug an Konkretion, statt daß die begriffliche Bestimmung als skeptische Relativität allen Verstehens neutralisiert wird oder durch die fast noch idealistische Forderung in ihre Schranken gewiesen wird, man solle sich einer Sache »überlassen«, deren Zusammenhang mit der historischen Objektivität der bestehenden Verhältnisse und ihrer notwendigen oder möglichen Veränderung nicht genau angegeben werden kann.

Selbstreflexion, der Praxis zur Reflexionsebene wird, nimmt äußerst komplexe Gestalt an. Wenn in der psychoanalytischen Therapie gegenwärtig der Versuch gemacht wird, in der Vergangenheit unverarbeitete Problemsituationen nunmehr zu verarbeiten, dann geschieht das in doppelter Perspektivität. Das Individuum und seine Gesellschaft bedürfen der individuellen Fähigkeit, die zukünftigen Problemsituationen in eine gelungene Praxis aufzulösen; von dieser historischen Erfahrung her wird Ideologiekritik an den falschen psychischen

Strukturen des Analysanden geübt, die durch eine falsch verlaufene Konstitutionsgeschichte bedingt sind. Daß diese falsch verlaufen ist, läßt sich wiederum nur von dem gegenwärtigen Stand der Geschichte und den in ihm sich darstellenden alternativen Vorstellungen und Konzepten her sagen. Es gibt keine wahren Archetypen. Der Versuch gegenwärtiger Verarbeitung kann nur unternommen werden gestützt auf die gesellschaftlich präsente Erfahrung, daß eine bestimmte Reihe der historisch bekannten Problemsituationen unter bestimmten Bedingungen lösbar wären. Dieses gesellschaftlich präsente Wissen bezieht sich deshalb typischerweise auf Problemsituationen, die unter den historischen Verhältnissen bereits hätten gelöst werden können, wenn ..., und basiert auf einer Kritik der verunmöglichenden Faktoren. Die Psychoanalyse beschäftigt sich nur mit Verdrängungen, von denen Lorenzer noch einmal gezeigt hat, daß sie sich als »Desymbolisierung« von Problemlösungsstrukturen vollziehen, die a limine bereits gelungen gewesen, also historisch möglich sind. Dieses Wissen von entsprechenden Möglichkeiten der Gattung bedeutet im Kampf um ihre Realisierung Ideologiekritik an den gesellschaftlichen Verhältnissen und ihrer individuellen Verwirklichung, also an den historisch geschaffenen oder zugelassenen Strukturen, die Verdrängung als »Zensur« über bestimmte Manifestationen der inneren Natur notwendig machen, wie wir seit Freud wissen.

Auf dieser Seite wird die gesellschaftlich gewußte gegenwärtige Möglichkeit, eine bestimmte Praxis zu realisieren, zur Perspektive der Verarbeitung einer gescheiterten vergangenen Praxis. Sie kann zu einer solchen Perspektive indessen nur insofern werden, als es nicht um ein allgemeines Verstehen von Einstigem geht; die gescheiterte Problemlösung vergangener Praxis soll nicht durch gegenwärtiges Verstehen nachgeholt werden. Vielmehr sollen im Hinblick auf zukünftige bessere Praxis die gegenwärtigen Problemsituationen hier und jetzt gelöst werden, wozu eine Aufarbeitung ihres aus der schlechten vergangenen Praxis noch anstehenden Strukturanteils notwendig ist.

Die Selbstreflexion vom Standpunkt der Gattung oder der Kultur auf ihre Konstitutionsgeschichte, zu der diese beiden

Bände einen Beitrag leisten sollen, ist weitgehend, insbesondere bei der Beschäftigung mit dem sechzehnten Jahrhundert in Frankreich, entsprechend orientiert. Allerdings ist es nicht möglich, die gegenwärtigen Problemsituationen und Vorstellungen zu ihrer zukünftigen Lösung schon ausführlich voranzustellen. Immerhin werden die ideologiekritischen Modelle intensiv im Zusammenhang mit den historischen Situationen, zu deren Analyse sie herangezogen werden, diskutiert. Daß dagegen die positiven Gegenkonzepte einer möglichen besseren Praxis nicht ausgeführt werden, hängt damit zusammen, daß eine bessere Praxis zwar historisch möglich ist, daß wir der schlechten aber vorerst mehr das gesellschaftliche Wissen von der Möglichkeit entgegenhalten können, als daß wir schon ein gesellschaftliches Wissen von den Konzepten besitzen, in denen diese Möglichkeit zu realisieren ist. Viel anders ergeht es im übrigen der Psychoanalyse auch nicht, wenn sie etwa den Ödipuskomplex kritisiert und sich um die Überwindung seiner verhängnisvoll mißlungenen individuellen Verarbeitung bemüht. Sie arbeitet daran, ohne das Modell einer besseren Sozialisation grundsätzlich zu entfalten, aber doch im Bewußtsein, daß es bei den festzustellenden Deformationen nicht zu bleiben braucht.
Auf der anderen Seite ist die Selbstreflexion auf die einstige Praxis als ihre Reflexionsebene bezogen. Die Konstellation wird in gewisser Weise umgekehrt. Wir identifizieren uns als Subjekte gegenwärtiger Problemsituationen mit dem Vergangenen nicht als mit den Vorphasen unserer Leidensgeschichte, aber wir erfreuen uns auch nicht einfach in simpler fortschrittsgläubiger Identität unserer Konstitutionsgeschichte, an der wir ein etwas herablassendes, aber ungetrübtes Wohlgefallen empfänden. Im Vergleich mit unseren Situationen stellen wir uns vielmehr die von räumlich oder zeitlich entfernten Kulturen in bestimmten Perspektiven als glücklicher, ihre Verhaltensstrukturen als gelungener, bestimmte Möglichkeiten als weiter entfaltet vor, wenn wir uns eingehend genug mit ihnen beschäftigen. Das heißt, wir müssen Vorurteile in dem Sinne ablegen, daß wir nicht alles Entfernte ausschließlich in den in unserer Praxis realisierten Konzepten interpretieren und an den Normen der bestehenden gesellschaftlichen Verhältnisse

messend beurteilen. Dennoch werden wir nie zu absolut wahren, verifizierbaren Erkenntnissen über das Entfernte gelangen können. Wir werden es immer über Vorurteile in dem Sinne uns aneignen, daß wir an den zunächst einmal in sich zu rekonstruierenden entfernten Situationen und Verhaltensstrukturen, auch wenn sie nicht unmittelbar mit unserer Praxis als deren konstitutive Vorgeschichte verbunden sind, im Hinblick auf Perspektiven und Unfähigkeiten unserer selbst interessiert sind. Was irgendwo mögliche Praxis war oder ist und von uns als Möglichkeit begriffen und vorgestellt werden kann, überrascht uns möglicherweise, ist aber doch offenbar eine als solche mögliche Perspektive unserer eigenen Praxis, wie wenig auch immer sie realisierbar erscheinen mag.

Die Einführung von entfernter Praxis als Reflexionsebene bedeutet aber nicht bloß, wie es bis hierher scheinen könnte, an anderen Verhältnissen die Phantasie zu beflügeln, also die von irgendwoher vermittelt in uns abgelagerten Vorstellungsmöglichkeiten an mehr oder weniger exotischen Zuständen oder Handlungen zu aktualisieren. Das käme dem Fall des einfältigen Bäuerleins angesichts einer Aufführung der Comédie Française gleich: Das Leben von Cyrano de Bergerac mag wohl, dank irgendwelchen weitläufigen Assoziationen, seine Phantasie beflügeln, aber in seinen eigenen Lebensumständen könnte er kaum etwas davon zur Ausbildung neuer Verhaltensweisen umsetzen. Da sich ihm völlig entzieht, in welchem Konstitutionszusammenhang die Situationen des Stücks und das Verhalten seiner Personen, historisch gesehen, stehen, wäre sein redlichstes Bemühen um Verständnis nur ein auffallend verzweifeltes Beispiel des Scheiterns von hermeneutischen Bemühungen. Dagegen soll Selbstreflexion an entfernter Praxis heißen, daß Vorstellungen, die im gegenwärtigen Praxiskontext als Vorstellungen möglich wären, aber nicht gedacht werden, sich an den Realisierungen einer entfernten Praxis konkretisieren und aktualisieren lassen. So können diese bloßen Vorstellungen außerdem auch als Möglichkeiten oder als Gefahren der eigenen Praxis angeeignet werden. In diesem zweiten Schritt müssen die Vorstellungen von Möglichkeiten als solchen so lange auf die konkreten Voraussetzungen der eigenen Konstitution – Element für Element – bezogen werden, bis Konzepte und Strategien erreicht sind, die als Perspektiven der eigenen Praxis realisierbar wären. Das kann aber nicht nur als begrifflich-textlich vollzogenes Planspiel geschehen. Entscheidend ist: Praxis als Reflexionsebene heißt historisch wirksames Probehandeln durch Veränderung der gegenwärtigen Verhältnisse. Es ist dies ein fortgesetzter, in sich reflektierter Wechsel von kritischer Reflexion auf die gegenwärtige Praxis, projektierender Reflexion auf die notwendige zukünftige Praxis, soweit sich das antizipieren läßt, und der Versuch, durch Handeln und Verhalten in die neue Praxis überzuführen – und zwar nur, um diesen Prozeß mit einer neuen Reflexion fortzusetzen. Die falsch-schematische Einteilung in Phasen, die gegeneinander abgegrenzt erscheinen, muß noch überwunden werden, um ein integriertes Modell zu entwickeln, in dem der Wechsel tendenziell in die Gleichzeitigkeit gezogen wird. Das würde dann dem gleichkommen, was ich mir unter einer permanenten Kulturrevolution vorstelle.

In dieser Selbstreflexion identifiziert sich das gegenwärtige Subjekt eben nicht mit dem einstigen über die Vermittlung eines Textes, sondern dadurch, daß es probeweise versucht, selber den subjektiven Anteil an der entfernten Situation zu übernehmen, und sich fragt: »Wie könnte ich handeln? Was würde mir möglich?« Die bildungsgeschichtlichen Niederschläge jedes Indianerspiels von Schuljungen entstehen nach diesem Modell. Das Subjekt gibt seine gegenwärtige Praxis nicht auf und projiziert seine Existenz nicht in die vorgestellte entfernte Situation, indem es sich zum Beispiel auf der B-Ebene der Frankfurter U-Bahnstation für einen altindischen Guru hält; noch projiziert es die entfernte Verhaltensstruktur in die gegenwärtige Praxis, indem es über Sinn oder Unsinn des Lotossitzes allein dadurch urteilt, daß es ihn unter die gegenwärtigen Kriterien von Nützlichkeit und Anstand subsumiert. Vielmehr werden im Zuge der probeweisen Identifikation mit dem entfernten Verhalten in seinen Vorstellungen Wünsche, Hemmungen, Bedürfnisse aus seiner inneren Natur auftauchen, die im Stand der gegenwärtigen Praxis gar nicht oder kaum zu Bewußtsein kommen, erst recht keinen Ort ihrer Einlösung oder Auflösung finden. Vielleicht liefert die Identifikation mit der entfernten Praxis aber auch Stücke, die es

plötzlich erlauben, lange oder vage geahnte, erhoffte, befürchtete Strukturen zu konkretisieren.
Alle unsere vortheoretischen Wünsche, Hoffnungen und Ängste gehören zu unserem Identifikationspotential, über das wir unsere historische Situation auf irgendeine entfernte Objektivation menschlicher Orientierungsversuche und Problemlösungen auszurichten vermögen. Die Identifikation kann sowohl direkt wie auch indirekt vor sich gehen, indem man sich vorstellt, selber so und so zu handeln oder zu leiden, oder aber sich damit beschäftigt, wie man sich gegenüber so und so Handelnden oder Leidenden verhalten würde. Was dabei in schrecklichen oder süßen Bildern an Verfremdungen unserer eigenen Strukturen oder an Befreundungen mit unserer inneren Natur aufleuchtet, bleibt immer vergleichend auch auf jene Objektivationen bezogen. Diese werden selber zu begrifflichen oder resultathaften Mitten für uns wie die hermeneutischen Instrumente, mit denen wir den Prozeß begonnen haben, sobald wir durch Probehandeln eigene Erfahrungen mit den entfernten Objektivationen zu verbinden beginnen.
Wenn man schon lange Unbehagen daran empfunden hat, durch die Struktur des europäischen Paartanzes gegen alle anderen, die gleichzeitig mit einem tanzen, weitgehend abgeschlossen zu sein, obwohl man doch angeblich gemeinsam ein Fest feiern will, dann kann die Beschäftigung mit afrikanischen Ritualtänzen oder mit französischen Revolutionsfesten die Bedürfnisse zu konkretisieren helfen. Wir werden feststellen, daß uns bestimmte Formen der gegenseitigen Öffnung eine Einlösung unserer Wünsche versprechen, daß wir aber dazu Hemmungen auflösen müssen, die in unserem historischen Verhältnis zu unserer inneren Natur und damit auch zur physisch materiellen Basis der Menschen als Medium ihrer Beziehungen überhaupt fixiert sind. Wir werden bestimmte Strukturen, etwa die Undifferenziertheit des Rhythmus oder einiger Figuren, als für uns unbefriedigend empfinden und beschließen, darüber hinausgelangen zu müssen. Wir werden das versuchen, indem wir uns bekannte Strukturen unserer Praxis einbeziehen und abwandeln. Und so fort. Das Modell der probeweisen Identifikation ist immer zugleich das Modell der wechselseitig reflektierten Kritik.

Die Psychoanalyse kennt grundsätzlich diese Richtung des Praxisbezugs in der Form der sogenannten Regression im Dienste des Ich. Liegengebliebene und liegengelassene Strukturen vergangener Praxis werden lebensgeschichtlich wie kulturgeschichtlich aktualisiert, wo mit der Verdrängung von möglichen, aber unterdrückten Problemlösungen die entsprechenden Fähigkeiten der Verarbeitung den Fortschritt des Konstitutionsprozesses nicht weiter mitgemacht haben. Die Ungleichzeitigkeit der realen Vermögen im Verhältnis zu den gleichzeitig, wenigstens als solche, möglichen Vorstellungen kann nur aufgehoben werden, wenn das gegenwärtige Subjekt sich zu den Ansätzen und Abbruchstellen der Vergangenheit zurückwendet, um auch diese Stränge der Entfaltung soweit zu entwickeln, daß sie den gegenwärtigen Möglichkeiten und Bedürfnissen entsprechen. Dieser Bereich soll unter dem Stichwort »produktive Regression« an anderer Stelle genauer ausgeführt werden. Hier ist nur zu erwähnen, daß die transkulturelle Psychiatrie auf äußerst differenzierte Entfaltung von Strukturen in entfernten Kulturen hinweist, die uns provozieren und ermutigen können, einerseits auf entsprechenden Strängen, etwa der Erhebung analer Strukturen zu komplexen Interaktionsformen, eigene Verarbeitungsmöglichkeiten zu entwickeln und andererseits die historisch gesellschaftlichen Verhältnisse, insbesondere als Verhältnis zur inneren und äußeren Natur, in den jeweiligen Kulturen vergleichend mit den unseren zu analysieren. Eine derartige Kritik beider Praxiszusammenhänge im wechselseitigen Bezug soll insbesondere meine Arbeit zum Quattrocento vorbereiten. Dabei stellt sich das Problem der Übertragbarkeit von historischen Erfahrungen aus der früh- und vorkapitalistischen Vergangenheit unserer eigenen Kultur in dem spezifischen Zusammenhang mit der gleichzeitig durchzuführenden Ideologiekritik an unserer Vorgeschichte.

In diesem Zusammenhang, in dieser doppelten Kontrastierung wird besonders deutlich, daß jede durch derartige Selbstreflexion gewonnene Veränderung gegenwärtiger Praxis nicht irgendeine Variante darstellt, sondern eine qualitative Veränderung in strengem Bezug auf konkrete aktuelle Probleme ist. Nicht irgendwelche Möglichkeiten werden ausfindig gemacht, sondern es werden die gegenwärtig notwendigen Möglichkeiten zu realisierbaren Potentialen für die Zukunft erhoben. Dieser praktisch wirksame Reflexionsprozeß endet nicht in einem vergegenständlichten Resultat, in einem Produkt als Gut oder als Text; gleichwohl objektiviert er sich. Diese Objektivation möchte ich in Anlehnung an Hegels in den ›Jenenser Realphilosophien‹ eingeführten Begriff von der »toten Mitte« die lebendige Mitte nennen. Praxis als Reflexionsebene bedeutet, daß diese lebendige Mitte nur aus Prozessen hervorgehen kann, in denen ebenso im Medium der historisch objektivierten Begrifflichkeit als dem Repräsentationssystem gegenwärtiger Praxis plus deren hermeneutischem Interpretationsfeld wie zugleich auch im Medium leiblich-sinnlicher Lebenspraxis reflektiert wird. Veränderung von Verhaltensfähigkeiten zur Kontrolle für solche Prozesse zu erheben, heißt auch, innere Natur im Zusammenhang mit dem Verhältnis zur äußeren zum Medium der Selbstreflexion zu machen. Habermas hat in ›Erkenntnis und Interesse‹ festgestellt: »Marx begreift Reflexion nach dem Muster der Produktion.«[6] Der Satz ist angesichts der Tatsache, daß Marx die Dialektik von Produktion und Konsumtion nicht bis zu einem gesellschaftlich historischen Reflexionsmodell entwickelt, sondern den Ausführungen über die Warenproduktion nur Ansätze einer Gegengeschichte gegenübergestellt hat, zweideutig. Auf der einen Seite kann man daran denken, daß Marx die Aneignung von innerer Natur und die Entfaltung von Subjektivität in den empirischen Individuen durchaus als Objektivationen des Gattungsfortschritts begreifen wollte und damit eben auch als Niederschläge von Reflexionsprozessen: In den ›Grundrissen‹ heißt es etwa: »Die *Fähigkeit* des Genusses ist Bedingung für denselben, also erstes Mittel desselben und diese Fähigkeit ist Entwicklung einer individuellen Anlage, also *Produktivkraft*.«[7] Auf der anderen Seite läßt sich die Feststellung von Habermas auch als Kritik an einer unvermittelten Gleichsetzung von Reflexion mit der kapitalistisch etablierten Produktion als Herstellung der reproduktionsnotwendigen Güter verstehen; »denn der Sinn dieser ›Dialektik‹ muß ungeklärt bleiben, solange der materialistische Begriff der Synthesis von Mensch und Natur auf den kategorialen Rahmen der Produktion eingeschränkt bleibt.«[8]

Soweit, scheint mir, geht der hier von mir vorgetragene Ansatz weder in der Fundierung noch in der Intention vom Habermasschen ab. Allerdings sehe ich, offenbar im Gegensatz zu Habermas, eine Möglichkeit, die erste Seite über Marx hinaus, und zwar mit Hilfe von Marx selbst, aber auch im Sinne der Kritik an ihm, wie sie in dem Zitat angedeutet ist, stark zu machen. Wenn es in ›Erkenntnis und Interesse‹ heißt, »die Wissenschaft vom Menschen ist selber Kritik und muß es bleiben«[9], so kann dieser Wissenschaft doch über Praxis als Reflexionsebene, über historisches Probehandeln eine eigene positive Dimension hinzugewonnen werden, obwohl wir auf diesem Weg wegen objektiver Schwierigkeiten und wegen der fortdauernden ideologischen Vorurteile der bürgerlichen Tradition von Wissenschaft als theoretisch bloß zusehender Intelligenz nicht recht vorankommen.

Produktion als lebendige Mitte

Die Kritik an den gegenwärtigen gesellschaftlichen Verhältnissen, durch die unsere Untersuchungen ihre wesentlichen vorläufigen Kriterien erhalten, muß einen bestimmten Begriff von Produktion in ihr Zentrum stellen. Er hängt aufs engste mit der Naturbeherrschung am Menschen zusammen, da die systematisch kalkulierende Unterdrückung innerer wie äußerer Natur immer um dieser bestimmten Art von Produktion willen, nämlich mit dem Ziel der Produktion von Waren betrieben wird – gerade in diesem Ziel hat die Geschichte der Naturbeherrschung durch die bürgerlich-kapitalistische Organisation der Gesellschaft und ihres Verhältnisses zur Natur systematischen Charakter angenommen. Hegel hat, wie bereits angeführt, für alle historischen Hervorbringungen der Menschheit, die im Zustand des Hervorgebrachtseins, der Vergegenständlichung gewissermaßen quer zum Prozeß der fortschreitenden Entwicklung liegen bleiben, den Begriff einer »toten Mitte« gefunden. Urbild aber einer solchen toten Mitte ist in Wirklichkeit das Phänomen Ware als gesellschaftliche Formbestim-

mung, sobald und solange etwas Ware ist, ist es allen lebendigen Bestimmungen entzogen, die sich im Zusammenhang eines Produktionsprozesses und eines Gebrauchsprozesses daran knüpfen, darin eingehen und daran entfalten können.[10]
Die herrschaftliche Unterwerfung von Natur vollendet sich durch Verwandlung in tote Mitte und wirkt über diese Mitte, die auch als tote gesellschaftliche Vermittlungsfunktionen erfüllt, auf die Menschen zurück. Das ist im Bezug auf den Begriff Produktion auszuführen, da unsere gegenwärtigen Strukturen von dem Primat geprägt sind, unter dem Produktion allein als Verwandlung äußerer Natur in die tote Mitte des Produkts, der Ware, begriffen werden kann und anerkannt wird. Das Verhältnis zur inneren Natur in dieser Produktion ist paradox. Sie gilt mindestens seit Adam Smith als das eigentlich Wertbildende, sofern sie als Arbeitskraft verbraucht wird; in dem Produkt ist aber lediglich die verwandelte äußere Natur anschaulich vergegenständlicht. Es ist zwar soweit erklärlich, aber logisch falsch und anthropologisch verhängnisvoll, daß innere Natur nur im Produktionsprozeß – und später wieder, davon streng getrennt, im Gebrauchsprozeß – auftreten darf, in dem ihr Produkt als Ware jedoch völlig über der Vergegenständlichung in äußerer Natur in Vergessenheit gerät.
Dies ist nicht etwa eine kulturkritische Anmerkung, sondern benennt die Achillesferse der bürgerlich-kapitalistischen Konstitutionsvorstellungen. So schleicht sich an genau dieser Stelle in die logisch sonst völlig konsequente Rekonstruktion von gesellschaftlich organisiertem Leben auch bei Hegel der entscheidende Fehler ein: Mit dem Freiwerden von »zusehender Intelligenz« im arbeitsteiligen Produktionsprozeß wird die innere Natur in Form des Phänomens körperliche Arbeitskraft im weiteren nur noch als Basis und begriffsloser Motor der immer komplexeren Strukturen mitgeschleppt. Die lebendige Arbeit fällt aus dem weiteren Prozeß der Selbstreflexion heraus, und das wesentliche Auftreten von innerer Natur bleibt deshalb liegen wie eine tote Mitte, statt einen lebendigen Strang der Selbstverwirklichung der Gattung über die Entfaltung dieser inneren Natur zu bilden. Was sich als der Grundwiderspruch von Lohnarbeit und Kapital ökonomisch

darstellt, kann auch als der Widerspruch ausgedrückt werden, daß unter der bürgerlichen Gesellschaft, die die Beherrschung von Natur weiter getrieben hat als irgendeine andere, die eigene Natur der Menschen bloß als Ressource für die Mehrwert abwerfende Produktion begriffen werden kann. Sie zählt nur, wo sie für den Profit interessant wird gemäß dem Vorbild einer zu beherrschenden äußeren Natur. Entsprechend muß Hegels Kritik an der »abstrakten Arbeit« in der Maschinerie der industrialisierten Produktion von Waren als idealistisch-moralische Empörung an dem konstitutiven Kern des Phänomens vorbeigehen.[11]

Der Begriff Naturbeherrschung am Menschen faßt die Geschichte zusammen, in der innere wie äußere Natur herrschaftlich unterworfen wird. In dieser Geschichte gibt es einen entscheidenden Schritt: von der völlig naturwüchsigen Unterwerfung zur systematischen. Er ist paradigmatisch bezeichnet durch die Art der Ausbeutung von Arbeit, also innerer Natur als Produktivkraft. Wo die Ausbeutung systematisch kalkuliert und die Arbeit zu abstrakter Arbeit im Sinne von Marx wird, kommt Naturbeherrschung am Menschen auf ihren Begriff. Für alle anderen historischen Perioden läßt sich nicht prinzipiell unterscheiden, wieweit freie Arbeit, die Marx dem Genuß als Entfaltung von Gattungsvermögen gleichsetzen will, im »bornierten Kunstsinn« etwa der Handwerker doch verborgen lag und wieweit ihre Unmöglichkeit nicht wirklich objektiv vom Zwang der Unfreiheit gegenüber der Natur bedingt war; wieweit sie andererseits durch die Ausbeutung von innerer Natur der einen Menschen durch die anderen in partiellem Interesse verhindert wurde.

Damit ist der Gegensatz von Gattungsfortschritt und individueller Entfaltung bezeichnet, der die bisherige Geschichte bestimmt. Der Antagonismus ist ebenfalls mit der kapitalistischen Klassenteilung auf seinen Begriff gekommen – geht aber freilich ebensowenig in ihr auf wie der von Naturbeherrschung am Menschen in der Lohnarbeit. Wo im ökonomischen Fortschritt erweiterter und erleichterter Reproduktion durch Güterproduktion für alle gleichzeitig Mehrwert angeeignet wird, da wird auch der Gattungsfortschritt im Bereich vermittelterer Aneignungen – geistig und sinnlich in Lebensformen,

Literatur, Kunst und so fort – von den Privilegierten usurpiert. Die Ausbeutung in der Produktion von Gütern als Waren verdoppelt sich als Aneigung einer Dimension von geistig-sinnlicher Erfahrung und Entfaltung, die – im Vorgriff auf das folgende – als eine andere Form der Produktion bezeichnet werden soll.

Im Zusammenhang mit der Geschichte der Produktion von Waren, als die wir wesentlich die der bürgerlich-kapitalistischen Gesellschaft begreifen müssen, heißt Naturbeherrschung praktisch: Gebrauch und Verbrauch von Natur als Ressourcen in Hinblick allein auf das gegenständliche Ziel von Produktherstellung. Sie wird durchgeführt als Raubbau und ohne Rücksicht auf Zweitwirkungen wie etwa die, die man inzwischen verharmlosend und moralisierend Umweltverschmutzung nennt, und überhaupt ohne Rücksicht auf alle Aspekte der Natur, die in keinem ausweisbaren effizienten Verhältnis zur Förderung von Produktherstellung als Warenproduktion stehen. So scheint das einzige an den unmittelbaren Produzenten, an den (körperlich) Arbeitenden, was reproduziert werden muß, ihre effektive Arbeitskraft zu sein. Natur ist Stoff, dessen Strukturen nur als Voraussetzung für die Produktion bestimmter Waren interessiert. Innere wie äußere Natur wird lediglich als Voraussetzung, im strengen Sinne, betrachtet.

Diese Betrachtung wurde mit aufkommender kapitalistischer, das heißt nach den Gewinnmaximierungskriterien von konkurrierenden Privateigentümern organisierter, Produktion systematisiert. Diese Systematisierung schafft einen Abstand zur Sache, zu der Verwiesenheit aller menschlichen Tätigkeit auf Natur, die sich in den vor- und außerkapitalistischen Gesellschaften als unbegriffene Naturwüchsigkeit der Verhältnisse darstellt. Bevor die Produkte, die doch immer notwendig sind, als Waren produziert werden, ist keine effektive Trennung von toter Mitte und lebendiger Mitte, von reiner Vergegenständlichung und deren prozessual aktuellem Lebenskontext möglich. Deshalb bleibt hier verborgen, daß es noch eine ganz andere Form von Unlebendigkeit gibt, nämlich das bewußtlose Leben der Menschen als Teil der Natur, wo sie zur äußeren Natur nicht genügend Abstand haben, um ihre innere gegen eine äußere Natur überhaupt abgrenzen zu können und in dem gewonnenen Spielraum sich ihr Verhältnis zu beiden durch Reflexion anzueignen. Solange bleibt die naturhafte Tätigkeit gegenüber der Reflexion tot, wie es weder einen Spielraum noch eine Mitte in ihm gibt; erst wenn sie zu einer Praxis erhoben wird, die Reflexionsebene des Subjekts ist, erst als Prozeß von Produktion tritt diese Tätigkeit lebendig in die Wechselbeziehungen ein, in denen sich das historische Subjekt als bewußtes, als Mensch, konstituiert. Tätigkeit überhaupt kann ebenso tot sein, weil es keine Mitte gibt, über die sie reflektiert werden kann, wie auf andere Weise die Mitte tot sein kann, weil sie den entstandenen Spielraum einnimmt, ohne in lebendige Reflexionen, in produktive Prozesse einbezogen zu sein. Stagnation kann aber auch in der Phase und auf dem Stadium eintreten, in denen eine bestimmte Mitte in bestimmtem Umfang in einen bestimmten Prozeß einbezogen wird, sich an dieser Struktur aber nichts mehr ändert. Die Abhängigkeit etwa des erwähnten Indianerstamms von der äußeren Natur ist soweit aufgehoben, daß er sie nach seinen gesellschaftlichen Erfahrungen von brüderlicher Kooperation bei der Jagd und Schicksalsgemeinschaft in Reproduktion und Krieg zu interpretieren vermag. Die Menschen können aber aus diesem Abstand zur äußeren Natur dieser gegenüber keine neuen Strategien entwickeln, zum Beispiel Ackerbau oder Viehzucht, die ihnen weitere Unabhängigkeit und zugleich auch komplexere gesellschaftliche Strukturen ermöglichen würden. Der Konstitutionsprozeß bleibt in einer Phase liegen, die wir mit einer Phase im Prozeß probeweiser Identifikation systematisch vergleichen können. Die Anstrengungen, um die eigenen Strukturen des Subjekts in das Andere probeweise, als Interpretationsversuch, hineinzuprojizieren, geben soviel Sicherheit und verlangen doch soviel Aufwand, zumindest um diese Phase gegen ein Zurücksinken in chaotische Naturabhängigkeiten festzuhalten, daß es zu einer produktiven Rückbeziehung nicht mehr kommt.

Aus dem Abstand, den die kapitalistische Produktionsorganisation durch die formale Anordnung von Kalkulation erreicht, werden die Betrachtung der Natur als bloße Voraussetzung von Produktherstellung und die entsprechenden Handlungsstrategien der Gattung zu bewußter Ausbeutung. Blindheit von Unterdrückung an Sklaven oder Leibeigenen verschärft sich zur Maxime der Rücksichtslosigkeit. Aus dem Abstand wird aber auch etwas darüber hinaus möglich und denkbar: Alle Elemente der inneren und der äußeren Natur könnten durch eine volle theoretische und praktische Reflexion auf sie zu den Bedingungen einer menschlichen Geschichte erhoben werden. Eine Realisierung dieser Denkmöglichkeit schließt allerdings Produktherstellung als einziges Paradigma für Produktion aus. Die Herstellung von Gütern, deren Fortschritt der Gattung eine immer erweitertere Reproduktion ermöglicht hat, muß zwar deren gegenständlich materielle Basis bleiben. Sie muß allerdings ebenso Teil einer Produktion im emphatischen Sinne eines bewußten, lebendigen Prozesses sein, wie sie diesen ökonomisch erst ermöglicht. Eine quantitative Trennung ist hier aus denselben Gründen undenkbar, die eine notwendige Naturbeherrschung nicht von einer zu kritisierenden Naturbeherrschung von einem bestimmten Ausmaß an abzutrennen erlauben.

Wie kann aber Produktivität bestimmt werden, wenn nicht länger das gegenständliche quantifizierbare Produkt als einzige relevante Objektivation gelten soll? Wie kann zugleich eine Tätigkeit als Arbeit ausgewiesen werden, wenn nicht durch ein quantifizierbares Produkt?

Bevor ich einen anderen Begriff von Produktion, wenigstens andeutend, entwickle, muß ich hier einem prinzipiellen Mißverständnis vorbeugen. Diese andere Produktion ist nicht einfach die Hervorbringung von Produkten geistiger Tätigkeit, die nach den Marxschen Begriffen Überbau heißt. Der Überbau gehört ganz genauso in die Produktionsgeschichte der bürgerlichen Gesellschaft wie die Basis und wird, wenn auch über äußerst komplexe Vermittlungen, nach eben denselben Kriterien kritisiert. Erst in der Kritik von Marx ist ganz deutlich geworden, daß der bürgerlich-kapitalistische Begriff von Produktivität – abgeleitet vom Begriff der produktiven Arbeit im Gegensatz zu sogenannter unproduktiver – ausschließlich dadurch bestimmt ist, daß das Produkt Warencharakter erhalten muß; in ihm muß durch Kapitalverwertung im Zusammenhang mit menschlicher Arbeit Mehrwert realisiert werden. Das heißt, im Produkt muß, im strengen Sinne des Begriffs, das Resultat des Produktionsprozesses ausweisbar vorliegen. Ausweisbar ist Warenproduktion allein darin, daß das Resultat in Geld als in seinen allgemeinen, gesellschaftlich geltenden Wert umgesetzt wird.

Ein solches Resultat kann materiell sein, wenn es durch Aneignung von äußerer Natur entstanden ist, es kann immateriell sein, wenn ihm eine entsprechende anschauliche Gegenständlichkeit fehlt. Aber diese Unterscheidung steht auf einem ganz anderen Blatt. Ebenso die Unterscheidung in Produkte von Basisprozessen und von Prozessen des Überbaus. Wenn die schauspielerische Leistung, das wissenschaftliche Buch oder das künstlerische Bild irgendwie einem Kapitaleigner Mehrwert bringen, so sind sie Resultate »produktiver« Arbeit. Geistige Produktion kann also nicht als die Gegendimension begriffen werden, die ich meine; ebensowenig stellen die Produkte körperlicher Arbeit andererseits den Bereich dar, den ich als Vergegenständlichung, als tote Mitte kritisiere. Die Schwierigkeiten, die eine Darstellung des Problems in Marxscher Begrifflichkeit mit sich bringt, gehen darauf zurück, daß diese in ihrem systematischen Teil ideologiekritisch an den Verhältnissen und damit auch an den Unterscheidungen der bürgerlichen Gesellschaft – etwa in »produktive« und »unproduktive« Arbeit – orientiert bleiben muß, während in der Kritik sich bereits grundsätzlich andere Unterscheidungen andeuten. Marx hat das getan, indem er etwa Genuß als »freie Arbeit« und die »allseitige Entfaltung« der Gattungsvermögen durch die empirischen Individuen als die »Produktion« der Menschheit durch sich selbst begriff (so z. B. im Feuerbachkapitel der ›Deutschen Ideologie‹ oder in den ›Ökonomisch-philosophischen Manuskripten‹). Der Begriff von Produktion als lebendige Mitte, auf den ich hinaus will, entspricht durchaus den Intentionen von Marx. Ebenso ist die Konstitutionslogik, die ich in einigen Stücken hier einführe, durchaus nach dem Modell gebaut, das Marx in der Einleitung zu den ›Grundrissen‹ als die historisch materialistische Dialektik von Produktion und Konsumtion entworfen hat.

Allerdings sind im ›Kapital‹ und in den ›Theorien über den Mehrwert‹ solche Begriffe und Modelle kaum selbst entfaltet, sondern bilden den Hintergrund, das intentionale Aufmarschgebiet – wenn man so sagen darf –, aus dem explizit nur die systematisch analytischen Angriffe der Kritik an den bürgerlichen Verhältnissen über die Kritik der kapitalistischen Produktionsorganisation entwickelt werden. Indem der Mensch »auf die Natur außer ihm wirkt und sie verändert, verändert er zugleich seine eigene Natur«[12], sagt Marx im ›Kapital‹. So kehrt das frühe und als solches auch idealistische Programm, die gesellschaftliche Praxis solle »allseitige Entfaltung« der Gattungsvermögen in den empirischen Individuen sein, später in der Kritik daran wieder, daß Privateigentum blinde einseitige Aneigung von wenigen, vor allem aber, daß die kapitalistische Produktion Aneignung der inneren Natur der Menschen einer Klasse durch die Menschen einer anderen Klasse bedeutet. Dagegen geht es um den Konstitutionsprozeß der Menschheit in dem von ihr reflektierten Hervorbringen der inneren Natur in neuen, differenzierteren, also bewußteren Bedürfnissen durch neue, differenziertere, also bewußtere Aneignungsweisen gegenüber der äußeren Natur. Von diesem Prozeß kann in der Ideologiekritik an den bestehenden Verhältnissen nur insofern die Rede sein, als er von diesen immer wieder in den Resultaten als Waren stillgestellt, abgebrochen wird.

Diese Struktur des Stillstellens, des Abbrechens hängt unmittelbar damit zusammen, daß der Produktionsprozeß der Güter mit ihrer Umsetzung in Geld abbricht. Der Gebrauchsprozeß ist durch diesen Abbruch grundsätzlich und unwiederbringlich vom Produktionsprozeß des Produkts getrennt, und eine historisch gesellschaftliche Vermittlung wird allein durch das Geld als Inbegriff des Allgemeinen und Geltenden hergestellt. Diese bürgerlich-kapitalistische Auffassung kann und muß deshalb genauso die empirischen Individuen der Gesellschaft in die schlecht idealisierten Rollenträger Produzent und Konsument trennen, die ebenfalls nichts miteinander zu tun haben können, obwohl empirisch die Rollen doch weitgehend von denselben Individuen realisiert werden; nur das Geld, das als Lohn oder Gewinn eingenommen und als Kaufpreis der Konsumgüter ausgegeben wird, ist dasselbe. Es ist hier notwendig, sich diesen bekannten Zusammenhang noch einmal in dieser Form zu vergegenwärtigen, weil diese Struktur derart grundlegend unsere gesamte Lebensorganisation prägt, daß sie zur gesamtgesellschaftlichen Formbestimmung geworden ist und als solche nun mittelbar auch die Strukturen unserer geistigen Produktion bestimmen kann. Selbst meine Kritik an dem hermeneutischen Vorgehen, das sich auf seinen Gegenstand allein wie auf einen Text bezieht, ist letzten Endes darin begründet, daß es noch im »hermeneutischen Bemühen um Identifikation« nur am Resultat entfernter Praxis als an einer toten Mitte sich abzuarbeiten bereit ist.

Solch eine Beziehung auf das Resultat als totes kann nur nach den Kriterien oder den Begriffen festgestellter, selber resultathaft toter allgemeiner Geltung vollzogen werden. Praxis von einst und gegenwärtige Praxis können dann nur im Medium einer Begrifflichkeit, die nach dem Vorbild der Philologie selber nicht im Prozeß steht, aufeinander vermittelt werden. Zweifellos muß Begrifflichkeit sein, zweifellos bedarf Vermittlung eben einer solchen Mitte. Die Mitte braucht aber nicht deshalb nur tote zu sein. So kategorial klingt das ziemlich einfach, ist aber in der Wirklichkeit unserer Bemühungen äußerst schwierig. Um so mehr sollte diese Überlegung bei den Auseinandersetzungen um Hermeneutik und ihren Stellenwert gegenwärtig bleiben. Allerdings habe ich bis jetzt nicht einmal selber alle die Diskussionen, in denen ich im konkreten Fall hermeneutische Ansätze oder die Interpretation von theoretischen Ansätzen als hermeneutische kritisiert oder für sinnvoll gehalten habe, unter diesem inzwischen klarer gewordenen Gesichtspunkt noch einmal überdacht.

Radnitzky schreibt: »Die Vor-Urteile des Interpreten beruhen weitgehend auf seinem Selbstverständnis; die traditionell ererbten Sinn- und Lebensmöglichkeiten werden dem Interpreten nur in dem Umfange bewußt, bis zu dem seine eigne Welt für ihn gleichzeitig durchlässig wird. Mit anderen Worten, das Verständnis für fremde Lebensformen wächst, während man die Fähigkeit erwirbt, sich neue Lebensmöglichkeiten vorzustellen; dies und die Erweiterung des eigenen Selbstverständnisses sind ein dialektischer Prozeß. Diese Dialektik eignet ebenso der Neugier gegenüber der Geschichte: Kenntnis des Vergangenen ist auch ein Mittel, über das eine Gesellschaft sich selbst, ihre gegenwärtige Situation verstehen kann, indem sie sowohl ihre Entstehungsgeschichte und Geltung rekonstruiert wie auch sich mit anderen Gesellschaften vergleichend betrachtet.«[13] Das ist eine recht gute Darstellung des Produktionsvorganges, den z. B. die bereits in der Hermeneutikdiskussion entwickelte kulturgeschichtliche Selbstreflexion leistet; allerdings geht es selbstverständlich nicht wirklich um »Verständnis«, sondern um die Fähigkeit zu erweiterter und veränderter Praxis, die durch Verständnis mit ermöglicht wird. Ein Ansatz zu dem historischen Probehandeln, um das es bei derartigen Reflexionsbemühungen geht, steckt, wie bei allen Hermeneutikern, unscheinbar auch in dem Modell von Radnitzky. Dessen werden aber vor allem sie selbst nicht recht gewahr, weil sie in der Sorge um Absicherung ihrer Ergebnisse zu sehr auf die jeweiligen Resultate von Prozessen fixiert bleiben. Nicht amtlich verbriefte Phänomene, die gleichwohl ebenso Objektivationen jener Prozesse sind, nehmen sie in der entsprechenden Dimension, nämlich der Praxis, deshalb nicht zur Kenntnis.

Alle Möglichkeiten, »fremde Lebensformen zu verstehen«, müssen gerade entsprechend den Einsichten der Hermeneutik in die Begrenztheit allen Verstehens auf Interpretationen aus der eigenen Situation heraus[14] als eine Art von Probehandeln zustande kommen, weil es ein anderes Identifikationspotential gar nicht gibt als den Wunsch nach Erweiterung des »Selbstverständnisses«. Solange das in strenger Isolation gegenüber der politischen Praxis betrieben wird, geschieht der Vorgang allerdings unbewußt und damit unreflektiert auch bezüglich seines möglichen Sinns. Trotzdem ist er nur möglich, weil die noch so »zusehende Intelligenz« (Hegel) für die Aufgaben der Rekonstruktion und des Vergleichens, also für die Produktion von alternativen Vorstellungen auf die von unserer offiziellen Historie totgeschwiegenen Nebenprodukte zurückgreifen kann, die im Zuge der Konstitution unserer Gesellschaft angefallen sind. Nur würdigt die Hermeneutik ihr reales Potential keiner Reflexion innerhalb der Dimension, die seine Dimension ist; praktisch-politische Reflexion kommt nur abgebildet im begrifflichen Interpretationsrahmen vor. Sie vermeidet damit unser Problem, stringente und nachprüfbare Beziehungen zwischen theoretischem »Verstehen« und zu verändernder Praxis auszuweisen. Sie zieht es aber, um der innertheoretischen Geschlossenheit des Denkens willen, vor, die Möglichkeiten transhistorischen, transkulturellen »Verstehens« der angesammelten Substanz eines vielleicht gattungsgeschichtlichen Subjekts als solchem zuzuschlagen, und steht vor dem Problem, die Möglichkeit ihrer Erkenntnis entweder einfach behaupten oder aber nach dem Modell idealistischer Erkenntnisbegründung in immer höheren Stufen von Geltung absichern zu müssen, bis sie bei einer transzendentalen Konstruktion angekommen ist. Dann verfällt aber die Hermeneutik zusehends der erkenntnistheoretischen Problematik, die in ihrem Bezug auf Situationen nur über Texte bereits angelegt ist. Der toten Mitte entspricht die logische Eskalation ins Transzendentale, auf die eine Erkenntnis zu ihrer Geltung angewiesen sein muß, die es verschmäht, im Rückbezug auf eine »niedrigere Stufe«, auf die Empirie, ihren Sinn produktiv zu erweisen.

Zweifellos ist eine historisch objektivierte Subjektivität in der Form auch von toter Mitte notwendig, wie sie bei uns in den Begriffen und Modellen gerade der Philosophie überliefert werden kann. In einer dialektischen Vereinigung mit der lebendigen Mitte der historisch produzierten Potentiale zu alternativer Praxis kommt es ihr zu, die unabdingbare Bestimmtheit der Alternativen zu garantieren. Außerhalb einer solchen Vereinigung bleibt sie aber tot; denn Identifikation oder Bemühung um Vorstellungen bedürfen immer außer den Konzepten, die sie präzisieren, praktischer Energien, auch die »hermeneutische Identifikation«. Diese Energien werden von empirischen Individuen aufgewandt – auch Wissenschaftler sind empirische Individuen – und sind von den gesellschaftlichen Verhältnissen ihrer historischen Situation bestimmt, so daß sie nie irgendeinem Bemühen um Verstehen schlechthin dienen können. Allerdings kann das lebendige Interesse, das sich mit den akademischsten Erörterungen noch verbindet, unerkennbar diffus oder unerkannt bleiben, die Theorien können zum Beispiel eine unbegriffene Flucht aus der schlechten Praxis sein oder insgeheim ihrer Verherrlichung dienen. Der Begriff Identifikation meint aber immer, daß sich in einer Art von Probehandeln, die realisiert oder nur vorgestellt sein kann, ein Interesse des Subjekts ausdrückt. Um so wichtiger ist es, sich

dieses Interesses bewußt zu werden und es als politischen Anspruch zu artikulieren. Soviel zu den unbewußten Trägern oder der bewußten Produktion von Potentialen in dem Fall einer hermeneutischen oder politischen kulturgeschichtlichen Selbstreflexion, die in zweifacher Hinsicht für diese Überlegung wichtig ist.
In das gegenständliche Produkt sich zu entäußern, bringt etwas materiell Greifbares hervor. Damit bietet es auch unserer inneren Natur die handgreiflichste Beziehungsmöglichkeit darauf. Diesen Vorteil der Sinnlichkeit und Anschaulichkeit muß es allerdings mit dem Nachteil verbinden, daß unsere sinnlichen Bedürfnisse auch ohne eine Differenzierung, die sie gegen die bloße Natur abgrenzen und historisch auszeichnen muß, das handgreifliche Objekt aneignen können. Hegel nennt deshalb bloße Tätigkeiten wie die bewußtlose Stillung von Hunger oder anderen Bedürfnissen im reinen Naturzustand »Vernichtung« des Objekts. Es fehlt am Abstand, dessen es innerhalb des Aneignungsprozesses selbst bedürfte. Um dieser Handgreiflichkeit willen, aber auch wegen der leichter verifizierbaren Eigenschaften von Körperlichem im Gegensatz zu geistigen Produkten ist die materielle Vergegenständlichung die prototypische, und die Rede von einer Vergegenständlichung als Resultat eines geistigen, immateriellen Produktionsprozesses ist insofern metaphorisch. Zugleich werden materielle Produkte durch körperliche Arbeit hergestellt – oder diese muß wenigstens wesentlich daran beteiligt sein; und die körperliche Arbeit ist das, was am wenigsten in den differenzierten Schichten des gesellschaftlichen Konstitutionsprozesses nach bürgerlicher Praxis wie Theorie Gegenstand der Selbstreflexion geworden ist. Deshalb stellt sich der bürgerlichen Auffassung körperliche Arbeit und ihr gegenständliches Produkt als der geistigen Produktion absolut untergeordnet, als ihr gegenüber grundsätzlich inferior dar.
Bürgerliche Ideologie begründet diese Ansicht mit dem analogischen Kurzschluß, das müsse so sein, weil körperliche Arbeit und körperliche Bedürfnisse eben mehr oder weniger bewußtlose menschliche Äußerungen seien. Von Natur aus sind sie das auch, aber das ist eine Tautologie. In unserer Geschichte – der Geschichte der Produktion von Gütern als Waren – sind

sie es ebenfalls; aber sie sind es, weil in der kapitalistischen Klassengesellschaft die Trennung in Mehrwertproduktion und Mehrwertaneignung existiert, das heißt, der Gattungsfortschritt wird vorzüglich von denen angeeignet, die nicht körperlich arbeiten. Körperliche Arbeit ist gerade da, wo ihr Produkt, die Vergegenständlichung, zum Prototyp von Produktion als toter Mitte gemacht worden ist, im Grunde vom Gattungsfortschritt in Selbstreflexion abgeschnitten. Der Begriff Arbeit ist ähnlich verengt wie der von Produktivität. In einem bestimmten Bereich wird immer die Umformung von Naturstoffen, die Bewältigung äußerer Hindernisse und dergleichen notwendig sein, sowohl für die Sicherung einer hochentwickelten Reproduktion wie zur freien Abarbeitung. Das heißt auch, daß befreite Arbeit vielfach sich äußere Natur anzueignen haben wird, aber nicht prinzipiell notwendig. Sie wird vielmehr ihr entscheidendes Kriterium daran haben, ob sie zur Entfaltung der subjektiven Vermögen beiträgt, und damit wird sie immer entfaltende Aneignung von innerer Natur sein. Als Arbeit gilt eine derartige Tätigkeit selbst unter den Verwertungsmaximen der kapitalistischen Ökonomie, wenn bestimmte Körperkräfte ausgebildet oder Geschicklichkeiten entwickelt, aber auch, wenn eine publikumswirksame Sopranstimme oder Virtuosität im Eiskunstlauf hergestellt werden. Wo der Verwertungszusammenhang wegfällt, kommt erst wirklich Ausbildung im Gegensatz zum Training im vollen Sinn zum Tragen; dann ist die Aneignung von innerer Natur die reinste Form von Arbeit als Entfaltung von Sinnesvermögen der Gattung im Individuum. Deshalb hat sie exemplarische Bedeutung nach beiden Seiten: Sie ist das Gegenteil von Vergegenständlichung im wörtlichen Sinne und im gesellschaftlich metaphorischen. Sie bedarf noch evidenter der Selbstreflexion als die befreite Güter produzierende Arbeit, um sich positiv gegen bloße Naturhaftigkeit abzugrenzen. Während die tote Mitte als Produkt durch ihre gegenständliche Präsenz auch die mit ihr verbundenen Prozesse und Strategien in Erinnerung rufen kann, fehlt es der lebendigen Mitte als Potential an einer solchen Kontinuität gewährenden Objektivation: Es sei denn, die Gesellschaft schafft in ihren Verkehrsformen eine Art von Ritualen kollektiver Erinnerung und revolutio-

niert damit die Funktion von Institutionen toter und herrschaftlicher zu lebendigen und freien Beziehungsmodellen. Tatsächlich stelle ich mir unter der Funktion des »Primats der Politik« in der Volksrepublik China etwas Derartiges vor.
Die kapitalistische Aufspaltung in Selbstreflexion und körperliche Arbeit wirkt zurück einmal auf das gesellschaftliche Verhältnis zu innerer Natur überhaupt. Körperarbeit ist in der Produktion von Gütern insofern von besonderer Bedeutung, als diese die Basis unserer materiellen Existenz bereitstellt, aber auch, weil die physisch zu realisierenden Vermögen der allermeisten Menschen in fast erschöpfendem Umfang ausschließlich für die Produktion von Gütern bzw. andere körperliche Arbeiten zur physischen Reproduktion verausgabt werden. Es bleibt also faktisch nicht viel übrig für andere Weisen der Objektivierung von innerer Natur als ihr beschränkter, instrumentalisierter Verbrauch in Form von Arbeitskraft. – Diese nun systematische Bornierung hat, einsetzend mit dem Beginn der sogenannten Neuzeit, also seit der Periode der ursprünglichen Akkumulation, die naturhafte Unlebendigkeit der früheren Verhältnisse abgelöst. Im feudalagrarischen Lebenszusammenhang waren die Tätigkeiten zu unreflektiert, um ganz menschlich aus dem blinden Naturzusammenhang hervorzutreten; sie vollzogen sich aber wenigstens überhaupt in sachlich vermittelten Beziehungen, während die heutigen nur die von Profitmaximen gesteuerten Produktionsstrategien auszuführen haben.
Überdies werden die verbleibenden Möglichkeiten immer mehr unter den Kriterien der Warenproduktion deformiert. Exemplarisch dafür steht wiederum, daß die körperlich Arbeitenden sogar vertraglich verpflichtet sind, ihre arbeitsfreie Zeit zur Rekreation ihrer Arbeitskraft für den Produktionsprozeß der Waren zu verwenden. Die Entfaltung von sportlicher Betätigung und selbst noch von Erotik, die mit der Sexwelle unter dem Titel des »Rechts auf die freie Entfaltung der Persönlichkeit« (Grundgesetz) angeblich freigegeben worden ist, steht unter den Maximen von Konkurrenz und Leistung, das heißt unter abstrakt geltenden, eben toten Kriterien. Zum andern wirkt das Phänomen hinüber in den Überbaubereich der immateriellen oder der künstlerisch-materiellen Produktion. Es

wäre nicht sinnvoll, hier weiter auf die Problematik dieses Bereiches im einzelnen einzugehen. Aber selbst da, wo ein Verwertungszusammenhang gar nicht manifest ist, wo eine Theorie aus der bürgerlichen Tradition heraus sich sogar gerade um die historische Überwindung von Vergegenständlichung und die »Entzerrung des Diskurses« bemüht, der durch Ausbeutung und Unterdrückung unmöglich geworden ist; selbst noch in dem Befreiungsmodell durch »entzerrten Diskurs« schlägt die bürgerliche Grundstruktur der toten Mitte durch, indem allein das Resultathafte, Textartige hier zum Medium unserer Beziehung auf Praxis gemacht wird.

Der andere Begriff von Produktion bezieht sich auf jede Art von Produktion grundsätzlich gleichermaßen, obschon im einzelnen auf außerordentlich differenzierte Weise. Was kann Kriterium für Produktivität sein, wenn nicht das gegenständliche Produkt? Es ist inzwischen klargeworden, daß gegenständlich hier auch metaphorisch zu verstehen ist. Solche Produktion objektiviert sich in der Ausbildung von realen Potentialen. Die Tätigkeit schlägt sich nieder, objektiviert sich, aber nicht im Äußerlichen als Gegenstand, nicht als fertig abgeschlossene Leistung in Wissenschaft oder Kunst, sondern als die reale Möglichkeit qualitativ neuer Prozesse. Eine Tätigkeit bringt neue, aber mit ihr verbundene und durch sie bestimmte Fähigkeiten hervor: eine Differenzierung von Bedürfnissen, von Seh- oder Geschmackserfahrungen, von Interaktionsformen, die ihrerseits das Erreichte lebendig auf zukünftige Praxis weitervermitteln.

Selbstverständlich sind im Zuge der bisherigen Geschichte, auch im Zuge der kapitalistischen Geschichte als Fortschritt von Warenproduktion, solche Potentiale immer mitproduziert worden; das ist die Logik von Konstitutionsprozessen. Aber sie sind entweder reflektiert worden, um auf komplexeren Vermittlungswegen der Warenproduktion zu dienen – so ist diese fortgeschritten und so haben die europäischen Gesellschaften für ihre Ausdehnung über die ganze Welt gesorgt; oder die Potentiale sind mehr oder weniger unreflektiert liegengeblieben. Sie gingen der Gattung wie den Individuen verloren oder fristeten als ungewollte Nebenprodukte eine heimliche, unentdeckte Schattenexistenz, bis sie vielleicht an unerwarteter Stelle wie ein deus ex machina zum Vorschein kamen. Ich werde noch zeigen, daß dies genau der Fall aller künstlerischen Produktivität ist, die von der bürgerlichen Gesellschaft als »Genialität« wohl mit einem Etikett versehen, aber nie erklärt werden konnte.

Die Niederschläge, die ich Produktion von Potentialen nenne, finden nicht in der Objektivität des bereits Faktischen statt. Vielmehr objektivieren sie sich zum einen in den empirischen Individuen als den realen Entitäten historischen Lebens und Handelns, zum andern in Form von gesellschaftlich gewußten, wirksamen Problemlösungsmodellen und -perspektiven. Sie tragen also zur Ausbildung von Subjektivität bei. Man kann auch sagen, ihr Niederschlag ist ein stetig wachsender gesellschaftlicher Faktor Subjektivität; denn sie sind objektiv gegenüber individueller Partialität, insofern diese Subjektivität im Verhältnis zur Natur ein Gattungsvermögen ist. Als *gesellschaftliche Produktivkraft* lebt sie zwar nicht in einer den Menschen gegenständlich-objektiv gegenübertretenden Form wie die Produktionsmittel oder wie kodifiziertes Recht und schriftlich tradierte Wissenschaft, sondern in den empirischen Menschen selbst. Darin gewinnt die historische Situation wieder Ähnlichkeit mit den früheren Phasen von Naturbeherrschung, da das gesellschaftliche Produktionswissen in der mündlichen Überlieferung von Mythen, die die Jagderfahrungen eines Stammes als geheiligte Regeln darstellen, oder auch in dem Können und Lernen der Handwerker aufgehoben werden. In solchen Gesellschaften besitzen die empirischen Individuen mit den von ihnen lebensgeschichtlich realisierten Fähigkeiten den Primat über gegenständliche Objektivation – etwa Jagdgeräte und Werkzeuge –, die ohne ihr Wissen vom Umgang mit ihnen unbrauchbare, tote Zeugnisse bleiben, und zwar aus Mangel an umfassend entwickelten toten Mitten. In dieser Lage können die Individuen dieses Wissen nur bewahren und strategisch verfügbar halten, indem sie bestimmte Interaktionsformen zu gesellschaftlichen Institutionen erheben, als kollektive Rituale einüben, so daß Subjektivität im wesentlichen als mythisches Wissen des Stammes erscheint, das einzelnen Erfahrungen zwar als allgemeines Wissen gegenübersteht, durch seinen konkreten Zusammenhang mit der

historischen Situation aller als Stammesglieder aber noch auf die Einzelnen bezogen werden kann.
Wo im Spätkapitalismus bei weiterlaufender, ja perfektionierter großer Maschinerie wiederum der subjektive Faktor den Primat erhält, verändert sich gegenüber der klassisch kapitalistischen Gesellschaft erneut das Verhältnis von Gattung und Individuen. Solche Subjektivität kann und darf nicht Individualität sein, die dem isolierten Einzelnen zugerechnet oder von ihm autonom realisiert werden könnte. Das war ohnehin nur denkbar, solange die Organisation der Gesellschaft metaphysisch durch die Mechanismen der Vorsehung (Markt und räsonnierende Privatleute) bzw. durch die gegenständliche Objektivität der Produktionsmittel und ihren Primat bei der Organisation der Produktionsvorgänge gesichert schien. Die überhöhte Betonung von Persönlichkeit und Individualität in der bürgerlichen Geschichte spiegelt nicht nur das falsche Bewußtsein der Unternehmer, daß in Gestalt jener Mechanismen ihre individuellen autonomen Dispositionen die Geschichte bestimmten; sie gibt zugleich zu erkennen, daß jeder seine Selbstentfaltung durch jene unmenschlichen Objektivitäten negiert fühlte und sich deshalb gegen sie auflehnte. Diese unerkannten und unbewußten Beziehungen zwischen individueller und gesellschaftlich-gattungsgeschichtlicher Subjektivität sind der Menschheit nicht würdig. Wir stehen am Ende der Epoche, während derer man meinen konnte, der Gattungsfortschritt könne nur und gerade durch die Konkurrenz der Individuen, also durch deren gegeneinander isolierte autonome Ausbildung vorangetrieben werden.
Daher muß die Gattung sich bewußt gesellschaftlich ihren Fortschritt in den empirischen Individuen aneignen. Diese bilden nicht länger nur per saldo und ohne ihr tätiges Bewußtsein davon, sondern real das Subjekt der Geschichte, so daß Individualität den Alleinvertretungsanspruch auf Subjektivität endgültig aufgeben muß. Die *bürgerliche Angst vor Kollektivität* ist darin begründet, daß man sich aus der bürgerlichen Tradition heraus tatsächlich unter Kollektivität nur eine Regression auf die Situation von Stämmen vorstellen kann, die aus Mangel an genügend umfangreich entwickelten Mitten – an Geräten wie an Institutionen – Subjektivität nur

unbegriffen und ohne besondere Reflexion auf die einzelnen empirischen Individuen zu realisieren vermögen. Eine entsprechende Vorstellungsarmut schlägt sich ebenso in der bürgerlichen Anthropologie nieder, die streng auf die Stufung des Fortschritts bedacht ist, an dessen absoluter Spitze die bürgerliche Gesellschaft steht. Diese Blindheit über sich selbst ist aber zugleich und vor allem anderen Teil der Strategie der Klassenherrschaft sowohl über die »produktive« Arbeit wie über fremde Völker.

Sobald die Subjektivität vergesellschaftet wird, indem alle empirischen Individuen als Ort ihrer Ausbildung begriffen und in den bewußten Fortschritt der Gattung einbezogen werden, und sobald Subjektivität veröffentlicht wird, indem sie als *Produktion der Gattung* und nicht als private »Begabung« oder »Ausbildung« oder was sonst verstanden wird, wird die bisherige Fortschrittsidee als Herrschaftsideologie entlarvt: Vor allem die Organisatoren und Nutznießer der kapitalistischen Produktionsgeschichte haben die Maxime vertreten, daß für den Fortschritt der Gattung die empirischen Individuen geopfert werden dürften oder müßten; und noch die nachbürgerlichen Revolutionen erliegen allzu leicht der Gefahr, in der Aussicht auf neue Fortschrittsvorstellungen die alte Opferpraxis unverändert zu übernehmen. Gerade um der notwendigen Fortschritte auf dem Weg zu einer menschlicheren Geschichte willen können wir es uns nicht länger leisten, die innere Natur von Menschen als bloße Zugabe zu behandeln – weder als Zugabe für Hoffnungen auf eine veränderte Praxis in einem sinnlosen Probehandeln, noch und erst recht nicht für die Aufrechterhaltung der Warenproduktion.

Der Gegensatz von Gattungsfortschritt und individueller Entfaltung ist nicht länger Teil des naturwüchsigen Antagonismus zwischen historischer Menschheit und äußerer Natur. Die verheerenden Rück- und Zweitwirkungen der gegenwärtigen Form dieses Antagonismus' beweisen indessen, daß gleichzeitig auch die äußere Natur nicht länger naturwüchsig als bloße Voraussetzung zum Prozeß der Warenproduktion behandelt werden kann. In dieser historischen Konstellation stellt sich eine Art von Einheit der inneren und der äußeren Natur wieder her. Zunächst ergibt sich beiden gegenüber dasselbe

Problem, nämlich die bisher nicht beachtete, als bloße Voraussetzung für die Reproduktion der Gattung durch Warenproduktion behandelte Natur nunmehr reflektierend als Bedingungen, also als gesetzte, anzueignen. Dies bedeutet eine doppelte historische Wechselbeziehung zwischen menschlicher Gesellschaft und Natur. Die innere Natur der Menschen könnte in freier Arbeit, wenigstens weitgehend, entfaltet werden, weil die äußere mit den Mitteln der modernen Naturbeherrschung angeeignet werden kann. Die Katastrophe dieser Beherrschung von äußerer Natur zwingt zu einer Reflexion, die in dieser Situation auch auf die innere übertragen werden kann und muß. Eine emphatischere Aneignung von innerer Natur ist aber nur realisierbar im Medium der fortgesetzten Aneignung auch von äußerer, so daß auf deren Differenzierungen schon um der inneren willen reflektiert werden muß; denn die innere Natur muß ihrerseits Medium der Selbstreflexion der Gattung sein, da diese sich in den empirischen Individuen und als der auch physisch materielle Prozeß zu vollziehen hat, den die leibliche Existenz der Menschen bedingt.

Marx hat sich eine derartige Versöhnung mit der Natur (um einen Ausdruck von Max Horkheimer zu gebrauchen), soweit er überhaupt eine Vorstellung konkretisiert hat, offenbar als die Einheit von reproduktionsnotwendiger Arbeit und freier individueller Entfaltung der Gattungsvermögen vorgestellt. So einfach kann das inzwischen keineswegs mehr gedacht werden. Was den Menschen in der arbeitsparenden Technik an Möglichkeiten zur Entfaltung über innere Natur noch offensteht, dürfte auf jeden Fall völlig unzureichend sein, um eine allseitige Tätigkeit mitten in der technisch notwendigen Arbeitsteilung zu entfalten. Zweifellos ist der Versuch von Habermas, die Versöhnung mit der Natur, vor allem aber erst einmal unter den Menschen in dem von diesem technischen Prozeß abgehobenen Bereich von Verteilung der Güter und »freiem Diskurs« zu entwerfen, der notwendige Hinweis auf jene Einsicht. Allerdings, meine ich, sucht er das Andere zu sehr in jener Überbausphäre, die zwar innerhalb der bürgerlichen Gesellschaft das Andere zur Produktion an der Basis ist, deren insgesamt »verzerrte« Konzeption und Wirklichkeit er aber nicht grundsätzlich zu verändern vermag. Hier ein anderes Modell zu konstruieren, hieße Utopien spinnen. Ich möchte mich, wenigstens vorerst, darauf konzentrieren, an einigen Punkten Beziehungen der Menschen aufeinander und auf die Natur bis in die Gegendimension zu verfolgen. Im Hinblick auf die Ziele einer Vereinigung von körperlicher und geistiger Arbeit, von kollektiver, individuell realisierter Subjektivität können solche Modelle vielleicht exemplarischen Charakter gewinnen. Eine entscheidende Ermutigung stellt realgeschichtlich dar, was wir aus der Volksrepublik China über Versuche zur »Einheit von Produktionssteigerung, Klassenkampf und wissenschaftlichem Experiment« in der praktischen Organisation von Landwirtschaft und Industrie vernehmen.

Von der Resignation angesichts der Unmöglichkeit, notwendige Güterproduktion und individuelle Entfaltung im spätkapitalistischen Stadium der Industrialisierung wie zwei Fliegen mit einem Streich zu erwischen, ist auch die vielleicht wichtigste Gestalt des Kampfes gegen Herrschaft als Naturbeherrschung am Menschen, die ›Dialektik der Aufklärung‹, gekennzeichnet. Sie schlug sich im Werk von Adorno und Horkheimer als der weitgehende Verzicht darauf nieder, den Anspruch auf eine historisch dialektische Geschichtskritik noch durch eigene Studien zu der jeweiligen ökonomisch-politischen Situation einzulösen. Sie haben sich vielmehr im wesentlichen auf die in der Marxschen Lehre geleisteten Analysen und deren Begrifflichkeit verlassen und berufen. Aus ihrer partiellen Skepsis dieser Lehre gegenüber haben sie am ehesten die Konsequenz gezogen, sich noch einmal auf die bürgerliche Subjektivität zu stützen und deren Formen geistiger und künstlerischer Produktion zu dem Ort zu machen, von dem aus die Kritik am schlechten Bestehenden geführt wurde.

Sie konnten sich dabei fast auf das Marxsche Modell der Überwindung der kapitalistisch-bürgerlichen Organisation der Gesellschaft berufen. Wenn die entwickelten Produktivkräfte die Produktionsverhältnisse sprengen, so bedeutet das Revolution und doch auch Kontinuität. Die zweite Seite wurde dadurch noch stärker gemacht, daß das Verfahren der Ideologiekritik darauf beruht, die bürgerliche Gesellschaft unter den von ihr selbst entwickelten Zielvorstellungen zu kritisieren und mit den von ihr selbst entwickelten Instrumenten zu sprengen. Soweit Marx Intentionen wahrhaft einlösen wollte, die als emanzipatorische Möglichkeiten schon in dem bürgerlichen Denken angelegt waren, die aber durch das Bürgertum nur in seinem Kampf um seine Interessen gegen den Feudalismus verwirklicht werden konnten, kann ihm zufolge die sozialistische Zukunft als Fortsetzung der kapitalistischen Vergangenheit verstanden werden. Mit der Warenanalyse, mit der Aufdeckung des Geldschleiers und mit der Fetischkritik hat Marx selber eindeutig genug darauf hingewiesen, daß die bürgerliche Gesellschaft sich der Fähigkeit zu konkreten Beziehungen auf Inhalte systematisch beraubt. Andererseits bedingt seine grundlegende materialistische Einsicht, daß jede Veränderung an den realen historisch bestehenden Verhältnissen und dem aus ihnen sich ableitenden Bewußtseinsstand anzusetzen hat, Kontinuität. Marx hat sie unmißverständlich revolutionär-strategisch interpretiert, mehr als die andere Form von Kontinuität, die durch die Beibehaltung der in Naturbeherrschung eroberten Gattungsvermögen zu einer technisierten Produktion gegeben ist. Diese Position hat historisch notwendig ambivalenten Charakter. Ihn einseitig als Objektivismus zu interpretieren, war ein schwerwiegender Fehler, und seine ökonomistischen Varianten machen uns weiterhin zu schaffen.

Dagegen gerade haben sich die Autoren der Kritischen Theorie gewandt. Allerdings, so darf man vielleicht cum grano salis sagen, sind sie vor allem mit ihrer ›Dialektik der Aufklärung‹ auf komplizierte Weise ihrerseits einer objektivistischen Tendenz verfallen; indem der Weg in eine veränderte zukünftige Praxis nicht einfach durch schöne billige Behauptungen irgendeines Positiven vorgestellt werden sollte, mußte er historisch bestimmt werden am Vergangenen und Veränderung allein durch dessen Kritik, Negation immanent erbringen. Für Adorno und Horkheimer hat es kaum eine gesellschaftliche Praxis als Reflexionsebene ihrer Kritik gegeben: Gegenerfahrungen etwa praktischer politischer Kollektivität waren ihnen geschichtlich verwehrt: Die proletarische Revolution Rußlands ging in ihrem ökonomischen und politischen Kampf um den »Sozialismus in einem Land« und im stalinistischen Terror unter; die deutsche revolutionäre Arbeiterbewegung brach 1919 zusammen, und ihre Ziele und Bedürfnisse konnten sogar zu großen Teilen vom Nationalsozialismus in seine »Bewegung« umgelenkt werden. Entsprechend war es der Kritischen Theorie nicht möglich, sich in praktisch bestimmter Reflexion einer »entfernten« Praxis als einer Quelle von Gegenerfahrung zuzuwenden. Eine solche probeweise Identifikation setzt eben irgendeine Perspektive von eigenem Probehandeln voraus. In der Zeit des »Überwinterns« der Frankfurter Schule – während des Faschismusregimes und in der Ära des Kalten Krieges wie des KPD-Verbots – konnte Probehandeln nur innerlich auf dem Gebiete vor allem der Kunst versucht werden, das heißt, ein Handeln von nur sehr vermittelt gesellschaftlichem Charakter. Aus dieser Gesamtkonstellation ist die ›Dialektik der Aufklärung‹ zu verstehen. Herrschaft wird als Unterdrückung von innerer und äußerer Natur, der bisherige Fortschritt der Vernunft als deren dialektische Verschlingung interpretiert; aber dieses Interpretationsmodell, wie dialektisch auch immer in sich, wird weitgehend unhistorisch, undialektisch in die gesamte Geschichte zurückprojiziert, während es doch nur die Verhältnisse im Stand der bürgerlichen Gesellschaft zu präzisieren vermag.

Seit bürgerliche Geschichtsphilosophie betrieben wird, kann man von einer Vernunft als nicht bloß existentiell instrumenteller ausgehen, weil sie das nur in der Phase der Durchsetzung des Bürgertums war. Für die Geschichte vor dem Kapitalismus läßt sich eben weniger systematisch behaupten, daß Fortschritte der Vernunft immer in sich ein Moment haben, das sie zum Umschlag in nur perfektere Herrschaft über die unterdrückten Menschen bestimmt. Für die bürgerliche Geschichte trifft das tendenziell durchaus zu; zugleich kann Herrschaft aber auch tendenziell eher abgeschafft werden als in früh- oder vorkapitalistischen Verhältnissen. Insofern interpretiert die ›Dialektik der Aufklärung‹ die vorbürgerliche Geschichte – auf die übrigen Kulturen hat sie sich ohnehin gar nicht erst bezogen – ausschließlich als die Vorgeschichte der gegenwärtig realisierten Möglichkeiten und vor allem des gegenwärtigen Elends. Im Band II kann ich das an einem brillanten Modell zeigen. Die Mytheninterpretation der Circe- und Kalypsopassagen aus der Odyssee, die Adorno rein spekulativ und ohne irgendeine Kenntnis von dem Circeballett von 1581 oder ähnlichen Texten gegeben hat, arbeitet ganz genau die Strukturen und Tendenzen eben der bürgerlichen Auffassung von diesen Mythen unter dem sich durchsetzenden Absolutismus in Frankreich heraus. Adornos fast kalauerhafte Apostrophierung des Odysseus als frühem Großbürger und Snob dürfte aber trotzdem umstritten bleiben; denn sie stimmt mit der Auffassung von dem Stoff, die unter dem frühen Absolutismus in Frankreich die Strukturen des sich ökonomisch durchsetzenden Bürgertums als Strukturprinzipien herrschaftlicher Machtausübung und Kultur der Zeit zeigt, wahrscheinlich mehr überein als mit den Verhältnissen der homerischen Griechen.

Insofern finden wir noch bei Adorno und Horkheimer, deren kritischem Motiv ich ganz folge, das eindimensional geradlinige Modell der bürgerlichen Geschichtsphilosophie wieder. Bei Kant steht im Fluchtpunkt dieser streng perspektivisch angelegten Betrachtung der Gattungsentwicklung die gleichgewichtige Gesellschaft bürgerlich autonomer Individuen. Die Entwicklung dorthin sieht Kant schon als diesseitig realhistorischen Prozeß; aber seine Verwirklichung meint er, resignativ aufgrund der schlechten Umstände, noch der transzendentalen »Vorsehung« in Zusammenarbeit mit dem aufgeklärt absolutistischen König jenseits der bürgerlichen Gesellschaft anvertrauen zu müssen. Die Menschen, die offenbar verläßlich nur an der Produktion von Waren und ihrem Fortschritt zu arbeiten vermögen, brauchen nach wie vor die tröstende Verlängerung der irdischen Perspektive auf eine metaphysische jenseits des historischen Horizontes. So ist ihre Arbeit an der Produktion des Gattungsvermögens Sittlichkeit, Freiheit, noch mehr eine Schuld gegenüber dem Schöpfer und seiner guten Weltordnung, als daß die reale Geschichte absehbar Ort und Subjekt der Kritik und des strebenden Bemühens sein könnte. Gerade weil damit zusammenhängt, daß die Natur im Kantischen Idealismus auf das als solches ganz bestimmungslose Ding an sich reduziert wird und entsprechend »Glück« als die historische Entfaltung der inneren Natur in den empirischen Individuen von Sittlichkeit als der Entfaltung der Gattung zu Freiheit getrennt wird, haben Adorno und Horkheimer immer

wieder den Idealismus kritisiert, aber auch immer wieder auf die Kantischen »Brüche« hingewiesen, in denen sich ein Recht des Unterdrückten mittelbar andeute.
Kant hat eine Weltgeschichte konzipiert, die in einer Entwicklung auf die freie Selbstvollendung einer bürgerlichen Gesellschaft hin angelegt wäre und in der alle anderen Kulturen in bezug auf Europa nur über den Text der europäischen Geschichtsschreibung vorkommen könnten. Das überhöht die kapitalistische Geschichte von Warenproduktion als einzigen, unumkehrbaren und notwendig extrapolativ fortschreitenden Prozeß zum Konstitutionsmodell der Menschheit schlechthin. Hegel hat diesen Prozeß selbst zum Subjekt erhoben, das in den historischen Polen von Subjekt und Objekt zu sich kommt und sich objektiviert, dem deshalb aber die empirischen Individuen – nach wie vor – untergeordnet bleiben. Auch der Weltgeist muß immer voran. Als ob die Realgeschichte der Logik jener Eventualmöglichkeiten, die in ihrem Verlauf entstanden sind, zu komplexeren Strukturen wirklich bloß deshalb folgen müßte, weil sie in ihrem Verlauf entstanden sind. In den ›Jenenser Realphilosophien‹, so möchte man sagen, stolpert der Weltgeist geradezu unaufhörlich die Treppe hinauf. Eine solche logisch konsequente Praxis gibt es indessen nur in der kapitalistisch kalkulierten Produktion, in der eine Phase der Kapitalverwertung und Akkumulation eine eskalierende folgende hervorbringt. Der Blick zurück oder zur Seite ist dem Weltgeist verwehrt wie dem Orpheus, als ob Geschichte nur dazu taugte, um überwunden zu werden, als ob jede Rückwendung die gewonnene Reflexionsstufe preisgeben müßte und die Menschen wieder in bewegte oder gar ganz tote, steinerne Natur zurücksinken zu lassen drohte. Dabei kann gerade das Entgegengesetzte wahr sein. Im Zuge der Geschichte sind vielfach Potentiale produziert worden, die wieder untergegangen sind, weil es an den Voraussetzungen zu ihrer Realisierung gefehlt hat. Teilweise war mangelnde Freiheit gegenüber der äußeren Natur der existentielle Grund, teilweise wurden sie mehr oder weniger willkürlich der Aneignung des Gattungsfortschritts durch die Herrschenden und dem Fortschritt der vergegenständlichten Produktion im bornierten Sinn geopfert.

Unsere Aufgabe kann es nicht sein zu beurteilen, ob die Geschichte grundsätzlich ohne diese Opfer möglich gewesen wäre und doch zu den gegenwärtigen Möglichkeiten der Gattung hätte führen können. Das läuft auf die Frage hinaus, ob eine entsprechende Entfaltung der Gattungsvermögen ohne die Phase des Kapitalismus überhaupt möglich gewesen wäre. Derartige Fragen sollten den Kulturkritikern und anderen Skeptikern überlassen bleiben, die an ihnen ihren Ersatz für veränderndes Probehandeln in der historischen Praxis finden mögen oder nicht. Denn in der gegenwärtigen Wirklichkeit stellt sich diese Frage ganz anders. Es ist die Frage, ob die durch den europäisch-imperialistischen Kapitalismus in unsere Geschichte gewaltsam hereingezerrten Völker und Kulturen, einmal infiziert und ohne die Möglichkeit, in ihren traditionellen Strukturen fortzuleben, denselben Weg wie die kapitalistisch industrialisierten Völker zu gehen haben, ob sie die Chancen, die ihre leidvolle Verstrickung in eine imperialistische Weltgeschichte andererseits sehr wohl auch bedeuten kann, mit denselben Opfern erkaufen müssen wie wir. In diesem Zusammenhang sind etwa die oben gegebenen Hinweise auf die chinesische Entwicklung zu sehen.

In demselben Zusammenhang aber ist es zweifellos unsere Aufgabe, da, wo die zurückliegende Geschichte für uns erkennbar Potentiale freigesetzt hat, ohne daß sie realisiert oder in dem vollen Umfang realisiert wurden, in dem wir sie von heute aus begreifen können, praktische Selbstreflexion zu entfalten. Eine solche anthropologisch gesellschaftliche Therapie muß die im unglücklichen Fortschritt der Gattungsgeschichte unterdrückten, vergessenen Ansätze im Hinblick auf die zukünftige Praxis sich zu erarbeiten versuchen, wie Analytiker und Analysand in gemeinsamer Interaktion einstige Verdrängungen auflösen und die damals sich abzeichnenden Problemlösungen realisieren.

Allerdings entspricht es den Anforderungen unserer geschichtlichen Konstitutionsphase, daß die prinzipielle Rollenverteilung, die in der bisherigen Analyse zwar andeutungsweise in Frage gestellt ist, weil auch der Analytiker sich selbst in ihrem Verlauf immer neu analysiert und verändert, aber doch grundsätzlich die Trennung von Produzent und medialem

Objekt aufrechterhält, aufgelöst würde. In ihrer gewissen Naivität hat die Hegelsche Konstitutionslogik für eine derartige Produktion als lebendige Mitte und in kollektiver Subjektivität das Modell entworfen. Als sei das in der bürgerlichen Gesellschaft und ihrer Institution Ehe mit einer gewissen Selbstverständlichkeit der Fall, wird es in der ›Jenenser Realphilosophie I‹ ganz knapp und ziemlich unvermittelt zum systematischen Prozeß und deshalb um so eher als Antizipation geeignet skizziert: Ich möchte es *Liebe als Produktion* nennen. Die Menschheit gelangt danach zu dem Gattungsvermögen, das seiner selbst bewußte Bewußtsein zu entfalten dadurch, daß sich ein Mensch mit seinem Selbstbewußtsein liebend in einem anderen selbstbewußten Menschen zu reflektieren vermag. Diese Selbstreflexion ist als Praxis gedacht; sie vermittelt beiden Individuen die gemeinsame neue Potenz und gibt ihnen individuell auf, diese neue Potenz in der bewußten Beziehung aufeinander zu realisieren. Das spätere Modell Hegels, die »Selbsterkenntnis im anderen«, ist schon viel stärker in die typisch bürgerliche Problematik einer zur Geltungsvermittlung depravierten Praxis hineingezogen. Vermutlich kommt der Liebe als Produktion von selbstreflektierender Praxis jene »Liebe als Erkenntnis« der frühen Florentiner Neuplatoniker näher, so daß meine Rekonstruktion der Praxis des Quattrocento im Hinblick gerade hierauf den Sinn erhält, eine in der bürgerlichen Begrifflichkeit konstruierte Vorstellung mit einer frühbürgerlich-spätmittelalterlichen Praxis zu konfrontieren und so die konstitutionslogische Leerform an einer »entfernten« Gegenerfahrung einer Konkretisierung näher zu bringen.

Typischerweise verhält sich allerdings unsere Gesellschaft zu den zeitlich und räumlich entfernten Kulturen wie zur äußeren Natur; wir verbrauchen sie bestenfalls als Stoff oder Anregung für unsere Warenproduktion – im Kolonialismus so gut wie im kulturimperialistischen Tourismus. Dabei können wir dort nicht nur vielen Modellen einer in sich weit freieren und differenzierteren Aneignung von innerer Natur als der unseren begegnen. Um die Unterdrückungen unserer eigenen Vorgeschichte zu erkennen und wenigstens in einer zukünftigen Praxis aufzuheben und um andererseits aus der Vorgeschichte anderer Völker begreifen zu können, welche Art von Beziehungen zu ihnen in Wirklichkeit brüderlich wechselseitige werden könnten, also um die historischen Bedingungen für unsere eigene Selbstbefreiung zu schaffen, müssen wir die entfernte Praxis der »Dritten Welt« zur Reflexionsebene unserer eigenen machen.

In allen diesen Aspekten müßte die Produktion als lebendige Mitte parallel zu der Frage nach den Gebrauchswerten diskutiert werden. Was anfangs zur Trennung der Ware als Tauschwert von den Prozessen ihrer Produktion und ihrer Konsumtion gesagt wurde, könnte man in den einzelnen Schritten umdrehen. Es würde so eine Einheit der Entfaltung von Produktion und von emanzipatorischen Verkehrsformen sich für die Situation ergeben, wo in einer Gesellschaft jeder im Bewußtsein des Gebrauchswerts für sich wie für andere produziert. Gegenständliche wie übrige Produktion wäre dort gerade substantielle Intersubjektivität, emphatische Interaktion ebenso wie eine kollektive Organisation des Produzierens selbst. Selbstverständlich wäre dergleichen nur möglich, wenn die Beziehungen über eine Objektivation vermittelt sind; denn sonst gibt es nur den Bereich konkreter Anschauung, unmittelbaren Erlebens, in dem ein produzierendes Individuum sich identifizieren kann mit einem konsumierenden und auch dies nur unter bestimmten gesellschaftlichen Verhältnissen wie Familie oder Freundschaft. Um räumliche und zeitliche Entfernung zu überwinden, ist erst recht eine gesellschaftliche Objektivation notwendig, die Funktionen wie Öffentlichkeit der Prozesse und Bewußtheit der Beziehungen zu einer gesamtgesellschaftlichen Subjektivität perspektivischen Charakters verdichten kann. Entsprechend wären viele weitere Linien von Gebrauchswertvorstellungen zu ziehen.

Materialistische Ästhetik

Die Einführung von Praxis als Reflexionsebene und von Produktion als lebendiger Mitte muß hier darauf hinauslaufen,

den Begriff von Ästhetik neu zu bestimmen. Das bedeutet zunächst einmal, daß Ästhetik nicht als Metatheorie der positiven Kunstwissenschaften verstanden werden darf. Damit ist aber nicht allein verbunden, daß sie sich auf die Praxis in den verschiedenen traditionellen und vielleicht neu entstehenden Künsten selber einzulassen hat; es wird ein ganz anderer Bezug auf Praxis überhaupt gefordert. Er steht in einem gewissen Gegensatz zur Form der Ideologiekritik; insofern steht er auch quer zu jeder Dogmatik marxistischer Interpretationen von vergangener und gegenwärtiger Kunst. Auf demselben Weg wird aber auch eine Kritik an der bürgerlichen Trennung von Kunst und Wirklichkeit begründet, die die außerordentliche Verengung des Begriffs Ästhetik im gegenwärtigen Verständnis herbeigeführt hat – im Gegensatz etwa zu Theodor Litt, der über seine psychologischen Überlegungen zur inneren Natur der Menschen noch Zugang zu dem tieferen konstitutiven Zusammenhang mit menschlicher Praxis überhaupt fand.
Die bürgerliche Trennung stellt die theoretische Konsequenz aus der kapitalistischen Realgeschichte dar, in der die Produktion von Waren die eigentliche Produktion war und künstlerische Betätigung ein wünschbares, aber systematisch nicht begründbares Nebenprodukt der Gattung. Die Trennung war in Wirklichkeit das Resultat der kapitalistisch einseitigen Entscheidung für die Produktion als tote Mitte, für den einlinearen Fortschritt über ihre Steigerung. Produktionswissen in diesem Sinn war – und ist es mit gewissen systematischen Veränderungen im Spätkapitalismus – die geistige Objektivierung des Gattungsfortschritts. Genau kalkulierte Volksbildung zu technischer Intelligenz ist ihre moderne Konsequenz. Insofern ist Kunst in der bürgerlichen Geschichte tatsächlich Schein, wie Hegel sagt, und genau das, was man im Sinne des Idealtypus Widerspiegelung ideologischer Überbauphänomene nennt. Das trifft wohlgemerkt für die Ästhetik als bürgerliche Theorie zu und besagt noch nichts über die bürgerliche Kunst und die Kunst unter bürgerlicher Geschichte. Außerdem kompliziert sich der Zusammenhang erheblich in der spätbürgerlichen Periode, ganz manifest im Zuge der Lebensphilosophie. Die Trennung wurde durchaus nicht angetastet; darin blieb die Epoche zutiefst bürgerlich. Aber es wurde die entgegengesetzte Kon-

sequenz gezogen. Die konkrete Kritik an dieser Gesellschaft, die sich in dem Marxschen Desiderat ausdrückt, Arbeit und Genuß sollten in der Praxis einer allseitigen Entfaltung der Sinnesvermögen aufgehen, fand ein blasses abstraktes Echo: Die Skepsis an den verheerenden Objektivationen der Produktionsgeschichte bewog einen Teil des Bürgertums dazu, die Devise: Genuß statt Produktion auszugeben.

In den verschiedenen marxistischen Versuchen zu einer Ästhetik ist diese systematisch weiterhin als Erklärungsmodell für eine vorliegende Kunstpraxis verstanden worden. Insbesondere ist die Abbildtheorie nach wie vor auf die ideologiekritische Denkfigur von Basis und Überbau fixiert; und Adornos viel weiter führendes Bemühen, Kunst als alternative, vielleicht doch exemplarisch zu begreifende Praxis gegenüber der schlechten allgemein gesellschaftlichen, hat sich kaum einen anderen historischen Ort zu verschaffen gewußt als den eines sich selbst und seine historischen Bedingungen transzendierenden bürgerlichen Individuums. Diese Transzendierung tritt damit wenigstens als ein real sich vollziehender Prozeß auf, auch wenn er faktisch in die künstlerische Scheinwelt als die Dimension kritischer Gegenpraxis mitten in der bürgerlichen Wirklichkeit eingesperrt bleibt. Bei Lukács dagegen wird gar nicht klar, wie denn in der kapitalistischen Gesellschaft Konzepte wie z. B. das Schillersche von der Natur sich aus den »Antinomien des bürgerlichen Denkens« herausarbeiten konnten. Ich sehe nur die, außerdem sachlich problematische, Behauptung.[15]

Dergleichen Aporien sind darin begründet, daß eben die ideologie-kritische Denkfigur von Basis und Überbau nur zur Grundlage einer Kritik an der bürgerlichen Realität taugt; das heißt, danach lassen sich gerade noch die »Brüche«, die »Antinomien« und die »Aporien« und »Widersprüche« aufzeigen und darstellen, warum sie in einer historisch materialistischen Analyse zu Anschlußstellen für Gegenkonzepte, für revolutionäre Praxis über die bürgerliche Geschichte hinaus und gegen sie werden können. Aber das kann doch allein noch nicht eine eigene materialistische Ästhetik begründen.

Die kapitalistische Organisation der Produktion kennt nur ein Grundmodell der Geltung: das Produkt als profitabwerfende

Ware. Die bürgerliche Organisation der Gesellschaft hat dieses eine, naturwüchsige Grundmodell zu verschiedenen Modi gesellschaftlicher Anerkennung überhöht, juristisch im Privateigentum, wissenschaftlich im Zurechnungsverfahren der Autoren- oder Urheberschaft, künstlerisch in den Instituten von Werk und originellem Schöpfer. Konstitutionslogisch gesprochen sind das alles tote Mitten, ob zum Überbau oder zur Basis gehörig. Dieses Zurechnungs- oder Anerkennungsverfahren hat ebensoviel Schaden angerichtet, wie die Produktionsgeschichte Opfer kassiert hat. Trotzdem sind aber immer auch als unfreiwillige Nebenprodukte neue Potentiale entstanden. Sie haben entweder gar nicht erst die Taufe bürgerlicher Geltung erlebt oder haben nach einem der vorgesehenen Verfahren historische Duldung gefunden; die meisten sind durch Aussetzung und herodianischen Kindermord beseitigt worden. Diese Potentiale sind sogar in außerordentlich großem Umfang angefallen, weil im Zuge der technologisch-organisatorischen Fortschrittsentwicklung selbstverständlich auch immer neue Konstellationen zu ihrer Freisetzung führten. Eine der Absurditäten der europäischen Geschichte ist, daß gerade diese unerwünschten Potentiale den Fortschritt, zu dem sie nicht passen wollten, ermöglicht haben. Aber das konnten sie eben erst im Stadium einer Bearbeitung mit Rücksicht auf ihre produktionsfördernde Nützlichkeit, das ebenso naturwüchsig sich aus den Zufällen dieser Produktionsgeschichte ergab oder nicht ergab wie alle übrige Selbstreflexion dieser Gesellschaft.

Diese katastrophale Grundfigur unserer Kultur ist nur spät und achselzuckend in den Beobachtungen aufgedeckt worden, daß der Prophet nichts in seinem Vaterland gelte, daß die großen Künstler und Erfinder verkannt leben und in Armut sterben und so weiter und so weiter. Das ist eigentlich um so erstaunlicher, als doch alle bürgerliche Gesellschaft, darin durchaus Erbe vieler älterer Traditionen, sehr genau gewußt hat, daß Bildung Ausbildung bedeutet, daß Körperkräfte und Geistesfähigkeiten durch Arbeit entwickelt werden. Aber die prinzipielle Trennung zwischen einer eigentlichen Produktion und den ihr dienenden oder sie bestenfalls begleitenden Epiphänomenen war derart tief, daß sie auch hier sich durchsetzte. Lehre und Arbeit, Ausbildung und Anwendung, Theorie und

Praxis, Schule und Leben, alles ist dichotomisch gegeneinander isoliert, und nur der kategoriale Rahmen interpretierender wie strategischer Begrifflichkeit kann die Synthesis von oben her leisten. Das hat den Vorteil, daß die Synthesen vorab kontrollierbar sind unter den Normen der anerkannten Geltungsmodi der Gesellschaft.

Auch zum Aufbrechen dieser Normen und zur Erkenntnis der Dichotomien führt uns die Ideologiekritik. Sie kann aber nicht mehr den materialistischen Übergang leisten, auf den es uns ankommt. Die noch nicht gesetzten, jedoch aus dem Zuge der bürgerlichen Produktionsgeschichte entstehenden Möglichkeiten müssen als reale Transzendierung dieser Organisation begriffen werden. Diese Transzendierung ist auch dann noch real, wenn es sich nur um reale Möglichkeiten und noch nicht um realisierbare Potentiale handelt; allerdings ist das noch keine praktische Transzendierung. Dazu bedarf es weiterer Schritte. Solche Potentiale werden nun ebensowohl aus der körperlichen Arbeit wie aus der geistigen möglich. Der weitere Schritt zur Realisierung der Möglichkeiten solcher Potentiale außerhalb der kapitalistischen Produktionsorganisation ist innerhalb der bürgerlichen Organisation der Gesellschaft nur in dem Bereich der Kunst zugelassen. Dort entstehen dann Objektivationen einer Verbindung von körperlicher und geistiger Arbeit zu sinnlichen Gebilden nicht instrumenteller, das heißt, nicht unmittelbar die Warenproduktion fördernder Provenienz.

Das bedeutet im Grunde, daß die künstlerischen Aneignungsprozesse sich, wie alle anderen, notwendig an äußerer Natur vollziehen, daß aber die Entfaltung von innerer Natur das wesentliche Kriterium dabei bildet: Es ist nämlich das Wesen der Vereinigung von körperlicher und geistiger Arbeit, daß die Aneignung der inneren Natur das Eigentliche des Prozesses ist. Damit wird aber mehr grundsätzlich eine andere Dimension von Produktion bezeichnet, als daß eine überhaupt von anderen Bereichen gesellschaftlicher Praxis abgetrennte und unterschiedene Sphäre sich uns darstellte. Aus allen Tätigkeiten vermögen – allerdings mehr oder minder umfangreich und mehr oder minder manifest! – Möglichkeiten frei zu werden, die nicht dem instrumentellen Zusammenhang der Produkther-

stellung, der Dienstleistung, der Forschung oder der Seelsorge nach bürgerlicher Definition entsprechen und nicht in dem aufgehen, woraus sie entstehen. Freilich bedarf es eigener reflektierter Anstrengungen, die Möglichkeiten als reale Potentiale anzueignen, sie als neue Ausbildungen der inneren Natur festzumachen. Die kapitalistische Organisation sorgt freilich – naturwüchsig, doch systematischer als Planung es vermöchte – dafür, daß in solche Aneignungsarbeit keine Energien verschwendet werden, und alle Gesellschaften sorgen im Interesse von hierarchischen Strukturen dafür, daß diese Möglichkeiten gleichgeschaltet, umfunktioniert werden, indem den Menschen die herrschenden Ideologien als Folie für den Ausdruck ihrer noch vagen, aber dem Bestehenden nicht einzuordnenden Strebungen aufgedrängt werden. Das geht vom Priestertrug über die Kitschindustrie bis zur Warenästhetik.
Was aber weder derart umgebogen werden kann noch im Gedränge der allgemeinen Reproduktionshetze durch die Rippen geschwitzt wird, sammelt sich zu heimlichen Potentialen an. Sie lassen sich in den Abwehrstrategien der proletarischen Gegenöffentlichkeit, ihrer Abwehr insbesondere der autokratisch eingesetzten Klassenkultur, ahnen. Sie nähren das bißchen Freude an einem Naturerlebnis angesichts der Alpen und Weltmeere oder auch des häuslichen Goldhamsters oder Rosenbeets. Auf sie greifen die Hippies, aber auch die Pfadfinder zurück; alle Jugendlichen, denen die begrenzte Ausnahmeregelung noch am nächsten ist, die die bürgerliche Gesellschaft den Kindern gewährt, um im Kind den Erwachsenen einen Trost für ihre seelische Verkrüppelung zu gewähren. Es sieht dann für jeden einzelnen so aus, als würde der generelle Verzicht der Gattung auf eine entfaltende Aneignung innerer und äußerer Natur das einmalig individuelle Opfer der jeweiligen Eltern für eine bessere Zukunft ihres eigenen Kindes sein. Genauso geht es in der Produktion. Die Generation von Werktätigen der Zwischenkriegszeit mußte für den Aufbau arbeiten; der Aufbau war die Aufrüstung. Die nächste mußte den Krieg gewinnen; dessen Ausgang war der Zusammenbruch. Die nächste Generation mußte sich für den Wiederaufbau opfern, die heutige für die Erhaltung der Arbeitsplätze usw. usw. Und dennoch läuft das alles nur deshalb, weil in allen

Menschen ein unausgeloteter Rest von Drang nach Selbstverwirklichung lebt und die übermächtige Angst unter den herrschenden Verhältnissen, daß er in Wahrheit betrogen wird. Gerade diese Angst erlaubt es den Chefideologen und den »Menschenkennern« in der kleinen Führungspraxis, den Menschen die Objektivationen der kapitalistischen Produktionsgeschichte und ihres Fortschreitens als Betätigung und Bestätigung all der unendlich vielen individuellen Strebungen zu verkaufen – ganz abgesehen einmal von der politischen Kitschindustrie und der Warenästhetik als modernem Priestertrug und den demagogischen Identifikationsangeboten. Das sonst gewiß nicht wichtige Sonntagsfahrverbot wegen der sogenannten Ölkrise ist ein hervorragendes Beispiel. Wie an der Gulaschkanone der nationalsozialistischen Winterhilfssonntage kann jeder einzelne ein ihm wahrnehmbares kleines Opfer bringen. Ob es einen realen Sparwert hat oder nicht, ist gleichgültig; denn realistisch daran ist einzig, daß über dieses kleine gezielte Identifikationsangebot durch die »Volksregierung« jeder glauben gelehrt wird, die Opfer der Nation im Interesse weniger seien seine angemessene politische Selbstverwirklichung.

Dieser Exkurs in die Realität der »mündigen Bürger« und ihrer politischen Verwalter hat nicht das Thema verfehlt. Ein Hinweis auf die Funktion, die Schiller schließlich dem »Pathetischen« zugedacht hat, genügt: Die Menschen sollten in der darstellenden Kunst des Theaters anschaulichen Unterricht bekommen, wie man sich dem Unvermeidlichen der äußeren Natur wie der Regierung, jener zweiten Natur der bürgerlichen Gesellschaft, fügt und dabei noch die schöne Vorstellung ausbilden kann, so die wahre Freiheit nach Gesetzen zu gewinnen.

Allerdings ist gewiß nicht alle Kunst der bürgerlichen Geschichte diesen Maximen gefolgt, nicht einmal alle ästhetische Theorie. Als Schelling sagte, im Ästhetischen werde das Transzendentale allgemein, war dies ideologisch in einem wesentlich vermittelteren Sinn. Er fand eine idealistische Formulierung für die historische Beobachtung, daß im künstlerischen Bereich sich Potentiale realisierten, von denen man nie zuvor etwas gesehen oder gespürt zu haben meinte. Die heimlich angesammelten waren scheinbar unvermittelt manifest, genial. Deshalb konnte man sich ihr Auftauchen nur transzendental erklären, während es doch als Anhäufung von marginalen Transzendierungen historisch entstanden war und deshalb auch materialistisch rekonstruierbar ist. Um dem Transzendentalen wenigstens einen idealischen Ort in der Realgeschichte zu geben, um sich der Möglichkeit einer wahrhaften Verbindung von gesellschaftlicher und, nur als künstlerisch begriffener, freier Praxis doch wenigstens prinzipiell auch historisch zu versichern, wurde dieser Entwurf in das griechisch klassische Arkadien, in die Athenische Polis, projiziert.

Eine solche Projektion bleibt der bürgerlichen Dichotomie verhaftet, und keine Idee von einer Vereinigung kann die Versöhnung der Gesellschaft mit der inneren Natur der empirischen Individuen und mit der äußeren Natur in die historische Praxis ziehen; die Bestimmung der Ästhetik über ihren einstigen Gegenstand Kunst hält den Begriff und alles, was aus ihm fließt, in der falschen Trennung fest. Die Verdinglichung kann auch nicht dadurch aufgehoben werden, daß man, wie Habermas dies in ›Erkenntnis und Interesse‹ andeutet, die einstige Idee versteht und das Verstandene in eine Zukunft unserer Gesellschaft projiziert. Davon wird die tote Mitte, in der historisch die Sehnsucht der Menschen sich gegen eine üble Praxis abgekapselt hat, nicht wieder lebendig. Ästhetik ist nur denkbar als konstitutionslogische Reflexion auf die gesellschaftliche Praxis mit besonderer Berücksichtigung der sinnlichen Erfahrungen aus innerer Natur. Deshalb kann Ästhetik nur eine materialistische sein. Allerdings stimme ich Rüdiger Bubners Kritik an den marxistischen Ansätzen zu, die eine Ästhetik aus dem wesentlich ideologiekritischen Ansatz des Basis-Überbaukonzeptes versuchen und die er als die »Aporie der materialistischen Ästhetik« darstellen will.[16] Auf Marx kann sich Bubner dabei aber weniger schlüssig beziehen als er meint. Die These in den ›Ökonomisch-philosophischen Manuskripten‹, daß der Mensch »auch nach den Gesetzen der Schönheit formiert«, ist keineswegs so »überraschend«.[17] Vor allem hat sich Bubner dem Fehler der von ihm Kritisierten angeschlossen, diese Ansätze für *die* »materialistische Ästhetik« zu halten.

Es heißt bei Marx – diese wie auch die anderen entsprechenden Stellen sind im Gange meiner materialen Auseinandersetzungen der Bände I und II erörtert und werden deshalb hier nur noch einmal erwähnt –, daß der Mensch im Gegensatz zu allen anderen Wesen nach »den Gesetzen jeder species formiert«. Das eben ist die Aneignung von äußerer Natur in Einheit mit der allseitigen Entfaltung der inneren. Diese Entfaltung ist nicht ideologiekritisches, sondern positives Gegenkonzept zur bürgerlichen Praxis. Es muß deshalb die willkürliche Dichotomie der beiden Bereiche von Produktion nach Resultaten und nach Potentialen, nach Verwertbarem und nach Sinnlos-Sinnigem überwinden. Damit muß sich auch die Konstellation von Basis und Überbau prinzipiell verändern. Eine materialistische Ästhetik auf den schönen Ladenhütern der verdinglichten bürgerlichen Dichotomie aufzubauen, und sei es durch eine negative Beziehung auf sie, ist nicht einmal der erste Schritt zu einer verändernden Praxis, sondern nur der eine Strang des notwendigen Prozesses. Um ein entsprechendes Programm entwickeln und beginnen zu können, scheinen mir Vorarbeiten wie die folgenden Untersuchungen nützlich.

Zum Vorgehen der Arbeit

Den Begriff Naturbeherrschung am Menschen und seinen Gegenstand entwickle ich in den beiden vorliegenden Bänden an einem besonderen historischen Bereich, dem Aufbruch des mittelalterlichen ordo zu freieren Perspektiven und deren Umbruch in die streng rationelle Anlage der kapitalistischen Produktionsgeschichte. Dieser doppelte Abschnitt der Vorgeschichte zu unserer gegenwärtigen Gesellschaft liegt wesentlich weiter zurück als der zentrale Abschnitt unserer Vergangenheit, nämlich die unsere Strukturen und Begriffe bestimmende Epoche der vollen und reinsten Herrschaft des Kapitals in der klassischen bürgerlichen Gesellschaft. Marx hat seine politökonomische Kritik im wesentlichen an dieser Zeit des Hochkapitalismus hervorgebracht und dargestellt. Dahinter zurückzugehen ist aus zwei Gründen grundsätzlich sinnvoll. Zum einen haben sich in der zweiten Epoche des Frühkapitalismus die Grundpositionen bis in die Gegenwart entschieden; in der ersten wurden dagegen auch die dann wieder abgebrochenen Möglichkeiten zu einer modifizierten geschichtlichen Entwicklung deutlich. Zum anderen bringt die Beschäftigung mit den frühkapitalistischen Phasen einen wichtigen systematischen Vorzug mit sich; soweit die Marxsche Analyse systematisch ist, war sie, freilich negativ, nach dem Maß der bürgerlichen Gesellschaft in ihrem Stadium der hochkapitalistischen Organisation von Produktion und Reproduktion angelegt. Ihre Begrifflichkeit wie ihre Interpretationsmodelle sind nicht nur philosophiegeschichtlich nach dem Aufbau des Hegelschen Systems geschnitten, sondern ziehen ihre Stringenz gleich jenem aus eben dem historischen Stand der gesellschaftlichen Wirklichkeit, den wir als klassisch bürgerliche Verhältnisse bezeichnen können. Gerade diese Stringenz können sie, unverändert, gegenüber einer veränderten Situation nicht in allen Hinsichten behalten. Die entscheidende Frage, wie Komplikationen und Aufweichungen, Kurzschlüsse und Umwege der spätkapitalistischen Verhältnisse dennoch in bezug auf die Marxsche Analyse theoretisch und strategisch in den Griff genommen werden können – und daß solche Versuche notwendig, aber auch möglich sein müssen, ist hier nicht die Frage, schon deshalb nicht, weil Marx zu grundlegend die unsere Geschichte bestimmenden Strukturen dargestellt und zu weit deren mögliche Fortsetzungen in die Zukunft vorausgedacht hat –, diese Frage der Umwendung der Marxschen Begriffe und Modelle auf unsere gegenwärtige Situation angesichts des Spätkapitalismus und eines wesentlich veränderten Imperialismus können wir exemplarisch zunächst einmal an der Parallelfrage in bezug auf die frühkapitalistischen Verhältnisse zu klären versuchen.

Ähnlich wie Henri Lefebvre, der die Gegenwart als einen Zusammenhang von Subsystemen, nicht aber mehr als ein System verstehen will, ohne doch auf den Hintergrund einer strengeren Begrifflichkeit ganz verzichten zu wollen, möchte auch ich vorgehen. Allerdings ist jedenfalls für die Verhältnisse des Quattrocento und des sechzehnten Jahrhunderts in Frankreich der Versuch zu intensiverer Geschlossenheit der Interpretation möglich. Ich habe ihn auf dem Grund einer Analyse der gesellschaftlichen Verhältnisse bereits unter einen vorwiegend ökonomischen Faktor stellen können. Die Tätigkeiten und Auswirkungen des Kaufmannskapitals sind in Oberitalien doch so stark im Konglomerat der historischen Elemente durchgeschlagen, daß auf ihnen eine Art von surdétermination im Sinne von Althusser aufgebaut werden kann. Selbstverständlich stehen die übrigen Elemente weitgehend kontingent dazu; die Weise aber, in der sie durch die vielfältigsten Beziehungen und Verhältnisse in die überall zumindest durchscheinende Haupttendenz einbezogen und zu deren Stoff gemacht wurden, erlaubt es, eine Theorie des Kaufmannskapitals zu konzipieren. Deren Ergebnis ist indessen gerade dadurch bestimmt, daß noch das Verhältnis der Haupttendenz zu den ihr gegenüber an sich kontingenten Elementen als eine spezifische, weitgehend durchgängige Struktur der Epoche dargestellt werden kann. Einerseits lassen sich manche entscheidenden Züge der Epoche nicht unter ein Grundmodell subsumieren – das ist freilich nicht einmal für die Verhältnisse des Hochkapitalismus der Fall, dazu setzt sich zu viel Ungleichzeitigkeit in der Realgeschichte durch. Andererseits scheint es mir aber doch gelungen zu sein, einen spezifischen Typus von Äußerlichkeit der Phänomene, von Nichtsubsumierbarkeit der kontingenten Elemente für die jeweilige Epoche herauszuarbeiten.

Die Strukturen der sich durchsetzenden Kapitalisierung im ökonomischen Bereich und der rationalisierenden Zentralisierung im politischen Sektor sind in dem ihnen beiden Äußerlichen vermittelt. Die Ansätze zu Selbstorganisation der Gesellschaft in einem Bürgertum und der nach absoluter Herrschaft strebenden Monarchie aus feudalistischer Tradition gelangten realgeschichtlich in dem sich durchsetzenden Absolutismus und seiner vor allem inneren Abhängigkeit vom etablierten Bürgertum zu einer Kongruenz, die eine bereits viel weitere Durchdringung der Elemente war als im Quattrocento. Dennoch bezeichnet der Begriff der Vernunftförmigkeit, dem in diesen Zusammenhängen so große Bedeutung zukommt, nicht zufällig ein äußerliches Verhältnis.

So viel zum Problem der Beziehung von Marxschen Begriffen auf die von ihm immer nur als Vorgeschichte zum entwickelten

Kapitalismus behandelten frühen Epochen und zu unserem Interesse daran. Allgemein ist es bereits in den vorangehenden Abschnitten diskutiert; konkreter läßt es sich ohnehin nur in den jeweiligen materialen Kontexten ausführen. Deshalb stehen an bestimmten Stellen dieser Ausführungen kurze methodologische Exkurse. Hier muß jedoch noch eine erläuternde Einführung gegeben werden zu dem Verhältnis der verschiedenen Bereiche oder Ansätze – ästhetisch, politisch, ökonomisch, ideengeschichtlich, sozialgeschichtlich, sozialpsychologisch –, die in beiden Bänden jeweils nebeneinandergestellt sind. Der zweite Teil stellt jeweils den Ansatz aus der ballettgeschichtlichen Situation vor. Im Sinne des angedeuteten Verständnisses von Ästhetik ist die Analyse der Ballettpraxis nach Möglichkeit erweitert und verallgemeinert durch entsprechende Analysen anderer Formen von körperlicher Betätigung. Dabei wird aus den angegebenen Gründen die Arbeit in der Produktion von Gütern kaum explizit dargestellt. Dazu wären Studien an den spärlichen technischen Relikten bis zur Deutung ikonographischer Darstellungen von Arbeitsverrichtungen in mühsamster Kleinarbeit zu leisten, zu denen während der verfügbaren Zeit und neben den außerordentlich umfangreichen anderen Dokumentationsarbeiten meine Kraft nicht ausreichte. Sie wären überhaupt nicht nur so schwierig, wie es die verstreuten Quellen und Hinweise für diese Epochen auf allen Bereichen mit sich bringen; die gerade für die Arbeitsvorgänge notwendigen zuverlässigen Rekonstruktionen scheinen mir selbst durch solche Studien kaum wirklich erreicht werden zu können.

Warum der ästhetische Ansatz explizit in den weiteren historischen Zusammenhang gestellt werden muß, ist schon erkennbar geworden. Dieser ist aber selber sehr wenig, schon gar nicht genügend systematisch erforscht und zusammenhängend dargestellt, so daß man auf entsprechende Veröffentlichungen nicht einfach verweisen könnte. So stellen meine Untersuchungen im ästhetischen wie in anderen Bereichen zugleich auch eine Zusammenstellung und Kritik der wichtigsten Literatur dar, ohne damit irgendeinen Anspruch auf Vollständigkeit verbinden zu können. Die notwendige Breite ihrer Anlage bereitete und bereitet mir vielmehr die Sorge, wie die Gefahr, ins

Enzyklopädische zu geraten, ohne allzu willkürliche Selbstbeschränkungen gebannt werden kann. Die Schwerpunkte, die sich in dem parallelen Vorgehen auf den verschiedenen Bereichen ergeben haben, sind selbstverständlich gelegentlich auch durch Stärken und Schwächen meines persönlichen Bildungsgangs oder durch besonders reizvolle Angebote des Materials und Funde bestimmt. Deren Zufälligkeit ist in dem scheinbar so perfekt gemeisterten Chaos der europäischen Bibliotheken auch durch moderne Katalogisierung, Zitiermethoden etc. noch keineswegs der Naturwüchsigkeit unserer Kulturgeschichte entrissen.

Zunächst werden die verfügbaren Zeugnisse und Überreste der Ballettgeschichte gesichtet. Es sind im wesentlichen Traktate, also eine Art theoretischer Abhandlungen mit den Aufzeichnungen einiger Choreographien. An ihnen muß eine *immanente Interpretationsarbeit* ansetzen, die immer das Ziel hat, möglichst richtig und deutlich die Grundzüge der einstigen Tanzpraxis zu rekonstruieren. Mit Rekonstruktion ist nicht eine Art Völkerkundemuseum in lebenden Bildern gemeint. Solch Wiederbelebungsversuchen mit wissenschaftlichem Anspruch auf Authentizität mißtraue ich im Tanz noch mehr als in der Musik; denn sie berücksichtigen entweder nur das exakt Belegte, dann fällt fast der gesamte Komplex existentieller Momente des vergangenen gesellschaftlichen Lebens fort, und an dem zurückbleibenden Gerippe können nur die skeptischen Kulturkritiker ihr asketisches, gegenwartsverachtendes Vergnügen zelebrieren. Oder die alten Formen werden mit neuem Leben gefüllt im Sinne der schauderhaft kulturindustriellen Arrangements von exotischer Folklore. Rekonstruktion soll vielmehr der Versuch heißen, die Strukturen, die eine immanente Interpretation erarbeiten kann, auf die übrigen Phänomene der historischen Konstellation zu beziehen und in dem sich ergebenden Beziehungszusammenhang Grundzüge und einzelne Elemente der vergangenen Praxis zu verstehen.

Die notwendige vergleichende und gemeinsame Diskussion der zunächst nebeneinanderstehenden Bereiche historischer Praxis bedarf einer vermittelnden Begrifflichkeit. Deshalb werden die einzelnen Untersuchungen am Material jeweils aus der immanenten Interpretation auf höhere Abstraktionsebenen gehoben, auf denen sich dann bestimmte Strukturen darstellen lassen. Gleichzeitig liegt keine rein hermeneutische Interpretation und Erarbeitung von Strukturen allein aus der jeweiligen Geschichtsepoche vor. In diese Arbeit gehen bereits bestimmte Begriffe und Modelle vorstrukturierend ein, die Figuren einer ideologiekritischen und einer um Gegenerfahrungen ringenden Position im Interesse einer Veränderung der gegenwärtigen Praxis sind. Allerdings kann diese Methode doch nicht, wie gewiß manche es behaupten wollen, mit reiner Spekulation oder gar mit einer Manipulation der Geschichte verwechselt werden. Das historische Material ist eben nicht gänzlich unstrukturiert wie ein Ding an sich. Es ist Produkt gesellschaftlicher Aneignung von innerer und äußerer Natur. Und erstens können wir die spezifischen Aneignungsformen der Zeit sowohl aus ihren Konsequenzen bis in die Gegenwart hinein, positiv und negativ, rekonstruieren; zweitens kann eine materialistische Konstitutionslogik aufgrund ähnlicher existentieller Probleme aller menschlichen Gesellschaften, die sie für die unterschiedlichen Voraussetzungen und Ziele als ein System vergleichbarer Möglichkeiten, Hemmungen und Realisierungen darstellen kann, ein gewisses Gerüst zulässiger, verbindlicher Verallgemeinerungen bereitstellen. Die immanenten Materialinterpretationen wie auch die gegenwärtigen praktischen Interessen lassen sich in dessen Begriffen fassen, so daß nicht einfach irgend etwas irgendwie in die vergangene Praxis hineinprojiziert werden kann, sondern streng nachprüfbar bleibt, ob eine bestimmte Interpretation mit den historiographisch feststellbaren Strukturen des Materials übereinstimmt. Für eine derartige Arbeit sind strukturalistische Ansätze äußerst brauchbar, obwohl ich als historische Strukturen lieber die bewußt interpretativen Charakter tragenden kritischen Rekonstruktionen bezeichnen möchte. Jede Struktur, deren Vorkommen in einem geschichtlichen Material wir behaupten, ist schließlich ebenso Ergebnis wie doch schon Mittel der Untersuchung; deshalb halte ich es für sinnvoller, dieses hermeneutische Problem nicht in der scheinbar unantastbaren Objektivität der Epistemologie zu verstecken, sondern in der bereits ausgeführten Weise aus der unnötigen Sackgasse herauszuholen und als den einen Teil einer umfassenderen Selbstreflexion zu

begreifen, die ihre Wahrheit in den reflektierten Praxisbezügen findet.
So lassen sich aus den Tanztraktaten des Quattrocento einige ästhetische Begriffe herausarbeiten. *Misura* ist nicht einfach ein altes Wort für irgendein Maß, sondern hat kategorialen Stellenwert, weil darunter ein genau bestimmter Prozeß der Integration von mannigfaltigen musikalischen und choreographischen Formen zu einem in sich stimmigen Kanon zu verstehen ist. *Memoria* wurde von der Zeit nicht einfach für Gedächtnis gesagt, sondern es wurde darunter eine bestimmte geistige Leistung verstanden, durch die jene Formen in sinnvollen Wechselbezügen jeweils aktualisiert und die entsprechenden Gestalten im Fluß ihrer sinnlichen Realisierung vergegenwärtigt wurden. Sie als eine Form der Er-Innerung auch im Hegelschen Sinne zu erörtern, hilft die methodologische Frage zu klären, wieweit sich die einstige Kategorie noch auf eine spätere Problemstruktur beziehen läßt, wieweit sie also insofern als deren Frühform interpretiert werden könnte und wieweit sie aus der damaligen Ballettsituation immanent sowie aus der damaligen philosophischen Lehre insbesondere des Florentiner Neuplatonismus in vergleichbarer Weise interpretiert werden kann. Die zweite Seite kann schließlich noch dazu führen, daß in dem Hegelschen Begriff Möglichkeiten der Interpretation entdeckt werden, die uns aus dem modernen Kontext nicht deutlich werden, oder daß wir an ihm eine Kritik entwickeln können, die sich auf eine in bestimmter Hinsicht entfaltetere frühe Gestalt beziehen kann und einem gegenwärtigen Bedürfnis nach der Entfaltung von Sinn in unserer Praxis theoretisch Vorschub leistet. Ähnliches gilt für den Begriff *aiere*, unter dem mit spezifischem Bezug auf die Tanztechnik der Zeit und die im damaligen Tanzen angesprochenen Bedürfnisse transzendierende Möglichkeiten gedacht und zu emphatischen Potentialen der Selbstdarstellung und des gegenseitigen Verstehens in der tänzerischen Interaktion gemacht wurden.
Soweit sind die Interpretationen immanent aus dem Selbstverständnis der Epoche und dessen Zeugnissen entwickelt. Auf spekulativem Weg ist dagegen der Begriff der *posa*, der in den damaligen Traktaten nur in tanztechnischen Erläuterungen auftaucht, zu einer übergreifenden Kategorie herausgearbeitet.

Die posa bezeichnet das Prinzip einer lebendigen Mitte. Sie ist eine Fortsetzung der tänzerisch sinnlich vermittelten Selbstreflexion der Tanzenden über die positiven Schrittgestalten hinaus. Mimetisch werden die gemachten Schritte nachvollzogen, die zu machenden vorstellend vorweggenommen, das heißt, im Sinne der memoria werden reflektierend im Einhalten die vergangenen und die zukünftigen praktischen Objektivationen aufeinander vermittelt. Die strenge Bestimmtheit und die notwendige Abstraktheit einer begrifflich resultathaften Mitte garantiert, daß der Kanon von Schritten, Folgen und Rhythmen unter der Kategorie misura aufbewahrt und geleistet wird.

Beim gegenwärtigen Desiderat einer Vereinigung von körperlicher und geistiger Arbeit kann die posa als dessen frühe, andeutende Verwirklichung aufgefaßt werden. Eine Analyse der historischen Bedeutung von Arbeit in der Ära des Kaufmannskapitals zeigt, daß einerseits gerade in dieser Epoche ein wesentlicher Schritt zur Teilung von körperlicher und geistiger Arbeit in fremdbestimmte Produktion von Gütern und künstlerische oder wissenschaftliche Tätigkeit vollzogen wurde, und daß andererseits der fern von den Mühen der Güterproduktion erworbene Handelsreichtum wirklich die Vorstellung von befreiter Arbeit hervorbringen konnte, auch wenn ihr ein ausreichendes ökonomisches Fundament fehlte und sie bald wieder zusammenbrechen mußte. So finden sich neben den technischen Utopien von Leonardo da Vinci die frühen Hofballette, die Selbstreflexion vielseitig sich bildender Menschen im Zuge einer tänzerischen Aneignung und Entfaltung ihrer inneren Natur sein konnten. Ein zweites gegenwärtiges Desiderat stellt sich daraufhin ein. Solch freie Entfaltung von Subjektivität kann nicht den isolierten Individuen gelingen, sondern muß in einem Wechselzusammenhang von individueller Entfaltung an kollektiven Erfahrungen und kollektiver Praxis aus individuell sich niederschlagenden Bedürfnissen und Differenzierungen entstehen. Diese Struktur finden wir tatsächlich bis zu einem gewissen Grad in den Tanzformen wieder. Die reflektorischen Prozesse und ihre mimetische Realität lebten tatsächlich daraus, daß die Individuen sich tanzend auf sich selbst über die anderen, auf die anderen über ihre Selbstreflexion bezogen. Die lebendige Mitte, die posa, war Grund auch dieser Vermittlung, die insofern kommunikativ war, als die Menschen sich für einander und für sich selbst darstellten, sich also mitteilten; die zugleich interaktiv dadurch war, daß die Inhalte und Formen dieser Mitteilungen erst aus dem kollektiven Prozeß sich bestimmten. Wir werden an das humanistische Ideal des Gesprächs erinnert, das damals eben in verschiedenen Medien realisiert wurde: als sprachliche Form in den Akademien und als körperliche Sinnentfaltung in den Balletten.

Diese vorwegnehmenden Hinweise bezeichnen zugleich eine zweite Verarbeitungsebene für die folgenden Ausführungen, auf der die Gegenwartsbezüge sich abzeichnen. Ich habe mich in den Darstellungen selbst möglichst weitgehend darauf zu konzentrieren versucht, nur implizit durch die Strukturierung des Materials und der Interpretationen, auch durch das stilistische Hilfsmittel gelegentlich provokatorisch verwandter Modernismen anzudeuten, was über das immanent Historische hinausführt. Um aber die doppelte Bezogenheit der Darstellungen, einmal der einzelnen Bereiche innerhalb der Epochen und Bände aufeinander, sodann der Interpretation des Vergangenen auf Konzepte für gegenwärtige Möglichkeiten, deutlicher präsent zu machen, sollen – wo es notwendig erscheint – kurze Verbindungstexte zwischen den Teilen noch einmal ausdrücklich die Beziehung zu dieser zweiten Verarbeitungsebene herstellen. Dieses Vorgehen entspricht den beiden Strängen der Rekonstruktion, der hermeneutisch und der praktisch orientierten Selbstreflexion auf eine geschichtliche Praxis, die in diesem Fall mehr zeitlich als räumlich »entfernt« ist, weil sie unsere Vorgeschichte geworden ist.

Neben der mehr spekulativen Ebene, auf der die Abstraktionen aus den einzelnen Bereichen über eine ökonomisch begründete surdétermination in Form gesamtgesellschaftlicher Formbestimmungen aufeinander diskutiert werden, wird noch eine zweite Ebene angegeben. In der letzten Phase der Untersuchungen habe ich jeweils versucht, die zuvor spekulativ erarbeiteten Interpretationsmodelle noch einmal am realgeschichtlichen Material nachzuprüfen. Der Sozialgeschichte und der Sozialpsychologie insbesondere kommt dabei die Rolle zu, konkret historische Zusammenhänge auszuweisen oder zu modifizieren, die zunächst nur auf dem Niveau abstrakter Interpretationsmodelle sich abzeichnen. So schließen sich die Ansätze theoretischer Interpretation und systematischer Darstellung der einzelnen Bereiche (Ästhetik, gesellschaftliche Verhältnisse und Ideengeschichte) in einer entsprechend streng strukturierten Sozialgeschichte noch einmal zu einer Einheit zusammen, in der sie am ehesten eine Vorstellung von den existentiellen Strukturen der einstigen Situation vermitteln können. Für diese Vermittlung kann ich nicht das schriftstellerische Geschick in Anspruch nehmen, mit dem bürgerliche Geschichtsschreiber gern die Kluft zwischen heutiger Theorie und einstiger Praxis durch eine in sich fesselnde Darstellung überbrücken. Erst recht bemühe ich mich nicht, das Sujet »Renaissance« mit der dramatischen Gebärde zu schildern, die mindestens seit Burckhardt allein seiner würdig zu sein scheint. Ich hoffe vielmehr, durch das intensive praktische Interesse an den historischen Problemen und Lösungsentwürfen, das aus nüchternem Bemühen um zuverlässige Aufarbeitung unserer Vorgeschichte entstanden ist, gerade die sozialgeschichtlich-sozialpsychologischen Teile lebendig genug zu machen, um die notwendigen Motivationen für eine erprobende Identifikation zu begründen. Deshalb plaziere ich in dieser Veröffentlichung auch jene Darstellungen, obwohl sie die letzte Phase der Forschung markieren, an den Anfang.

Vielleicht wird auf diese Weise auch besser deutlich, daß meine Arbeit die ungezählten Elemente und ihre möglichen Wechselverbindungen immer nur an einigen wichtigen Modellen behandeln kann. Es bleiben nicht nur interessante Fragen offen, es bleiben darüber hinaus ganze Stränge von Untersuchungen unberührt, die parallel zu den bearbeiteten aufzurollen wären. Das ist auf den Gebieten der Rechtsgeschichte und der Medizin besonders deutlich. Obwohl das Interesse der Arbeit eigentlich dringend eine eingehende Beschäftigung nahelegt, ist die Geschichte der mittelalterlichen »Ketzerei« etwa bei Waldensern und Albigensern wie die der neuzeitlichen Verdrängung solcher Traditionen in die »Alchemie« leider kaum berücksichtigt. Ich lege eben nicht nur einen bestimmten Komplex von Forschungsresultaten vor, sondern zugleich ein Angebot vielseitig erst zu realisierender Kooperation und hoffe, daß die konkreten Ergebnisse immerhin dazu ausreichen, auch die impliziten Kooperationsvorschläge präzise genug gemacht zu haben. An welchen Stellen sie aufgegriffen werden können, muß sich aus dem Prozeß der Lektüre bestimmen. Die inneren Verbindungen der Teile dieser beiden Bände und auch der Kapitel innerhalb der Teile untereinander sind so angelegt, daß der Lektüreprozeß ruhig an den Passagen einsetzen kann, die dem Leser besonders zugänglich oder deren Gegenstand ihm besonders vertraut erscheinen. Den Anschluß sichern Modelle, die den Interpretationen aller Materialien zugrunde liegen, weil sie sich aus den gesamtgesellschaftlichen Formbestimmungen der Epoche herleiten, allerdings jeweils besonderen Stellenwert und besondere analytische Funktion einnehmen. Mir scheint, daß man wenigstens versuchen muß, auch in der streng strukturierten Darstellung einer historischen Situation die Möglichkeit offenzuhalten, daß der Leser, wie in der Praxis selbst, von seinen besonderen Interessen her seinen Einstieg findet, statt ihm nach dem Schema der Intrige im bürgerlichen Drama die Rezeption peinlich zu programmieren. Freilich bedeutet dies, daß wenigstens die dargestellten Phänomene und ihre Wechselbeziehungen zueinander um so bestimmter auf die Theorie des Kaufmannskapitals und die aus ihr entwickelten weiteren Modelle bezogen sein müssen bzw. auf die Theorie der nationalen Gesamtmanufaktur.

Teil I
Höfe und Kaufmannskapital

Höfe und Kaufmannskapital
- Spätritterliche Ideologie
- Körperübungen
- Sport
- Spätritterliche Stilisierung

Die Ära der Kontorkriege
- Kriegerfunktion, Ritterroman und »abstrakte Arbeit«
- Drill und Kriegskunst
- Tanz und Militär

»Lässigkeit« und Mäßigung als Ausdruck und als Ostentation
- Befreite Arbeit als Ostentation, Herrschaft
- Rituelle Vorformen
- Körperbewegungen, Maß und Bedeutung
- Klassenspezifisches Körperverhältnis

»Kultur« als Klassenstrategie
- Teilung von »Kultur« und »Folklore«
- Oberitalien im Vergleich zu Burgund
- Die spezifische Rolle der Frauen
- Vorstufe zu einer Hofpsychologie
- Mimesis und Klasseninteresse

Neue Entfaltungen und neue Bornierungen
- Ausdruck versus positiver Inhalt
- Raum – bezogen auf Zeit und Ausdruck
- Diversità und variatio

Gesellschaftliche Wirksamkeit kaufmännischen Kalkulierens
- Klassentrennung als europäisches Einheitsphänomen
- Höfischer Internationalismus

Höfe und Kaufmannskapital

Im Mittelpunkt der meisten oberitalienischen Höfe des fünfzehnten Jahrhunderts standen Dynastien aus alter feudaler Herkunft; der Hof der Medici in Florenz, die 1450 vom Kaiser den Titel von Herzögen der Toscana erhielten, bildete eine Ausnahme ebenso wie die Sforza, die in Mailand das Haus der Visconti ablösten. Dennoch können einige Zusammenhänge festgestellt werden, die zeigen, daß auch die keineswegs unmittelbar mit den Inhabern des Kaufmannskapitals zu identifizierenden Herrschenden wesentlich mit dem kaufmännischen Reichtum und den Prinzipien des Gewinns am Warengeschäft verflochten waren. Die Landherren übergaben ihre monetären Grundabgaben den Großkaufleuten und Bankiers als Einlagen. In solch direkter oder in indirekter, politischer Weise sahen die Großkaufleute ihrerseits die Fürsten als die für sie interessanten Partner und Vertreter einer für ihre Interessen nützlichen Macht. »Den stärksten Rückhalt«, schreibt Olschki, »fand gewöhnlich der zukünftige Herrscher einer Stadt oder eines Landstriches bei der reichen Bürgerschaft, die innerhalb des sozialen Gefüges der italienischen Republiken das stetigste Element war.«[1] Die Stetigkeit hatte freilich systematisch ökonomische Gründe. Durch Verpfändung wurden Regalien und Steuerrechte in das Geld verwandelt, das von geschäftsmäßigen Geldverleihern stammte und deren kalkulatorischen Grundsätzen unterlag. Die großen Bankhäuser finanzierten die Fürsten, gewannen so auf deren Politik Einfluß und erreichten zugleich, daß in einem gewissen Ausmaß die Förderung kaufmännischer Interessen zum eigenen Interesse dieser Fürsten wurde. Zum Teil dachte und handelte der Fürst aber auch selber schon recht kaufmännisch; zwar wurde bei Hungersnöten im Sinne alter Fürsorge den Untertanen mit Getreide geholfen, »allein in gewöhnlichen Zeiten hielt er sich schadlos durch das Monopol, wenn nicht des Getreides, so doch vieler anderer Lebensmittel«.[2] Das gilt, wie Burckhardt zeigt, als eine mohammedanische Praktik, die über Friedrich II. in Italien nachgeahmt wurde.[3] Schließlich wurden Herzöge und

Adlige im Dienste von Signorien als Gonfallonieri oder Diplomaten auch unmittelbar abhängig, jedenfalls im Rahmen solcher Funktionen und der für diese ausgesetzten Gratifikationen. Zweifellos standen aber die Mitglieder der Höfe in einem nur sehr mittelbaren Verhältnis zu dem sie tragenden Reichtum. Ihr Leben und ihr Selbstverständnis entwickelten sich in einer großen Distanz zu ihm.

Spätritterliche Ideologie

Dies bedeutete, daß sich die vorzeitige Idee arbeitslosen Wohlergehens, die im Teil III begründet und im Teil IV ausgeführt wird, an den Höfen noch weiter verselbständigte als schon in dem Bewußtsein der Großbürger. Der Hofadel füllte weitgehend diese Distanz mit einer Ideologie aus, durch die der veränderte Status des Adels und Hochadels zu einer Fortsetzung der traditionellen Rolle als Kriegerkaste stilisiert wurde. Bereits auf den ersten Seiten seines Traktates über den Tanz rühmte Cornazano, wie großartig und wie wichtig der Krieg sei.[4] Die tanztheoretische Schrift ist ebenso seinem Fürstenhaus, den Sforza in Mailand, gewidmet wie sein Traktat über das Kriegswesen, und während er gerade über das Militär in Versen handelte, bezeichnen einige Passagen der Tanzschrift das Tanzen bloß als eine Abwechslung für Zeiten, in denen man nicht Krieg führt.[5] Ohnehin nimmt der Traktat ›Del danzare‹ unter den Veröffentlichungen von Cornazano nur einen bescheideneren Platz ein zwischen einem Marienleben, einer Sammlung vulgär erotischer Novellen nach Art des ›Decameron‹, einem Buch ›De re militari‹ und anderen. Cornazanos Satz »militia è fructo e la scientia un fiore«[6] kann in dem Durcheinander von Themen wie von grundsätzlichen Positionen, das seinen schriftlichen Nachlaß darstellt, nicht als absolut geltende Aussage interpretiert werden – andere Zusammenhänge bringen neue, ähnlich apodiktische, aber sich widersprüchlich überschneidende Thesen. Doch bezeichnet er offenbar wie eine Devise die spätritterliche Ideologie der Zeit. Auch Castigliones ›Libro del cortegiano‹ könnte dieses Motto tragen: »Das Kriegswesen ist die Frucht und die Wissenschaft eine Blüte.«

Freilich überdecken sich dort ebenfalls die Tendenzen, und die martialischen Bekenntnisse verdecken Unsicherheit und Widersprüche oft nur schlecht. Nach ihm ist »der hauptsächliche und wahre Beruf des Hofmanns das Waffenhandwerk«.[7] Dies ist dort die erste, und oberste, Charakterisierung. Daraus wird auch gefolgert, »daß dieser Hofmann, wenn er Gelehrter und mit so vielen anderen tugendhaften Eigenschaften begabt ist, alles als Zierde des Waffenhandwerks und nicht das übrige als Zierde der Wissenschaften betrachtet, ...«[8] Die Ausführungen über die Bedeutung des Malens für die Ausbildung der Erkenntnisfähigkeit der Menschen, die den Hofleuten nicht abgehen sollte, enden ziemlich abrupt mit der Rechtfertigung, das Malen sei »von großem Nutzen«, »zumal im Kriege, um Orte, Landschaften, Flüsse, Burgen und Festungen (...) zu zeichnen«.[9] Die neuen Ideale der Bildung dringen in den alten Standesbegriff ein, werden aber auch unter ihn subsumiert. Wenn dies einerseits etwa beim Malen die Vorstellung Leonardos in der höfischen Praxis verkürzte, sie zu einer Hilfsdisziplin der Kriegskunst machte oder in der Randzone dilettierender Beschäftigung »zur Zierde« abwertete, so trug diese Einstellung andererseits auch bei zu einer Aufwertung des Körpers.

Körperübungen

Zwar vereinnahmte der Grundsatz, »die Ausübung des Waffenhandwerks gehört dem Herzen und dem Körper zu«[10], in einer bestimmten Form die Einheit von geistiger und körperlicher Arbeit für den Zweckzusammenhang eines Handwerks, dazu des mörderischen Kriegshandwerks. Gleichzeitig gelangten eine Reihe von körperlichen Übungen als vorbereitende Ertüchtigung zu einer Berechtigung, die bald von ihrer Abhängigkeit gegenüber dem Kriegsdienst sich verselbständigte. Die Höflinge sollten allen Beschäftigungen nachgehen, die »männlicher Tapferkeit« dienten. »Unter ihnen scheint mir die Jagd zu den vorzüglichsten zu gehören, da sie eine gewisse Ähnlichkeit mit dem Krieg hat.«[11] »Angemessen ist es ferner, schwimmen, springen, laufen und Steine werfen zu können.« Eine »höchst schickliche Übung ist auch das Ballspiel, bei dem man gut die körperliche Veranlagung und die Schnelligkeit und Gewandtheit jedes Gliedes sieht«; war der cortegiano hierin überdurchschnittlich, so konnte er anderes wohl »beiseite lassen, wie etwa Luftsprünge, Seillaufen und ähnliche Dinge, die etwas vom Gauklertum an sich haben und einem Edelmann wenig angemessen sind«. Bestimmte Weisen körperlicher Virtuosität waren historisch mit bestimmten sozialen Rollen besetzt; Luftsprünge etwa konnten als zu einseitig empfunden werden, um einen Platz in dem neuen Bilde eines allseitig sich entfaltenden Menschen beanspruchen zu dürfen, und waren vor allem vorbelastet mit dem abfälligen Urteil über »nutzlose Dinge«, das soweit ein aristotelisches Motiv aufnahm. Im mittelalterlichen Leben hatte eine Reihe von Spielen, die einfach ihren Nutzen hatten, keinen präzis programmierten und eigens definierten Sinn zuerteilt bekommen; da sie aber nur in unreflektierter Notwendigkeit eine Einheit mit dem übrigen Leben der Kriegerkaste bildeten, konnten sie zugleich doch noch offen sein für freiere Vorstellungen.

Diese Notwendigkeit wurde nun in gewissem Umfange aufgelöst. Die Nützlichkeit für den Kriegsdienst wurde zu einem Prinzip erklärt, als sie objektiv bereits recht fraglich war; gleichzeitig konnten so unter ihrem Schein die alten Körperübungen und manche neuen faktisch zu Tätigkeiten aus eigenem Sinn sich verselbständigen, ohne daß diese Freiheit ganz zugegeben werden durfte. Max Weber hat die Verhältnisse der Feudalzeit und des folgenden Übergangs sehr gut dargestellt, wenn man einmal den äußerst problematischen Begriff Spiel außer acht läßt, in dem hier – wie übrigens auch in Huizingas ›Homo ludens‹ - der Unterschied zwischen verschiedenen Graden von Freiheit und Reflektiertheit unterzugehen droht. Er sagt zur Ritterzeit: »Daher findet in der Heranbildung und Lebensführung andauernd ein Element seine Stätte, welches, als Form der Einübung lebensnützlicher Qualitäten, der urwüchsigen Kräfteökonomie der Menschen ebenso wie der Tiere angehört, aber durch jede Rationalisierung des Lebens zunehmend ausgeschaltet wird: das Spiel. Es ist unter diesen gesellschaftlichen Bedingungen so wenig wie im organischen Leben ein ›Zeitvertreib‹, sondern die naturgewachsene Form, in welcher die psychophysischen Kräfte des Organismus lebendig und geschmeidig erhalten werden, eine Form der ›Übung‹, welche in ihrer ungewollten und ungebrochenen animalischen Triebhaftigkeit noch jenseits jeder Spaltung von ›Geistigem‹ und ›Materiellem‹, ›Seelischem‹ und ›Körperlichem‹ steht, mag es auch noch so sehr konventionell sublimiert werden. Eine spezifisch künstlerische Vollendung in freier Naivität hat es im Lauf der geschichtlichen Entwicklung einmal: auf dem Boden der ganz oder halb feudalen hellenischen Kriegergesellschaft, ausgehend von Sparta, gefunden. Innerhalb der okzidentalen Lehensritterschaft und des japanischen Vasallentums setzte die aristokratische ständische Konvention mit ihrem strengeren Distanz- und Würdegefühl dieser Freiheit engere Schranken als in der (relativen) Demokratie der Hoplitenbürgerschaft.«[12]

Es kommt darauf an, die Wirrnis der soziologischen Kategorien spezifisch auf die beiden beschriebenen Stufen aufzuteilen. Dann wird die rein feudale Zeit durch Ungeschiedenheit der reflexiven und der naturhaften Momente im Verhältnis der Ritter zu ihrem eigenen Körper charakterisiert, sowie durch die Naturwüchsigkeit, in der dieses Verhältnis besondere Formen annimmt. Die Auflösung rein feudaler Funktionen und ihre Überführung in irgendwie bürgerliche und demokratische Gesellschaften bringt eine freiere Beziehung darauf mit sich. Sie muß spezifisch als jener Prozeß verstanden werden, in dem das Unbegriffene – das freilich im Gegensatz zu Webers Behauptung auch schon im Feudalismus im Kontext arbeitender Menschen und infolgedessen an ganz anderem Ort als das »Animalische« steht – noch nicht wirklich von seiner Einheit mit naturhafter Körperlichkeit getrennt wird und doch schon der Dimension reflektierender Selbstaneignung der Menschen zugeführt werden kann. Wenn Weber dies »künstlerisch« nennt, so folgt er damit der Terminologie, die auch das Geschehen des Quattrocento immer nur in einem ziemlich engen Sinne des Wortes ästhetisch als »Frührenaissance« hat verstehen können. Es wird nicht als der politisch-ökonomische Zusammenhang interpretiert, den Weber daneben doch so treffend geschildert hat. Er bezeichnete allerdings auch hier nur beiläufig durch den Begriff »aristokratisch« die neue Phase einer eigentlich gerade nicht mehr feudalen Herrschaft: »Jene Verwandtschaft mit künstlerischer Lebensführung, welche sich daraus ergab, speiste sich aber auch aus der Quelle der ›aristokratischen‹ Gesinnung der feudalen Herrenschicht ganz direkt. Das Bedürfnis nach ›Ostentation‹, nach äußerem Glanz und imponierender Pracht, nach Ausstattung der Lebensführung mit Gebrauchsobjekten, welche nicht im ›Nutzen‹ ihren Daseinsgrund haben, sondern im Wildschen Sinn unnütz im Sinn von ›schön‹ sind, entspringt – sahen wir – primär dem ständischen Prestigegefühl, als ein eminentes Machtinstrument zur Behauptung der Herrenstellung durch Massensuggestion. Der ›Luxus‹ im Sinn der Ablehnung zweckrationaler Orientierung des Verbrauchs ist für feudale Herrenschichten nichts ›Überflüssiges‹, sondern eines der Mittel ihrer sozialen Selbstbehauptung.«[13]

Sport

Es heißt bei Castiglione, das Ballspiel lasse die Gewandtheit der Glieder sehen, nicht, es stähle den Körper. Eine der einschneidendsten Forderungen an die Höflinge war, sie sollten »über Verfahrensfragen von vorkommenden Klagen und Streitigkeiten Bescheid wissen und dabei in der Ausnützung aller Vorteile erfahren sein, dabei stets Mut und Klugheit zeigend«.[14] Zum Kriterium des Erfolges wurden immer mehr Regeln, nicht so sehr die reale Niederlage oder der reale Sieg im Kampfe auf Tod und Leben. »Es liegt im Ausgang dieser Kämpfe kein Gottesurteil mehr«, so Burckhardt, »sondern ein Sieg der Persönlichkeit und – für die Zuschauer – der Entscheid einer spannenden Wette nebst einer Genugtuung für die Ehre des Heeres oder der Nation.«[15] Die Übungen wurden immer mehr zum Sport, dessen aristokratischen Charakter die griechische Antike vorbildlich demonstriert hatte. Er war die freie körperliche Tätigkeit derer, die von der zwanghaft instrumentellen körperlichen Arbeit zum Zwecke der Reproduktion freigesetzt waren. Sie zur Einheit mit geistiger zu führen, war die Chance der Privilegierten; und sie blieb nicht ungenutzt, in den verschiedensten Formen mimetischen Lernens oder darin, daß man die körperliche Arbeit im Sport zum Genuß der eigenen Naturpotentiale machte. Auf die eine oder andere Weise schien sie für eine wahre Abarbeitung im geistigkörperlichen Stoffwechsel mit der Natur zur Verfügung zu stehen. Darin konnte das Verhältnis zur Natur unbelastet erscheinen von den Zwecken der gattungserhaltenden Naturbeherrschung. Adel und Großbürger brauchten keine unmittelbare Aneignung als Produzenten zu leisten; ebensowenig hatte für sie theoretische Erkenntnis bewußt die Funktion, zur effektiveren Ausbeutung der Dingwelt oder des menschlichen Körpers selbst genutzt werden zu können.

Spätritterliche Stilisierung

Gerade diese große Hoffnung des Zeitalters der sogenannten Frührenaissance geriet aber, noch bevor sie in der einstweiligen Unmöglichkeit einer Realisierung unterging, in den reaktionären Sog der überhängenden feudalen Elemente. Die Höfe, die darin für die Großkaufleute noch ebenso weit in ihrer Lebensführung Vorbild blieben, wie sie andererseits von deren Kapital abhängig wurden, nahmen in ihrer Praxis gegenüber der Idee einer versöhnbaren Welt vieles bereits vorab in eine spätritterliche Stilisierung zurück. Darauf mag man auch den Umstand zurückführen, daß die aufgezeichnet überlieferten Choreographien praktisch doch keineswegs die emphatischen Tendenzen und höchst komplexen Konzeptionen der Tranztraktate einlösten, zumal auch an der Musik der Zeit ein entsprechendes Mißverhältnis von Theorie und Praxis zu beobachten ist.

Die Ära der Kontorkriege

Kriegerfunktion, Ritterroman und »abstrakte Arbeit«

Der Aufweis reaktionärer Tendenzen objektiviert sich vor dem Hintergrund der realen Bedeutung des ritterlichen Beitrags zum zeitgenössischen Krieg und dessen Funktion selbst. Für die Phase gentiler Gemeinwesen erscheint der Krieg naturwüchsig als Notwendigkeit der Selbsterhaltung. In diesem

weiten Sinne kann die Funktion von Kriegern als reproduktive verstanden werden, zum Beispiel in den Zeiten der Gründung Roms oder der Völkerwanderung. Sie mag körperliche Arbeit im Kontext einer Arbeitsteilung zwischen Bauern und Kriegern sein und aus einer grundsätzlichen Gleichrangigkeit der Arbeiten nicht heraustreten. Trotzdem war zweifellos auch schon im frühesten Stadium diese Teilung der Funktionen in die Vermittlung der Herrschaft einbezogen, die noch an bestimmte Personen gebunden war. Im Mittelalter hatte jedenfalls die Kriegerkaste bereits Organisationsaufgaben über die eigentlichen Aufgaben der Verteidigung des Gemeinwesens im Kampfe hinaus übernommen; damit war eine vertikale Teilung der Arbeit in körperliche und geistige zu ihrem Charakteristikum geworden. Der Lehensadel war Inhaber von Herrschaft.
Im fünfzehnten Jahrhundert waren – jedenfalls für den oberitalienischen Raum – andere Organisationsformen als die des Kampfes ums Überleben zwischen den Gemeinwesen gefunden worden, wie sie innerhalb des römischen Imperiums schon bestanden hatten und bis etwa um 1700 für die europäischen Staaten durch die Eindämmung der Kriege auf reglementierte Kabinettskriege erreicht wurden. Das bellum omnium contra omnes der frühen Kapitalakkumulation war nicht mit gentilen Notwendigkeiten zu verwechseln, konnte vielmehr weitgehend gerade deshalb Platz greifen, weil die gemeinsamen Überlebensinteressen von Gemeinwesen auf andere Weise gesichert erschienen.
Die Kriege, deren Dienst der cortegiano sich so wesentlich gewidmet sah, wurden nicht um nationale Ziele der Erhaltung oder Eroberung gegenüber Frankreich oder Habsburg geführt. Es handelt sich vielmehr bei den Auseinandersetzungen zwischen den oberitalienischen Stadtstaaten – und deren agrarischen Nachbarterritorien sowie dem Papst – um ein fortgesetztes limitiertes Blutbad und fortwährende Spekulation auf auswärtige Interventionen. Sie sind zu interpretieren als die kriegerisch machtpolitische Erscheinungsform des eigentlichen Kampfes um Kaufmannskapitalmacht in der Form von Akkumulationschancen. Burckhardt hat auf die frühe Geschichte dieses Kampfes, auch auf seine Verquickung mit der neuen Herrschaftsform an der Stelle mittelalterlicher Ordnungen hin-

gewiesen. Die mächtigeren Städte »erlaubten sich als Handelskonkurrenten die äußersten Mittel gegeneinander und drückten schwächere Nachbarstädte in rechtlose Abhängigkeit nieder; d. h. sie glaubten am Ende doch, einzeln durchzukommen und des Ganzen nicht zu bedürfen, und bereiteten den Boden vor für jede andere Gewaltherrschaft. Diese kam, als innere Kämpfe zwischen den Adelsparteien unter sich und mit den Bürgern die Sehnsucht nach einer festen Regierung weckten und die schon vorhandenen Soldtruppen jede Sache um Geld unterstützten.«[16]
Es wäre hinzuzusetzen, daß die Frage, wer eine Gewaltherrschaft errichten und was er durchsetzen konnte, ebenso von den Geldinteressen der Kaufleute abhing. Die neuen Regenten konnten auch im Außenverhältnis fest diese Interessen zum Zuge bringen. »Als die Florentiner um dieselbe Zeit (erste Hälfte des fünfzehnten Jahrhunderts, R. L.) ein Bündnis mit Venedig gegen Filippo Maria Visconti wünschten, wies man sie einstweilen ab, in der klaren, hier durch genaue Handelsbilanzen belegten Überzeugung, daß jeder Krieg zwischen Mailand und Venedig, d. h. zwischen Abnehmer und Verkäufer, eine Torheit sei. Schon wenn der Herzog nur sein Heer vermehre, so werde das Herzogtum wegen sofortiger Erhöhung der Steuern ein schlechterer Konsument. ›Besser man lasse die Florentiner unterliegen, dann siedeln sie, des freistädtischen Lebens gewohnt, zu uns über und bringen ihre Seiden- und Wollenweberei mit, wie die bedrängten Lucchesen getan haben.‹«[17]
Die Planung von Kriegshandlungen – wenn sicher auch nicht deren faktische Durchführung – war bereits unter dem Primat von Gewinnkalkulation gebändigt. Ritterliche Ehrenvorstellungen und standesgemäßes Draufgängertum waren dafür nicht gefragt. Sie konnten freilich in der vermittelten Form, in die sie die höfische Stilisierung überführt hat, noch lange Verwendung finden. Der nicht funktionalisierte Rest feudaler Haltung, das heißt unmittelbarer Bezüge auf Personen und Sachen, für die man kämpfte, verschwand von einer Generation »letzter Ritter« zur nächsten immer mehr. Längst vor Kaiser Maximilian bezeichnet das Quattrocento den Höhepunkt der ersten offensichtlichen Mediatisierung des Rittertums, die in Burgund noch nicht so abgeschlossen war wie in

Oberitalien. Ucellos Schlachtengemälde sind objektiv der Ausdruck für die unsinnig-unzeitige Konkretion dieser Auseinandersetzungen in malerischen Ritterszenen; sie sind, was in Wahrheit den Stellenwert des ritterlichen Kampfstils ausmachte: Dekoration, die einen freilich ganz eigenen Sinn beistellte.

Auf dem großartig perspektivisch-geometrischen Raumentwurf müssen die Geharnischten ihre Lanzen so gegeneinanderführen, wie es die Konzeption der Linien erheischt; der Krieg wurde bereits von der Unmasse des Fußvolks getragen, das man auf dem Bilde nur im Hintergrund sieht. Als Jagd macht sich der ganze Aufbau viel besser, nicht belastet durch den ja immerhin tödlichen Ernst der Maskerade von Prachtpferden und Prunkrüstungen. Vielleicht hat das Quattrocento damit schon wieder einen sinnvolleren Bezug entdeckt, als es in dem zuvor einfach kraß ausgebrochenen Gegensatz zwischen machtpolitischem Antifeudalismus und kompensatorischer Stilisierung möglich gewesen war. »Die italienischen Adligen ahmten die Helden der bretonischen und französischen Ritterschaft nach und nahmen deren Namen, Kleidungen und Lebensformen an. Dieser ritterliche Mummenschanz blieb aber nur an der Oberfläche, denn die wahre Geisteshaltung der neuen Herren, die durch Gewalt und Verschlagenheit an die Macht gelangt waren, zeigte keinerlei Verbundenheit mit den alten feudalen Idealen der Lehensgefolgschaft, der Lehenstreue, der Huldigung, des Minnedienstes, wie sie in anderen europäischen Staaten noch lebendig waren. Einmal an der Macht – eine Macht, die sie auf Kosten des niederen Adels erlangt hatten –, forderten die italienischen ›signori‹ von ihren Vasallen völlige Unterwerfung, ohne auch nur den Anschein einer organischen Rangordnung oder einer Wechselseitigkeit von Rechten und Pflichten zuzulassen.«[18] So eindeutig, wie es Olschki hier beschreibt, war das Gesamtbild des Quattrocento nicht, zumal im Selbstverständnis der Zeit, aber seine Darstellung trifft objektiv das Verhältnis zur Tradition.

Castigliones Vorstellung wie die von Cornazano und anderen Zeitgenossen, die höfischen Leibesübungen seien noch zum Zweck kriegerischer Tüchtigkeit im Dienst des Gemeinwesens oder wessen sonst untergeordnet, war konservative Romantik, insofern sie die gesellschaftliche Bedeutung dieser Kriegführung romanhaft verkannten; und sie war reaktionär, weil damit eine freie körperliche Abarbeitung – mochte sie auch nur von den Höflingen wie eine reale Utopie geübt werden können – ohne Not instrumentalisiert wurde, dazu noch durch Stilisierung in das überwunden Vergehende. Tatsächlich hatte die Masse der Krieger sich in Soldaten, das heißt *Soldempfänger*, verwandelt und die Führer wurden aus den Kassen der Staaten und Kontore bezahlt. Die erste technische Erfindung, die von einschneidender praktischer Bedeutung war, wurde auf dem Gebiet eingeführt, in dem längst so etwas wie abstrakte Arbeit, beliebig auswechselbare Lohnempfänger existierten[19]: Die Kanone entsprach technisch dem Ziel von Kriegen, in denen es um etwas so vergleichsweise Abstraktes wie die Akkumulationschancen des Handelskapitals ging, wo nicht mehr Interessen als Prärogativenstreit zwischen Herrschern auftraten, die in gerechten und ungerechten Kriegen zu entscheiden waren. Da die Anzahl von Landsknechten in einer Streitmacht nur noch repräsentierte, wie viele der Auftraggeber bezahlen konnte, war die abstrakte Zusammenfassung von Schlagkraft in der Vernichtungsmaschine Kanone die logische Konsequenz der Realität. Cornazano hat in seinem militärischen Traktat – in seinen begeisterten Versen nimmt sich dies Lob der Vernichtungsmacht fast wie ein Manifest der italienischen Futuristen aus – den Ruhm der Kanone verkündet: »Madama la bombarda, die zum Sohn das Gewehr hat. Diese teuflische Kunst hat alle anderen ausgeschaltet und öffnet den Feinden die befestigten Städte und macht mit ihrem Dröhnen ganze Armeen erzittern.«[20]

Das bellum omnium contra omnes findet gerade in den nach außen sich konsolidierenden Staaten statt, da vor den gentilen Interessen der Selbsterhaltung aller die partikularen Interessen isolierter Individuen die Szene bestimmen. Nachdem die Machtkämpfe zwischen Dynastien nicht mehr – wenigstens auch – die Funktion gesellschaftlicher Organisation haben, beginnt die Ära der Kontorkriege.

Cornazano feierte Galeazzo Sforza als den Vater der neuen Kriegskunst. Diese hatte wenig mit den alten Ritteridealen gemeinsam, ungeachtet der feudalen Aufmachung seines Herzogstitels. In dem Traktat ›De re militari‹ wird aller Pomp als belastend und eitel abgelehnt, auf den Nutzeffekt der Ausrüstung komme es vielmehr an.[21] Ausbildung und Schlachtordnung erhielten eine größere Bedeutung. »Die *virtu,* nicht die Zahl mache den Sieg.«[22] Virtu ist ein sehr verschieden zu interpretierender Begriff. Er dürfte hier als Zucht im Sinne fast schon des späteren Drills zu verstehen sein; so rühmt Cornazano auch dem römischen Heer nach, es habe durch Kunst und bessere Übung die Welt beherrscht.[23] Die Soldaten sollen nun in quadratischen Formationen aufmarschieren.[24] Diese Schlachtordnung war noch im siebzehnten und achtzehnten Jahrhundert üblich; vermutlich wurden auch im Quattrocento schon in der Mitte der Karés die Fahnen geführt, die neben der Repräsentationsfunktion auch als Mittel lautloser Verständigung im Felde eine Rolle spielten.[25] Kriegerische Musik sollte nicht nur ermutigen; es wurde ihr bereits die Aufgabe zugewiesen, für die Gleichzeitigkeit der Schritte zu sorgen.[26] Freilich kam es dabei auf den harten Rhythmus von Trommeln und Trompeten, nicht auf Harmonie an.[27] »Außer der Disziplin gehört auch die *ragione*«, sicherlich als richtiges Maß zu übersetzen, »zum Auftreten des Menschen.«[28] An anderer Stelle wird die noticia di ragione als eine andere Form der Disziplin bezeichnet.[29] Den Sinn der recht verschiedenen Formulierungen dürfte der Satz zusammenfassen: »Regula generale e in tutti i moti.«[30] Alle Bewegungen der Formationen wie der einzelnen Männer wurden reguliert. Das ist eine ganz unromantische Auffassung des Kriegswesens. Sie geht aus von exerzierten, und das heißt, von stehenden kleineren Heeren, die durch Artillerie unterstützt werden. Auf den Einzelkampf geschulte Ritter hatten keine Funktion mehr. Aufgaben der Leitung, der Organisation des Potentials an Soldaten und Technik lösten weitgehend die persönliche Waffengewandtheit und Begeisterung ab. Demgegenüber wurden die Ideen Castigliones obsolet.

Eine Verwandtschaft der neuen Formen des Hoftanzes mit dem neuen Reglement militärischer Bewegungen ist nicht zu übersehen. Selbstverständlich nicht im Dienste differenzierterer Ausdrucksmöglichkeiten wie dort, sondern hier zum Zweck eines effizienteren Einsatzes von Menschen zeichneten sich im Militärwesen Grundsätze ab, nach denen, darin dem choreographierten Tanz vergleichbar, Zeiteinheiten zum Grundmaß bestimmt und Rationalität in das Verhältnis der Elemente zueinander in Form überschaubarer Figuren, wie der Aufstellung im Quadrat, eingeführt wurden. Es widerspricht in den Choreographien des Quattrocento den Prinzipien der Theorie die Praxis, in der durchweg ein Tanz in derselben Formation der Tanzenden beendet wird, in der er begonnen hat. Es wird sich kaum vermuten lassen, das Phänomen sei in bewußter Verbindung mit der platonischen Lehre von der notwendigen Rückkehr der Bewegungen zur ruhenden Urform zu sehen. Gewiß ist die Tatsache selbst historisch zunächst auf die Gewohnheiten der Rundtänze zurückzuführen. Die in sich geschlossenen Produktionsweisen der Ackerbauern wie der einfachen Warenproduzenten, die sich in den Rundtanzformen ausdrücken, dauerten fort. Ihrer Übernahme in die Choreographie dürfte die Bedeutung zukommen, daß sich dabei ein Schematismus einfachster zweckrationaler Überschaubarkeit wie im Aufmarsch der Squadronen durchsetzte. Und jedenfalls ist mit dieser Parallelität die Möglichkeit für eine Entwicklung gegeben, die sich in der folgenden Geschichte als starke, wahrscheinlich gegenseitige, Beeinflussung von Ballett und militärischer Haltung verwirklichte. In diesem Zusammenhang wäre es interessant, feststellen zu können, ob der im Militärtraktat von Cornazano auftauchende Begriff *gamba di grue*[31] in ursächlicher Verbindung steht zu dem Tanzschritt des sechzehnten Jahrhunderts *pied de grue*, bei dem ein Bein derart gerade vorwärts in die Luft gehoben wird, daß man an einen bestimmten späteren Paradeschritt erinnert wird.

»Lässigkeit« und Mäßigung als Ausdruck und als Ostentation

Unmittelbar ist der höfische Tanz des Quattrocento, und das ist der choreographierte, nicht von den Leibesübungen oder militärischen Bewegungen und Aufstellungen beeinflußt worden, wenn auch das Eindringen freilich sehr unterschiedener Begriffe von ratio in alle Bereiche begann, gewisse Verwandtschaften und Parallelen erkennbar werden zu lassen. Das Prinzip des Maßes enthielt im Tanz über das bloß Metrische hinaus auch eine Bedeutung des Mäßigens, das eine Ausrichtung auf bestimmte systematisch aufeinander bezogene Raum- und Zeiteinheiten nicht zum Endzweck werden ließ. Sie wurden zum Medium von Sinn erhoben. Im Abscheu vor »Künstelei« war die Zeit darauf bedacht; formuliert wurde das Gegenbild allerdings mit Bezug auf die äußere Erscheinung des Menschen, man nannte es die »Tugend der Lässigkeit«.[32] Gerade am menschlichen Körper ist aber die Möglichkeit zu Ausdruck von dieser nicht zu trennen. Nur am gelassen sich haltenden Körper können Veränderungen sich manifestieren, die nicht bloß pedantisch bestimmten Schablonen entsprechen, sondern ihn einem Sichanverwandeln an das Andere über dessen Form öffnen. So kann der Körper mimetisch Ausdrucksmedium des Vorgangs werden, in dem die Person sich auf einen Gegenstand ihrer Beobachtung, auf den Gehalt einer vorgegebenen und nachzuvollziehenden Schrittfolge oder Anderes eingelassen hat. »Wer von Euch lacht nicht, wenn unser Messer Pierpaolo auf seine Weise tanzt, mit jenen Hüpfern und mit auf den Fußspitzen gestreckten Beinen, ohne den Kopf zu bewegen, als ob er ganz und gar aus Holz wäre, und mit so viel Aufmerksamkeit, daß er wahrhaftig die Schritte zu zählen scheint?« »Ebenso offenbart beim Tanzen ein einziger Schritt, eine einzige anmutige und nicht gezwungene Bewegung der Gestalt sofort das Können des Tänzers«, das auch sein »Wissen« genannt wird.[33]

Befreite Arbeit als Ostentation, Herrschaft

Castiglione unterschied sehr bestimmt, ob der Tanz »in Gegenwart vieler und an einem volkreichen Ort« stattfand oder ob die Hofleute unter sich waren und kein offizieller Anlaß bestand.[34] Hier wird der Einfluß jener öffentlichen Funktion der höfischen Tänze deutlich, die als Ostentation analysiert werden muß. Die Herrschenden bewegten sich coram publico. Auch der Sport hatte eine ostentatorische Seite. Diejenigen, die ihre körperliche Abarbeitung zu der zweckfreien Meisterschaft im Schwimmen, Laufen oder Steinewerfen entwickeln konnten, weil Feldarbeit und Gewerbe von den Unterprivilegierten für sie ausgeführt wurden, demonstrierten jenen durch die freie, höhere Form körperlicher Entäußerung auch noch, daß sie ihre Privilegien als die Besseren zu Recht inne hätten: »man erwirbt sich damit hauptsächlich Achtung bei der Menge, mit der man sich abfinden muß«.[35] Dieses Verhältnis entspricht der Teilung von geistiger und körperlicher Arbeit über der Produktion und ist wie diese ein Element von Herrschaft. »Wie es genügt, daß ein guter Soldat dem Schmied zu sagen weiß, von welcher Form, Güte und Beschaffenheit die Waffen zu sein haben.«[36]

Die Tänze waren indessen nicht nur derart direkt Demonstration dessen, daß die Herrschenden allein die höchsten, das heißt zur Freiheit der Entfaltung führenden Weisen menschlicher Existenz im Gegensatz zu einer primitiven Masse zu verwirklichen vermöchten. Es ist gerade *die rituelle Seite von Öffentlichkeit*, über die der Anspruch der Herrschenden in solchem Tanzen sich einlöste. Bedeutender als ihr Vergnügen am Tanz wurde dann der Umstand, daß nur bestimmte Personen daran teilnehmen durften, daß er an einem bestimmten Ort aufgeführt wurde und daß die Menge Zutritt nur als Zuschauer in gemessenem Abstand erhielt. Dies sind aber genau die Kriterien, nach denen Durkheim religiöse Zeremonien bestimmt und derentwegen er repräsentative Riten als mit ihnen zutiefst verwandt bezeichnet.[37] »Die militärischen und politischen Abenteuer, die damals das öffentliche Leben beherrschten«, erklärt Olschki ganz allgemein, »waren von einem Verlangen nach Popularität angetrieben, das einer Besessenheit nahekam; denn ihre Erfolge befriedigten nicht nur ihr Selbstgefühl, sie brachten ihnen neue Anhänger.«[38] Im Sinne und aus der Tradition jener Rituale gilt es nun für die Tanzenden insbesondere, »eine gewisse Würde zu bewahren«.[39] Da diese »jedoch durch eine zarte und feine Anmut gemäßigt«[40] werden sollte, wurde das Tanzen nicht einfach der Funktion ausgeliefert; vielmehr ging in die Tradition seiner Ausführung von Staats wegen über die rituelle Würde auch ein Moment von Sinn ein. Eine solche Praxis war dem Tanz an und für sich äußerlich, die herrschaftliche Funktion hatte mit seiner Konstitution nichts zu tun. Durch die bloß empirische Verwendung zu solchen rituellen Zwecken teilte sich ihm dennoch etwas mit, das ihn auch von innen her veränderte. Die Funktionalisierung verdinglichte ihn in gewissem Grade; zugleich konnte er in dieser bestimmten Erscheinungsform über das hinaus, was sich autonom über seine Schrittfolgen und seine Formen als Gehalt bilden konnte, etwas bedeuten. Dieses Ereignis hatte zu viel gemeinsam mit den allegorischen Tänzen, die schon im vierzehnten Jahrhundert stattfanden – freilich ebenfalls an den Höfen Italiens und Burgunds –, um sofort aus dem Rahmen zu fallen. Trotzdem ist die Ballettgeschichte davon geprägt, daß hier die frühen Choreographien einerseits *durch ihnen ganz äußerliche Aufgaben eine unverhältnismäßige Bedeutung erhielten, die später mythische, mystifikatorische und in der bürgerlichen Kunst transzendentale Züge* annahm; andererseits stellte dieser übermäßige Bezugsrahmen eine Herausforderung dar, ihn auszufüllen, indem die bescheiden bewußtlosen Entfaltungsmodelle dieses Tanzes in einem offensichtlich gewordenen gesellschaftlichen Kontext ihre Möglichkeiten, etwas zu bedeuten, ausweiten mußten. Tatsächlich ist dies allerdings weniger gelungen, als daß Tanz in der Folge, jedenfalls in den nächsten Epochen, für die ihm äußerlichen Aufgaben des Rituals und der dem Militärischen verwandten Disziplinierung der Körperhaltung vereinnahmt wurde.

Rituelle Vorformen

Dieser Prozeß wirkte sicherlich um so nachhaltiger fort, als in ihm zugleich eine rituelle Vergangenheit aktualisiert wurde, aus der die volkstümlichen Formen des Tanzvergnügens irgendwann hergekommen waren. »Vielleicht sind sogar einige jener Darstellungen, die heutzutage nur der Zerstreuung dienen, alte Riten, die ihre Eigenart verändert haben.«[41] Zu diesem Material des choreographierten Tanzes gehörten ganz besonders Rundtänze in Verkleidungen und die sogenannten Morisken. In den einen lebten Geisterbeschwörungen fort, wie sie noch bis in unser Jahrhundert in den dörflichen Tänzen des »Schimmelreiters«*, des »Guy Fawkes day« und verschiedenen im Karneval aufgegangenen Überlieferungen zu erkennen sind. In der moresque oder morisca setzten sich pantomimisch getanzt die Erinnerungen an die Befreiung Europas von der arabischen Gefahr fort. Reyna nennt sie eine »regelrecht getanzte Chronik der Schlachten«.[42] Die Religion und diese Kriege fanden in volkstümlichen Tänzen ihren Ausdruck: »Das ergab die Mysterien und die *moresque*.« Die Darstellungen des Sieges über die Mauren wurden mit den religiösen Aufführungen verschmolzen, durch Umzüge auf dekorierten Wagen vorbereitet und von Mysterienspielen abgeschlossen, in denen wiederum unter den verschiedensten Vorwänden auch Tänze eingefügt wurden. Einen der beliebtesten wohl lieferte die Legende St. Johannis des Täufers, in der man die Salome tanzen ließ; sie trat sogar als Seiltänzerin und Akrobatin auf, wie dies für England eine Miniatur des ›Holkham Bible Picture Book‹ belegt.[43]

»Aus diesen ›sacre rappresentazioni‹, die aus den christlichen Mysterien und Legenden des vierzehnten Jahrhunderts sowie aus den florentinischen Festen zu Ehren seines Stadtheiligen entstanden waren, machte Lorenzo Magnifico die ›trionfi‹, aufwendige ›Masken‹spiele auf großen Wagen, die allmählich die mittelalterlichen Maskeraden überlagerten.«[44] In Funktion neuer, repräsentativer Rituale bemächtigten sich die Herrscher gleichermaßen alter Formen wie neuer Ausdrucksdimensionen. »Das estensische Fürstentum wartete aber nicht die Verherrlichung durch andere ab«, schreibt Burckhardt, »sondern es

* Ähnlich, vermutlich, den Traditionen, die in der Basler Fasnacht durchscheinen, gibt es in Norddeutschland, gab es in Ostdeutschland den Brauch, verkleidet – als »Schimmelreiter« – von denen einen symbolischen Tribut zu verlangen, denen man das Jahr über zum ständigen Tribut verpflichtet war. In Pommern zum Beispiel erschienen die jungen Dienstleute in der Weihnacht im Gutshaus mit einem Tanz, bei dem sie auch scherzhaft getarnte Kritik an der Herrschaft vorbrachten. Solche Tänze gibt es in allen Teilen der Welt.

verherrlichte sich selbst. Borso ließ sich im Palazzo Schifanoja in einer Reihe von Regentenhandlungen abmalen, und Ercole feierte (zuerst 1472) den Jahrestag seines Regierungsantritts mit einer Prozession, welche ausdrücklich mit der des Fronleichnamsfestes verglichen wird.«[45]

Körperbewegungen, Maß und Bedeutung

Eine Abfolge von Körperbewegungen war als soziales Geschehen bereits Träger einer ihr nicht unmittelbar innewohnenden Bedeutung. Als die grundsätzlich sehr strenge Bindung solcher Handlungen in den Rahmen der Kirche am Ende des Mittelalters etwas gelöst wurde, konnten Vorstellungen neuplatonischer Kosmologie bestimmend werden. Wie die Musik die Harmonie der Sphären, aus platonisch-stoischer Tradition, zum Vorbild erhielt, so wurden auch die Bewegungen der Tänze als ein Nachvollziehen der in ihrer Ewigkeit heilige Ordnung bedeutenden Sternbahnen interpretiert. Darum erschien Mäßigung als notwendig und trat insofern das Erbe an, das die Verbannung aller leidenschaftlichen Bewegung durch die Kirche hinterließ, insbesondere wo diese noch aus heidnischer Überlieferung in die christliche Liturgie eingegangen war. Bis auf lokal vereinzelte Ausnahmen wurden sakrale Tänze um den Altar schon während des Hochmittelalters nur noch in der Isidorischen Liturgie in Spanien geübt. Es ist nicht ganz so erstaunlich, wie es Curt Sachs scheint, daß eine vergleichsweise große Zahl von Tanzmeistern in Italien jüdischer Abkunft war, und daß es auch ein jüdischer Meister, Rabbi Hacén ben Salomo, war, der zu Beginn des dreizehnten Jahrhunderts den Christen in Spanien eben jene Altartänze beibrachte.[46] Hatte die Kirche generell leidenschaftliche Körperlichkeit als besessen, als teuflisch und als Sünde gegen das Streben der Seele zu Gott verurteilt, so wandelte sich an den Höfen des Quattrocento das Verhältnis unmittelbarer Gegensätze von asketischer reiner Körperlosigkeit zu faktischem körperlichem Arbeiten oder punktueller, aber in sich schrankenloser Körperlust. Der choreographierte Tanz stellte eine reale Vermittlung zwischen beiden Seiten dar, indem er die Mäßigung der Körperbeziehung selbst zugute kommen ließ und die physische Realität zum

Medium reiner, das heißt nicht bloß instrumenteller Zwecke machte. *Zwischen die bewußtlosen Gegensätze wurde eine sinnvolle Praxis gesetzt,* Sturheit und Besessenheit, Lebloses und rohe Kraft waren nicht mehr nur Gegensätze, sondern standen an verschiedenen Enden doch gleichermaßen einer beseelten und ausdrucksvollen Körperlichkeit gegenüber.

Klassenspezifisches Körperverhältnis

Körperliche Raserei hatte am Ende des Mittelalters als »Tanzwut« oder als »Veitstanz« ganz Europa von Sizilien bis zum Niederrhein durchzogen; die Menschen hatten sich zu Tode getanzt. Aber vielleicht hatte die krankhaft auftretende Begierde nach leiblicher Selbsterfahrung doch die Wirkung, nach der mittelalterlichen Unterdrückung deren Berechtigung anzumelden und durch eine krampfhafte Entladung aufgestauten Triebverzichts einer ruhigeren Entfaltung lustvoller Körperlichkeit die Wege zu öffnen. Gleichzeitig wurden ja auch die so maßvollen Formen freieren Sichbewegens im Hoftanz noch von den unreflektierten Impulsen der wenigen Traditionen getragen, die in der Moriske und in den Mysterienspielintermezzi als kirchlich sanktionierten Institutionen offiziell hatten überwintern können. Freilich konnte der choreographierte Tanz nur innerhalb der Höfe eine vernünftig-emphatische Körperlichkeit verwirklichen. Nur dort konnte er, soweit überhaupt, Sinn und Mittel der Beurteilung und des Verhaltens werden. Gesamtgesellschaftlich schlug sich die Veränderung nur als Distanz und Diskriminierung gegenüber dem nieder, was notgedrungen in sich unverändert blieb wie die Situation der Massen überhaupt.
Es wurde nun weniger ein genereller Triebverzicht aller Christen um ihres Seelenheils willen gefordert. Aber nur eine privilegierte Klasse, die weniger und weniger in einer unmittelbaren Auseinandersetzung mit der gegenständlichen Natur stand, konnte sich daraufhin einer stilisierenden Abarbeitung an der Natur in den Menschen selbst zuwenden. Die Bravour, zu der es die ungelernten Darsteller der Solopartie in der Moriske gebracht hatten, stand einem Edelmann nicht mehr an, der sich ebenso gegen die berufsmäßige Virtuosität von

Akrobaten abzusetzen hatte. Die resultierende Mäßigung und Lässigkeit darf nicht mit dem feierlich langsamen Dahinfließen spätfeudaler Hoftänze verwechselt werden. Jene hätten noch mit der aristotelischen mesotes charakterisiert werden können, sie waren auf bestimmte Zeitwerte der Musiknoten gerichtet, aber Metrik gelangte in ihnen noch nicht zur konjunktiven Bedingung von Ausdruck. Maß im Quattrocento stand immer mehr für ein rechtes Spannungsverhältnis zwischen formalen Elementen, lustvollen Bewegungsimpulsen und einem Gehalt des Ganzen; das heißt, es hatte projektive Funktion.

Die Bewegungen im neuen Hoftanz wurden immer strenger zurückgenommen, schon dem Domenico galt die bewegte Piva als zu gewöhnlich, und der Saltarelloschritt wurde bei ihm gemäßigt.[47] Es ist indessen entscheidend, daß sich die Höfe solche Beschränkung für ihr Auftreten »vor der Menge«, »an öffentlichen Orten« auferlegten, also offenbar doch mit dem Ziel, die Herrschenden vor den Beherrschten auch als die Träger des Gattungsfortschritts zu dokumentieren, der nun Plumpheit und Unreflektiertheit systematisch hinter sich zu lassen begann. Die bewußte Manifestation einer gesellschaftlichen Dichotomie zeigte, daß die Einheit der christlichen Hierarchie, die im Bezug auf das jenseitige Heil gesichert gewesen war, aufgelöst war, so daß einst streng gestufte, aber zueinander organisch gedachte *Eigenarten der Stände antagonistisch verselbständigt* werden konnten. Die Spontaneität der vornehmen Welt, soweit sie in der Bedeutung des Besonderen sich zeigte, war anderer Art, war eingebunden in den Zusammenhang des Formenkanons und durch die systematisierte Vielfalt der Schritte. Im Ambrosiotraktat wird ein Fest des Herzogs von Calabrien beschrieben, in dessen Mittelpunkt wohl noch eine »mommeria de maschare Vestite ala francese« stand.[48] Aber: »Der Rundtanz, vor allem die Moriske wird, wenn als höfische Unterhaltung aufgeführt, zum Ballett.«[49] »Hoftanz und Volkstanz sind ein für alle Mal getrennt«, sagt Curt Sachs.[50]

Teilung von »Kultur« und »Folklore«

Durch die strenge Stilisierung im Hoftanz, die noch nicht rigide war, aber schon eine frühe Form der Rationalisierung bedeutete, wurden die unmittelbaren Tänze, auch wenn sie oft sehr feiner körperlicher Darstellung dienten, in eine Art Souterrain der Kultur abgewiesen. So wurde das Phänomen geschaffen, das heute Folklore heißt. Dennoch gingen aus den alten Quellen manche ihrer Inhalte und Bedeutungszusammenhänge in den choreographierten Tanz ein. »Die alten Wachstums- und Lebensmysterien drangen von den Masken- und Mummenspielen in die Aufführungen des Hofes ein.«[51] Am stärksten erhielten sie sich etwa in den Stücken Shakespeares wie dem ›Mitsommernachtstraum‹[52], wo zum Beispiel das alte Symbol der Fruchtbarkeit, der Esel, kraftvolles Zentralmotiv ist, während sie in Frankreich und Italien mehr zu allegorischen Positionen wurden, die in den von antiker Mythologie immer stärker bestimmten Inhalten vereinzelt, wenn auch zahlreich mitgeschleppt wurden.
Es deutet sich ein Widerspruch zwischen den Tendenzen zu freier Vereinigung von körperlicher und geistiger Arbeit im Tanz und einer sozialen Rolle dieses Tanzes an; im Dienste der Ostentationsfunktion wurde Triebhaftigkeit nicht immanent verarbeitet, sondern äußerlich diszipliniert. Auch innerhalb der Höfe wurde die Chance einer reflektierten Spontaneität zum guten Teil vertan, indem die uneingelösten Impulse nicht sublimiert der geistigen Arbeit zugeführt, sondern kurzerhand nur äußerlich mit der Sache verbundenen Zwecken dienstbar gemacht wurden. Im fünfzehnten Jahrhundert war jedoch die Rationalisierung der Elemente noch nicht bis zu einem Grade fortgeschritten, in dem sie deren Besonderes mit schematischer Einordnung zu unterdrücken drohte; vielmehr konnte sie als Mittel allererster Hervorhebung von Besonderem vor dem Hintergrund einer Allgemeinheit der Beziehungen verstanden werden, die im Vergleichen über gewisse Maße und Regeln gerade entdeckt wurde. *Der Zwang, den man sich antat,* um

bei öffentlich ausgeführten Tänzen »würdevoll« zu erscheinen, wurde seinerseits *durch »Anmut gemäßigt«*; so konnte das Ideal der Ungezwungenheit, die »Tugend der Lässigkeit«, noch als Vermittlung dienen und trotz den Restriktionen dem Tanz aus seiner Funktion eines Rituals und der Ostentation auch den Gewinn sichern, der sich aus dem verinnerlichten Zwang zur Konzentration der Impulse in beherrschtere Formen ergab.* Dennoch blieb es nicht ohne bornierende Folgen, daß diese Disziplinierung gerade um der Ostentation willen angenommen wurde, während man in einem kleinen Kreise des Hofes sich ungenierter der Ausgelassenheit und den »Fußkunststükken« hingab, oder wenn eine Verkleidung dem Volk anzeigte, daß die Herrschenden gewissermaßen aus ihrer Rolle heraustraten.[54] Gerade solches Heraustreten aus der sozialen Rolle stellte ein weiteres und unter dem allgemein herrschenden Reproduktionszwang besonders einschneidendes Privileg dar.

Diese Distanzierung zeigt mehrere Dinge an. *Mit dem Unterscheiden zwischen öffentlicher Funktion und gewissermaßen schon privaten Neigungen,* die sich freilich eines einst und zum Teil auch weiterhin noch von allen betriebenen Versteckspielens zum Zwecke einer Beschwörung der Realität bedienten, wird allererst so etwas wie *eine Rolle hervorgebracht.* Die Distanz, die dazu notwendig war, kam nicht aus irgendeiner Phantasie; sie war realgeschichtlich begründet, indem die höfische Schicht sich von dem unmittelbaren Zusammenhange der alten feudalen Reproduktionsgemeinschaften frei gemacht hatte. Die Großkaufleute waren nicht mehr an unveräußerliche Werkstätten gebunden, die Berufe und Lebensweise, Orte des Lebens für alle Generationen festlegten, und die Adligen des Hofes kehrten nur noch aus jeweils spezifisch anzugebenden Gründen auf ihre Ländereien zurück. Sie jagten dort, inspizierten die Einnahmelage oder nahmen an wichtigen lokalen Kirchenfesten teil. Sie suchten wie die Großbürger und mit diesen ländliche Umgebungen zum Vergnügen auf und hatten bei ihren Aufenthalten auf dem einstigen Lehensgut kein grundsätzlich anderes Verhältnis zur Natur als jene. Genau

* Soweit wäre dem von Max Horkheimer affirmativ gebrauchten Begriff der Spiritualisierung durch Triebbeherrschung zuzustimmen.[53]

dies schlug sich als das distanzierte Verhältnis zu Natur überhaupt nieder, aus dem eine bewußte Zuwendung zu Landschaft und einzelnen Gegenständen möglich wurde, wie sie im höfischen Tanz zu Grunde lag und in allen Künsten zum Ausdruck kam. »Man zeigt die Hügel, aber nicht mehr den Galgen, der darauf steht, und nicht mehr den Gehenkten daran. Man zeigt die Äcker, aber nicht mehr den zerlumpten Bauern, der mühsam seine Pferde antreibt. Wie aus der höfischen Sprache alles ›Gemeine‹ und ›Vulgäre‹ verschwindet, so verschwindet es auch aus den Bildern und Zeichnungen, die für die höfische Oberschicht bestimmt sind.«*

Die Aneignung der inneren Natur der Menschen auf dem Stande erster Vereinigung von körperlicher mit geistiger Arbeit ging schon einher mit Distanzierung gegenüber der äußeren. Sie vollzog sich notwendig als Entfeudalisierung und hing deshalb aufs engste zusammen mit der Kritik am Geburtsadel, die schon im fünfzehnten Jahrhundert »herrschende Theorie« war zugunsten eines differenzierteren Elitebildes. Etwa zur gleichen Zeit wie Castiglione sagte Poggio: »Vom wahren Adel sei einer nur um so viel weiter entfernt, je länger seine Vorfahren kühne Missetäter gewesen. Der Eifer für Vogelbeize und Jagd rieche nicht stärker nach Adel als die Nester der betreffenden Tiere nach Balsam. Landbau, wie ihn die Alten

* Norbert Elias hat in den beiden Bänden ›Über den Prozeß der Zivilisation‹ in den dreißiger Jahren nicht nur eine außerordentlich umfangreiche und lehrreiche Materialübersicht gegeben, er ist wohl auch der erste überhaupt gewesen, der in so eindrucksvoller Weise versucht hat, die europäische Geschichte unter sozialpsychologischen Fragestellungen zu rekonstruieren. Das ist ein grundsätzlich beachtliches Verdienst und immer noch die wichtigste zusammenfassende Quellensammlung für diesen Bereich. Hinter dieser Bedeutung treten die methodologischen Schwierigkeiten zurück, die allerdings einige Verwirrung stiften könnten. Sein Versuch einer materialistischen Geschichtsschreibung auf seinem Gebiet wird theoretisch im wesentlichen dadurch strukturiert, daß er einige zentrale Begriffe der ökonomischen Analysen von Marx zu Kategorien seiner Interpretation überhaupt ernennt. So werden die mittelalterlichen Verhältnisse im Lehenssystem schon ebenso wie Hofaristokratie und Bürgertum unter Stichworten wie Konkurrenz und Monopol diskutiert, die auf diese Weise zu Universalien avancieren und ihren spezifischen Sinn einbüßen müssen. Gerade die Äußerlichkeit dieses Gerüstes bringt es aber auch mit sich, daß das übrige große Interesse der Arbeiten nicht darunter leiden muß.[55]

trieben, sei viel edler als dies unsinnige Herumrennen in Wald und Gebirge, wobei man am meisten den Tieren selber gleiche.«[56] Poggios ›Dialoghi de nobilitate‹ waren wie der ›cortegiano‹ als Gespräch gefaßt. Auch der Grund dafür war derselbe, daß nämlich die Zeit keine strenge einheitliche Theorie bilden konnte, weil die praktisch antifeudale, die neuplatonisch emphatische und die faktisch an Herrschaft festhaltenden Paralleltendenzen anders nicht vereinigt werden konnten. So aber ließen sich auch bei Poggio die gegensätzlichen Positionen gleichermaßen vertreten, wie es in der Realität geschah.

Aristoteles wurde als Autorität angegriffen, wo er dem Adel angeborene Elitequalifikationen zuspricht, und als Abstützung herangezogen, wo es um den Bestand der Institution eines Adels überhaupt ging. Selbstverständlich sollte sie fortdauern; es galt nur, eine gesellschaftliche Geltung zu kreieren, die nicht länger ein stumpfes Ineinanderfließen von Mensch und Natur duldete. *Die neue Qualität von Reflexion der Menschen auf sich selbst und auf Naturgegenstände in liebender Erkenntnis verlangte eine voraufgehende Abgrenzung.* Diese Abgrenzung brauchte man auch, um die neue aus Adel und Großbürgertum sich fusionierende Oberschicht inhaltlich zu fassen und insgesamt abzugrenzen gegen die, die Unterprivilegierte bleiben sollten. Außerdem zeigen die damaligen Ansätze zu einer Hofpsychologie, welche Notwendigkeiten der Selbstbeherrschung gegen die eigene individuelle innere Natur auf die Abgrenzung von der äußeren aufgebaut wurden, wo sie der Anpassung diente und wegen ökonomischer Abhängigkeit vom Fürsten notwendig wurde. Eine »Trennung von Natur und Gesellschaft« war notwendig, um eine bewußte Hinwendung zum eigenen Körper wie zum Naturgegenstand auf dem vergleichsweise hohen Niveau mimetischen Lernens zu ermöglichen. In der hierarchischen Gesellschaft wurde dieser potentiell durchaus produktive Abstand oder Spielraum, der im mimetischen Prozeß substanziell erfüllt wurde, aber auch zu einem Mittel, die Beherrschten zu disqualifizieren. Während die Herrschenden eben erst sich emphatisch der Natur zuwandten und für sich einen differenzierten Begriff von menschlicher Natürlichkeit fanden, wurden die zurückgebliebenen Teile der Gesellschaft schon zu roher, tölpelhafter bloßer Natur gestempelt.

Dem bäuerlichen und städtischen »kleinen Volk« blieben allein jene Traditionen, die nun als Folklore aus der Hochkultur verbannt zu werden begannen. Den einen Schritt der Distanzierung vollzogen die Herrschenden zunächst gegenüber den gesellschaftlichen Produktions- und Lebensformen, damit vom Boden und der äußeren Natur insgesamt. Er ermöglichte und induzierte aber ein entsprechendes *Abstandnehmen von der inneren Natur der Menschen und eine bewußte Abgrenzung der Herrschenden gegenüber den Beherrschten,* das einen ersten Beginn zur Konstitution von Klassen im modern kapitalistischen Sinne nach sich zog. Es ist in dieser Phase nicht mehr ganz falsch, im gleichen modernen Sinne auch schon davon zu sprechen, daß die Folgen der Ausbeutung an den Ausgebeuteten zu einer zweiten Natur gestempelt wurden und diese auf Grund ihrer herrschaftlichen Vermitteltheit gerade hinter der ersten abgewertet wurde. So schreibt Elias: »Dem Bauern war unter Umständen eine soziogene Versagung einfach dadurch auferlegt, daß er nicht genug zu essen hatte. Und das ist ganz gewiß eine Triebrestriktion höchsten Grades, die im ganzen Gebaren des Menschen zum Ausdruck kommt.«[57] Restriktion, nicht Sublimierung zu ausdruckhafter Aneigung oder auch nur Stil. Die Zeit ist allerdings auch in dieser Dimension außerordentlich ambivalent. Wohl kehrten sich endgültig die »Oberschichten« von der real Natur aneignenden körperlichen Arbeit ab und gaben dem alten Satze, jeder an seinem Platz, den neuzeitlichen Sinn von streng und scheinbar wesenhaft getrennten Sphären in der ökonomisch-politischen Hierarchie. Eben im Quattrocento geschah dies aber während einer Phase, da körperliche Arbeit und gegenständliche Aneigung scheinbar schon in einem höheren Sinne als dem der Reproduktionsnot geübt werden konnten. Deshalb ist diese Wurzel des modernen Herrschafts- und Knechtschaftsverhältnisses für diese Epoche nicht nur ideologisch, sondern auch substanziell verschleiert.

Oberitalien im Vergleich zu Burgund

Etwas Entscheidendes zeichnet die italienischen Tänze des fünfzehnten Jahrhunderts vor den gleichzeitigen französischen, genauer burgundischen, aufgezeichneten Hoftänzen aus. Die nördlichen Regeln sahen zwar ein weit ruhigeres Dahinfließen der Schrittfolgen in der *bassedance* vor; dies war aber offensichtlich nicht aus einer Stilisierung lebhafterer Impulse, sondern vermutlich einer naiveren Übernahme ritueller Traditionen als Schreitetanz zu erklären. Entsprechend stand in Burgund etwa an der Stelle der italienischen *posa** noch der *branle.* In dieser seitlichen Bewegung des Paares am Platze wird, meine ich, noch ungebrochen durch die Reflexion dem Impuls zum Ausschwingenlassen eines Bewegungsantriebes nachgegeben. Bewegung verläuft in Bewegung; sie findet nicht wie in der posa über ihr Anderes, das Einhalten, zu sich. Sie ist bloße Bewegung an sich, nicht für sich und nicht für einen in ihr sich konkretisierenden Gehalt. Die Gesellschaften der nördlicheren Gebiete steckten außer den Handelszentren in den Niederlanden als ganze noch tiefer in der spätfeudalen Entwicklungsphase. In ihren Tanzaufzeichnungen wurde auch ein kompliziertes System interdependenter Zeiteinheiten für die Tanzarten und Schrittfolgen entworfen. Doch es geht um Nuancen. Ihre Gemessenheit lag der aristotelischen mesotes einen wichtigen Schritt näher. Die »Gemessenheit« des Tempos dieser bassedance stand unvermittelter zwischen den ungezügelten Ritterspielen Burgunds, das Maß brachte ein Prinzip an sich zur Geltung, das religiös-jenseitig bezogen war.

In Italien war Maß weniger auf eine nur außerweltliche Entsprechung bezogen als auf einen innerweltlichen Gegenstand, den es zu messen und dadurch in angemessene Form zu bringen hatte. Die Hoftänze von Ebreo bis zu Cornazano verarbeiteten mit einem gewissen Bewußtsein die Lebhaftigkeit der älteren Tänze, die sie als simplere Vorform hinter sich zurückließen, und nahmen die ausgelasseneren Gewohnheiten, die in ihrer primären Erscheinungsform zu Folklore abgewertet wurden, als Reichtum in sich auf. *Gemessenheit* erhielt so einen konkreteren Sinn, weil sie nicht schlechthin galt, sondern *handelnd bezogen wurde auf weniger Gemessenes.* Wildere Bewegungsantriebe und Äußerungen wurden diszipliniert, um in das sinnvollere Geschehen aufgenommen werden zu können. Anregung aus Traditionen und eigene Impulse, äußerer wie

* Vgl. Teil II.

innerer Gegenstand wurden verarbeitet, so daß eine gewisse Stufe von Bewußtsein demgegenüber nicht ausbleiben konnte. Sie stellt den Niederschlag dessen dar, was geistige Arbeit in diesem Hoftanz genannt werden kann. Soweit gereichte der Triebverzicht der oberitalienischen Hofpraxis zu einer Triebsublimierung, und soweit war er nicht nur vereinbar mit dem doch lustvoll den Körper zu seinem Vollzug beiziehenden Ideal einer Selbsterkenntnis am Anderen, er war sogar dessen Bedingung. Die spätere Entwicklung hat aber gezeigt, daß die Unterordnung der Disziplin unter die Funktion eines Rituals der Herrschaft an diesem Anfang einen zwanghaften Prozeß vorwegnahm, vielleicht sogar mit einleitete, der sie jenem emphatischen Ziele der Sublimierung immer stärker entfremdete.

Die spezifische Rolle der Frauen

Im ausgehenden Mittelalter hatten die Frauen des Adels und der Höfe allgemein im Zusammenhang mit Minne und Troubadouren eine eigene Bedeutung gewonnen, die nicht unmittelbar Teil des männlich beherrschten Gesellschaftsprinzips war. Trotz allen ausgesprochen eigentümlichen Ausprägungen dieser Entwicklung, die hier nicht ausgebreitet erörtert werden können, war aber der Stellenwert dieser neuen Bedeutung in bezug auf die Gesamtheit gesellschaftlicher Institutionen sowie ökonomisch und politisch wirksamer Prozesse fast imaginär. Am stärksten war ein Kontext mit entscheidenden anderen Phänomenen der Epoche noch in der religiösen Parallele zu der immer wichtigeren Rolle der Muttergottes und den Formen ihrer Verehrung. Als die Erziehung der Privilegierten dann von den sogenannten humanistischen Inhalten und innerlicheren Formen der Selbstdarstellung geprägt wurde, als die unmittelbar kriegerische Schulung der Ritter an Gewicht verlor, konnte jene zuvor real nicht bestimmbare, imaginäre Dimension von Innigkeit einbezogen werden, die den Frauen besonders zugeschrieben worden war.

Die Frauen der Privilegierten waren die erste Gruppe, die von einer unmittelbaren Funktion im feudalen Reproduktionszusammenhang freigesetzt wurden. Die spezifisch weiblichen

Aufgaben des Hauses wurden in den Familien, die überhaupt über die zerfallenden Lebensverhältnisse hinaus ihre herrschaftliche Rolle behaupten konnten, zunehmend Bediensteten übertragen, während die Männer noch länger in einer kaum merklich veränderten Weise ihre Rolle als Gerichtsherren, als Krieger und politische Herren der Ordnung ausübten. Seit auch sie an kleinen und großen Höfen Muße und »Lässigkeit« pflegen konnten, durften sie sich auch allgemein jenen Inhalten und Lebensformen zuwenden, die bis dahin den Rittern nur über die merkwürdige Ausnahmesituation des »Frauendienstes« zugestanden worden war. Die Pflege von Beziehungen zwischen den Menschen um ihrer selbst willen, künstlerischer, vor allem literarischer Ausdruck hatten in den Liebeshöfen eine gewissermaßen doch exterritoriale Existenz führen müssen. Als Handel treibende Großbürger, Fürsten und höfischer Adel begannen, in jeder Hinsicht unkriegerische Tätigkeiten als Funktionen der herrschenden gesellschaftlichen Wirklichkeit auszubauen, wurde auch der Primat der traditionellen Rittererziehung in seinem Grunde gebrochen, obwohl sie weiterhin eine große Verbindlichkeit von teils noch praktischem, zunehmend allerdings stilistischem Wert behielt. In dieser Situation konnten Kultur und politische Praxis der römischen und griechischen Antike aufgenommen werden. Dafür war sowohl der notwendige Grad von Abstraktion in der Lebensweise wenigstens einer Schicht gegenüber dem engen Zirkel der Reproduktionsnot und ihrer Befriedigung erreicht; aber es war auch jene Stufe gesamtgesellschaftlicher Relevanz des Bürgertums auf der Grundlage des Kaufmannsreichtums zustande gekommen, die notwendig war, um die Verbindung von Kunst und Philosophie mit Staat und Herrschaft, wie sie etwa in Athen bestand, einigermaßen in ihrem Spezifikum, das heißt als politisch bestimmende übernehmen zu können. Denn sonst hätten auch die antiken Traditionen im mittelalterlichen Klerus, vielleicht selbst die karolingische Renaissance schon ähnliche Früchte erbringen müssen. War also eine Verschiebung der Bereiche, in denen Macht und Politik fundiert waren und entwickelt wurden, Voraussetzung für die Öffnung menschlicher Selbstverwirklichung in eine Dimension differenzierterer, vermittelterer Beziehungen, so bedingte sie aber auch, daß

diese Ausweitung von Subjektivität im Dienste politischer Praxis funktional werden konnte und wurde.
Die humanistische Erziehung machte es möglich, den Töchtern wie den Söhnen der Herrschenden eine weitgehend ähnliche Bildung zu geben. Damit konnten die Frauen wenigstens an den Höfen beginnen, selbständige Rollen zu spielen, indem sie über eigene gelehrte oder belletristische Beiträge wichtige und bekannte Künstler, Schriftsteller, Gelehrte zu intensiver Gemeinsamkeit um sich versammelten. Da dies jedoch in einer Epoche stattfand, in der es zu den Machtinteressen eines Fürsten gehörte, sich Ansehen als Mäzen zu sichern und mit wenigstens dem Anschein umfassender eigener Bildung seiner Herrschaft eine neuartige Legitimation zu verschaffen[58], *geriet die neue Bedeutung der Frauen sofort in eine Arbeitsteilung der Geschlechter in Funktion der Herrschaft.* Der gleiche Vorgang ist entsprechend in dem Verhältnis der Geschlechter unter den Mitgliedern der Höfe selbst und für deren Selbstverständnis zu beobachten. Den Frauen wurde – mit Gültigkeit und Wirkung bis in die Gegenwart – als spezifische Rolle übertragen, *die emphatischen Bedürfnisse und Möglichkeiten zu verwalten,* – eine Rolle, die komplementär zu dem spezifisch männlich vertretenen Herrschaftsanspruch der Klasse deren Anspruch auf ein höheres Menschenbild rettet. Schon im noch mittelalterlichen Deutschland hatte die heilige Elisabeth von Ungarn mit ein wenig Brot das Elend wiedergutgemacht, das ihr Mann, der Landgraf von Hessen, unter der Bevölkerung anrichtete. Die Rosenlegende ist eine sehr schöne Geschichte; aber die weibliche Menschlichkeit zusammen mit der Brutalität des Landgrafen auch gegen seine Frau selbst verschleiert nur Ausbeutungs- und Unterdrückungsmacht, die eine Klasse insgesamt innehat, die freilich typischerweise durch deren männliche Mitglieder realisiert wird, und bagatellisiert sie zur allgemeinen Frage nach dem jeweiligen Privatcharakter.
Während die Herren des Quattrocento ihren existenziellen Freiraum dazu benutzten, weitgehend sich auf ein überholtes Ritterideal zu stilisieren, in dem sich die Unabänderlichkeit ihres Machtanspruches manifestierte, übernahmen die Damen dem Volke gegenüber die Rolle der Musenfürstin und innerhalb der eigenen Schicht die Vergegenwärtigung von feinsinni-

ger Interaktion. Die Dame des Hofes weiß »durch angenehme und ehrenhafte Gespräche höflich zu unterhalten«[59] und hat »Kenntnisse in Literatur, Musik und Malerei«, sie muß »zu tanzen und zu feiern verstehen«.[60] An dieser Inhaltlichkeit, die freilich ohnehin in der sozialen Isolierung verkümmern muß zum stilvoll wiederholten Klischee, sollten die Männer nach des Regierens Müh und Last sich auch erfreuen können. *Die Vorstellung von freier Interaktion wurde aber nicht durch Interaktion, sondern durch ein dramatisch inszeniertes Kommunikationsspiel eingelöst,* das den Männern erlaubte, auch in diesem Bereich ihre Erobererrolle fortzusetzen. Sie wollten das schöne und erlösende Gefühl, von sanftem Zwang hingezogen zu werden, genießen, ohne ihre gesellschaftlich fixierte Überlegenheit gefährden zu müssen. Deshalb mußte eine Frau sich bitten und überreden lassen zu jeder Gunst[61], aber ein »zügelloses Leben«, das Männern keinen Schaden tat, brachte sie sofort in Verruf.[62] In dieser Ambivalenz beriefen sich leicht die Zeitgenossen Castigliones gleichzeitig auf die scholastischen Autoritäten, nach denen die Frau nur ein Akzidenz sein könne, nach denen sie ein »Fehler oder Irrtum der Natur« sogar sei[63]; retteten dann aber den Wert der Frauen mit dem Argument, daß »Männer von Wert« nicht verschmähten, sie zu achten[64]; oder sie betonten die substantielle Gleichheit beider Geschlechter und sahen Unterschiede nur in den spezifischen Betätigungen – eine Argumentation, die allerdings bei dem historischen Stand der geschlechtsspezifischen Arbeitsteilung und der Bewertung von klassenerhaltender Machtpolitik, beziehungsweise von Annehmlichkeiten und untergeordneter Nützlichkeit rasch ins Negative umschlug.*

Selbstverständlich wiederholte sich die Aufteilung in den Hoftänzen. Frauen hatten noch mehr auf Würde und Anstand zu achten, während das Vorführen virtuoserer Partien den Männern vorbehalten blieb.[66] Der mittelalterliche Tanz auch noch in seiner späten burgundischen Version hatte eine solche Trennung der Funktionen noch nicht gekannt, offenbar weil die

* Die absolute Geringschätzung der Frau wurde von einem der Gesprächsteilnehmer von Urbine mit dem Hinweis begründet: »Daß dem so ist, seht Ihr an der Tätigkeit des Mannes und der Frau.«[65]

überhaupt zugelassenen Tänze an den Höfen ohnehin von ausgewogenem Gleichmaß und getragenem Schwung gekennzeichnet waren. Was die neue Zeit des Quattrocento dazugewann, wurde der lebhafteren Bewegung nach dem Männlichen zugeschlagen, obwohl die Entfaltung im Sinne des Posaprinzips gerade in der entgegengesetzten Richtung hätte wirken müssen. Die Frauen dürften auch tatsächlich durch ihre Art von Mitwirkung zu der notwendigen Konzentration auf mehr innere Prozesse Entscheidendes beigetragen haben, allerdings eben doch in den Grenzen einer Rolle, die nur an wenigen Punkten durchbrochen wurde. Es wird dagegen immer angeführt, daß Frauen erstaunlich konkrete Schilderungen von Liebesakten oder derben Geschichten mitanhörten; das dürfte aber doch weitgehend noch dem Umstand zuzuschreiben sein, daß die modernen Anstandsregeln erst eben durchgesetzt wurden und daß sie am wenigsten selbstverständlich in den Bereichen galten, die als eine Art von Privatsphäre von ostentativer Abgrenzung gegenüber dem gemeinen Volke ausgenommen waren. Dies aber blieb im wesentlichen der Wirkungsbereich auch der Frauen an den Höfen, wenn man von den wenigen weiblichen Regenten absieht, die freilich all diese Prinzipien zugunsten einer klaren Herrschaftsführung durchbrechen mußten.

Vorstufe zu einer Hofpsychologie

Eine Art erster Psychologie des Hofes, die sich aus dem ›Libro del cortegiano‹ zusammenfassen läßt, wird eine weitere Interpretation dieses Vorgangs ermöglichen. Die Hofpsychologie entsprang zwar Formen von »Konkurrenz«, die anderer Herkunft und anderer Bedeutung waren als die ökonomisch begründeten Feindschaften zwischen Großkaufleuten. Aber sie gibt, zudem weit besser überliefert in den Quellen der Zeit, ein Bild, das für beide Bereiche zutrifft. Der Grund dafür liegt in der – noch wechselseitigen – Durchdringung von Feudaltradition und Kaufmannskapital im Stil der neuen Höfe wie der Großbürger, auf die einige Züge der Hofdarstellung wieder zurückführen werden. Daß Naturbeherrschung gegen die Natur im Menschen gewandt der Differenzierung und Entfaltung der menschlichen Vermögen dienen könne, taucht durchaus als Möglichkeit auf. Sie wurde gegen Lehren einer gewissen Prädestination durch bestimmte, einmal in den Menschen wirkende Anlagen, die mit der Rezeption des Aristoteles zusammengehangen haben mögen, entschieden verfochten. Es ging darum zu behaupten, »daß wir die Tugenden und Laster zuerst anwenden und dann tugendhaft oder lasterhaft werden. Das Gegenteil kann man von den Dingen sagen, die uns von Natur aus gegeben sind, zu deren Gebrauch wir zunächst die Fähigkeit haben und sie dann erst anwenden, wie es bei den Sinnen der Fall ist«.[67] Die Menschen könnten wilde Tiere zähmen, sie könnten Vögeln beibringen, zu ihnen aus dem Walde wieder zurückzukehren. Dann sei es unsinnig zu vertreten, »daß sie aber mit demselben Fleiß keine Künste erfinden könnten oder wollten, mit denen sie sich selbst nützen und mit Eifer und Bemühung ihr Herz besser machen können«.[68] Wie dies geschehen könne, wo die Menschen ansetzen sollten, wird nicht gesagt.

Dagegen nehmen praktische Anweisungen, die auf eine Anpassung der Mitglieder des Hofes an den Fürsten und an die Situation unter den so eng und so aufeinander angewiesen Zusammenlebenden abzielen, einen auffallend breiten Raum ein. Als obersten Grundsatz für den Höfling gab Castiglione die Parole aus, daß er, »um Neid zu vermeiden und sich vergnüglich mit jedermann zu unterhalten, alles tue, was auch die anderen tun«.[69] Das heißt, er solle sich nicht von üblichen Beschäftigungen ausschließen und sich nicht unüblichen hingeben; er solle über die gängigen Themen sprechen und nicht durch besondere Kunststücke etwa beim Tanzen auffallen; schließlich sogar in der Kleidung »sich der Gewohnheit der Mehrzahl anpassen«.[70] Insbesondere aber sollte er sich dem Dienst bei seinem Herrn widmen, dessen Wünsche und Eigenarten »vernünftig und anständig oder aber solche sind, die an sich weder gut noch schlecht sind, wie etwa zu spielen oder sich eher der einen als der anderen Übung hinzugeben. Dem, möchte ich, *soll der Hofmann sich anpassen, auch wenn es ihm seiner Natur nach fremd ist,* so daß der Herr stets, wenn er ihn sieht, glaubt, er habe mit ihm über etwas zu sprechen, was angenehm ist«.[71]

Wenn alle sich so verhielten, konnte kaum zwischen dem Herrn und »der Mehrzahl« der Hofleute eine starke Differenz bestehen, wohl aber zwischen ihrem Verhalten und ihrer jeweiligen Besonderheit, ihrer »Natur«. Andererseits genügt nicht bloß passive Anpassung, um die eigene Existenz in einer ungezwungenen Hofgesellschaft abzusichern. Der Kampf um Einfluß und Rang – als Unterpfänder einer *von dem Fürsten abhängigen ökonomischen Situation* zugleich – ist hart. Man muß *sich durchsetzen* und kann nicht einfach darauf vertrauen, daß die anderen schon die Vorzüge der Gefährten erkennen werden. Alle Plumpheit muß vermieden, aber dabei doch ein Weg gefunden werden, der eigenen Person zu einem ansehnlichen Platz zu verhelfen. Man darf zwar nicht prahlen mit den eigenen Fähigkeiten; doch ob Eigenlob stinkt oder nicht, entscheidet das Geschick, mit dem es angebracht wird: Wenn man es »anscheinend nicht zu diesem Zwecke sagt«, ist es nur zu empfehlen.[72] Es heißt so schön, der Mann am Hofe solle sich, auch wenn er nicht beobachtet werde, tadellos aufführen.[73] Man errät jedoch, daß dafür ausschlaggebend die Sorge ist, man könnte ohne sein Wissen beobachtet werden und müßte für alle Fälle vorbeugen. Die Selbstlosigkeit hat von vornherein ihre ganz konkreten Adressaten. Anders konnte es auch unter Menschen nicht sein, die aus der Selbständigkeit des ritterlichen Lebens auf weit auseinander liegenden Burgen in die Abhängigkeit von einem Fürsten und vom täglichen Umgang mit zahlreichen Gleichgestellten auf engstem Raume am Hof gerieten.

»Die Kleidung, heißt es gelegentlich, ist gewissermaßen der Körper des Körpers. Man kann von ihr auf die Haltung der Seele schließen. Und dann gibt Erasmus Beispiele dafür, welche Art, sich zu kleiden zu dieser oder jener Seelenlage gehört. Es sind die Anfänge jener Betrachtungsweise, die man auf einer späteren Stufe als ›psychologisch‹ bezeichnen wird.«[74] Bei Castiglione manifestiert sich die gleiche Vorstufe. Jeder ist noch wahrhaft, was er scheint; und doch ist die Erscheinung schon erster Anhaltspunkt für eine äußerlich systematische Einordnung. Ebenso wurde die sinnliche Selbsterfahrung, die einen eigenen Stellenwert zu erobern begann, den Orientierungsschemata gesellschaftlicher Geltung und praktischer Einschätzung durch die anderen überantwortet. Norbert Elias, der diesen Zusammenhängen im Rahmen seiner »soziogenetischen und psychogenetischen Untersuchungen« ›Über den Prozeß der Zivilisation‹ nachgegangen ist, stellt das für den langen Übergang zwischen dem zwölften und dem fünfzehnten Jahrhundert dar: »Am Hofe, im Verkehr mit der Herrin mag man sich Gewalttaten und Affektausbrüche untersagen; aber auch der courtoise Ritter ist in erster Reihe noch ein Krieger und sein Leben eine kaum abreißende Kette von Kriegen, Fehden und Gewalttaten. Die friedlicheren Verflechtungszwänge, die zu einer tiefgreifenden Umformung des Triebhaushalts drängen, wirken noch nicht beständig und gleichmäßig in sein Leben hinein; sie treten nur stellenweise auf, sie sind ständig durchbrochen und durchsetzt von kriegerischen Zwängen, die eine Affektzurückhaltung weder dulden noch erfordern. Dementsprechend verfestigen sich auch die Selbstzwänge, die sich der courtoise Ritter am Hofe auferlegt, noch in einer fast automatisch wirkenden Apparatur, die ihn formt und zurückhält.«[75] Die gegensätzlichen Elemente waren an den Höfen des Quattrocento zweifellos schon über dieses Stadium hinaus miteinander verbunden; dort »verbringt man die meiste Zeit« bereits in »der Unterhaltung mit Männern und Frauen«[76]; ganz so kriegerisch, wie Castiglione sonst behauptet, ging es nach seinem eigenen Zeugnis keineswegs mehr zu. Aber die Stilisierung war nach wie vor weder über eine gewisse Äußerlichkeit hinaus gediehen, noch war ein vereinigendes Stilprinzip gegen alle Zufälligkeit und Naturwüchsigkeit der historischen Voraussetzungen aus der mittelalterlichen Situation durchgesetzt.

Es handelte sich eindeutig um einen deklamatorischen Moralkodex, um den taktisch verinnerlichten Zwang, die eigene, von einem Herrn und seiner Umgebung unmittelbar abhängig gewordene Reproduktion zu behaupten. Als eine Vorstufe zu der *Hofpsychologie* der Zeit Montaignes etwa standen *die Beobachtungen fremden Verhaltens, die eigenen Formen der Voraussicht und der Vorbeugung* aufgrund von Erfahrungen *vor allem im Dienste der Selbsterhaltung.* »Derart fest und eigensinnig sind die Menschen in den Meinungen, die aus Gunst und Mißgunst der Herren entstehen.« Eigensinn nimmt hier die Bedeutung von Sinn fürs eigene Wohlergehen an, das eben fest an die Meinungen und Neigungen des gegen den Adel mächtig gewordenen Fürsten gebunden bleibt. Deshalb muß der Höfling, der an einen fremden Hof geht, Vorsorge treffen. »Daß vor ihm selbst schon die gute Meinung über ihn dahin gelangt, und er bewirke, daß man dort weiß, wie er an anderen Stellen, bei anderen Herren, Damen und Edelleuten wohl geschätzt sei.«[77] Erwarb er dann Gunst, so sollte er von ihr nicht ganz abhängig sein, das heißt, wo er es, wie wohl meist, doch mehr oder weniger war, mußte er verstehen, es nicht zu scheinen; denn das Hauptziel dabei war offensichtlich, den Fürsten zu bewegen, *die verbleibende Unabhängigkeit mit höherer Gunst ihm abzukaufen.*[78]

Ähnliche Rücksichten mußten die Kaufleute aufeinander wie auf die Ungewißheiten ihrer Handelschancen nehmen, seitdem das sine cure der Zunftorganisation gebrochen war. Der Handel war noch nicht Ausdruck einer verselbständigten Ökonomie, so daß sich keine Vorstellung von einer bürgerlichen Gesetzmäßigkeit in den Verhältnissen bilden konnte wie schon hundert Jahre später. Deshalb spielte politisch und psychologisch die natürliche Person des Herrschers eine uneingeschränkte Rolle. Anpassung an ihn mußte darum als würdiger gelten im Vergleich zu dem, wovon die großbürgerlichen Hoffnungen und Risiken abhingen. Die Psychologien sahen indessen sehr ähnlich aus. Einmal waren die Großkaufleute noch ganz von jeweiligen Verhandlungen mit anderen Bürgern, mit Fürsten und Stadträten abhängig, statt Objektivität über einen Markt wenigstens indirekt zu spüren. Zum anderen entstand die Konkurrenz am Hofe, weil die neue Vertauschbarkeit sich durchsetzte und die Hofleute – wenn auch in einer spezifischen Form – den ökonomischen Mechanismen unterwarf, über die Selbsterhaltung nun als individuelles Problem erfahren werden mußte. Vortrefflich ließen sich die Maximen adligen Stolzes mit denen kaufmännischer Klugheit und der Pflege der eigenen Kreditwürdigkeit vereinbaren, während man sich am Hofe noch berechtigt fühlte, bestimmte Verhaltensweisen als die von Kaufleuten zu disqualifizieren.

Andererseits wurden auch manche bornierenden Konsequenzen, die mit den Bedingungen adliger Privilegien verbunden

waren, frühzeitig bewußt. Die Freundschaft, deren orphisches Bild auch bei Castiglione entworfen wurde, mußte auch als Gefahr erkannt werden: Man durfte »nicht jedoch dieser süßen Lockspeise der Freundschaft allzu sicher sein, so daß wir es später bereuen müssen«, weil manche »nach vielen Jahren in herzlicher Freundschaft einander am Ende doch auf irgendeine Weise betrügen«.[79] Der Zusammenhang dieser Höfe mit den Unternehmungen der Handelskontore über die Meere und Länder Europas und des Orients schlug sich in ihrer inneren Struktur in verschiedenen Graden der Vermitteltheit nieder. Noch während die Erkenntnis durch die Liebe zum Anderen und zum je besonderen Objekt entdeckt wurde, drang auch der Warencharakter, den Dinge anzunehmen begannen, selbst in die Beziehungen zwischen den Menschen ein: Man werde, so stellte einer der Gesprächspartner am Hofe von Urbino voller Bedauern fest, oft »mehr durch das Urteil anderer als durch das eigene zur Liebe bewegt«[80] – der Kurswert einer Person am Hofe war wichtiger als das gegenseitige Erkennen.
»Dem entspricht«, so sagt Elias, »die Notwendigkeit einer Abstimmung des Verhaltens von Menschen über so weite Räume hin und eine Voraussicht über so weite Handlungsketten, wie noch nie zuvor. Und entsprechend stark ist auch die Selbstbeherrschung, entsprechend beständig der Zwang, die Affektdämpfung und Triebregelung, die das Leben in den Zentren dieses Verflechtungsnetzes notwendig macht.«[81] Der Prozeß aber ist schichtenspezifisch; er wird bei den Herrschenden ausgebildet. »Zunächst sind es in der abendländischen Entwicklung bestimmte Ober- und Mittelschichtfunktionen, die von ihren Inhabern eine solche beständige, aktive Selbstdisziplinierung auf längere Sicht erzwingen, höfische Funktionen in den Zentren der Fernhandelsverflechtung, die unter dem Schutz eines einigermaßen stabilen Gewaltmonopols stehen.«[82] Das ist in zweifacher Richtung bedeutsam. Einerseits wurde die Möglichkeit einer Triebsublimierung zu einem Mittel der Herrschaft. »Auch ihm, dem höfischen Adel, dient dieses Ansich-halten, zu dem Funktion und Lage ihn zwingen, zugleich als Prestigewert, als Mittel zur Unterscheidung von den andrängenden, unteren Schichten, und er tut auf der einen Seite alles, was er kann, damit diese Unterschiede sich nicht ver-

wischen.«[83] Nun kann man von den unteren Schichten des fünfzehnten Jahrhunderts nicht behaupten, sie hätten in solcher Art nach oben gedrängt; und die Großbürger, wie nicht allein das Beispiel der Medici zeigt, waren eng mit den Höfen, selbst mit den Fürstenfamilien verflochten und hatten solchen Zugang weitgehend längst befestigt. – So war auch bei den von Castiglione aufgezeichneten Gesprächen in Urbino Giuliano de'Medici einer der vornehmsten Teilnehmer. Doch das ganze Buch vom ›Cortegiano‹ ist von Bemerkungen, wodurch die gebildeten Menschen sich gegenüber dem Rest unterscheiden, in einer Weise durchzogen, die den von Elias hervorgehobenen Wunsch des Sich-Absetzens gegen die weniger und Unterprivilegierten durch ausgesprochene Überbauzüge genau zum Ausdruck bringen. Die Funktionalisierung wirkte auf die Sache zurück: Diese Auswirkung wurde in der zweiten Richtung verstärkt; nur die Privilegierten waren in der Lage, über die Not der Reproduktion hinaus ein Modell der freien Entfaltung der Menschen und damit auch ein Modell freier Kommunikation mit der Objektwelt und miteinander zu entwerfen, vielleicht sogar antizipatorisch Ansätze dazu zu verwirklichen. Diese wurden aber für sie wie für die Gattung überhaupt in dem Maße unmöglich, in dem Triebverzicht nicht der Sublimierung, sondern der Durchsetzung der Hofleute wie der Kaufleute gegeneinander und gegen die Beherrschten dienstbar gemacht und zugeführt wurde.

Immerhin ging aber die Anstrengung der höfischen wie der großbürgerlichen Gesellschaft nicht darin auf. Wahrscheinlich wird da, wo es um die Grundsätze der Erziehung der Jugend zu dem Ideal dieser Schicht ging, nicht nur ein Selbstverständnis formuliert, das über jene regressiven Zwänge und Interessen hinwegtröstet; dazu stimmen sie zu genau zu der Idee einer Entfaltung des Besonderen an Hand rationaler Übersicht und vergleichend gemessener Interdependenz der Elemente, etwa im Tanz, zusammen. Die Forderung, man solle »gleichsam über sich selbst« stehen und dazu die notwendige Ruhe gewinnen, wird, als verstehe sich das eigentlich von selbst, verbunden mit der zweiten: »Außerdem hat diese ruhige Art und Weise eine gewisse vorsichtige Heftigkeit an sich, weil sie nicht vom Zorn, sondern von der Urteilskraft bewegt und eher von der Vernunft als von der Begierde beherrscht zu sein scheint.« Dadurch zeichnen sich die aus, die bei ihrem alltäglichen Verhalten »mehr als andere Adel und Stärke besitzen, wie beim Löwen und Adler«. Der Verdacht, der Vergleich mit dem Adler könne an die Falkenmetapher für die posa im Tanztraktat von Domenico erinnern*, wird durch die folgende Passage bestätigt, die eine Übersetzung des Posaprozesses in die psychisch-physische Situation eines Kriegsherrn oder Regenten darstellt. »Dem ist auch nicht ohne Grund so, weil jene stürmische und plötzliche Bewegung, die ohne Worte oder andere Bezeigung von Zorn mit aller Kraft zugleich und auf einmal, wie die Explosion einer Bombe, aus der Ruhe hervorbricht, die ihren Gegensatz darstellt, viel heftiger und ungestümer wirkt als die, die stufenweise zunehmend sich allmählich erhitzt.«[84] Dabei muß man verstehen, daß hier Plötzlichkeit und Ungestüm für die Konzentration auf den voraufgegangenen und den bevorstehenden Moment der Situation einer Auseinandersetzung stehen, aus der allein sie hervorgehen können – unter dem Primat von Urteilskraft und Vernunft, erfüllt zugleich ganz mit der konkreten Wirklichkeit der einmaligen Konstellation von Ort, Personen und Zeit und ganz auf diese bezogen.

Jedoch die Übersetzung in ein derart anderes Feld verkürzt den Sinn des Prozesses als eine Dimension menschlicher Entfaltung fast um so mehr, je genauer die Entsprechung gelingt, je funktioneller jener Entfaltungsprozeß in seiner instrumentalisierten Version aufgeht. Das relative Gewicht der Bereiche entscheidet darüber; die Gesprächsform des Buches von Castiglione, formal dem literarischen und höfischen Brauch der Zeit entliehen, spiegelt das inhaltliche Ringen der gegensätzlichen Tendenzen und Interessen um diese Entscheidung. Die Partner vertreten, ohne daß die Veröffentlichung eindeutige Stellung bezöge, rigiden Traditionalismus und im schlechten Sinne Realpolitik, Freiheit und Schönheit der Lebensformen, humanistische Bildung und eine neue Kommunikation zwischen den Menschen, Verachtung für das niedere Volk oder Gerechtigkeit und Anstand gegen die Leidenden, Einsperrung der Frau

* Vgl. Teil II, S. 167.

in ihre herkömmliche Unterordnung unter den Mann oder ihre Lösung daraus. Dabei sind die Präferenzen für die progressiven Ziele ebenso erkennbar wie die Anerkennung einer praktischen Notwendigkeit der Aufrechterhaltung, ja der Förderung der bestehenden Herrschaftsstruktur. Keiner sollte in den Gesprächen das letzte Wort haben; desto eher obsiegte praktisch die Realpolitik über die Vorstellung von einer versöhnbaren Welt – auch, wo der Fortschritt der gesellschaftlichen Organisation Formen von Herrschaft und von Ausbeutung zugelassen hätte, die zu jener Idee weniger mörderisch im Widerspruch gestanden hätten. »Sicherlich schadet die Unwissenheit in Musik, Tanzen und Reiten niemandem; nichtsdestoweniger schämt sich«, wer darin nicht glänzen kann; wirklich von Wichtigkeit aber ist es, Kenntnisse »in der Beherrschung von Völkern« zu haben.[85]
Im Zusammenhang hiermit wie mit der Hofpsychologie im engeren Sinne steht die Vorbildrolle des Fürsten für die Höflinge kraft seiner realen Macht. Die Idee des mimetischen Lernens, der Erkenntnis durch ein Sichanverwandeln an den Gegenstand der Beobachtung wie an bestimmte Menschen, konnte sich den historischen Zwängen ihrer Gleichzeitigkeit mit einer Situation objektiver Reproduktionsnot und den Durchsetzungschancen der bestehenden politischen Hierarchie nicht entziehen. So kam Mimesis zur Nachahmung von gängigen Klischees herab.

Mimesis und Klasseninteresse

Nicht anders im kaufmännischen Geschick, wenn der Sinn für das je Besondere und seine Anforderungen nur im Hinblick auf den höheren Gewinn sich verwirklichen durfte; nur schlaues Versteckspiel oder überlegene Spekulation konnten dann die Formen kalkulierter Anpassung sein. Die Geschichte des Begriffes imitatio während der folgenden Jahrhunderte war von Ambivalenz gekennzeichnet. Es wäre falsch zu meinen, die unwandelbaren Charaktere insbesondere der comedia dell'arte – begründet in dem simpleren Orientierungsbedürfnis von Handwerkern und Bauern, dem eine gröbere Typologie durchschnittlicher sozialer Verhaltensweisen genügen mußte

– hätten diese Muster erst in die höfische Kunst gebracht. Das wäre so, als wenn man behaupten wollte, der differenzierten bürgerlichen Psychologie des neunzehnten Jahrhunderts hätten erst die Ausschneidebogen der Kinder das invariable Rollendenken zugeführt. Die Vereinfachung und ihre Tendenz zur Ontologisierung entsprachen der höfischen und der großbürgerlichen Psychologie ebenso, nur diese verlangte mehr Raffinement und weniger lustvolle Derbheit. Schon im sechzehnten Jahrhundert bewährte sich die Nachahmung der sozial niederen Typen sogar als Mittel der Kunst, mit dem die Unterschiede zwischen Herrschenden und Beherrschten wirkungsvoll sich verfestigen ließen. In den Erzählungen des ›Decameron‹ deutet sich das an; und das Urteil des cortegiano, Darstellungen, in denen einfältige Bauern von Herren übertölpelt und beraubt würden[86], seien »ebenfalls schön«, wenn sie lustig erzählt würden, führt ebendahin. Auch die Ostentation einer neuen, in Sensibilität übertragenen Mimesis an fremde Schicksale vor dem Volke, das dergleichen sich nicht leisten konnte, machte zum Prinzip hierarchischer Unterscheidung, was an sich die Qualität von Ausdruck in dem eben erst möglichen Sinne von Menschlichkeit trug. »Überhaupt ist das offizielle Mitempfinden fürstlicher Gemütsbewegungen«, so Burkhardt, »zuerst in diesen italienischen Staaten aufgekommen. Der Kern hiervon mag seinen schönen menschlichen Wert haben, die Äußerung, zumal bei den Dichtern, ist in der Regel zweideutig.«[87]

Neue Entfaltungen und neue Bornierungen

Ausdruck versus positiver Inhalt

Wenn je widersprüchliche Tendenzen dennoch auch unabhängig voneinander gesehen werden dürfen und müssen, als gäbe es eine Autonomie der Phänomene, dann in der europäischen Geschichte am ehesten für das Quattrocento. Nicht nur von der allzu groben und allzu raschen Einlösung lustvoller Erwartungen in den Bewegungen des »Possenreißers« und der »Gaukler«, mit deren physischem Vollzug die Triebimpulse sich erschöpfen, hob die Mimesis höfischer Tänzer sich ab. »Wir aber müssen uns diese Nachahmung gleichsam im Vorbeigehen und heimlich aneignen und stets die Würde des Edelmanns dabei bewahren, ohne schmutzige Worte dabei zu sagen oder unanständige Bewegungen zu machen, ohne Gesicht oder Körper hemmungslos zu verrenken, sondern wir müssen die Bewegungen auf eine gewisse Art ausführen, so daß der, der hört und sieht, sich aus unseren Worten und Gesten viel mehr vorstellt, als was er wirklich sieht und hört, ...«[88] Es war der Ausdruck, der über das bloße Abgeben einer Mitteilung und ihrer Aufnahme hinaus den Sehenden dazu veranlaßt, die Mitteilung, den Inhalt, seinerseits in einem mimetischen Sicheinlassen auf den Gegenstand sich anzuverwandeln, wie der Darstellende zuvor es getan hat. Guglielmo sprach von dem Zusammenwirken des Misuraprinzips mit der dadurch moderierten Spontaneität der individuellen Ausführung zu dem Ziel: »Diese Tugend des Tanzens beruht darin, daß geistige Bewegungen durch anschauliche Handlung geäußert werden.« Der Vorgang wird als die Entsprechung von Innerem und Äußerem verstanden; deren Harmonie entsteht als körperliche Entäußerung geistiger Bewegungen und damit auch als geistige Verarbeitung der Bewegungserlebnisse des Körpers, die doch erst jene ausgelöst haben: »Dies ist eine Handlung von jener Süße und Melodie, die im Tanzen an der eigenen Person ins Äußere gebracht wird, ...«[89] Darauf beruhte auch die Kunst der wahren Unterhaltung. »Denn ihre vollkommene Anmut und wahre Tugend besteht darin, das, was man ausdrücken will, mit Gesten und Worten so mühelos vorzubringen, daß die Zuhörer die erzählten Dinge mit eigenen Augen zu sehen meinen.«[90] Bei der Nachahmung kam es auf etwas Wesentliches an, das nicht einmal in einem aufzufindenden Urtypus gesucht wurde. So »muß unser Hofmann die Anmut von denen rauben, die sie nach seiner Meinung besitzen, und zwar von jedem den löblichsten Teil; und darf es nicht wie einer unserer Freunde machen, den Ihr alle kennt, der sich dem König Ferdinand dem Jüngeren von Neapel für sehr ähnlich hielt und bei dessen Nachahmung für nichts anderes Sorge trug, als

häufig den Kopf zu erheben und dabei einen Teil des Mundes zu verziehen, was bei dem König durch eine Krankheit zur Gewohnheit geworden war«.[91]
Nicht das Urbild – und würde es auch nur in irgendeiner Königsfigur gefunden – sollte man immer gleich zu erreichen versuchen; die großen Dichter Petrarca und Boccaccio seien nicht durch Nachahmung der alten Schriftsteller groß geworden: »Ihr wahrer Lehrmeister aber war, wie ich glaube, die Begabung und ihr eigenes natürliches Urteil.«[92] Freilich bedarf dieses eigene Urteil der Ausbildung – im mimetischen Lernen sind eigene »Natur« und ein Vorbild durch die Person so konkret aufeinander vermittelt, daß der Prozeß selbst zur Substanz wird: Über eine lebendige Mitte bestimmt die Natur dieses Menschen sich historisch und entfaltet zugleich. *Über die Mimesis an das Objekt vollzieht sich immer zugleich eine Mimesis des Subjektes an sich selbst;* der Zusammenhang wird im Kapitel über die posa sowie in der Diskussion von Vorstellungen einer versöhnbaren Welt als die reale Vermittlung zwischen Objekt- und Selbsterkenntnis entwickelt. »Wer also ein guter Schüler sein will, muß stets, außer etwas gut zu verrichten, allen Eifer aufwenden, um sich dem Lehrer anzugleichen, und wenn dies möglich wäre, sich gleichsam in ihn zu verwandeln.«[93] Und während an anderer Stelle ein ausgiebiges Bemühen aufgewandt wurde, gleich dem System der misurae zum Beispiel, alle bekannten und denkbaren Schwänke in Arten und diese wieder in Untergruppen aufzuteilen und zu benennen[94], verstand man doch – wie es die Interpretation der Misuraregeln immanent ergeben wird* –, daß wahrhafter Ausdruck immer nur aus einem je neuen Sichabarbeiten an dem Medium und seiner historisch gegebenen Struktur hervorgehen kann; daß das Auszudrückende als ein Besonderes je dem bis dahin kodifizierten Stand der Bedeutungsdifferenzierungen und Bezugsmodelle – etwa der Sprache – als einem Allgemeinen gegenübersteht. Dies vorhandene Allgemeine muß aufgebrochen werden in dem Bemühen, den Kanon auf das zu vermitteln, was in ihm noch vorgesehen ist, und das noch nicht Vorgesehene auf den so sich verändernden Kanon. Derart ver-

* Vgl. Teil II, S. 181 ff.

ändert, neu differenziert, kann er vielleicht seinen Totalitätsanspruch wieder aufnehmen, der freilich ohnehin immer vorläufig bleibt. »Wißt Ihr nicht«, so erinnert Castiglione, »daß die Sprachbilder, die der Rede so viel Anmut und Pracht verleihen, alle Mißbräuche grammatikalischer Regeln darstellen«, die eben »unserm Ohr lieblich und mild klingen.«[95]

Raum, bezogen auf Zeit und Ausdruck

Es ist wohl kaum möglich, dergleichen an den sparsamen Notierungen festzumachen, die von den aufgezeichneten Tänzen des fünfzehnten Jahrhunderts vorliegen. Ansätze dazu lassen sich jedoch skizzieren. Der – in Burgund noch nicht übliche – Wechsel von geraden und gewundenen Tanzwegen wurde nicht nur als Möglichkeit der Abwechslung verstanden; er wurde als Mittel der Charakterisierung verwandt, wenn zum Beispiel aus der comedia dell'arte Scaramuccio, der zweite Capitano, in das Stück ›Verceppe‹ aufgenommen wurde. »Seinen wankelmütigen Charakter veranschaulicht der Grundriß des ›Verceppe‹ auf das lebhafteste«, meint Ingrid Brainard[96], wobei der Hinweis auf den Tanzweg als einen »Grundriß« mir nicht unproblematisch zu sein scheint. Zwar wurde nach dem Grundsatz des »partire del terreno« von den Tanzenden im voraus eine Koordination ihrer zeitlichen und räumlichen Disposition gefordert. Mir scheint aber, daß diese Konzeption erst später sich gegenüber den jeweiligen Momenten ihrer Realisierung durch die Bewegungen der Tanzenden zur Grundrißvorstellung verselbständigte. Es hängt gerade hiermit zusammen, daß die Raumorientierung zunächst noch ein Mittel des Ausdrucks, wenigstens der Typisierung, werden konnte: Sie war nicht, wie dies in den späteren sogenannten Grundrißballetten weitgehend geschah, vergegenständlicht zur zeitunabhängigen Figur, die damit jedem Vorgang an oder in den Personen äußerlich sein mußte.
Die älteren Tänze waren in strenger Parallelität verlaufen, in der Herren und Damen auf gerader Linie nebeneinander durch den Saal schritten. Dann kam jener »›stile nuovo‹, der die großen nach 1450 entstandenen Tanzkompositionen beherrscht«, auf.[97] Die Schrittfolgen blieben für die Partner zu-

meist noch die gleichen, aber sie wurden in symmetrischen Formen gegeneinander gekehrt. Dadurch entstand eine Spannung zwischen einer bestimmten Bewegung und ihrer gleichartigen Wiederholung in dem Spiegelbild, das durch die andere Person ausgeführt wurde. Die Bewegung wurde sich selbst entgegengesetzt und mit sich selbst vereinigt und umschloß damit einen Raum, der so zum *Ort eines Vorganges sich selbst darstellender mimetischer Selbstreflexion wurde.*

Bloße Verdoppelung dagegen vermag vielleicht einen gewissen Nachdruck zu bewirken, *erschöpft sich aber im ohnmächtigen Insistieren* auf dem, was sich selbst nicht zu explizieren versteht. Die gleiche Wirkung entsteht, wenn eine bestimmte Bewegung von vielen Personen gleichzeitig gemacht wird. Gleichzeitige Wiederholung hebt die besonderen Qualitäten des Raumes auf. *Bloßes additives Nebeneinander* bleibt übrig, weil verschiedene Raumpunkte nicht mit verschiedenen Zeitpunkten eines sich entwickelnden Geschehens verbunden sind, sondern keine andere Funktion haben, als die Gleichzeitigkeit von Wiederholungen zu ermöglichen. Der Raum stellt nur die Möglichkeit zur Verfügung, daß einer bestimmten Bewegung oder Haltung ihre Einmaligkeit genommen wird, ohne dies als ein Geschehen in der Zeit zu entwickeln. *In solcher Geschichtslosigkeit verliert* eine Choreographie nicht nur die Beziehung zur Dimension der Zeit; *auch der Raum* verliert *die Qualität* von Dimensionen.

Dagegen hat die zeitliche Symmetrie in der Form der Verschiebung eine Wirkung, die der vorher diskutierten Spiegelbildlichkeit gleicht, sobald die Wiederholung nicht schematisch abläuft. Wie der umspiegelte Raum zwischen den beiden Personen, die zueinander gekehrt gleichzeitig das gleiche vollziehen, so kann auch ein Zeitraum derart zwischen der Wiederholung und der ersten Ausführung der Begegnung stehen, daß sie zueinander gekehrt sind und die Pause, einander spiegelnd, umschließen. Diesen Vorgang untersuchen wir noch als das Prinzip der posa. Die Verschiebung in der Zeit kann aber auch noch zusätzliche Dimensionen erhalten, durch die neue Beziehungen entstehen. *Was eben der Eine getanzt hat, führt darauf seinerseits der Andere aus, und zwar an seinem anderen Platz.* Diese Form der Symmetrie und die erste gleichzeitiger

Spiegelbildlichkeit nennt Ingrid Brainard die »vorwiegend korrespondierende Symmetrie« der bassadanza und der nicht thematischen balli, »wobei jeder Einzelne sich selbständig und jeden Schritt, jede Drehung, jedes Vor und Zurück mit Blick, Miene und Geste begleitet, wie sie dem Charakter des jeweiligen Tanzes entsprechen«.[98] Dabei werden die Schrittfolgen des Tanzes selbst zu dessen Gehalt, die ausdeutende Aufführung drückt deren Bezüge aufeinander aus, das heißt *sie expliziert im Spiel zwischen den beiden Ausführenden die Beziehungsmöglichkeiten zwischen den Elementen* der wiederholten Bewegung. Daneben wären auch Verschiebungen in der Zeit denkbar, in denen Raumpunkt und Personen vertauscht werden; derselbe Tänzer könnte die Bewegung nacheinander an zwei verschiedenen Plätzen der Tanzfläche ausführen, oder am selben Ort könnte sie erst von dem einen, dann vom anderen Tänzer verwirklicht werden. Gewiß sind solche Verschiebungen noch nicht notwendig Mittel vervielfältigter und komplexerer Beziehungen in der größeren Form. Dazu müssen die Wiederholungen schon *zusätzlich auf etwas zwischen ihnen bezogen werden.* Aber sie entdecken die Möglichkeiten dazu, die im Quattrocento offensichtlich schon erste Einlösungen gefunden haben.

Die Autorin – so viel läßt sich inzwischen wohl mit Gewißheit sagen – hat zu Recht gegen den positivistischen Standpunkt von Sachs darauf bestanden, die Existenz jener »Blicke, Mienen und Gesten« anzunehmen, obwohl sich aus den Traktaten kaum ausdrückliche Anweisungen dazu unmittelbar entnehmen lassen. Auch die Formulierung ist richtig gewählt, es habe sich bei diesen Gruppen von Tänzen darum gehandelt, deren eigenem »Charakter« zu entsprechen; wogegen die thematischen balli mit pantomimischen Zügen den Tanzenden einen Charakter auszudrücken aufgeben, der selbst schon dem Charakter einer dritten Sache entsprechen soll. Ursprünglich war die piva ein Tanz der Schäfer gewesen, dann wurde sie in das höfische System der misure als ausgelassenster und dabei einfachster Tanz aufgenommen, aber bereits Domenico verwies sie als etwas »Trostloses« an ihren sozialen Ursprung zurück[99]: die gemeinen Leute, die »villani«, sollten an dergleichen ihren Spaß haben. Der Ablauf war zu simpel, als daß aus den Be-

zügen der Elemente zueinander deren Transzendierung auf einen Gehalt sich hätte ausdrücken lassen. Über das Stadium einer piva war der choreographische Tanz hinausgelangt. »Es gehört ein hohes Maß an choreographischem Können dazu, einen ganzen Handlungsverlauf so zu planen, daß jede Wendung, jeder Kreis, jede Diagonale, jede geometrische Figur, jedes Vor und Zurück, das ausdrückt, was die besondere Situation erfordert, und daß gleichzeitig die Summe aller Wegstrekken eine vollkommene Illustration des Themas ergibt.«[100*]
Hier ist das Vokabular zweifellos zu technisch ausgefallen. Wenn Ausdruck entstehen soll, dann wird das gewiß nicht durch die »Summe aller Wegstrecken« möglich sein; ein derartiges Tanzverfahren kann gar nicht gedacht werden, schon überhaupt nicht Sinn haben. Auch kann es dann nicht um »Illustration« gehen, die doch nur beiherspielt, wie Kant sagen könnte. Gewiß wurden aber die einzelnen Bewegungen, etwa in der ›Mercantia‹ oder in der Abschiedsszene ›Partita Crudele‹ bei Ebreo, auf einen Gegenstand bezogen, der ihnen zuvor äußerlich war, den sie nicht von jeher meinen konnten. Zueinander und Abkehr, Reverenz und einsam schwingende continenza, rasche Drehungen und in sich ruhende posa erhielten durch ihre Reihenfolge und durch ihre Konfrontation oder zusammenstimmende Gleichzeitigkeit *einen zuvor inhaltlich orientierten Sinn.* Dieser konnte im Nachvollzug eines Naturphänomens gesehen werden, wie etwa in dem Stück ›Fodra‹ des Guglielmo Ebreo die bestimmte Kombination der Schritte und ihrer Ausführung mit den Tanzwegen die Tanzenden auf ihre Weise zu »Blitzen« werden ließ. Es wurde aber auch versucht, *im Tanzen Szenen aus dem Zusammenleben der Menschen zu verstehen und zu deuten.* So schuf man einen Kontext, in dem die Reverenz eine Werbung, die continenza Unsicherheit, die Drehung ein Abweisen, eine posa Abwarten, eine andere den Beginn von Zuneigung ausdrückten.
Eine Wiederholung des Schrittes oder der Schrittfolge in gleichzeitiger oder zeitlich verschobener Symmetrie vervielfältigte

* An dieser Stelle wird übrigens das Datum 1430 als Beginn genannt und damit geklärt, daß schon die vor der Jahrhundertwende entstandenen Tänze von Domenico durchaus der Entwicklung angehörten, deren Ausprägung als ›stile nuovo‹ erst nach dieser angesetzt worden war.

die Möglichkeiten von Ausdruck. Was von Gleichem oder von Vergleichbarem ausging, ließ sich in Differenzierungen durchführen. Wurden etwa die movimenti abwechselnd von zwei oder gar drei Tänzern ausgeführt, so konnte »ein regelrechter tänzerischer Dialog zustande« kommen.[101] Die Wiederholungen konnten durch Verzögerung und Beschleunigung, durch Vereinfachung und Erweiterung etwas zu verstehen geben. Nach dem Prinzip des ondeggiando und des campeggiando* ließen sich in die Ausführung sehr viele Nuancierungen einführen. Gesten und sogar Schritte des Kanons konnte man in diesem Zusammenhang soweit abwandeln, daß sie Ähnlichkeit mit bestimmten, der alltäglichen Verständigung dienenden Elementen einer sogenannten Zeichensprache annahmen; oder es konnten andere, historisch bestimmten Bedeutungen zugeordnete Elemente, zum Beispiel Umschreitungen aus dem Ritual der Messe oder Devotionshaltungen aus dem Ritual der Herrscherverehrung, eingebracht werden, indem die entsprechenden Assoziationen unmittelbar als Zitat oder in den andersartigen Zusammenhang übertragen den regelgemäßen Kombinationsmöglichkeiten des Kanons zuwuchsen.

Es ist außerordentlich wichtig, daß diese Entwicklung sich weitgehend in der Stille kleiner Gesellschaften vollziehen konnte, in der sie wie eine Form des Gesprächs immer nur von wenigen oder gar nur von zwei Personen zur Kommunikation geführt wurde. Zugleich erweiterten sich die denkbaren Möglichkeiten gerade durch die zunehmende Zahl der an den Tänzen Beteiligten im Verlaufe des Jahrhunderts. Zwar verteilten sie sich bei der bassadanza noch lange Zeit offensichtlich vorwiegend auf nebeneinander tanzende Dreiergruppen, so daß der Ausdruckscharakter der Bewegungen immanent weiterhin auf den einen oder die zwei Partner bezogen blieb; andererseits schlossen die Gruppen sich doch auch zu langen Reihen »alla fila« zusammen.[102] In den balli waren mehrere Personen zu gemeinsamen tänzerischen Evolutionen zusammengeführt – keineswegs übrigens nur Paare, sondern auch eine Dame mit drei Herren, zwei Paare mit zwei Herren oder dergleichen Variationen mehr. Es ist kaum denkbar, die damit verbunde-

* Vgl. Teil II, S. 218 ff.

nen formalen Ausweitungen und Komplikationen in stringentem Zusammenhang mit dem neuen Reichtum von Ausdruck darzustellen. Man muß sogar annehmen, daß, was an Kombinationschancen der Personen und der Schrittfolgen, der Tempi und der Nuancen in der Ausführung gewonnen wurde, keineswegs sich auch an entsprechend komplexen Gehalten und Inhalten in Ausdruck einlöste. Zweifellos kamen die Phänomene der choreographischen Mehrteiligkeit im Wechsel der misure und von fila und Gruppen, von Paarreihen und Soli zustande; doch schon, ob gleichzeitig Tanzende nebeneinander verschiedene Tempi auf dieselbe Musik tanzten, ist nicht bekannt. Die Komplexität der Bezüge, die aus solchen Überschneidungen und Differenzierungen hätte entstehen müssen, dürfte den zunehmend formal komplizierteren Konzeptionen weitgehend gefehlt haben. Das heißt, die Seite des Mediums, die gelegentlich als das Handwerkszeug bezeichnet wird, entwickelte sich sehr viel schneller als die Möglichkeiten, damit im Sinne der theoretisch zum Desiderat erhobenen Prinzipien von misura, memoria, maniera, aiere und so fort umzugehen. In dieser Situation begannen eben aufgenommene Momente wie Ausdruck und thematische Darstellung sich auch schon wieder zu verselbständigen.

Ganz sicher ist dieser Umstand darauf zurückzuführen, daß die balli und die ihnen immer ähnlicher werdenden Bassadanzen aus der kommunikativen Situation zwischen wenigen Personen in die repräsentative Funktion des Hofes vor dem Volke gezogen wurden. Konfigurationen so vieler Elemente waren noch nicht erarbeitet, und die Empfehlungen Castigliones, sich auf zwei Freunde zu beschränken, weil mehr Vertraute eine Gefahr statt eines Glückes bedeuten würden, weisen darauf hin, daß sie der Zeit selbst als unmöglich galten in der absehbaren Realität, die objektiv noch auf den Begriff der Kooperation diskutiert werden wird.* Ebensowenig konnten alle triebhaften Bewegungsimpulse, die in den Morisken und Mommerien oder sportlichen Übungen befriedigt wurden, in einen Tanz aufgehoben werden, der sie zu der Vereinigung mit geistiger zu körperlicher Arbeit hätte werden lassen in dem

* Vgl. Teil III, S. 272 ff.

Sinne, daß die Individuen gemeinsam sich die Gattungsvermögen erarbeitet hätten. Nur Ansätze dazu sind erkennbar. Die naive Totalität einer versöhnbaren Welt stand im Gegensatz zu Herrschaft und vertikaler Arbeitsteilung, an denen diejenigen doch eisern festzuhalten entschlossen waren, die den Vorstellungen von Versöhnung sich hingaben, während sie die Masse der empirischen Individuen davon ausgeschlossen ließen. Darum mußten auch sie selbst, um ihrer Würde vor den Beherrschten willen, einem Teil ihrer Vergnügen weiter in Verkleidungen nachgehen, das heißt, selbstgewählte Rolle und Bedürfnisse der Person eigentümlich gegeneinander isolieren.

Am Ende des Jahrhunderts wurden bereits große Aufführungen aus der Tradition von Hoftanz und Moriske zu den Hochzeiten von Guidobaldo de Montefeltro und Elisabeth Gonzaga, von Giangaleazzo Sforza und Isabella von Mailand veranstaltet.[103] Die Kategorie der Repräsentation setzte sich sowohl in der Menge der Beteiligten durch wie in dem ungeheuren Pomp der Kostüme wie in dem ewigen Grundthema der Fürstenverherrlichung. So auch bei der Hochzeit von Alfonso d'Este mit Anna Sforza; »da sah man, von einem rauschenden Orchester begleitet, einen Chortanz von Jünglingen in Efeu gehüllt, in künstlich verschlungenen Figuren; dann erschien Apoll, schlug die Lyra mit dem Plektrum und sang dazu ein Preislied auf das Haus Este«.[104] Doch die Differenzierungen formaler Kompositionsmodelle und erst recht inhaltlichen Ausdrucks hatten noch längst nicht große Zahlen von technischen Kombinationen der Kanonelemente durchdringen können. Wenn damals hundert Personen mitwirkten, so war niemand in der Lage, ein derartiges Aufgebot zu einem sinnvollen Ganzen kooperieren zu lassen. Die Aufgabe der Koordination wurde denn auch weit weniger den Choreographen – zumindest als solchen – übertragen als den Librettisten, die entlang gewissen Assoziationen zum Festanlaß eine Reihe von legendären und antik mythologischen Fragmenten zu einer Abfolge von Auftritten vereinigten. Es ist von großer Wichtigkeit, daß auf jeden Fall *die zentralen Personen der Hochzeit* und ein Teil ihrer Gäste nicht an der Ausführung beteiligt, vielmehr gerade zu *Adressaten einer auf sie stilisierten Handlung* geworden waren. Auch darin ist bereits die Geschichte der höfischen Ballette während des sechzehnten Jahrhunderts in gewisser Weise vorweggenommen.

Diversità und variatio

Leider läßt sich nicht mehr rekonstruieren, ob noch etwas von den Zusammenhängen zwischen Tanz und mimetischem Lernen bis in diese Spektakel erhalten blieb oder ob die Kontinuität im Entscheidenden überhaupt abbrach. Technisch zumindest dürfte wohl der Stand gehalten worden sein. Dabei wurde deutlich, daß ein Prozeß beobachtet werden kann, der durch die Generationen der Traktate verfassenden Tanzmeister eine ziemlich unvermittelte Richtungsänderung erfuhr. Obwohl der Begriff der misura im Bewußtsein der früheren noch an dem aristotelischen mittleren Maß zwischen den Extremen ausgerichtet war, wurden unter solch traditioneller begrifflicher Abschirmung in Wirklichkeit die systematischen Proportionen der Verhältnisse von verschiedenen misure untereinander und zu Schritten langsam auf das Niveau immer eigenständigerer spezifischer Differenzierungen gehoben*, bis schließlich Cornazano eine neue Kategorie einführte. Er nannte diese Differenzierungen ein eigenes Prinzip des Tanzens und sprach von »diversità di cose«.[105]

Bei Cornazano, der in seinem Militärtraktat Plato zitiert, um seiner Forderung nach einer Einheit von Staatsführung und Philosophie den Nachdruck der antiken Autorität zu verleihen[106], dürfte sich in dem neuen ästhetischen Prinzip neuplatonischer Einfluß bemerkbar gemacht haben. Auf ihrem der Vernunft zustrebenden Wege muß die Seele die Verschiedenheiten des Konkreten durchlaufen. Doch Ficino betrachtete die zentralen Lehren des Aristoteles als im Platonismus aufgegangen; vermutlich ging ebenso im Verständnis der Tanztraktate schrittweise das strenge Schema der misure in ein von diesem sich mehr und mehr abhebendes Prinzip der Differenzierung über. Es scheint, als habe sich in ihm das Prinzip der misura als rationales Gerüst erhalten und zugleich transzendiert werden können. An dem Punkt der Geschichte des choreographierten

* Vgl. Teil II.

Tanzes, in dem die Vielzahl der Beteiligten und der programmhaft mythologische Inhalt weit über den Stand dessen hinausgingen, was aus dem Kanon und aus den bereits verwirklichten Beziehungsmöglichkeiten zwischen seinen Elementen an Differenzierungen gewonnen worden war, fiel die diversità in bloße Äußerlichkeit zurück. In der Folge wurde in den tanz-theoretischen Schriften der Begriff *variatio* an ihrer Stelle verwandt. Mit dem *Wechsel war für eine kurze Zeit* gemeint worden, die Menschen hätten *sich auf die spezifische Differenz einzulassen.* Wo dies, wohl seit dem Ende des Quattrocento, nach und nach in schematischem Experimentieren unterging und die Vergleichbarkeit auf die ceteris-paribus-Klausel isolierender Versuchsanordnung reduziert wurde, *blieb* auf der anderen Seite *bloße Abwechslung.* Im choreographierten Tanz war über das Einhalten zwischen den Schrittfolgen die Möglichkeit ihrer Vermittlung aufeinander entstanden – durch den Posaprozeß, der in den Tanzenden sich entfaltete. Eine bestimmte posa konnte der Umwandlung der größten Zahl von Bewegungen in andere dienen. Eine von vielen sich ergebender Spielbein-Standbeinsituationen wurde zur typischen Haltung fixiert; der Charakter qualitativer Übergänge wurde technisch übersetzt in die *Statik einer multilateralen Neutralität gegenüber Tanzrichtungen und Schrittimpulsen.* Sie konnte zwischen den Schritt vorwärts und den zur Seite, zwischen den Rückwärtsschritt und die Drehung treten und viele andere mehr. Aus dieser Position ließen die Schritte sich auch ebensowohl mit dem rechten wie mit dem linken Fuß beginnen. Die Vielfalt der aus ihr zu beginnenden Richtungen entsprach der diversità in der Ausführung. Eben erst ergaben sich so durch Rationalisierung der Haltungen und der Abfolge die Möglichkeiten zur Differenzierung wie zu jenem Vorgang mimetischen Lernens und zu Ausdruck, und schon zeichnete sich bei Cornazano die Gefahr ab, daß die posa zum bloß neutralen Zwischenglied formalisiert wurde, das beliebig und seinem Vorher und Nachher äußerlich wäre.

Damit ist die Epoche zwischen dem älteren, spätmittelalterlichen höfischen Schreitetanz und der mit den tänzerischen Monstrespektakeln beginnenden Phase bezeichnet. Die Reverenz ist eine gute Probe auf den Stand der Entwicklung. Aus dem höfischen Zeremoniell wurde sie, Folgen und Teile des Tanzes mit Beginn und Abschluß gliedernd, in die Schrittfolgen selbst aufgenommen, gegen die sie zunächst aber noch eine gewisse Selbständigkeit der Grußformel als solcher bewahrte. »Während in der burgundischen Tanzpraxis nur Reverenzen dieses Typs vorkommen, finden sich in den Choreographien der italienischen Maestri zahlreiche stilistische und rhythmische Varianten dieses Schrittes, die dem Bedürfnis nach Binnengliederung der immer umfangreicher werdenden Tanzschöpfungen Rechnung tragen. Zwar zeigt sich auch hier das deutliche Bestreben, der Regel gemäß das ruhige Tempo beizubehalten und die Bewegung mit dem linken Fuß auszuführen; dennoch ist es keine Seltenheit, daß die Tanzbeschreibungen Reverenzen ›col piè dextro‹ verlangen. Dergleichen Sonderfälle sind jedoch stets durch den choreographierten Zusammenhang erklärt und gerechtfertigt. Reverenzen mit dem rechten Fuß entwickeln sich entweder organisch aus der ihnen vorangehenden Schrittfolge, oder aber sie entspringen dem Bestreben nach Symmetrie der Bewegung innerhalb einer tanzenden Dreiergruppe, wie das z. B. in Guglielmos Ballo ›danza di Re, tre ballano‹ der Fall ist.«[108]*

Gesellschaftliche Wirksamkeit kaufmännischen Kalkulierens

Der Wechsel des Sich-Abwendens von einem Gegenstand und Sich-Zuwendens zu einem neuen, die beide je in ihrer Besonderheit erfahren werden, soll diskutiert werden in Hinblick auf *das Modell des Warentauschs* in der Phase, die einer durchgehenden Etablierung einer Zirkulationssphäre voraufging und in der bestimmend *Äquivalenzen erst im jeweiligen Tausch der Gebrauchswerte entstanden*, nicht schon vorab auf etablierten Märkten im allgemeinen so oder so gegeben waren.

* Es wird dort (Brainard, Hoftänze ...) auf das Manuscrit de Bourgogne und auf den Guglielmotraktat in F Bezug genommen.

Die Regression der posa zur neutralen Formel, zur Stereotype, ist entsprechend im Zusammenhang zu sehen mit dem fortschreitenden Abstrahieren vom konkreten individuellen Gebrauchswert der Waren. Die höfische Bildung hatte sich gerade über den Umgang mit den Produkten anderer Länder, die man in den Kreuzzügen zum ersten Mal plündernd zur Kenntnis genommen, dann durch die Vermittlung der reisenden und jene Produkte ins Land bringenden Kaufleute in den eigenen Lebensstil aufgenommen hatte, gegen die »einfältigen Bauern« abgesetzt. Seit die Gerechtsamen weitgehend in monetäre Grundrente aus Pachtzahlungen umgewandelt worden waren, standen den Adligen auch die Mittel zur Verfügung, aus dem eng geschlossenen Kreise der autarken Reproduktion im feudal-agrarischen Lebensverband hinauszugelangen und gebrauchswertneutrale Revenuen in welche Waren auch immer zu verwandeln.

Klassentrennung als europäisches Einheitsphänomen

So wurde man an den Höfen auch aufgeschlossen für die Dichter, die Tänze, die Sprachen fremder Länder, »weil« – so Castiglione – »der Verkehr zwischen verschiedenen Nationen es stets mit sich bringt, daß wie die Waren auch neue Worte von einer zur anderen gelangen«.[109] Der Mensch am Hofe »soll nicht nur prächtige und zierliche Worte aus allen Teilen Italiens aufgreifen, sondern ich würde es auch loben, wenn er manchmal jene französischen und spanischen Ausdrücke verwendete, die durch Gewohnheit schon von uns angenommen worden sind«.[110] Wie die fremden Waren nicht den primären Bedürfnissen der Reproduktion dienten, so erweiterten sich mit den fremden Worten die Möglichkeiten der differenzierteren sprachlichen Kommunikation, deren Inhalte nicht allgemein religiös, sondern diesseitig, aber klassenspezifisch waren. *Als Stil gewann Sprache im Gebrauch der Privilegierten Autonomie gegenüber* den Aufgaben von Übermittlung der Informationen, die Interaktion in den *Prozessen der Reproduktion* erforderlich macht, und dem Befehl. Zu demselben Zwecke lag es dann auch nahe, »neue Wörter zu bilden und in neuen Bildern zu sprechen«, die man aus den als Material verfügbar gewordenen antiken Sprachen Latein und Griechisch in vielen Varianten entwickeln konnte.[111] Praktisch ging es mit solchen Künsten weitgehend darum, im Hofleben eine glänzende Stellung einzunehmen und eine gewisse, sicher nicht immer um des Gegenstandes willen entfaltete Virtuosität zu produzieren, um »angenehm die Damen unterhalten« zu können.[112] Deshalb dürfte viel von dem, was der Abarbeitung am Objekt und der Kommunikation zwischen den Subjekten neue Möglichkeiten zuführen konnte, zur bloßen Abwechslung gediehen sein. In der Zeit gingen noch mehr denn je die Motive und Funktionen dessen durcheinander. Mimetisches Sich-Einlassen auf das je Besondere, die kalkulierte Anpassung an die psychologischen Anforderungen der Hofgesellschaft und das geschäftstüchtige »Allzeit bereit« in den kontingenten Verhältnissen der Kaufmannspraxis lassen sich empirisch wie genetisch nicht voneinander trennen und sind in ihren Tendenzen und Auswirkungen zutiefst miteinander verbunden.

Der Übergang war fließend. Olschki sagt von der »erotischen Philosophie«, die sich Ende des Jahrhunderts ausbreitete, »sie brachte auch eine Literatur in der Umgangssprache hervor, in der sich eine geistige und sittliche Verklärung der natürlichen Triebe und des Sinnenhungers der Menschen mit einer ausgearbeiteten Kasuistik der höfischen Liebe verband«.[113] Dazu gehören auch noch der Ficino-Schüler Pietro Bembo mit seinem 1525 erschienenen ›Libro di natura d'amore‹ und Leone Ebreos ›Dialoghi d'amore‹. In dem etwas früheren Castiglione sind die »Kasuistik« für höfische Liebe und die für andere Anpassungsregeln ganz pragmatisch vermengt. »Wer sich daher vielen in seinen Gesprächen anzupassen hat, muß sich durch sein eigenes Urteil leiten und, wenn er die Unterschiede zwischen dem einen und dem anderen kennt, jeden Tag Stil und Art ändern, je nach der Natur derer, mit denen er sich unterhalten will.«[114] Anschließend wird im ›cortegiano‹ die hofpsychologische Seite hervorgehoben; man müsse »sich an den Herrn anpassen«.[115] Ob mit der »Natur« der Anderen tatsächlich mehr deren Eigenart oder lediglich der Rang und der Einfluß der betreffenden Person am Hofe gemeint waren, läßt sich nicht ausmachen. Die Grenzen, in denen das »eigene Urteil« die Handlungen bestimmen konnte, waren ganz klar ge-

steckt; in allen Fragen, die ein Risiko gegenüber dem Fürsten mit sich brachten, hielt man sich besser an Befehle. Sehr interessant ist das Vorbild, nach dem solch höfisches Verhalten von Kriegern ihrem Fürsten gegenüber bei Castiglione konzipiert wurde: »Man handelt dann wie die guten Kaufleute, die das Wenige aufs Spiel setzen, um viel, aber nicht das Viele, um wenig zu verdienen.«[116] Das steht in bezeichnendem Widerspruch zu der Parole, daß »der wahre Stachel zu allem Großen und Gefährlichen der Ruhm ist; wer sich aus Gewinnsucht oder aus einem anderen Grunde daran gibt, leistet niemals etwas Gutes und verdient auch nicht Edelmann, sondern ganz gemeiner Kaufmann genannt zu werden«.[117] Empfindlich grenzte man sich gegen den Stand ab, der einem bereits Vorbild war. Wenn man den Vorbehalt macht, daß die folgende Darstellung nur die bewußtlose immanente Vorstufe zu dem wiedergibt, was erst nach der Auflösung des geschlossenen Feudalsystems als solches zu Tage treten konnte, so kann man sich gerade deshalb Max Weber hier anschließen, weil bei ihm eine frühe feudale Wurzel für eine spätere Abwehr rekonstruiert wird, die erst gegenüber dem bereits die alte Feudalhierarchie selber mitbestimmenden Kaufmannskapital wirksam wird: »Die feudale Vergesellschaftung stiftete also hier eine Durchtränkung der wichtigsten Lebensbeziehungen mit streng persönlichen Banden, deren Eigenart es zugleich mit sich bringt, daß das ritterliche Würdegefühl in dem Kult gerade dieses Persönlichen lebt (das es im Feudalismus selbst als solches aber noch gar nicht gab, R. L.), in dem äußersten Gegenpol aller sachlich-geschäftlichen Beziehungen also, welche deshalb der feudalen Ethik als das Würdelose und Gemeine gelten müssen und immer gegolten haben.«[118]
Der Widerspruch klärt sich als der Gegensatz von einer neuen, bewußtlos betriebenen Notwendigkeit praktischer Maximen zu einem gleichzeitig gepflegten Selbstverständnis aus frei überarbeiteter Tradition. Wie Castiglione seine Empfehlungen an die Staatsmänner, nach welchen Kriterien man sich auf einen Krieg einlassen solle, schloß Cornazano auch mit einem entsprechenden Kalkül ab: »Auch wird gesagt, man solle ihn nicht führen, / es sei denn, man erhoffe einen Profit (util), der größer wäre / als die Kosten des Unternehmens. / Tut er das

Gegenteil, so verhält er sich, als angelte er / mit einer Fliege aus Gold, die teurer zu stehen kommt, / als alles kostet, was man in einem ganzen Jahre fischen kann. / Das sollte lernen, wer in die Lage kommt zu regieren. ...«[119] Die Florentiner handelten nach der gleichen Maxime, als sie im Krieg gegen San Geminiano sich mit der Kapitulation des aufsässigen einstigen Handelspartners zufrieden gaben, um nicht die zukünftigen Partner Profite tragender Geschäfte der Grundlage ihrer Handelsunternehmungen zu berauben. Es wurde auch darauf geachtet, daß nicht durch Plünderung sich in den Händen der Söldner das verlor, was man selber durch günstige Geschäftsbedingungen friedlich und mit Zinseszins an sich zu bringen gedachte. Da der als Gonfaloniere der Signoria in Dienst genommene Befehlshaber, der Herzog von Urbino, die Truppen nicht von der besiegten Stadt zurückhalten konnte, eilte einer der bedeutendsten Florentiner Handelsherren persönlich dorthin, um Ordnung zu schaffen. »Die Parteienkämpfe zeigen hier einen so wilden Charakter und waren von so heftigen Schwankungen der ganzen Existenz begleitet«, sagt Jacob Burckhardt über diese Zeit, »daß man kaum begreift, wie die Genuesen es anfingen, um nach allen Revolutionen und Okkupationen immer wieder in einen erträglichen Zustand einzulenken. Vielleicht gelang es, weil alle, die sich beim Staatswesen beteiligten, fast ohne Ausnahme zugleich als Kaufleute tätig waren.«[120]
Wenn auch die Mitglieder der einstigen Feudalfamilien bei Gelegenheit durchaus das Bedürfnis hatten, sich gegen »Krämergeist« und kaufmännische Gewinnsucht mit ethisch verstandenen Prinzipien von Ruhm und Ehre abzusetzen, so hieß das keineswegs, daß sie mit Handel treibenden Großbürgern grundsätzlich nichts gemein haben wollten. Vermutlich wurde das pejorative Verhältnis zu den kaufmännischen Maximen gerade an den kleinen Händlern festgemacht, während die großen mit ihren Unternehmungen schließlich das Geld der Landherren zu Gewinnen brachten und – nicht zuletzt deswegen – Titel und Ehrenämter aus der Tradition feudaler Funktionen an den veränderten Höfen verliehen bekamen. Im gleichen Zuge wurde, in gewissen grundsätzlichen Erklärungen wenigstens, das durch Geburt und Funktion in der

Hierarchie einfach gegebene weltliche Elitekriterium des Mittelalters durch ein inhaltliches ersetzt. Die Ausbildung und die »Güter des Geistes und des Körpers« sollten der Maßstab für die Fähigkeit zum Mitglied eines Hofes sein.[121] Die Gruppen, die zusammen die neue Klasse der Herrschenden bildeten – Adel, Fürsten und Großbürger (die Kirche ist als von ihnen abhängige Institution der Herrschaft zu betrachten) –, verdankten ihre Privilegien weitgehend ähnlich wirkenden polit-ökonomischen Verhältnissen wie die Herrschenden der antiken Stadtgesellschaften Griechenlands.*

So war das Wiederaufleben des Ideals der Kalokagathia doppelt durch die Herrschaft des Kaufmannskapitals bedingt. Die von den Türken um die Mitte des Jahrhunderts aus Byzanz vertriebenen Gelehrten kamen gerade nach Italien auf Grund der intensiven Handelsbeziehungen ihres Reiches mit Oberitalien und des politischen Einflusses oberitalienischer Stadtstaaten beziehungsweise der ihre Politik bestimmenden Handelsherren auf Byzanz. Aber überhaupt bestand eine bestimmte Verwandtschaft der gesellschaftlichen Strukturen selbst, durch die es zuerst in dem Bereich der progressivsten Handelszentren zu der »Renaissance« antiker Philosophien kam.**

Diese Philosophien und die antike Kunst wurden nicht als solche »wiedergeboren«; sie konnten vielmehr wieder ihre einstige Funktion, von einem Feudalzusammenhang sich befreiender Perspektiven in Vorstellungen gattungsgeschichtlicher Selbstverwirklichung von Personen artikulieren. Die alten Familien konnten sich um so weniger noch gegen die Inhaber des Kaufmannskapitals abgrenzen, als diese nicht nur politischen Einfluß und unmittelbar die politische Macht an

* Zu den Unterschieden von Sklavenwirtschaft und dem Konglomerat aus kleinbäuerlicher, kleinhandwerklicher Produktion und großkaufmännischem Profitstreben im Quattrocento vgl. Teil III, über die politisch-ökonomischen Verhältnisse.
Max Webers vergleichende Diskussion von griechischer Antike und mittelalterlichem Feudalismus unter dem gemeinsamen Begriff Feudalismus erscheint mir zu unspezifisch, um fruchtbar zu sein. Vgl. oben die Bemerkungen zu seiner Herrschaftssoziologie, S. 94 ff.

** Etwas später bezeichnete Erasmus das zweite Zentrum am Niederrhein.

sich brachten, die jene als gleichrangig und dazu meist als stärker anerkennen mußten im Vergleich zu ihrer eigenen, an der neuen Macht des Reichtums nur in Abhängigkeit von jenen teilnehmenden: Auch die besonders wichtigen Zentren der Kultur bildeten sich im Umkreis der glanzvollen Handelsgeschlechter; die neuplatonische Akademie, zu der Ficino, Pico de la Mirandola und viele bekannte Gelehrte gehörten, entstand in Florenz durch die Gönnerschaft der Medicis. Wenn man davon absieht, daß auch Arnold Hauser an den frühen Ansätzen zu einer Kapitalisierung der Produktion schon viel zu eindeutig seine Behauptung festmacht, schon im Quattrocento habe ein »Vollrationalismus« geherrscht und sei rücksichtslos »die Tradition der Rationalität geopfert« worden[122], wenn man diese wieder einmal überzogenen Interpretationen beiseite läßt, kann man seiner Darstellung des Zusammenhangs von Großbürgertum und Fürstenhöfen über die Wirksamkeit des Kaufmannskapitals durchaus zustimmen: »Er (der Bürger, R. L.) nähert sich einem irrationalen Lebensstil gerade in der Zeit, als die nunmehr fiskalisch denkenden Fürsten sich den Geschäftsprinzipien eines soliden, zuverlässigen, kreditfähigen Kaufmanns anzupassen beginnen. Die höfischen und die bürgerlichen Kreise begegnen sich auf halbem Wege.«[123] Allerdings muß man sich gegenwärtig halten, daß die halben Wege auf zwei ganz verschiedenen Ebenen zurückgelegt wurden: von naturwüchsiger Herrschaft zu disponierender, infolgedessen von einem planenden Individuum ausgehender Rechenhaftigkeit die einen – die anderen von solch individuellen, freilich insgesamt kalkulierten Erfahrungen über finanzielle Macht zu Herrschaft und kunstvoller Ostentation. Und das Entscheidende liegt darin, daß beide Gruppen selber auch das zu einem Moment ihrer eigenen gesellschaftlichen Existenz machen konnten, was die andere, ihr entgegenkommend, als ihre einstige Bestimmung mitbrachte. Die sogenannte Refeudalisierung war ein äußerst ambivalenter Prozeß. Die Kaufleute nahmen an der Herrschaft, die Fürsten am Handelsreichtum teil, und beide gemeinsam fanden einen Lebensstil, der aus dem ökonomischen wie aus dem politischen Erfahrungskontext den Beginn identischer Individualität auch im Sinne einer Entfaltung der Gattungsvermögen fortbildete.

Ebenso gemeinsam gaben sie ihm aber auch die Funktion einer beherrschenden Form der Selbstdarstellung, in die ökonomische Fundierung und politische Geltung eingingen.
Die Devise einer neuen Kalokagathia blieb indessen nicht einfach Formel für eine gesellschaftspolitische Notwendigkeit. Ihr entsprach zum einen die Durchdringung der ganz naturwüchsigen Herrschaftsformen der Feudalität mit der Rationalität, die sich in dem Kalkül der Inhaber des Kaufmannskapitals entwickelte. Zum anderen machte die Verinnerlichung des Herrschaftsanspruches zur individuell sich vollziehenden Qualifikation derer, die zu den privilegierten Gruppen gehörten, nicht allein die hierarchische Teilung von körperlicher und geistiger Arbeit innerhalb der Reproduktion undurchsichtiger; vielmehr wurde auch eine Tendenz zu einem vernünftigeren Bild jener Menschen begründet, die die Besten, die Würdigsten wären. Castiglione begründete ein scheinbar schon ganz individualistisches Elitebild: »Das erlebt man jedoch ebensowohl bei Unadeligen wie bei Adeligen, da die Natur diese feinen Unterscheidungen nicht kennt; man findet im Gegenteil oft, wie ich gesagt habe, bei Personen niedrigster Herkunft die höchsten Gaben der Natur. Da man also den Adel weder durch Verstand noch durch Gewalt oder Kunst erwirbt und er viel mehr der Ruhm unserer Vorfahren als unser eigener ist, erscheint es mir allzu seltsam, daß alle guten Eigenschaften unseres Hofmannes wertlos sein sollen, wenn seine Eltern unadelig gewesen sind, und daß jene anderen Bedingungen, die Ihr genannt habt, nicht ausreichen sollten, um ihn auf den Gipfel der Vollkommenheit zu führen, nämlich Verstand, Schönheit des Gesichts, Anlage der Gestalt und jene Anmut, die ihn jedem beim ersten Anblick stets höchst angenehm macht.«[124] Gewiß haben es die Umstände der Zeit dem Grafen Baldesar Castiglione und seinen Standesgenossen nicht allzu schwer gemacht, sich zu einer solchen Öffnung zu bekennen. Es bestand kaum die Gefahr, daß außer in Märchen und Legenden viele Schweinehirten Königstöchter heiraten und politische Macht in die Hände bekommen könnten. Sogar in den Erzählungen und den Dramen der Zeit – und noch der folgenden zwei bis drei Jahrhunderte – leitete ein nicht weiter erklärter Instinkt die Paare durch alle Intrigen und Verklei-

dungen hindurch sozialspezifisch äußerst passend zu einander. Die »Niedrigsten« verirrten sich nur ganz ausnahmsweise in die Kreise, deren jetzt »kulturell« begründeten Herrschaftsanspruch sie infolgedessen nicht gefährden konnten. Tatsächlich wurde nur die Verwandlung der alten Kriegerkaste in eine neue Klasse von Privilegierten vollzogen, die zudem die alten Initiationen und Rituale schon deshalb übernahm, weil die homini novi sich beeilten, mit der Übernahme des Formalen den Schein traditionaler Legitimität zu gewinnen. Vorbild für solches Nebeneinander von mittelalterlichem Ritual und neuer Kaufmannstüchtigkeit als Prinzip der Realität konnte ihnen der Stadtadel sein, der gewissen Äußerlichkeiten des feudalen Status nicht entsagt hatte, während er doch seine Subsistenz auf den Handel gründete.

Die Verselbständigung von Ritualen gegenüber dem Kontext ihrer einstigen Funktion in der civitas terrena kam damit auf den Begriff. Vergegenständlicht zum Symbol der Anpassung neuer Herrschaftsformen an die von ihnen aufgelösten alten, konnten sie verfügbar werden auch für die Manipulation der Beherrschten. Auch *die Entwicklung* der spektakulären Hochzeitsaufführungen aus *der ostentativen Seite höfischer Tänze ist politisch zu erklären.* Das neue Ideal anmutiger Erscheinung war von Anfang an nicht unabhängig von einer repräsentativen Vorstellung von Öffentlichkeit herrschender Individuen. Es mußte innerhalb der Hofgesellschaft des fünfzehnten Jahrhunderts und vor dem Volke, dem die Herrschenden sich demonstrativ präsentierten, zumindest weitgehend der Ostentation verfallen. Den Privilegierten erlaubten schon ihre intrigenhaften Kämpfe untereinander um die Teilhabe an der Macht nicht, mehr als vielleicht einem oder wenigen Vertrauten sich zu öffnen – auch für ein wechselseitiges Lernen und Erkennen, dessen Ausdruck jene Anmut oder vielleicht »Lässigkeit« doch sein mußte, wenn sie einen substantiellen Gehalt haben sollte. Das Auftreten gegenüber denen, die sie durchaus weiter unter ihrer Macht zu behalten beabsichtigten, die zweite und weitere Form von Öffentlichkeit, konnte erst recht nichts von dem erkennenden Zuwenden zum Anderen haben. *Die Kunst eines bewußt dekorativen Erscheinens meinte* sogar gerade *eine Demonstration unüberschreitbarer*

Unterschiede, die nach den neuen Grundsätzen nicht viel weniger ontologisiert wurden als nach den mittelalterlich feudalen Vorstellungen. Sie wurden nur auf dem Grunde rationalerer Desiderate gefaßt, wenn sie deren Recht auf die Macht nicht mehr in der Gnade Gottes, sondern in den Herrschenden als menschlichen, aber eben besonders hervorragenden Individuen selbst begründeten. »Am Ende des Quattrocento sind die städtisch-bürgerlichen und die ritterlich-romantischen Kunstrichtungen dermaßen miteinander vermischt, daß auch eine so durchaus bürgerliche Kunst wie die florentinische einen mehr oder weniger höfischen Charakter annimmt. Diese Erscheinung aber entspricht nur der allgemeinen Entwicklung und bezeichnet den Weg, der von der städtischen Demokratie zum fürstlichen Absolutismus führt.« (Hauser)[125]

Höfischer Internationalismus

Als man die Produkte anderer Länder nicht mehr nur bestaunte, sondern sich daran gewöhnte, sie als Waren in erweiterte Formen der eigenen Reproduktion aufzunehmen, waren auch die verschiedenen Lebensformen wenigstens der europäischen Länder nicht länger durch das Tabu voneinander geschieden, das dem Fremden der Fremde sein Recht läßt, ihm aber nicht gestattet, in den eigenen Zusammenhang von Kampfweisen, Rechtsgepflogenheiten, Produktionsformen und Sitten einzudringen. Im fünfzehnten Jahrhundert war die Ära vorüber, während derer die Ritter der verschiedenen Nationen auf den europäischen Kreuzzügen einander begegneten, dann als Gesandtschaften, auch als Verbündete in den Kriegen die Lebensweise der anderen kennenlernten, ohne doch eigentlich die eigene in Frage stellen zu können. Nicht nur fremde Worte und Begriffe drangen ein wie die Waren von in der Ferne arbeitenden Produzenten. Die Entwicklung ging parallel vor sich mit der Auflösung der ritterlichen Funktionen aus der Kriegs- und Herrschaftsverfassung des Lehenssystems mit seiner feudal-agrarischen Wirtschaftsform. So wurde unter dem Einfluß der Epoche des Kaufmannskapitals die Idee ritterlicher Tugenden in einen gewissen Internationalismus verwandelt.

Noch waren die Verhältnisse keineswegs überall die gleichen; aber die Adeligen fanden sich oft an ausländischen Höfen und kamen in die Lage, ungewohnten Regeln und Sitten sich beugen zu müssen, seit ihr Leben nicht mehr mit der früheren Ausschließlichkeit an das Land und die Bewohner ihres Lehens gebunden war. Das heißt, es fand ein großer Teil der Ritter nicht den Anschluß an diese Entwicklung und geriet ganz in Armut und Bedeutungslosigkeit abgelegener Provinzen. Für die anderen aber wurden die Unterschiede zwischen den Höfen und Nationen relativiert. Es war zwar nicht daran zu denken, daß die Kontingenz ihrer Naturwüchsigkeit in eine frei und vernünftig bestimmte Ordnung hätte aufgehoben werden können. Doch war auch nicht länger ersichtlich, warum ein Sittenkodex an sich verbindlicher als ein anderer, eine Form des Wettkampfes gültiger als eine andere hätten sein können. Die Unterschiede konnten nicht unmittelbar eingeebnet werden, noch weniger wäre jemand überhaupt auf diesen Gedanken gekommen, der doch seine gesellschaftliche Rolle gerade aus derselben Genesis legitimierte, die er dann hätte in Frage stellen müssen. Die regionalen und nationalen Unterschiede wurden aber zur Beliebigkeit herabgesetzt. Es bestand für den Menschen am Hofe die Notwendigkeit, sich »den Sitten der Nationen, bei denen er sich befindet, anzupassen«.[126] Es war die vielversprechende Idee aufgekommen, das Fremde durch Nachahmung kennenzulernen. Sie verwirklichte sich in dem Bemühen, wenn nicht selbst dem anderen ähnlich zu werden, so doch jedenfalls ihm adäquat sich zu verhalten; und das setzte zumindest voraus, daß implizit in die eigenen Reaktionen ein Nachvollziehen des Anderen einging. Konkurrenzbestimmte Anpassung und Selbstentfaltung über Nachahmung von Fremdem sind Seiten eines Verhaltens. In der Praxis dürfte die mimetische Seite bei weitem schwächer gewesen sein. Sie unterlag einem Realitätsprinzip, das bereits – im Sinne dessen, was als Sport charakterisiert worden ist – eine bestimmte Virtuosität als solche verlangte. Es war eine verdinglichte Leistungsnorm, die erforderte, »vollkommener Reiter in jedem Sattel (zu) sein«.[127] Bloße Allgewandtheit und Geschicklichkeit drohten den privilegierten Freiraum von körperlicher Arbeit in der Reproduktion auszufüllen. So wurde die Figur des Alkibiades berufen, der in ewiger Flucht sich auf alles so weit einließ, daß er das Prestige, mit dem er seine Existenz an fremden Höfen absicherte, unter allen Verhältnissen zu erneuern vermochte und dabei doch nicht mehr wissen konnte, was das eine mit dem anderen, was all das mit ihm noch gemein hatte. Doch wie er, der »alle Völker, bei denen er lebte, übertraf, und zwar jedes in dem, was ihm am eigentümlichsten war, so möge unser Hofmann die anderen übertreffen, jeden in dem, worin er sich am berufensten fühlt«.[128] *Das Eigentümlichste wurde so zur Spezialität herabgesetzt,* »alla francese« oder »alla tedesca«. Der spätere aristokratische Typus des Dilettanten kündigt sich bereits an. Odysseus polytropos, der Viel-Gereiste und der in vielen Listen Erfahrene. Darin klingt für das Quattrocento etwas schon von der höfischen Langeweile an, die nach Abwechslung verlangt: Es heißt denn auch anschließend bei Castiglione ganz abstrakt, man müsse »im Leben stets zwischen verschiedenen Tätigkeiten abwechseln«.[129]

Unter der Herrschaft des Kaufmannskapitals wurde zunächst an einigen Stellen städtischer Produktion, tendenziell aber doch für immer weitere Bereiche der Gesellschaft der Charakter der objektiven Bedingungen der Arbeit aufgelöst, der in der vorbürgerlichen Phase dem arbeitenden Subjekt als »natürlichem Individuum« erschienen war »als Natur, Erde, als sein unorganischer Leib«, wie Marx sagt.[130] Entsprechend war der eigene Leib der Subjekte in den »vorbürgerlichen Verhältnissen« bloßer unbegriffener Leib. Er trat der Natur insofern »unorganisch« gegenüber, als sie ihm äußerlich blieb, seine Arbeit zu ihr nur hinzukam, nicht aber in toter Arbeit – Werkzeug, Maschine – in ausreichendem Maße gespeichert wurde, um die Prozesse der Aneigung von Natur ihren eigenen Prinzipien zu unterwerfen. Im fünfzehnten Jahrhundert ist real und im Bewußtsein der vom Großhandel Lebenden der Beginn dazu gemacht, dieses Verhältnis zum eigenen Körper als unbegriffenem, bloßen Leib aufzubrechen. Nicht länger konnte die Kontingenz der Naturbedingungen für die Produktion unreflektiert hingenommen werden; weder von den sich entfaltenden Individuen noch gesamtgesellschaftlich. Daran arbeiteten die Handelsherren, wenn sie Produktionen und

Handelsbeziehungen der Rechenhaftigkeit zu unterwerfen begannen; daran arbeitete Leonardo da Vinci mit seinen Entwürfen zu Maschinen. Wie die Diskussion der menschlichen Physis auf geometrische Modelle – auch wenn diese aus einer Zahlenmystik herstammten – in den vitruvischen Zeichnungen, so löste auch der Tanz, in dem das Misuraprinzip realisiert wurde, die Körperlichkeit aus der Fraglosigkeit des Gegebenen, das allenfalls Askese oder Völlerei hatten beeinflussen können, das aber keiner Form rationaler Reflexion zugänglich erschienen war.

Andererseits wurde damit real das Verhältnis zu der anzueignenden Natur noch nicht weniger »unorganisch«. Vielmehr begann der Prozeß sich durchzusetzen, in dem überhaupt erst erkennbar wurde, daß die Menschen ebensolche Natur wie die der Dingwelt waren, daß auch die Formen, die sich als je besondere in verschiedenen Gemeinwesen des europäischen Mittelalters für das Verhältnis zum eigenen Körper herausgebildet hatten, dem Bereich des Naturwüchsigen zugehörten. Die Antwort der höfischen Gesellschaften auf die erste Ahnung davon konnte aus den dargestellten Gründen nicht bewußte Destruktion der naturwüchsigen Traditionen werden, wie es Waldenser und Adamiten versuchten. Vielmehr wurde die Kontingenz *zur positiven Vielfalt von Gegenständen.* Darin war bereits *ein stilistischer Pluralismus angelegt,* als dessen Blütezeit sich möglicherweise die Epoche des Manierismus in der Kunstgeschichte interpretieren ließe. Das Quattrocento selbst war aber zu stark ausgerichtet auf die scheinhaften Möglichkeiten einer erkennenden Hinwendung zum Besonderen, die in der ersten Stufe der Auflösung sich andeuteten, zu intensiv mit ihnen beschäftigt, als daß nicht *zwischen dem Aufbrechen der feudalen und dem Anbrechen der kapitalistischen Entwicklung die Vorstellung eines ganz Anderen* hätte erlebt werden können. Bereits im sechzehnten Jahrhundert begann die eben erst sich realisierende Fähigkeit des Menschen, »frei seinem Produkt gegenüberzutreten« und darin die durch ihn angeeignete Natur zu erkennen, ganz in den Dienst der Produktion und des Herrschaftsapparates – insbesondere des Heerwesens – aufgesogen zu werden.

Daß des Menschen »Verhältnis zur Natur sich nicht in der Befriedigung unmittelbar physischer Bedürfnisse erschöpft: ›Das Tier formiert nur nach dem Maß und dem Bedürfnis der species, der es angehört, während der Mensch nach dem Maß jeder species zu produzieren weiß und überall das inhärente Maß dem Gegenstand anzulegen weiß; der Mensch formiert daher auch nach den Gesetzen der Schönheit‹[131], daß Produktion auch im Sinne einer emphatisch erweiterten Reproduktion zu verwirklichen sei, blitzte realhistorisch durch die in dieser Arbeit enfalteten Phänomene des Quattrocento deutlicher auf als vielleicht in der ganzen übrigen europäischen Geschichte bis heute. Herrschaft an Menschen wie über Natur war in »den persönlichen Verhältnissen« keine Naturbeherrschung in jenem systemhaften Sinne gewesen, daß die Menschen sie aufgrund ihrer explizit gewordenen Fähigkeit organisiert hätten, »das inhärente Maß dem Gegenstand anzulegen«. Die Vorstellung von dieser Fähigkeit hatte sich aber in einer vor ihrer Unterordnung unter die Prinzipien des Kapitalismus gewissermaßen frei flutenden Ahnung als ein Überbaubewußtsein durchgesetzt. Einstweilen frei von einer durchgehenden Rückkoppelung an den Basisprozeß der Produktion hatte sie ihr mimetisches Moment weit über die realen Verhältnisse der Menschen hinaus zu erkennen gegeben. Wo die Menschen, die meinen konnten, fern von der Mühe der Produzenten sich reproduzieren zu können, ihrer Fähigkeiten inne wurden, die Objekte nach deren inhärentem Maß zu produzieren und sie damit in ihr Bewußtsein zu heben, war für einen Augenblick eine Freiheit gegeben: »der Mensch formiert aber auch nach den Gesetzen der Schönheit.« Die zitierte Passage stammt aus den sogenannten Frühschriften von Marx; er gestattete sich noch einen Begriff von Gesetzen, die in der Vermittlung auf die Kategorien der menschlichen Geschichte mehr von dem je besonderen Maß der Objekte enthalten durften, als die Gesetze der zweiten Natur des Kapitalismus es können. Damit kommt diese Stelle aber auch der bestimmten immanenten Interpretation der vorkapitalistischen bis frühkapitalistischen Epoche, die hier versucht wurde, näher, als es die sub specie des klassischen Kapitals entstandenen Rekonstruktionen etwa im vierundzwanzigsten Kapitel des ersten Bandes können und sollen. Erst nachdem die Entwicklung des Quattrocento auch an und für sich diskutiert, das in der sogenannten Frührenaissance sich manifestierende Bewußtsein als solches ernst genommen worden ist, sind seine historischen Elemente in den Fortgang der Geschichte bis hin zu den kapitalistischen Verhältnissen unter dem etablierten Bürgertum und zu der heutigen Spätphase einzuführen, ihre Fortwirkung zu analysieren.

Teil II
Die Möglichkeit einer Einheit von Metrik und Mimesis

Vorbemerkung zur Einführung in den Gegenstand: Die Praxis des frühen italienischen choreographierten Tanzes
Die posa, eine lebendige Mitte als zentrales Prinzip
Die Kategorien der frühen choreographischen Ästhetik I: die misura
Die Kategorien der frühen choreographischen Ästhetik II: die memoria
Methodologische Zwischenbemerkung
Die Kategorien der frühen choreographischen Ästhetik III: maniera, aiere, movimento

Vorbemerkung zur Einführung in den Gegenstand: Die Praxis des frühen italienischen choreographierten Tanzes

Am Beginn der sogenannten europäischen Neuzeit stand eine Entwicklung, die ein ganz eigenes Verhältnis der Menschen zu den physisch bedingten Momenten ihrer Existenz ermöglichte. Am ehesten läßt es sich an den Überresten einer speziellen Form von Ästhetik im engeren Sinne des Wortes rekonstruieren, an den Traktaten, in denen wir die erste Phase eines Tanzes erkennen können, der nicht mehr bloß naturwüchsig und unreflektiert gewisse gesellschaftliche Seinsweisen spiegelt, wie etwa kultische Rundtänze. Als man ihn zu choreographieren begann, löste er sich auch von reinem Ritual und den Festen agrarischer oder städtisch-zünftischer Gemeinschaften; das hatten die mittelalterlich-höfischen Vergnügungen nicht bis zu dem Grade einer eigenen Gestalt vermocht.
Eine ganz kleine Zahl von Tanzmeistern des Quattrocento sind uns bekannt durch ihre Aufzeichnungen von Choreographien und diesen vorangestellte allgemeine theoretische Einleitungen. Sie lebten an verschiedenen der oberitalienischen Fürstenhöfe, für die ihre Einfälle bestimmt waren. Venedig zählte nicht unmittelbar dazu; von dort sind keine quattrocentonischen Tanzmeister oder Traktate bekannt. »Selbst den Kunstgeist der Renaissance hat sich Venedig von außen her zubringen lassen, und erst gegen Ende des 15. Jahrhunderts sich mit voller eigener Machtfülle darin bewegt.«[1] Die Traktate sind den Sforzas in Mailand, der Markgräfin von Ferrara, die Bassedanzen und Balli sind den Königinnen von Neapel, Prinzessinnen und Herzoginnen, den vornehmen Damen der großen italienischen Stadtstaaten gewidmet. Es gab nur wenige Handschriften; sie waren diesen Personen überreicht worden und förderten vor allem deren Erfahrungen im eigenen Tanzen. Anderen dürften sie, wenn überhaupt, so nur als Teilnehmern der von jenen veranstalteten Feste, oder sonst in deren Gesellschaft, zugänglich gewesen sein. Dieser Tanz war Teil der Selbstverwirklichung weniger herrschender Familien und der an ihrer Macht Teilnehmenden.

Das Verständnis dieses Tanzes entzog ihn der Rolle eines bloßen Zeitvertreibs. Während es andererseits aber auch nicht denkbar war, daß er noch einmal in eine unmittelbare Beziehung zu religiösen Übungen gezogen werden konnte, aus denen die Kirche ihn schon seit Jahrhunderten verbannt hatte, gehörte er in einen Bereich des Lebens, der am ehesten noch mit dem antiken Begriff der Muße bezeichnet werden kann. Die Tanzmeister unterrichteten die Hauptpersonen und die Mitglieder der höfischen Gesellschaften in einer virtù e szienza naturale[2], mit deren Ausübung diese sich tags in schön angelegten Gärten oder als Unterbrechung der Abendgespräche im Palast unterhielten. So endet das im ersten Buch vom ›cortegiano‹ aufgezeichnete Gespräch des Hofs von Urbino damit, daß eine bassa und eine roegarza von einigen Teilnehmern »zum Vergnügen« auch der übrigen getanzt wurden.[3] Doch wie ihre Gespräche als eine Art von Akademien und mit teils allgemeinen, teils je neu festgesetzten Regeln über zuvor gewählte Themen geführt wurden, so waren auch das Tanzen und die Tänze zu einer differenzierten Beschäftigung geworden. Ihr Sinn hing von dem Ideal einer Bildung ab, die nicht unmittelbar nützlich zu sein brauchte, weder für die physische Reproduktion, noch um Macht auszuüben oder um eine Zukunft der Seele jenseits der realen Welt zu beeinflussen.

In einen dieser Zusammenhänge gerieten die frühen italienischen Choreographien allerdings, sofern sie bei großen Festen ausgeführt wurden. So politisch wie die Interessen, die zu Verheiratungen unter den Herrschenden führten oder den Empfang von Regierenden durch andere Länder und Städte motivierten, müssen auch die Formen dieser Hochzeiten und Einzüge gesehen werden. Freilich kam dabei den balli, selbst wo sie Namen trugen und Andeutungen von Inhalt aufwiesen, die auf eine Person im Mittelpunkt des Festes und auf dessen Anlaß einen gewissen Bezug erkennen ließen, mehr eine allgemeine Funktion zu. Die Feste, während derer die Herren und Damen des Hofes miteinander tanzten, hatten einen doppelten Charakter von Öffentlichkeit: Die Beziehungen zu anderen Territorien wurden durch die Anwesenheit ihrer Fürsten manifestiert, und zugleich wurde der Bevölkerung des Landes selbst präsentiert, durch welche Akte und von wem

ihre Geschicke entschieden wurden. Beide Seiten der Öffentlichkeit bringen einen Charakter von Ostentation mit sich. Sie scheint indessen während des Quattrocento dem choreographierten Tanz nur bei solchen Gelegenheiten eine veränderte Bedeutung gegeben, ihn aber nicht als Erscheinung unmittelbar beeinflußt zu haben. Es wurden zu öffentlichen Anlässen Choreographien konzipiert oder wiederholt, die ebenso ohne Zuschauer und weniger vorbereitet getanzt wurden. Auch die Tanzenden waren dieselben Personen; eine Mitwirkung von professionellen Tänzern etwa war ohnehin ganz ausgeschlossen. Zudem diente der Darstellung von Herrschaft in hervorragender Weise die Einrichtung der Trionfi, in denen Ostentation von Geschmack und Reichtum, legitimierende Anknüpfung an antike Mythologie und Übernahme der Form der Prozession sich verbanden.
Die Choreographen wurden nicht dazu herangezogen, solche Formen von Öffentlichkeit zu arrangieren. Derartigen Aufgaben konnten sich allenfalls Architekten und bildende Künstler unterziehen. Tanz wurde als eine Kunst begriffen, recht den eigenen Körper zu bewegen. Er hatte nichts mit der räumlichen Organisation von großen Menschenansammlungen gemein. Oft tanzte man zu dritt; nur selten wurden einmal bis zu zwölf Personen in einer Choreographie zusammengeführt.[4] Der instrumentale Teil der Musik wurde für eine Leier geschrieben oder auch für zwei, vielleicht drei Instrumente; weder sie noch die Gesangstimme konnten sich einem großen Kreis von Tanzenden und Zuhörenden mitteilen.[5] Bei einigen sehr großen Festen scheint eine Reihe solcher Gruppen gleichzeitig nebeneinander getanzt zu haben, wobei dann auch Trompeten die anderen Instrumente verstärkten. Bei solchen Anlässen haben die Tanzmeister auch die Aufgabe übernommen, das Ganze der Veranstaltungen zu organisieren, ebenso Morisken, also den Volkstraditionen noch näher stehende ausgelassene Maskenumzüge, zu leiten. In dieser Zeit waren die Aufgaben nicht streng systematisch aufgeteilt und zugeordnet. Cornazano war Consigliere, Segretario o Ciamberlano des Herzogs von Mailand; und zumal er, auch als Autor, sich eingehend mit militärischen Dingen befaßte, werden seine politischen Funktionen die weit bedeutenderen gewesen sein. Die

Position eines Tanzmeisters wurde am häufigsten mit der Aufgabe eines Prinzenerziehers verbunden, dessen Einfluß auf den Hof und die Politik nicht deutlicher und nicht bewußter sich vollziehen konnte als über die Arbeit an der äußeren Haltung und die musische Ausbildung herrschender Personen. Daß man dabei nicht unmittelbar an bestimmte Formen des Auftretens vor den anderen Klassen und Schichten des Volkes dachte, zeigt sich bereits an der wohl besonderen Forderungen unterworfenen, aber doch den männlichen Hofleuten grundsätzlich nicht nachstehenden Rolle der Frauen beim Tanz.
Männliche und weibliche Mitglieder der Höfe müssen oft sehr weit fortgeschritten sein in der Beherrschung der Prinzipien wie der Ausführung der Schritte; denn nicht nur sind Regeln und Elemente dieser Tänze recht komplex und differenziert, nicht nur entwerfen die theoretischen Einleitungen eine gewisse Vorstellung von dem Sinn tanzenden Sichbewegens, auch die erhaltenen Aufzeichnungen und Anweisungen beweisen die Schwierigkeit der Ausführung. Eine wie große Zahl von Tanzmeistern an den verschiedenen Orten mit ihrem Unterricht darauf vorbereitet haben, scheint ebenso ungewiß zu sein wie deren soziale Verhältnisse im allgemeinen. Die bekannten Meister haben offenbar Zugang zu dem engsten Zirkel der Herrschenden gehabt und bedeutende Privilegien erhalten, wo sie nicht schon durch eine adlige Geburt wie Cornazano Zugang zu wichtigen Ämtern hatten. Domenico und Guglielmo Ebreo wurden offenbar zum Cavagliere ernannt, was ihrer angesehenen Stellung angemessen gewesen zu sein scheint.* Diese drei sind an den Höfen von Mailand, Ferrara, Neapel, Faenza, Forli, Pesaro, Bologna, Urbino tätig gewesen. Sie haben für die Hochzeiten und Fürstenbesuche der Este, Sforza, Montefeltro, Manfredi, Ordelaffi, bei Bartolomeo Coleone die Tänze entworfen und vorbereitet. Ihre Schüler choreographierten aber auch selbst balliti. Bei Guglielmo sind zwei Stücke aufgezeichnet, die von Lorenzo de'Medici stammen.

* Curt Sachs sagt: »Der norditalienische Tanzmeister hatte eine angesehene Stellung. Er war der Gefährte von Fürsten und konnte ihr Vertrauter sein; tatsächlich konnte er bei venetianischen Hochzeiten, bei denen es Brauch war, zunächst die Braut in einem lautlosen Tanz herumzuführen, die Stelle des Brautvaters einnehmen.«[6]

Die posa, eine lebendige Mitte als zentrales Prinzip

Die Ballettgeschichten pflegen die Erörterungen, die zur Darstellung des sogenannten klassischen Balletts in Europa führen sollen, bei den italienischen Tanzmeistern des fünfzehnten Jahrhunderts und ihren Traktaten aufzunehmen. Ob sich die Wahl dieser Periode einfach aus dem Fehlen entsprechender Traktate aus früheren Jahrhunderten erklärt oder eindeutiger in der Sache begründet sein soll, ist nicht immer zu ersehen. Sie fällt immerhin zusammen mit dem Beginn eines offensichtlich ganz Anderen im Tanz. Wir kennen die mittelalterlichen Erscheinungsformen des Tanzens nur sehr rudimentär. Immerhin dürfte die Vorstellung zutreffen, daß sie in verschiedenen Weisen religiös verstandener Umgänge oder rituell motivierten Schreitens bestanden, daß sie aber in auch sehr viel erregter rhythmisierten Schritten und Drehungen geübt wurden, daß diese teils sich in bestimmte Liturgien und teils in das Divertissement herrschender Schichten fortsetzten. Wer zu verstehen versucht, was vor der Mitte des Quattrocento sich veränderte, braucht nicht die Mühe auf sich zu nehmen, an einer peinlich erschöpfenden Vergleichung bestimmter Elemente die technischen Unterschiede zu erarbeiten, indem er insbesondere bestimmte Schritte den neuen Regeln zufolge gegenüber möglichen Vorformen im damals anstehenden Vorrat an tänzerischen Bewegungen analysiert. Dazu reicht ohnehin die Kenntnis des Materials keineswegs aus. Es wäre aber überhaupt ein Unternehmen, das nur von ergänzender Bedeutung sein könnte. Blieben seine Ergebnisse begriffslos, so ließe nicht viel mehr als eine quantitative Feststellung sich folgern, etwa über den Umfang der Veränderungen und der Anzahl der Aspekte, unter denen sie aufgezählt zu werden hätten. Auf dergleichen kommt es bei dem größten Teil der Sekundärliteratur allerdings hinaus, auch wo sie nicht von vornherein zugunsten bildbunter Darstellungen auf wissenschaftliche Arbeit, auf Erkenntnis, verzichtet. Die ernsthaften Publikationen sind weitgehend vom Interesse der »Rekonstruktion« bestimmt, so daß sie weniger der Analyse des Materials als solcher denn der Absicht gewidmet sind, mehr oder weniger exakte Anhaltspunkte für eine imaginative Fortsetzung des einstigen Vollzuges aufzufinden. Über sie geraten die Anstrengungen in den Sog hypostasierter Aktualität; selbst die in sich korrekten Details verfallen, wie Bruchstücke eines Zitats, der über ihnen errichteten Fälschung.

Beschäftigt man sich eingehend genug mit den vorhandenen Quellen, so tritt dagegen die Bedeutung einer Reihe von dort zentral auftauchenden Begriffen und eines ganz besonderen Phänomens – dem der posa – als das Bestimmende hervor; es wird aus ihrer Diskussion der zwingende Zusammenhang klar, in dem die Details als Veränderungen interpretiert werden müssen.

In meiner Darstellung setze ich nun dieses Prinzip an den Anfang dieses ästhetischen Teiles, obwohl es nur ein verhältnismäßig spätes Ergebnis der immanenten Interpretation sein konnte. Das ist deshalb sinnvoll, weil von einer abstrakteren Ebene begrifflicher Interpretation aus innere, konstitutive Beziehungen zwischen den zunächst äußerlich nebeneinander behandelten Kategorien der Tanztraktate erkennbar geworden sind, die eine logische Rekonstruktion des gesamten Komplexes nahelegen. An der posa, die weder in den Quellen selbst noch in der Sekundärliteratur bisher an zentraler oder auch nur an hervorgehobener Stelle behandelt worden ist, läßt sich der Prozeß reflektiven und mimetischen Bewußtwerdens der Bewegungen auf seinen Begriff bringen. Nur über diese Reflexion kann man die Entstehung von Bewegungsgestalten größeren Umfanges und tieferen Gehalts erklären, ohne in bloßen positiven Feststellungen und Beschreibungen hängen zu bleiben. Abstrakt ist auch nur die Funktion des Posaprozesses als Prinzip dieser Interpretation von quattrocentonischer Tanzpraxis und -theorie. Der Prozeß selbst ist gerade äußerst anschaulich. Mit seiner Darstellung zu beginnen, bringt eigentlich nur insofern eine Schwierigkeit für den Leser mit sich, weil wir nicht gewohnt sind, daß ein praktischer Vorgang an der Stelle des Inbegriffes von Kategorien steht und entsprechend die posa erst selber begrifflich gefaßt werden muß, um als Grund für das Verständnis der weiteren tanzästhetischen Phänomene präsent zu sein. Dazu kommt die Überraschung, daß gerade die Momente des Tanzes wesentlich sein sollen, in

denen keine Bewegung oder Bewegung nur als innere stattfindet. Tatsächlich hat sich aber die choreographierte Bewegung gerade über ein bestimmtes Einhalten konstituiert, und im übrigen wären zum Beispiel Inder oder Japaner von ihrer Tradition her gar nicht darüber erstaunt.
Es wäre unsinnig und falsch, behaupten zu wollen, zuvor habe nicht auch ein Stehenbleiben eines, mehrerer oder aller an einem Tanz Teilnehmenden gewisse Einschnitte markiert, sogar zu bestimmten Figuren gehört. Trotzdem kann solcher Gebrauch keinesfalls verwechselt werden mit der posata, die zum ersten Male bei Domenico erscheint.[7] *Das Einhalten wurde* in seiner Zeit *zu einem Wesentlichen der Bewegung, zu einem Moment des Tanzes.* Posata oder posa heißt Ruhe und Haltung, Pose und Pause. In der ersten Periode von Tänzen in Europa, die als Choreographien bezeichnet werden können, begegnet dieses Phänomen. Es kann als das zentrale herausgearbeitet werden. In ihrer äußerst sorgfältigen Aufbereitung des bekannten Materials hat Ingrid Brainard sein Erscheinen analysiert.[8] »Ihre tanztechnische Funktion erfüllt die Posata«, indem sie »schwierige Übergänge von einer Tanzphase oder Schrittfolge zur anderen erleichtert«; sie ist sehr selten als Abschluß, häufig als »Fermate« und als »Cäsur«, als »leichtbetonte Haltepunkte im Innern der Tanz-Abschnitte«, festzustellen.[9] Ingrid Brainard hat nicht die Bedeutung der posa in ihrem außerordentlichen Umfange gesehen, durchaus aber einige Züge benannt, die auf ihre Rekonstruktion hinführen. Sie spricht von der »Entdeckung der dynamisch spannenden Kraft der Bewegungspause«; sie sieht, daß diese »ihrem Wesen gemäß an den Kristallisationspunkten« der Choreographien stehen; sie sagt, sie sei »wie ein Atemholen zwischen den Bewegungen« und »gleichzeitig ein Transformator«.[10] Es geht hier ganz zweifellos, wie sie fragend vermutet, um den entscheidenden Schritt dazu, »das undifferenziert wogende Hin und Her der Tanzschritte und -Bewegungen durch einzelne, wohl überlegte und sinngemäß plazierte Haltepunkte zu gliedern«. In einem viel tieferen Sinne als dem einer Erörterung des Schrittmaterials trifft die Entdeckung, daß »die Posa nicht mehr ausschließlich im traditionellen Sinne als Augenblick der Ruhe zwischen den Bewegungen« aufgefaßt, sondern als

»Ruhe gegen Bewegung« gesetzt wird.[11] Dies ist aus den choreographischen Strukturen zu rekonstruieren.

In dem Innehalten des Tanzenden als posa wird Tanz seiner selbst gewahr. Es fällt nicht als bloßes Anhalten aus dem Fortgang heraus. Die Pausen sind präzis bestimmte Teile der rhythmischen Folge; die Zeiten der begleitenden Musik wie die Einheiten der choreographischen Entwicklung werden unausgesetzt fortgezählt. Sie stellen der Form einbeschriebene Freiräume dar, dieser sich integrierend durch einen Bezug, der nicht der Zufälligkeit eines bloßen Kontrastes entlehnt wurde. Gewiß ist das Stehenbleiben zunächst einfacher Gegensatz zum Fortschreiten gewesen. Aus solcher Unbestimmtheit wird es in den bestimmenden Zusammenhang gezogen, da es die Bedeutung gewinnt, den Augenblick der Sammlung am Ende eines Schrittes und der inneren Vorbereitung auf den nächsten zu bilden. Als solcher erhält es ein so starkes eigenes Gewicht, daß es zu einem eigenen Teil des Formganzen erhoben wird. Freilich bedeutet diese Eigenständigkeit auch die sie konstituierende Abhängigkeit von den anderen, den bewegten Teilen. Zugleich kann aber gar nicht von diesen als von Teilen eines Ganzen gesprochen werden, bevor nicht das Einhalten zu dem Moment des Übergangs geworden ist, in dem der eine auf den anderen vermittelt wird. Die Selbständigkeit der in sich bestimmten Schritte bliebe ohnedies in dem Zustande liegen, den Hegel als die Situationslosigkeit[12] versteht.

Der Schritt fort von der mittelalterlichen Situation wird ganz deutlich. Wenn Arnold Hauser dabei vermutlich auch kaum an den Tanz, sondern an Malerei, Musik oder Baukunst gedacht hat, so trifft seine Charakterisierung doch auf diesen genauer als auf die weiter entwickelten Künste zu: »Die Grundform der gotischen Kunst ist die Addition. Ob nun das einzelne Werk aus mehreren verhältnismäßig selbständigen Teilen besteht oder in solche Teile nicht zerlegbar ist, ob es sich um eine malerische oder eine plastische, eine epische oder eine dramatische Darstellung handelt, immer ist es das Prinzip der Expansion und nicht der Konzentration, der Koordination und nicht der Subordination, der offenen Reihe und nicht der geschlossenen geometrischen Form, von der es beherrscht wird. Es sind gleichsam die Etappen und Stationen eines Weges, durch die es den Beschauer führt, und es ist ein panoramisches, revueartiges, kein einseitiges, einheitliches, von einem einzigen Gesichtspunkt beherrschtes Bild der Wirklichkeit, das es erschließt.«[13] Der Gegensatz ist zwar extrem, von einem viel moderneren Standpunkt aus formuliert, als er sich im Quattrocento bildete. Doch wird greifbar, was diese Epoche hinter sich zu lassen begann. Das Wort »Transformation« ist geeignet, das in die Entwicklung einer Bewegungsabfolge eingerückte Einhalten zunächst einmal in seiner tanztechnischen Funktion zu bezeichnen. Die posata in diesem Verstande ist bei allen Traktate verfassenden italienischen Tanzmeistern, also auch bei Guglielmo Ebreo[14] und Antonio Cornazano, in den Aufbau des Tanzes eingegangen. Das Zusammenrücken von Schritten in einen vorab festgelegten Ablauf, dem musikalisch eine kleine Komposition von vorgeschriebener Anzahl der Takte entsprach, läßt anders sich auch nicht denken. In die Klarheit des Bewußtseins trat die posa für Domenico, der die Bezeichnung erklärte und zum Begriff erhob, zugleich mit den anderen Wortformen posata oder posada.

Von ihm stammt die Einführung des Wortes fantasmata in die Tanzsprache und seine Gleichsetzung mit posata, durch die deren Funktion über ihre technisch formale Seite hinaus inhaltlich bestimmt werden kann. Domenico belehrt darüber: »Und wisse, daß diese fantasmata in körperlicher Wendigkeit besteht, wie sie das Verständis des oben beschriebenen (Zeit-)Maßes veranlaßt; dabei macht man während jedes Taktstrichs einen Augenblick halt, als habe man, wie der Dichter sagt, das Haupt der Medusa gesehen: Das heißt, nachdem man eine Bewegung gemacht hat, ist man in diesem Augenblick wie zu Stein erstarrt und nimmt im nächsten die Bewegung wieder auf wie ein Falke, der einen Flügelschlag macht.«[15] Dieses Einhalten zwischen zwei Schritten ist nicht länger ein bloßes »Unterbrechen des Zusammenhanges durch die freie Willkür über solchen Inhalt«[16], sondern es ergeht ihm wie der Dialektik des Gedankens[17]: Im Anhalten werden die Bewegungen nicht unterbrochen, man könnte sagen, »sie werden zusammengefaßt wie in der Reflexion, sie werden zur Bestimmtheit vereinfacht«, zu einer Seite ihrer selbst herabgesetzt und gehen in eine höhere Wahrheit über. »Dadurch emergiert das einfache sich übersehende Ganze selbst aus dem Reichtume, worin seine Reflexion verloren schien.« *Das Einhalten ist nicht bloß technisch formal »Transformation«;* eine solche Selbständigkeit des Technischen wäre unmöglich. Es hat *seine inhaltliche Seite als Reflexion auf die es umstellenden Bewegungen.* Domenico spricht allerdings nicht von Reflexion und Bewußtsein, sondern von einem Erstarren, das während eines Augenblicks sich in die Folge von Bewegungen fügt. Er zitiert sogar das Haupt der Medusa, als sei dieses Erstarren gar nicht anders als das der Angst zu beschreiben; das Bewußtsein kommt aber gerade dadurch, daß es in die Bewegung seines Inhaltes eingeht, dazu, in höherer Wahrheit sich als Ganzes zu überblicken. Gerade der Tanz, der unumkehrbar an den Fortgang der Zeit gebunden ist, bietet sich dafür an, in ihm einen derartigen Prozeß zu objektivieren: Um zu einem Ganzen werden zu können, das doch nur in der Vermitteltheit des Späteren auf das Frühere Wirklichkeit gewinnen kann, bedarf er unabdingbar dieses Prozesses, soll nicht das je ausgeführte Element alles Frühere bloß ablösen und damit auch auslöschen.

Es handelt sich bei dem tänzerischen Phänomen offensichtlich nicht um die Reflexion im Begriff, wohl aber um ein Seiner-Selbst-Gewahrwerden. Dieses vollzieht sich, und zwar über das Verharren während des Einhaltens, als Mimesis. Mimetisches Lernen realisiert sich als das Hinstarren auf das Unbekannte, dessen Bild man sich einprägt, indem man zunächst reglos hinschauend sich ihm gleichzusetzen sucht, um es dann erinnernd zu reproduzieren. *So ereignet sich während des »Erstarrens« ein mimetischer Prozeß,* der die ausgeführte Schrittfolge zum Gegenstand hat: Durch keine neue Bewegung darf die eben gemachte gelöscht werden, bevor sie nicht erinnernd nachvollzogen und damit auch für die Erinnerung aufbewahrt ist, als welche sie erkannt, verstanden werden kann. Freilich kann diese Spontaneität nur eine Seite des Prozesses sein. Dieser war insofern auch vergegenständlicht, als er bei den italienischen Choreographen zum Formprinzip gemacht wurde, in aufgeschriebenen Anweisungen als Element zeitlicher und räumlicher Disposition erschien. Allerdings blieben diese Anweisungen während des Quattrocento noch offen; das heißt, in den Choreographien von bassadanze und balli wird nur in bestimmten Fällen – gewissermaßen positiv kasuistisch – ausdrücklich gesagt, wo und wie eine posa ausgeführt werden müsse. Allgemein blieb das Einlösen der Regel dem Bewußtsein der Tanzenden für ihre Notwendigkeit überlassen. Der Vollzug der posa behielt auch dadurch eine gewisse Spontaneität.

Deren Funktion freilich war als Stilprinzip im voraus reflektiert, und erst recht war das existenziell Spontane der Angst vor dem Medusenhaupt überwunden. Dieses erinnert daran, daß alles Mimetische aus einem Naturzustand der angstvoll reglosen Mimikry hervorgegangen sein dürfte, die angesichts der noch unbekannten oder der als überwältigend bekannten Gefahr zur Erhaltung des eigenen Lebens geübt wird. Es läßt sich eine anthropologische Perspektive verfolgen, in der die animalische Mimikry als Urform der Nachahmung erscheint. Sie kann begriffen werden von der Einsicht her, daß Angst ein erstes Motiv dafür gibt, sich unter dem Zwang einer bestimmten Situation mit einem Anderen zu identifizieren. Nachahmung wäre entsprechend als ein Niederschlag solcher Identifikation zu verstehen, sobald sie aus dem reinen Außersichsein in eigenes Reagieren übergeht. Der Vorgang könnte ähnlich vorgestellt werden wie Herbert Meads[18] Modell sprachähnlicher Modelle bei Tieren, wenn immer weitere Stufen der Distanz zu Gegner und Situation die Konstitution von »Signalen« bis schließlich zu deren frei verfügbarer Anwendung möglich machen. Marx sieht diese frühe anthropologische Phase so: »Das Bewußtsein ist natürlich zuerst bloß Bewußtsein über die *nächste* sinnliche Umgebung und Bewußtsein des bornierten Zusammenhanges mit anderen Personen und Dingen außer dem sich bewußt werdenden Individuum; es ist zu gleicher Zeit Bewußtsein der Natur, die den Menschen anfangs als eine durchaus fremde, allmächtige und unangreifbare Macht gegenübertritt, zu der sich die Menschen rein tierisch verhalten (...).«[19] Dieses Bewußtsein niederen Ranges wird in dem Maße durch höhere Stufen abgelöst, in dem die vergesellschafteten Menschen gemeinsam Sicherheiten gewinnen und sich gegenüber der absoluten Übermacht der Natur emanzipieren; es wird sublimiert, soweit die Natur durch das Eingreifen der Menschen historische wird, aber es geht nicht verloren. Es lebt davon im mimetischen Erkennen der Wechsel fort, in dem Angst vor dem Unbekannten und dessen Erkenntnis einander bedingen, – solange freilich der Gegenstand nicht der Subsumtion unter vorab gefertigte Vorstellungen des Subjektes verfällt.

Kant hat den Übergang von der existenziellen Angst zur Erkenntnis des Unbekannten am Erhabenen mit einer Geltung weit über dieses hinaus reflektiert, obwohl er keinem anderen als dem übergroßen Objekte der Urteilskraft, dem Erhabenen, das Recht zugestand, der »ihm angemessene Maßstab« sei »bloß in ihm zu suchen«.[20] Er sieht, daß erst mit der Sicherheit vor dem nur von Ferne Bedrohlichen die Tätigkeit des urteilenden Erkennens ihre Selbständigkeit gewinnt, also wo nicht mehr die bloße Furcht vor Gefahr herrscht. Kant weiß aber auch, daß sie in einem Prozeß der Bewegung zwischen Subjekt und Objekt sich vollzieht, »indem das Gemüt von dem Gegenstande nicht bloß angezogen, sondern wechselweise wieder abgestoßen wird«.[21] Nur bornierte Kant, dem, »was wir schlechtweg klein nennen«, nur »eine Verachtung« abgewinnen konnte[22], eben diesen Prozeß im Bezug auf das noch Übermächtige, statt in ihm die Konstitution mimetischen Erkennens allgemein zu finden. Bei ihm findet deshalb lediglich angesichts einer realhistorisch unbeherrschbar erscheinenden Natur eine solche Bewegung Einlaß in die Lehre vom ästhetischen Urteilen. In der »Starre« der posa war ein Einhalten der physischen Bewegung gemeint, das dem Erstarren vor dem Medusenhaupt nur noch so ähnlich sein sollte, wie jede Kommunikation im Hin und Her von »Anziehen« und »Abstoßen« die durch sie überwundene Begegnung von Kämpfern immer noch enthält und wie die Angst vor Unbekanntem in der Unsicherheit gegenüber dem Neuen fortlebt. Das Bild des Falken bei Domenico widerspricht nicht dem des Medusenhauptes. Es legt allerdings eher nahe, an den Raubvogel zu denken, der in der Luft stehenbleibt, um abwartend beobachten zu können, mit welcher präsumtiven Beute er es am Boden zu tun hat. Wo sie nur noch historisches Material neuer Beziehungen sind, konnten die Angst des Opfers und das Lauern des Jägers zu Metaphern für die beiden Seiten eines

Vorganges, für das Sich-Annähern und das Zurückgehen in sich selbst, für die Bewegung des »Gemüts« verwandelt werden. Ein Anhalten und ein aus ihm entwickeltes Gleiten in die neue Figur. In dem Namen fantasmata, den Domenico dem gegeben hat, kommt die Vielheit der Objekte zum Ausdruck, denen das Einbildungsvermögen der Tanzenden begegnet, und die Fülle von Posen, in denen sie – wie allegorische Statuen zu Stein erstarrt – diesen Objekten entsprechen sollten.

Ingrid Brainard hat gemeint, die Posituren nach verschiedenen positiven Aspekten von »Funktion im Gesamtzusammenhang«, nach »Pantomimisch-Ausdruckshaftem« und betreffs der »tänzerischen Ausführung« besprechen zu sollen. Sie ist überrascht, wie »undifferenziert« »die Ergebnisse einer auf den Inhalt respektive Ausdrucksgehalt der Stellungen abzielenden Untersuchung« waren.[23] Entsprechend könnte überhaupt das Mimetische der posa verneint werden, wollte man es an dem phänomenhaft Erscheinenden selbst festmachen. Es stehe »den wenigen eindeutig pantomimischen Posata-Passagen eine zahlenmäßig zwar erheblich größere, aber infolge ihrer Themenlosigkeit in sich unprofilierte und unbestimmbare Gruppe von Stellungen gegenüber, deren sinngemäße Gestaltung ausschließlich dem Ballerino überlassen« geblieben sei.[24] Die verschiedenen Erscheinungsformen der posata als kaum betontes Anhalten in geraden Schrittfolgen, als Zwischenglied an Punkten des Richtungswechsels, als ausführlicher vorgeschriebene Haltung oder als allgemein gefordertes Verweilen, machen einen Interpretationsversuch nach diesen spezifischen Seiten durchaus verständlich, um so mehr als andere Autoren den gesamten Komplex noch keiner eingehenderen Untersuchung für wert gehalten haben. Das Insistieren auf den Unterschieden ist auch zweifellos berechtigt durch das vielfältige Auftauchen des Phänomens in den allgemeinen Ausführungen insbesondere Domenicos, seines ersten Zeugen, zumal dabei jeweils auch unterscheidbare choreographische Situationen angegeben werden. Dennoch handelt es sich dem Wesen und der Bedeutung nach um einen Vorgang, der in unterschiedlichen Graden der Abstraktion von jeweiligen Einzelsituationen erscheint. Deshalb nehmen *die* Posituren, die »infolge ihrer absoluten Unabhängigkeit von irgendwelchen Schritten des Repertoires sämtliche anderen Posituren überflügeln, um selber Schrittgeltung zu erlangen und dementsprechend plaziert zu werden«[25], eine »Sonderstellung« nur insofern ein, als an ihnen klarer und augenfälliger als in den anderen Zusammenhängen das Einhalten als selbständiges Moment zur Geltung gelangt. In allen diesen »Cäsuren« liegt in gewissem Sinne Ausdruck; doch nicht deshalb, weil eine dargestellte Handlung, ein der Bewegung vorgegebener äußerer Inhalt »ausgedrückt« würde. Die in der Mimesis an sich selbst im Tänzer zu sich kommende Gestalt der Schritte und Figuren drückt innehaltend ihre »höhere Wahrheit« aus, ihren Sinn. Darum sind pantomimisch besetzte Posituren von solchem Ausdruck gerade am weitesten entfernt.

Die posa ist schon deshalb nicht bloße Negation der bestimmten Bewegungen der Schritte, weil rein technisch formal nur durch ihr Eintreten längere Perioden von Schritten rhythmisch verbunden zusammenzutreten vermögen. Diese Wirkung hat Domenico in einen recht komplexen ästhetischen Kontext einbezogen, auf den ihre Diskussion bei Mabel Dolmetsch auch fixiert bleibt.[26] In Domenicos Lehre, wie in der seiner Zeitgenossen und seiner Schüler, gibt es »natürliche« und »akzidentielle« Bewegungen; diese entsprechen den betonten und den unbetonten Teilen des musikalischen Taktes, als Leere und als Fülle bezeichnet.[27] Die Leere, in die die posa als »akzidentielle« Bewegung »zwischen den Schlägen« gehört, nennt er das Schweigen zwischen den sprechenden Teilen der Fülle. Daß erst über dieses Schweigen, dem »Erstarren« gleichgesetzt, das Schrittemachen zur geklärten und durchschaubaren Form des Tanzes wird, ist in dem Traktat selbst artikuliert. »Sonst wäre es nicht möglich«, sagte Domenico, »den Beginn und die Mitte und das Ende in diesem Akt des Tanzens zu unterscheiden.«[28] Bei Mabel Dolmetsch wird nur deutlich, daß die »akzidentiellen« Bewegungen, überhaupt verschiedene Bewegungen auf der Stelle – wie frappamento, scorsa, cambiamento –, »in das Zeitmaß der Hauptschritte einbezogen sind«[29]; die posa geht in derartigen Erwägungen unter, ebenso wie ihre Bedeutung für die Verbindung von Schritten. Ohnehin bedeutet das Einhalten einer Zählzeit für eine bestimmte

Bewegung, wie die Parallelität von Musik zu vorgeschriebenen Tänzen es erfordert, ein Bezwingen des Körpers durch den Verstand, der zählend das Maß der Bewegungen angibt. Die posa erfüllt sich mit der Funktion, nach und vor dem Einlösen von Bewegungsimpulsen in bestimmte Schritte, *der Konzentration auf Maß und Verlauf stattzugeben.* Damit wird sie formal zur Vermittlung in sich geschlossener Bewegungsinhalte, Gestalten, zu entwickelteren Perioden. *Eigentliche Vermittlung* kann sie aber nur genannt werden, *weil die Reflexion des Verstandes auf das Metrisch-Formale des* Erscheinens der Schritte *zusammenfällt mit dem mimetischen Innewerden.* Der Einschnitt, der ein Zählen, ein Messen erst denkbar macht und Zeitpunkt seiner Realisation ist, ist nur die äußerliche Seite des Einhaltens, in dem eine bestimmte Bewegung des Tanzenden durch sein »Gemüt« ihrer selbst gewahr und zu Bewußtsein erhoben wird.
Bei Guglielmo Ebreo finden sich Verwendungen der posa; seine theoretischen Ausführungen sind allerdings kaum mit ihr beschäftigt. Bei Antonio Cornazano wird sie besprochen, die Ausführungen Domenicos werden zitiert, aber in sehr verkürzter Form. Selbst in den Aufzeichnungen, in denen er die Choreographien des Älteren tradiert, werden trotz der sonst gewissenhaften Wiedergabe die Posituren unterschlagen oder auch durch gleichwertige positive Schritte ersetzt.[30] Es ist schwer zu entscheiden, ob Cornazano – und auch Ebreo – noch nicht begriffen hat, daß die posa, die positura, sehr wohl in den neuen strenger durchgeformten Bewegungszusammenhang und den Kanon der ihn konstituierenden Bewegungen hineinpaßte, ja hineingehörte, oder ob sie für ihn bereits zu einem so unabdingbaren Moment zusammengefügter Schrittfolgen geworden war, daß sie nicht mehr einer programmatischen eigenen Erwähnung in der Aufzeichnung bedurfte. Sie wurde jedenfalls gelegentlich einem Zwischenschritt verbunden, in dem sie aufging, aber in bestimmter Weise betont wurde. Für die erste Möglichkeit spricht vielleicht eine Einschränkung, mit der Domenicos Erstarren theoretisch bejaht und übernommen wird. Der Übergang von der posa in die neue Bewegung solle nicht schreckhaft sein, »come persona che susciti da morte a uita«.[31] Diese Passage müßte dann derart interpretiert wer-

den, daß Cornazano das Medusenhafte des Erstarrens zu wörtlich und zu pantomimisch verstanden hätte und darum die posa wieder auf eine nur spezielle Funktion reduziert hätte. Es ließe sich jedoch ebensowohl argumentieren, er habe gerade solchen Rückfall ausschließen wollen, vor dem schreckhaften Übergang ausdrücklich gewarnt, um dem Tanzenden zu empfehlen, er solle aus dem Einhalten in die neue Bewegung übergehen wie ein »vom Tode zu neuem Leben Erwachender«. Mit diesem Bilde wurde Domenicos Vorstellung, der Vorgang sei dem Ausatmen und dem neuen Einatmen vergleichbar, in radikalerer Weise wieder aufgenommen und innerlich der des totengleichen Erstarrens vor dem Medusenhaupt verbunden.

Sieht man die Vereinigung dessen mit dem kontinuierlichen, vorab alle Teile kalkulierenden Disponieren über das Ganze eines Tanzes von bestimmter Zeitdauer, so ist genau hieran das ganz Andere gegenüber früheren freiwogenden Formen zu sehen. Die Veränderung rechtfertigt den Begriff Choreographie in einem ersten Beginn. Nur bei Domenico finden sich theoretische Erörterungen von einiger Ausführlichkeit über die posa; nur in seinen Choreographien trifft man sie an all den »Kristallisationspunkten« (Brainard), zu denen sie gehört und die sie ausmacht. Die späteren Tanzmeister des Quattrocento sind schon weit unergiebiger, was ihr Auftreten betrifft. Die nächste Generation italienischer Choreographen, Negri und Caroso um 1600, schwieg über sie in sonst noch so ausführlichen Traktaten; in ihren Schrittfolgen geschieht der posa keine Erwähnung mehr. Deren Erscheinen in einem Augenblick der Geschichte des Tanzes darf wohl zu Recht mit dem Benjaminschen Begriff des Aufblitzens verbunden werden. Was sich in voraufgehenden Phasen vorbereitet haben mag, was ohne jeden Zweifel *der Knoten* war, *aus dessen Explikation die bestimmenden Ansätze des europäischen Balletts hervorgetreten sind*, hat selbst nur auf wenigen Traktatseiten und in ein paar Dutzend Tanznotierungen vom Beginn der zweiten Hälfte des fünfzehnten Jahrhunderts in Oberitalien am Tage gelegen. Wenn sich auch für Cornazano, den unmittelbaren Nachfolger Domenicos, nicht eindeutig ausmachen läßt, aus welchem Grunde das namentliche Auftreten der posa in seinen

Schriften wieder zurücktritt, für die ganze spätere Entwicklung läßt es sich mit aller Entschiedenheit sagen. Die posa, posata, positura entfaltete sich einerseits nach den in ihr enthaltenen Seiten; andererseits wurde sie von den positiven Elementen der bewegten Form aufgesogen, die damit in sich bereits jene Bezogenheit aufeinander aufnahmen, die zuvor noch über das für sich entäußerte Dasein der posa vermittelt war. Die Tänzer nahmen während der posa verschiedene Haltungen an, wie sie aus der zuvor ausgeführten Bewegung sich ergeben konnten, oder schritten zu Posituren eigener Bestimmtheit, die im Einhalten auf bestimmte Weise auch der Um- und Übersetzung einer gestalteten Bewegung in die andere dienten. Das gegenüber den Schritten zuvor und hernach verselbständigte Einhalten konnte nicht bloß deren Negation bleiben. Es bestimmte sich auch selbst als eine eigene Haltung des stehenden Körpers, da es doch nicht mehr einfach Erstarren vor dem Medusenhaupt war. In den verschiedenen Posituren gibt sich trotzdem ihr Gemeinsames zu erkennen, das Aussetzen der ortsverändernden Fortbewegung und die Bewegungslosigkeit mit ihm. Die Mannigfaltigkeit der Posituren und ihr gemeinsamer Stellenwert im choreographischen Kontext dürfen nicht miteinander verwechselt werden. Die mannigfaltigen Erscheinungsformen haben als solche Bedeutung. Zugleich zeigt in ihnen sich das Prinzip einer Abstraktion.

Technisch läßt sie daran sich festmachen, daß die posa oder positura in den verschiedensten Situationen ausgeführt wird, mit dem rechten wie mit dem linken Bein, mit und ohne pantomomischen Inhalt, ohne jede Regung oder als leichtes Schwingen des Körpers am Platze und so fort. Stellen die Tänzer sich während des Einhalts von einem Bewegungsvollzug auf den anderen um, so hat dieser Prozeß aber nicht nur eine mimetische Seite, die auf das Gewahrwerden der Schrittgestalten konzentriert ist. Er muß auch als das Zur-Ruhe-Kommen eines *Bewegungsimpulses* und das Initiieren des Impulses für die nächste Bewegung im Tänzer analysiert werden. Alles Mimetische, das doch dem Vorbewußten der Menschen zugehört und ihrem Triebpotential nicht so fern wie alles Diskursive steht, ist nicht nur mit dem Spannen und Entspannen der unwillkürlichen, sondern auch der willkürlichen Muskelsysteme verbunden. Dennoch bleibt von diesem Zusammenhang im Einhalt etwas ausgespart, das als bloße Disponibilität des Körpers beschrieben werden muß. Der Moment des Übergangs wird auch in deren Dienst gestellt, indem der Tanzende nach welchem Schritt des Kanons auch immer für jeden beliebigen anderen bereitgemacht wird. Während der in positiven Einheiten zählende Verstand den Bewegungen das Zeitmaß erteilt, wird – zugleich mit dem Augenblick des mimetischen Gewahrwerdens – der die choreographische Gestalt annehmende Körper der Einheit entrissen, die das Bewußtsein mit der Realisierung in der Bewegung eingeht, um erneut verfügbar zu werden, um eine neue Bestimmtheit objektivieren zu können.

Indifferente Posituren, in bezug auf die durch sie vermittelten Schritte, erfüllen diese Aufgabe leichter. Darum tritt eine Gruppe von ihnen, die sich besonderen Schritten gegenüber unabhängig zeigen, hervor. Ihre Indifferenz läßt sie einerseits beliebiger erscheinen. Eine gewisse Unbestimmtheit läßt sich als Voraussetzung universeller Verwendbarkeit interpretieren. Tatsächlich wäre es auch falsch, nicht schon hier auf die Gefahr hinzuweisen, daß Routine sich eines solchen Allerweltsstückes bemächtigt und damit die Lücken schließt, die irgendwo in der Reihenfolge durch eine ebenso schematische Zusammenstellung von Elementen des Kanons entstehen. Andererseits sind die ihrer Gestalt nach weniger bestimmten Posituren leichter geeignet, Augenblicke der von bloßer positiver Bestimmtheit absehenden Konzentration zu sein. So können im Einhalten verschiedene Formen problemloser zurückgenommen werden in das sie integrierende Bewußtsein. Wenn der Körper als ruhender seiner Bewegbarkeit bewußt wird, erreicht er einen der bloß äußerlich *technischen Disponibilität* vergleichbaren Zustand, der jedoch hier *Bereitschaft* genannt werden muß und – ebenso wie das Innewerden der bestimmten eben vollzogenen oder gleich zu vollziehenden Bewegungen – *mimetisch* ist. Diese Mimesis des Menschen an seinen eigenen Körper, *der bewußte Nachvollzug seiner Physis über den Augenblick der Unbewegtheit des Bewegbaren trägt meditativen Charakter.* In der Choreographie vermag dieser aber immer nur gestreift zu werden, er bleibt *Grenzwert*; denn das vorgegebene und seinerseits nachzuvollziehende Metrum läßt es nicht zu, daß der bewegliche Körper und das Bewußtsein versinken. Während der posa kommt es zu einer Immobilität, die auch ihrerseits von den sie umstellenden Bewegungen als bestimmte konstituiert wird und nicht ohne das Ganze zu zerstören auf den Kontext von Bewegung vergessen kann. Darum sind auch Bewegungen auf der Stelle, während derer es nur zu keiner Ortsveränderung kommt, nicht wider das Prinzip der posata. Der Posaprozeß konnte sich über eine posa von ihrerseits ganz besonderer Gestalt vollziehen; das durchaus bestimmte Dritte vermag in ganz besonderer Weise die Aufgabe der Vermittlung zu übernehmen, wenn auch die Gefahr sehr nahe liegt, daß es dieser Aufgabe als seines Eigentlichen ledig wird und eine Art von Selbständigkeit zwischen den zu vermittelnden Elementen erhält. In diesen Fällen bleibt es zwar von anderem Range als die positiven Kanonelemente, die einfach auf ihrer Gestalt sozusagen aus eigenem Rechte beharren können. Es wird dann aber seiner im wesentlichen aufgegebenen Funktion um so rigider untergeordnet, als es zum Sinn nichts beizutragen hat. Das Ergebnis sind äußerliche, zwischen den eigentlichen Schrittfolgen mechanisch eingeschaltete Elemente niederen Ranges. Sowohl die Möglichkeit einer Erhebung der posa zu noch höherem Rang durch eine intensivere Bestimmtheit taucht auf, die freilich um so komplexere Bezüge zwischen dem Schrittgeschehen um sie, ihrer Vermittlungsfunktion und ihrer eigenen Gestalt implizieren, als auch die Gefahr des Herabkommens zum bloßen Mittel technisch praktikabler Abläufe. Sie sind aber erst an der Entwicklung seit dem sechzehnten Jahrhundert zu diskutieren. Für das fünfzehnte Jahrhundert in Italien erscheint noch die Rationalität eines, freilich wenig entfalteten, Prinzips im Einklang mit mimetischer Spontaneität. Misura und fantasmata bedingten einander. Ihr Zusammenspiel von regelhafter Allgemeinheit und in ihr allererst als bestimmt sich ereignendem Besonderen suggeriert Totalität, bevor erkennbar wurde, wie komplex die Bezüge sein würden und wie falsch die Harmonie darin nur einiger klingen würde über dem Grunde derer, die unberücksichtigt blieben. Der Zusammenhang von hypostasierter Harmonie, Funktionalisierung der einen und Hegemonie anderer Elemente war noch nicht erkennbar. Wie die posa wohl ins Bewußtsein gehoben wurde, indem der durch sie sich vollziehende Vorgang in den Bewegungen des Tänzers bestimmte Veränderungen bewirkte und so in ihnen sich objektivierte, dennoch aber nicht dem Tanzenden als Gegenstand seiner Begrifflichkeit bewußt wurde, so blieb auch die Gefahr der Instrumentalisierung verborgen.

Die Posituren, von denen hier also vorrangig zu handeln ist, lassen sich auch als Haltungen beschreiben, in denen Rumpf, Kopf, Beine und Arme, Hände eine genau zu bezeichnende und reproduzierbare Stellung einnehmen, eigentlich aber nicht in dieser als solcher ihren Sinn haben. Aus der Terminologie des späteren, des klassischen Balletts muß hier das port-de-bras zitiert werden. Freilich müßte man gleichzeitig von einem port-de-corps, von einem port-de-pieds oder Entsprechendem reden. Die Situation läuft auf ein se porter allgemein hinaus, auf das déportement. Dessen Kodifikationen im klassischen Ballett haben inzwischen die Reihe der Positionen gebildet; von der Fußstellung her und der Beinhaltung ist sie auf fünf festgelegt worden. Es sind eben die fünf Positionen, und es ist evident, daß diese als das Fundament des gesamten klassischen Balletts[32] mit der posa oder positura der ersten italienischen Choreographien mehr als die Etymologie gemein haben. Die Positur, die zunächst nur als Bewegungspause sich hatte bestimmen lassen, war derart zu einem Prinzip choreographischen Tanzes erhoben, daß sie nicht Negation blieb, sondern mannigfaltige positive Erscheinungen, in denen die posa sich nach der Seite der Pose entwickelt hatte, unter sich zu subsumieren vermochte. Diese Tendenz löste sich schließlich sogar in der Subsumierung von »akzidentiellen« Bewegungen am Platze, also ursprünglich noch neben der posa stehenden Bewegungen, ein; die continenza ging gegen Ende des sechzehnten Jahrhunderts in Frankreich, als contenance, in der posture auf. Soweit die Interpretation von Ingrid Brainard richtig ist, daß bei Cornazano der scambio, der bei Domenico zu den movimenti accidentali gezählt wird, zum movimento naturale aufrückte[33], ist anzunehmen, eine besonders stark ausgeprägte Zwischenbewegung habe diesem Subsumtionsprozeß sich widersetzt und infolgedessen verselbständigt werden müssen, als der Bereich der Zwischenbewegungen als solcher im Posaprinzip aufging. Ähnlich wurde das frappamento später zu einem selbständigen, wenn auch ohne Ortsveränderung ausgeführten Element des Kanons – dem frappement. Diese Vorgänge sind jedoch im Zusammenhang mit der systematischen Bedeutung der Positionen für das Ballett zur Zeit der Traktate von Caroso, Negri und Arbeau zu behandeln.

Im mimetischen Lernen schiebt das Subjekt seine Einbildungskraft dem Vorzustellenden, Zubegreifenden entgegen. Wo sie eine eigene Entäußerung darstellt, wie für den Tanz *in der posa,* wird außerdem *die Potenz von Kommunikation über das Ein-Gebildete mit anderen Subjekten* geschaffen. Solche Kommunikation kann aber nur gelingen, wenn auch diese anderen als mimetisch Lernende beteiligt sind, das heißt, die Tänze der Höfe im Quattrocento vollzogen sich als *eine freie Form der Interaktion.* Es waren gleichsam Unterhaltungen, in denen jedoch auch die Körperlichkeit der Menschen einbezogen war. Sie bildete sogar das Medium der Beziehungen überhaupt, die sich im gemeinsamen Gestalten von choreographischen Situationen verwirklichten. Die mittelalterlichen Rundtänze waren gleichfalls Form intensiver existentieller Bezogenheit der in ihnen vereinigten Individuen. Jedoch war ihre Gestalt so einfach, wie die Individuen vorab in der Gemeinsamkeit aufgingen und die Beziehungen der Runde entsprechend undifferenziert blieben. Sie haben gleichwohl zur Zeit der ersten choreographierten Tänze – und bis in die Gegenwart – eine gewisse Bedeutung behalten; sie sind selbst emphatisch verstanden worden. Wo in der Malerei des Quattrocento Tänze dargestellt sind, haben sie diesen reigenhaften Charakter, der unbeschwert einfaches Glück ausdrücken soll wie die Kette von Tanzenden in dem Fresco ›die gute Regierung‹ der Brüder Lorenzetti im Palazzo Publico von Siena oder wie in Botticellis ›Frühling‹.[34] Allerdings zeigt sich sehr schön in diesen Gemälden die zweifellos vorhandene Möglichkeit, die Runde oder die fila in sich zu gliedern, zu rhythmisieren und formal wie inhaltlich zu differenzieren. Beide Werke sind auch exemplarisch für ihre Zeit darin, daß diese Differen-

zierungen in ursprünglicher Einheit mit emphatisch kommunikativen Momenten entstehen. Trotz der Gleichförmigkeit der alten Reigenfiguren sind die Menschen gleichwohl erwacht zur Begegnung miteinander. Ihre einfachen Bewegungen sind wie die Blicke stets zu ungezwungenem Erkennen des Anderen in Korrespondenz mit dem Selbsterkennen bereit.
Die komplexeren neuen Tanzformen konnten bildlich kaum wiedergegeben werden und haben offenbar überhaupt in der Zeit selbst keine außerordentliche bewußte Bedeutung über die Tanztraktate und die Tranzpraxis hinaus erhalten. Trotzdem entwickelten sie sich zu komplexen Gebilden, um so zwangloser, als dies zweckfreie Handeln gerade von bewußten Absichten unbelastet eine neue reflektiertere Weise kommunikativer Gemeinsamkeit erbrachte. Der Posaprozeß ist die Mitte und das Indiz einer Veränderung, durch die *jene mittelalterlich begriffslose Einheit von miteinander handelnden Menschen aufgelöst* wurde, *ohne daß damit sofort ein Sprung in die Verstandesbegrifflichkeit* gemacht worden wäre. Vielmehr wurde der existentielle Charakter der alten Bezogenheiten nur soweit geöffnet, daß Beziehungen nicht mehr unerkennbar in ihre Einheit eingebunden waren, sondern als solche Gegenstand differenzierender Entfaltung werden konnten. In diesen neuen Manifestationen vereinigte sich ein bewußteres Verhältnis zur eigenen Physis mit einem expliziteren Verhältnis zu anderen Individuen, das sich darüber herstellte und dem es den materialen Aspekt der Interaktion zuführte. Man kann sagen, daß auch sie »in jener Dynamik ihren Ursprung haben, die am Ende der naturalwirtschaftlichen Periode des Mittelalters das Gesicht des Abendlandes verändert«.[35] Freilich realisierte sich dieser Vorgang wiederum auch nicht unabhängig von überlieferten Grundvorstellungen, nach denen eine bestimmte physische Erscheinung des Menschen als richtig und ideal angesehen wurde. In deren Mittelpunkt stand die demutvolle Geneigtheit hochmittelalterlicher Heiligenfiguren, in der diese sich immer der Begegnung mit der jenseitigen Erleuchtung zugeneigt hielten. Das Quattrocento hat sie nicht einfach durch etwas ganz Anderes ersetzt. Im Sinne des neu auflebenden Neoplatonismus konnten solche Haltungen aber zum Material einer neuen Konstellation werden. Jene Nei-

gung zum Jenseitigen konnte unter diesseitigen Desideraten darein übergehen, daß Menschen einander sich zuwandten. Was dabei an Freiheit gegenüber metaphysischer Einordnung gewonnen wurde, verband sich den Einflüssen und Anregungen, die neuerdings von der Selbstdarstellung der Menschen in der griechischen Antike ausgingen. An den öffentlichen Standbildern im Geiste der Polis konnte die neue Selbsterfahrung einerseits die Dimension eines allgemeinen Geltungsanspruchs gewinnen; beziehungsvoll wird die Hintergrundlandschaft des Frescos im Herzogspalast von Mantua, in dem Mantegna Lodovico Gonzaga und seine Familie dargestellt hat, beherrscht von einer antikischen Herrscherstatue auf der Höhe der Stadt.[36] Die größere Freiheit einzelner gegenüber der einstigen Lebensgemeinschaft schlug sich aber auch nieder in dem neuen Ideal anmutiger Erscheinung. Das Phänomen der posa gelangte zu seiner ansatzweisen Entfaltung in einer Spannung zwischen den Dimensionen von Anmut und Öffentlichkeit, von erkennender Begegnung der Menschen und unbeschwerter höfischer Unterhaltung, von einem Beginn emphatisch reflektierter Beziehung der Menschen auch zum eigenen Körper im mimetischen Begreifen und ihrer Bedingung, einer systematischen Metrik.

Die Kategorien der frühen choreographischen Ästhetik I: die misura

Der Begriff der misura steht bei den italienischen Tanzmeistern für das Maß der Schritte. Er wurde im Zusammenhang insbesondere mit dem Rhythmus, mit den Takten der Musik verstanden und ist wesentlich Begriff der Zeit. Die »natürlichen« und die »akzidentiellen« Bewegungen wurden entsprechend den Taktschlägen und den unbetonten Taktteilen der begleitenden Musik erklärt. Domenico erläutert zunächst Grundregeln der Schritte, dann deren Beziehung zur Musik. Sein Schüler Cornazano trat in die Aufzählung der zu dem Kanon gehörenden Schritte erst ein, nachdem er musikalisch und choreographisch die quatro principal misure behandelt hatte. Ebreo sagt: »Das Maß versteht sich, in diesem Bereich und im Zusammenhang der Tanzkunst, als eine angenehme und gemessene Übereinstimmung zwischen der Stimme und der mit Überlegung und Kunst aufgeteilten Zeit.«[37] Dies soll ebenso auf die Bewegungen des Tanzenden wie auf das Spiel des Instrumentes bezogen werden.[38] In der misura ist das zeitliche Gemessensein der Schritte und der Melodie gemeint, mehr noch, deren »Übereinstimmung«. Das Verhältnis beider zueinander ist nicht explizit genug erläutert, um bis zu der Frage zu gelangen, welches logische Verhältnis sich in dem Verweis auf musikalische Regeln und Begriffe für choreographische Bestimmung ausdrückt. Zweifellos war in der Musik eine strenge Lehre der Zeiteinheiten längst selbstverständliche Grundlage der Kompositionsregeln, bevor sie zur Begleitung dieser ersten metrisch durchkonstruierten Tänze gereichte. Wieweit ihrem Einfluß zugeschrieben werden kann, daß auch choreographische Regeln auf die Einhaltung eines zeitlichen Metrums gegründet wurden, läßt sich nicht ausmachen. Auch hat die Durchdringung der Abfolge von Schritten mit dem Formprinzip des zeitlichen Maßes, das historisch in der Musik früher aufgetreten ist, eine zu wesentliche Funktion für den Tanz, als daß sie auf eine solche anlehnende Erklärung abgeschoben werden dürfte.

Allerdings besteht bis in die Gegenwart ein Anschein, bei der Konzeption wie bei der Reproduktion von einander paralleler Melodie und Choreographie komme jener der Rang eines Ersten zu. In Wahrheit bedeutet aber die positive zeitliche Bestimmung der Schritte viel zu grundlegende innere Veränderungen des Phänomens, um diesem so äußerlich bleiben zu können, wie die Vorstellung es beinhaltet, die Bewegungen würden nach Maßgabe von Rhythmus und Inhalt eines vorgegebenen Musikstückes zugeschnitten. Der Nachweis, daß der Wechsel von Schritten und Posituren formal wie inhaltlich zum Zusammenwachsen einzelner tanztechnischer Elemente zu bestimmten Einheiten führte, löst teilweise diese Behauptung schon ein.

So ist zu verstehen, warum in der damaligen Lehre die misura nicht allein aus abgeleiteten Gründen, also der musikalischen Vorgabe durch den Wert der Note und die Länge eines Taktes, einen Komplex von Bewegungen umfaßte. Diese Komplexe setzten sich zusammen aus einer Anzahl von movimenti naturali und movimenti accidentali; das heißt, aus einigen verschiedenen Formen der ortsverändernden Bewegung wie vorwärts, seitwärts oder rückwärts gerichteten Schritten, Drehungen und Sprüngen und zum anderen den ursprünglich noch neben der posa stehenden Bewegungen auf der Stelle sowie dieser selbst. Der Begriff der misura beinhaltet genau festgelegte Zeitwerte für die Ausführung aller zu dem Repertoire gehörenden Schritte. Zwei einfache Schritte – sempio – sind in derselben Zeitdauer zu machen wie ein Doppelschritt – doppio; eine volle Drehung in der doppelten Zeiteinheit, die eine halbe Drehung beansprucht und der des Doppelschritts gleich ist.* Die »akzidentiellen« Schritte, die übrigens auch wie das scambiamento als eine Art Wechselschritt eine Bewegung der Beine und damit leichte Umschreibungen des Standortes sein können, werden bei Cornazano, was ihre Dauer betrifft, dem »Belieben« anheimgestellt. Dies widerspricht indessen nicht dem Prinzip einer genauen zeitlichen Festlegung aller Schritte. Die Regel Domenicos, die nebengeordneten Bewegungen seien in den unbetonten Taktzeiten auszuführen, präzisiert vielmehr den Charakter strenger Regelung der Abfolge in zeitlichen Einheiten. Nur kommt den Neben- oder Zwischenbewegungen dem Prinzip zufolge, nachdem die posa die aufeinanderfolgenden Schritte vermittelt, eine ausgleichende Funktion zu, so daß ihre Zeitdauer sich als abgeleitete aus dem Verhältnis der Dauer der Schritte zu der Gesamtdauer der misura bestimmt. Die Bewegungsform und das Zeitmaß durchdringen sich hier gegenseitig; diese Durchdringung manifestiert sich in der Zeitbestimmung der Zwischenbewegungen in Funktion der Hauptschritte. In der ersten dieser Tanztheorien wird noch positiv für frappamento, scorsa und scambiamento ein Vierteltakt zur Ausführung vorgeschrieben. Dort erscheint diese Angabe als eine spezielle Ausführung zu der allgemeinen Regel[40], wie sie bei den Nachfolgern allein stehen bleibt.

* Von diesen Angaben bei Cornazano weichen andere ab, jedoch ohne das System der Vergleichbarkeit der Zeiteinheiten zu verändern.[39]

Verschiedene Typen von misure bilden Einheiten jeweils von bestimmten Taktkombinationen in musikalischer und von bestimmten Schrittkombinationen in choreographischer Hinsicht. Die Traktate des Quattrocento verstehen selbst ausdrücklich die misura als das Prinzip, unter dem diese beiden Arten von Kombinationen zusammengefaßt werden, und erklären eben diese Zusammenfassung zu dem Grunde, aus dem allein Tanz als Kunst sich begreifen kann: »... sie bestehen darin, daß man versucht, vollendet die misura zu erreichen, über der die gesamte Kunst des Tanzens begründet ist«.[41] Diese Choreographien sind entstanden, indem eine Anzahl grundsätzlich feststehender Schritte in charakteristischer Folge zusammengeführt wurden. Alle systematisch erfaßten Elemente – naturali wie accidentali – erscheinen als die zwölf motti bei Domenico, als die zwölf movimenti corporei bei Cornazano. Aus ihnen werden bestimmte Folgen von einfachen Vorwärtsbewegungen, rückwärtsgerichteten Reverenzen, seitlichen Ripresen und Continenzen oder Drehungen gebildet. Der Rhythmus, in dem die auftaktig ausgeführten Schritte mit den mehr ornamental zu verstehenden Bewegungen wechseln, bedingt Zusammenfassungen über mehrere Takte hinweg. Vier Namen von misure bezeichnen solche bestimmten Schrittgruppen geradeso wie die zugehörigen musikalischen Typen; es sind die Tänze piva, saltarello, quadernaria, bassadanza. Sie sind nach der Komplexität der Schrittwechsel und zugleich nach der musikalischen Tempobezeichnung beziehungsweise der relativen Geschwindigkeit unterschieden. Darüber hinaus sind die Unterschiede in ähnlicher Weise zu einem geschlossenen System aufeinander definiert, wie es für die einzelnen Schritte der Fall ist. Die vier Arten der misura verhalten sich zueinander in bestimmten quantitativen Verhältnissen der jeweils von ihnen umfaßten Takte. Diese Verhältnisse selbst interessieren für die Diskussion der Begriffe von memoria, Harmonie und Proportion. Für die einzelnen Schritte sowie die spezifischen Schrittfolgen haben sie eine Bedeutung, deren Niederschlag einige bisher mehr spekulativ entwickelten Überlegungen am Material zu präzisieren erlaubt.

Das Zusammenordnen verschiedener Schritte zur misura

bringt offensichtlich ebenso für jene selbst eine zu ihrer bloßen in sich fixierten Gestalt hinzutretende Bestimmung, wie derart allererst die komplexeren Formen entstehen. Der einzelne Schritt ist technisch bestimmt; es werden die und die Teile des Körpers aus einer durch Raumkoordinaten bestimmbaren Situation in eine andere geführt, und zwar in recht genau festgelegter Weise. Allein, es ist dabei nicht möglich, absolute Zahlenangaben über die jeweiligen Wegstrecken zu machen. Erst im Bezug auf den zeitlichen und choreographischen Zusammenhang der misura haben auch räumliche Abmessungen eine Bedeutung. Daneben gehen eine ganze Reihe von *außerchoreographischen Bestimmungen* bereits in die noch unverbundenen Elemente des Kanons ein. So der Begriff der Richtung und seine anthropologisch-anthropozentrische Konkretion in vorn und hinten, rechts und links sowie seine historisch-geographische Konkretion in den ebenfalls mit vier angenommenen sogenannten Himmelsrichtungen; in gewisser Weise die Vorstellung des Menschen von einem Oben und einem Unten; die Begriffspaare von schnell und langsam, weich und eckig mit allen ihren jeweiligen Einlösungen geschichtlicher Perioden. Dieses und weit mehr wäre unter dem Stichwort einer Semantik der Bewegungen zu problematisieren. Diese Frage nach der historischen wie der anthropologischen und gar telluren Bestimmtheit des Materials, in dem Choreographie ihr Medium findet, kann jedoch hier nicht ausgeführt werden, zumal bislang derartige Versuche von Theoretikern des Tanzes einige mehr oder weniger rigide Systeme von phänomenologischem Anspruch erbracht, Überlegungen zum Sinn von Bewegung aber eher verstellt haben. Die Schritte des Tanzes, insbesondere des choreographischen, sind jedenfalls den Bewegungen der Menschen in deren übrigem Leben ebenso bewußt unähnlich, wie sie zugleich gegen diese nicht zu isolieren sind. Um zu einem gewissen Punkt der immanent ästhetischen Untersuchung zu gelangen, an dem die Frage nach dem gesellschaftlichen Kontext in der erforderlichen Begrifflichkeit gestellt werden kann, muß die Organisation des Materials gerade an dessen Erscheinen in den komplexen Formen rekonstruiert werden.

In ihnen werden einzelne Schritte aufeinander bezogen; über

den im Zusammenhang mit der posa entfalteten Prozeß treten sie miteinander zu Folgen zusammen, in denen der eine Schritt in den anderen übergeht, beziehungsweise umgeformt wird. Als Auftakt zu einigen einfachen Vorwärtsbewegungen hat eine reverenza eine andere Bedeutung, als wenn sie eine Zwischenphase zwischen einem sempio und einer Drehung bildet. Ein Sprung bestimmter Ausführung, der am Anfang einer Folge gemacht wird, verändert sich, sobald er einen Ablauf anderer Schritte beschließt. In den verschiedenen Situationen müssen die immer gleichen Bewegungen entweder mit ganz neu zu initiierenden Impulsen ausgeführt werden, die folgende Schritte in andere Richtungen transformieren, oder sie fallen in eine Phase des Auslaufens oder des Anhaltens. So ergeben sich *dynamische Entwicklungslinien.* Augenblicke des Einhaltens pflegen in den bekannten Schrittfolgen erst deren Abschluß als Ganzes zu markieren. Das heißt, der am Prinzip der posa dargestellte Prozeß ereignet sich praktisch in dieser italienischen Epoche nicht zwischen zwei Schritten, sondern zwischen zwei Schrittfolgen als ganzen. Die sie bildenden Elemente reihen sich also in ihrem Inneren nicht schon jeweils aufeinander vermittelt aneinander. Gerade dadurch werden sie Momente dieser komplexeren Form, daß sie nur im Bezug auf alle konstituierenden Schritte sich auf die Folge vermitteln. Die posa ist aber nicht einmal nur Innewerden der sie umstellenden Schritte, sondern der vorausgehenden und der nachfolgenden Schrittfolge. Im Zusammenhang der Folgen werden die einzelnen Schritte als partielle Träger der Gesamtform insofern in einen höheren Rang erhoben, als sie teilhaben an deren Möglichkeit, in ihrer komplexeren Struktur differenzierter zu sein und damit die Qualität von Ausdruck zu gewinnen. Die langsamen, besonders wenig impulsiven Schritte der bassadanza werden als Ausdruck von Würde und schöner Gelassenheit verstanden; das führt dazu, daß sie de le mesure regina genannt wird.[42] Die viel lebhafteren Schritte und tempi des saltarello und deren Bewegtheit auch in der Vertikalen, die allerdings nicht bis zu Sprüngen zu gehen brauchte, galt als Ausdruck von Fröhlichkeit und Ausgelassenheit. Cornazano sagt zu dem mimetischen Charakter der misura, der nicht rational allein zu begreifen sei: »Darin hat Meister Domenichino, Ihr guter Diener und mein Lehrer, ein hervorragendes Urteil gezeigt; er hat das Tanzen einer ernsten misura dem gleitenden Flug der Einbildungskraft im Schatten (der Schritte, R. L.) (ombra fantasmatica) verglichen, und durch diesen Vergleich und Ausdruck werden viele Dinge verstanden, die nicht auf andere Weise erklärt werden können.«[43] Innerhalb jener beiden misure kommt es auf je eigene Weise zum Austrag des Prozesses zwischen ortsverändernden und vorwiegend deren Impulse abfangenden oder vorbereitenden Zwischenbewegungen. Die beiden misure wurden überdies als zusammengehörig betrachtet, als Tanz und Nachtanz ausgeführt. Die beiden verbleibenden misure, quadernaria und piva, stellten ebenfalls ein Paar dar, dem jeweils entsprechende Charakterisierungen zugeschrieben wurden; indessen waren sie auch beide gleichermaßen einfacher strukturiert, die piva im Verhältnis zum saltarello, die quadernaria im Verhältnis zur bassadanza.[44] »Diese paarige Zusammengehörigkeit« hat Ingrid Brainard überzeugend rekonstruiert. Dabei wird die Bestimmtheit von Schrittfolgen, tempi und misure durch die Gegensätze einmal von schnell, lebhaft und gelassen, würdig und zum andern von einfacher und komplexer Struktur deutlich. Der als Ausdruck verstandene Charakter einer Schrittfolge ist darum nicht allein durch die sie jeweils konstituierenden Elemente und deren Konstitutionsprozeß bedingt, sondern auch über das umfassende System der anerkannten und gebräuchlichen misure insgesamt vermittelt.

So teilen bestimmte Schritte, wie der kleine Sprung im saltarello nach einem Doppelschritt, den ihnen vorausgehenden und nachfolgenden ihren spezifischen Charakter mit. Brainard hat gezeigt, wie diese Prägung von dem besonderen Schritt ausgehend, der zunächst zwischen den anderen mehr nur als bezeichnende Abwechslung steht, diese anderen durchdringt. Allerdings faßt sie diesen Vorgang, der bei der nächsten Tanzmeistergeneration darin mündet, daß der Sprung eigentlich nicht mehr gesprungen, der an ihm gemäßigte Impuls dafür aber dem Doppelschritt in bedeutungsvollerem Schwingen zugewachsen ist, als »Wandel im Tanzstil« auf und läßt sein Verständnis zu rasch wieder in scheinbare historische Zufälligkeit zurücksinken.[45]

Freilich erklärt sich der *Charakter* bestimmter choreographierter Tänze *aus der bloßen Nachahmung historisch vorfindlicher Eigenarten bei verschiedenen landschaftlich* gebundenen Vorwürfen. So hieß ein bestimmter ballo »Foglie« und war offensichtlich Übertragung eines portugiesischen Bauerntanzes in die Formen des choreographierten. »Der ballo unseres lombardischen Maestro stellt also das fehlende Bindeglied dar zwischen der volkstümlichen Urform und der sarabandenhaften Vornehmheit der ›Folias‹ späterer Jahrhunderte.«[46] Es mag sich um einen als fila fixierten Reigen handeln, der in seiner Volkstumsähnlichkeit zunächst mehr eine Einlage war. Indem versucht wird, mit den zwölf Bewegungen des Kanons derart Spezifisches aufzunehmen und in erforderlicherweise veränderter Form wiederzugeben, enstehen *entscheidende Spannungen* zwischen der Tendenz zur Rigidität dieses Kanons und dem solcher Formalität und Regelhaftigkeit sich entziehenden Vorbild. Sie entscheiden darüber, ob der mimetische Prozeß, dem diese Choreographie die Entwicklung differenzierter Formen verdankt, sich verkapselt und abstirbt oder ob die zu Bewußtsein ihrer selbst gelangten Formen noch einmal als ganze von einem ihnen äußerlichen Inhalt in neue Bewegung gezogen werden können.
Die Frage nach Ausdruck und Sinn ist an diese Entscheidungen gebunden. Es handelt sich um zwei Vorgänge, die als mimetisch bezeichnet werden müssen; sie sind aber durchaus verschiedener Natur. Das im Einhalten sich vollziehende Gewahrwerden der eigenen Bewegung wiederholt sich keineswegs unmittelbar in dem mimetischen Verhalten gegenüber bis dahin unbekannten Phänomenen wie zum Beispiel dem Bauerntanz. Gewiß, typische Figuren eines Tiroler Bauerntanzes müssen – wenn auch als dem Kanon fremde, so doch bereits als Tanzschritte – in ähnlichem Hinstarren nachgemacht werden, wie es das Besondere der vertrauten Schritte verlangt. Wird aber die Nachahmung im Hinblick darauf geübt, daß eine nachzuahmende Figur in die vertrauten Schritte übersetzt werden soll, so ergibt sich ein Vorgang von zweiseitiger Wirkung: Die fremden Formen werden im Hinblick auf die vertrauten betrachtet; zugleich müssen aber diese auch erneut betrachtet werden im Hinblick darauf, wie sie denn

und welche von ihnen in welchen Kombinationen geeignet sein könnten, das dem sich als geschlossenen Kanon verstehenden System Gegenübertretende zu übersetzen. Eine Anverwandlung beider aneinander muß das Ergebnis sein, wenn nicht eines dem anderen zum Opfer fallen soll.
Ist dies der eine Prozeß, durch den der Kanon weiter differenziert wird in den Kombinationen seiner Elemente und vielleicht sogar erweitert wird zu neuen Variationen der Schritte, kommt einem zweiten möglicherweise noch größere Bedeutung zu. Die Choreographien von Domenico und seinen Schülern sind nicht allein von dem Bemühen gezeichnet, sich ein neues Interesse durch die Aufnahme neuer charakteristischer und mit dem Assoziationsbereich ganz verschiedener Länder verknüpfter Figuren zu gewinnen. Es gibt auch erste Versuche, kleine Handlungen zwischen einigen Personen tanzend anzudeuten. Dabei werden nicht fremde Bewegungselemente Gegenstand der Integration; vielmehr müssen bestimmte abstrakte Inhalte, wie Liebeswerbung, Zögern und Annahme etwa, in Bewegungen übersetzt werden, die einem Repertoire angehören und dazu bereits in bestimmten Folgen einen bestimmten Charakter tragen. Die Begriffe Ausdruck und Sinn können nicht aus dieser Problematik allein für den choreographischen Tanz diskutiert werden. Ein Repertoire wird immer, wie es der Fall des frühen italienischen auch war, wenngleich auf einem recht bescheidenen Stand der Differenzierung, bestimmte Kombinationen anzubieten haben, bestimmte Schwierigkeiten aufweisen, wo seine Formen der Aufnahme von Inhalten wie einer dramatischen Handlung oder ganz anderem in das Medium choreographierter Bewegung zugeführt werden. In einem Stück konnte immerhin sinnvoll jenes Zögern der Angebeteten in einer posa sich ausdrücken: Erste Spuren von Inhalten, die nicht die Schritte damals ohnehin in sich schlossen, wurden mit der Mimesis des Tanzes an sich selbst versetzt. Die abstrakten Inhalte wurden also nicht zu pantomimischen Formeln stilisiert. Vielmehr wurden, zumindest in wenigen Fällen, solche Inhalte zur Ausdruckserweiterung von Elementen des Kanons umgesetzt und solche Gesten, die diesen Inhalten im übrigen Leben zugeordnet werden, nach den strengen Erfordernissen des Systems umgeformt.

Pantomimisches dürfte eine Zwischenform darstellen. Es mochte ein Winken der Hand in einer Tanzphase mit dem Thema Abschied zu einer neuen Erscheinungsform der Positur erstarren, um in späteren Zusammenhängen die Möglichkeiten für Ausdruck und Mimesis zu bereichern – sehr wohl konnte sie dann als Element des, inzwischen erweiterten, Kanons durchaus andere Inhalte als den ursprünglichen tragen.
Das wohl offensichtlichste Beispiel für eine solche Entwicklung ist die Integration der Grußformeln. Wenn in einer bestimmten Phase die Herren bei der Reverenz einen Hut abgenommen und dabei eine bestimmte dekorative Geste mit dem Arm beschrieben hatten, so wurde in späterer Zeit eine solche Geste selbst zur Bedeutung von Gruß und Ehrerbietung verselbständigt. Sie lebt bis in die klassischen ports-de-bras fort, in denen nun eine entsprechende Signifikanz der Geste selbst, die aus der bedeutungsvollen Kraft des integrierenden Kanons geflossen sein mag, nicht mehr von dem historisch zufälligen Anlaß zu scheiden ist, der in ihr aufgegangen ist. Eine Isolierung des einen oder des anderen Elements nach einem Prinzip der Entstehungsgeschichte würde *die gewachsene Konstellation* zerstören, *auf Grund derer eine Bedeutung nur möglich sein kann.* Das heißt aber, daß ein historisches Verständnis der Entstehungsgeschichte des Gesamtphänomens bis in seine Elemente nachzugehen hat, nicht aber sich soziologisch mit bestimmten historiographischen Herkunftsnachweisen erledigen läßt.
Alle Schritte des Kanons waren quantitativ kommensurabel über ihre genau festgelegte und in einer Grundzeiteinheit vergegenständlichte Dauer. Ungleichmäßigkeiten des Metrums wurden nicht zugelassen. Volle und leere Taktzeiten mußten immer eingehalten werden; ohne das wäre das Wesen der misura entstellt worden. Bereits mit den Zusammenfassungen mehrerer Schritte zu typischen Folgen, dadurch, daß ein Doppelschritt mit einem kleinen Sprung zusammen den gemeinsamen Namen moto del saltarello – Saltarelloschritt – trugen, war ein gewisses Niveau der Abstraktion von der Konzentration bloß auf den jeweiligen Schritt erreicht. Der Name abstrahiert soweit von dem Nacheinander einzelner Bewegungen, daß es heißt »un dopio cum uno saltetto«[47]; die Reihen-

folge wurde nicht mehr angegeben, weil sie in den erweiterten Formen aufgegangen war. Der moto del saltarello war mit einem bestimmten Zeitwert und einer bestimmten rhythmischen Struktur in das quantitative System der misure und moti eingeordnet.

Über die Kommensurabilität der Zeitwerte wurden Schritte gegeneinander vertauschbar. Nach Cornazano war es erlaubt, Kombinationen von sempio und ripresa oder andere gelegentlich an Stelle des moto del saltarello zu tanzen, die, um die vorgegebene Taktzahl einzuhalten, unter Umständen auch sehr viel schneller ausgeführt werden mußten als die typische Schrittfolge.[48] Um so unproblematischer erschienen den Tanztheoretikern alle denkbaren Umrechnungen, in denen eintaktige Schritte durch zwei halbtaktige, zwei eintaktige auch durch drei zusammen zwei Takte einnehmende Schritte ausgewechselt wurden und so fort. Domenico schlug sogar vor, die Maße der einen misura in die der anderen zu übersetzen, »due tempi di saltarello in uno de bassadanza«.[49] Nach solchen Passagen kehrten die Choreographien immer wieder auch zu der Grundschrittfolge zurück. Die abweichenden Phasen stellen aber mehr dar, als nur vereinzelte Ausnahmen von einer Regel. So wurden nach ihrem Zeitmaß verschiedene riprese – ripresa grande und ripresa piccola – nebeneinander bei Cornazano in der bassadanza verwandt; nur durch verschiedene tänzerische Ausführungen könne sie ihre volle Schönheit entfalten.[50] Selbst das Verhältnis von moti naturali accidentali zu den betonten und unbetonten Taktzeiten konnte einmal umgekehrt werden. Guglielmo Ebreo ist darüber hinausgegangen und hat das Abstrahieren von simpler Parallelität der beiden Seiten der misura, der in Takten gezählten Musik mit den in tempi gezählten Schritten, zu einem Prinzip von Choreographie erhoben. Es bestehe »detta scienza, o vero arte del danzare, scientifico et intelligente, in questo modo«.[51] Die Tänzer sollten sich darin üben, ebenso im Takt wie gegen den Takt zu tanzen, jedoch misuramente, das Zeitmaß wohl bedenkend. So gelange man zur Perfektion in der Tanzkunst, auf Grund einer intelligenzia und eines intelletto, die mit Verständnis und mit Verstand zugleich zu übersetzen sein dürften. Die freie Verfügung darüber, wie unmittelbar die Tanzzeiten den Musikzeiten gerade entsprechen sollten, war nicht irgendwie das Ergebnis, sondern überhaupt das erklärte Ziel der Arbeit dieser Tanzmeister. Ein weiteres »experimento de cognoser un bon dancatore« (einen guten Tänzer herauszukennen) wendet die Forderung nach Unabhängigkeit des Tänzers von einer simpel die Impulse der Bewegungen vorgebenden Melodie noch etwas anders.[52] Aus einem vierstimmig gespielten Stück sollte eine Stimme zur Bestimmung des Schrittmaßes ausgewählt und gegen die irritierenden Einflüsse der übrigen durchgehalten werden.

Curt Sachs hat diese Situation als Unfähigkeit des Quattrocento zu einer durchgreifenden Ordnung interpretiert, als verspieltes Verweilen an »kleinen individuellen Zügen und die Unfähigkeit, sie zu einem künstlerischen Ganzen zu verschmelzen«: »Everything is pell-mell.«[53] Nur wenn man das Interesse der »Rekonstruktion« an die Traktate der Zeit heranbringt, kann ein solches Urteil entstehen. Freilich für »Rekonstruktionen« dessen, was doch in Wahrheit zumindest durch eine kaum absehbare Anzahl entscheidender Details wie auch weitgehend in seinem gesamten Selbstverständnis der heutigen Reproduktion sich entzieht, könnten die phänotypischen Versatzstücke nicht krude genug voneinander zu unterscheiden sein. Das Argument zeigt nur, wie verkürzt der Begriff von Ordnung ist bei denen, die sie hier nicht zu finden vermögen, weil sie nur die Art von Ordnung kennen, die ihren Bedürfnissen nach einem Schema entspricht. Sachs hat selbst auf die gewiß deutliche Entwicklung »gestischer« Elemente zu »pantomimischen Figuren« hingewiesen[54], die wir bislang nur nach der Seite ihres erweiterten Einflusses auf den Kanon analysiert haben.

Dies ist aber gerade eine Wirkung des metrisch abstrakten Ordnungssystems. Es wäre sicher falsch, sich die Choreographien von Domenico und auch von seinen Schülern als Gebilde vorzustellen, in deren letzten Einzelheiten die strengsten Kompositionsregeln evident wären und in deren verschiedenen Teilen immer differenzierte Inhalte über kunstvoll reflektierte Formen manifest würden. Immerhin ist zu beidem manche Anlage zu erkennen. Die Tatsache, daß die am höchsten entwickelte Tanzform, die bassadanza, mehr und mehr den übrigen misure gegenübergestellt wurde, die zu Momenten der neuen Form des ballo – auch balletto – gerieten, zeigt das ganz klar. Das System der misure wurde schon zur Zeit seiner strengsten Theoretiker transzendiert; es wurde in eine Kunstform überführt, die sowohl das Prinzip der Vermittlung einzelner Schritte zu Folgen weit über diese hinaus fortsetzte und Gehalte ermöglichte, als auch die dem Kanon immanenten wie äußerlichen Möglichkeiten eines an bestimmte Inhalte gebundenen Ausdrucks fortschreitend hervorbrachte. Das setzte voraus, daß das einfältige Beieinander von Lust an Bewegungen und Bedachtsein auf diesen einigermaßen äußerliche Regeln insbesondere des aristotelisch denkenden Mittelalters aufgelöst wurde.

Mimetische wie formale Ansätze konnten nur über ein Bewußtsein der Bewegung ihrer selbst hervortreten. Die Reflexion sonderte sich aus dem bloßen Einhalten gewisser Regeln ab und machte sich ihr Medium zu einem nunmehr bewußt äußerlichen Gegenstand, indem die Tanztheoretiker Perfektheit forderten, die »Beherrschung« der Schritte bedeutete; »denn eine jede Sache läßt sich nur aus ihrem Gegenteil erkennen und noch perfekter erfassen«.[55] An Formbewußtsein fehlt es nicht, nicht einmal an einem seinem Stoff gegenüber durchgängigen. Vielmehr zeichnete sich bereits mit der beginnenden Differenzierung eines Kanons von formal klar bestimmten Schritten und Kombinationen auch die Gefahr ab, die mit dem System quantifizierbarer Werte verbunden ist – die Präzision der Relationen droht in ihre bloße Äußerlichkeit zurückzusinken, in ein »pell-mell« von Vertauschbarem, dem metrisch bestimmte Unterschiede nur dazu dienen, den schematischen Reiz des Wechsels von positiven Formen abzuliefern. Unter den Begriffen von Ausdruck und Form, von Mimesis und Rationalisierung wird diese Dialektik an den immer mehr entfalteten Erscheinungen des choreographischen Tanzes in den Perioden seiner europäischen Geschichte zu explizieren sein.

Die Vorstellung, der Begriff der misura sei Erbteil des Mittelalters[56], ist einerseits gar nicht abzuweisen. Die misura hängt sicher mit der maze zusammen, die allgemeine Regel für das einem jeden nach seinem besonderen sozialen Stande Gebührende war und als solche leitender Begriff ritterlich-höfischer Kultur sein mußte. Jedoch stellt das italienische fünfzehnte Jahrhundert sich uns als eben die Periode dar, während derer diese Begriffe und das, was unter ihnen am Material geschieht, von neuen Ordnungsprinzipien durchdrungen werden. Bei immer wiederholbarer Gleichheit wird die Quantität des Metrums zu jenem Symmetrieprinzip, das über dem Vergleichbaren dem Besonderen einen genau bestimmten Ort zu geben erlaubt. Das mittelalterliche Gleichmaß der maze meinte die immergleiche Bezogenheit der Menschen auf eine metaphysische Wertung. Das derart Maßvolle floß ununterscheidbar von dem historischen Zeitfluß dahin; auch noch die burgundischen Tanzformen, in denen sich immerhin eine traditionelle Übung zu einem speziell höfischen Divertissement zu besondern begann, ließen kein eigenes Zeitverständnis erkennen, über das sie in einen substantiellen Gegensatz zur bloß historischen Zeit getreten wären.

Das wurde aber mit der brillant entwickelten Metrik des Quattrocento erreicht. Die wiederholbare Gleichheit zeitlich gemessener Elemente konnte im soweit autonomen Bereich des choreographischen Tanzes *genügend in den jeweiligen Kontext einzelner Passagen eingebunden* werden, *um unverwechselbare Qualität zu erhalten.* Freilich kann diese wiederum nur über den Vergleich mit dem metrisch Gleichen bestimmt werden. Dieser in sich reflektierte Zusammenhang von gewisser Autonomie ist das Kriterium, das uns veranlaßt, von dieser Stufe an Tanz als Kunst im neuzeitlichen Sinne zu bezeichnen. Das Metrum wurde durch die Präzision der Zählbarkeit, wenn diese auch notwendig in nur abstrakten Einheiten vor sich gehen kann, geeignet, insbesondere *den* Künsten die neue Qualität zu ermöglichen, die ganz an den Zeitfluß gebunden sind, Musik und Tanz. Es macht den historischen Zeitlauf übersehbar, indem es ihn in immer gleiche oder doch vergleichbare Zähleinheiten vereinzelt. Es macht ihn zugleich aber auch verfügbar. Weil die einzelnen Einheiten nur als diese Einheiten, gegen den Ablauf isoliert, Träger der je besonderen Konstellation der Choreographie werden können, macht es sie damit auch ungeschichtlich. Gerade durch die metrisch realisierte Vertauschbarkeit wird der je sich ereignende Augenblick sistiert.

Während so die Fiktion quantitativer Äquivalenz herrscht, wird das Vergleichbare im Vergleich in ein räumliches Nebeneinander transportiert. Es wird davon abstrahiert, daß seine Einmaligkeit – die eben erst gewonnene Dimension von Ausdruck und Gehalt – nur im unvertauschbaren Kontext des Zeitpunktes eingelöst werden kann. Dies ist die Gefahr eines neuerlichen Zerfalls in bloß Quantitatives, die von dem neuen Schritt in eine autonomere Bedeutung nur die Möglichkeit übriglassen könnte, das begriffslos historische Nacheinander in ein verständliches, aber ebenfalls begriffsloses Nebeneinander der Zeiteinheiten zu transformieren. Sie kann nur dann überwunden werden, wenn in den je besonderen Beziehungen, wie sie sich im Posaprozeß jeweils konzentrieren, die ungeschichtliche Zeit wiederum konkretisiert werden kann. Die inhaltliche Veränderung der Zeiteinheiten erscheint dann gerade über ihre an sich abstrakte Gleichheit. Diese heben als für Anderes ihr eigenes Einerlei auf; zugleich ist nun, nachdem Zeit bloße Zählfolge geworden war, das heißt, zur realen Abfolge des abstrakten Nebeneinanders, auch eine neue Geschichtlichkeit entstanden. Die Zeit des choreographischen Tanzes ist nicht nur der allgemeinen und naturwüchsig historischen Zeit entrissen, sondern zur bewußten geworden. Die abstrakte Vergleichbarkeit bleibt als Moment erhalten. Es ermöglicht, innezuhalten gegen die Unaufhaltsamkeit bloß äußerlich geschehender Geschichte. Diese kommt am Metrum und über den durch das Metrum provozierten Prozeß der Verinnerlichung und neuen Entäußerung zu ihrem Bewußtsein. An dem Gehalt der Beziehungskonstellationen und deren Veränderungen kommt sie zu ihrer Wirklichkeit. Diese Seite wurde unter dem Prinzip memoria begriffen, das damit zugleich konstitutiv für das der misura war.

Die Kategorien der frühen choreographischen Ästhetik II: die memoria

Auch der Begriff memoria umfaßt ein technisch zu interpretierendes Ordnen und muß zugleich im Zusammenhang mit

dem Prozeß der Bewußtwerdung verstanden werden. Domenico sagt recht allgemein, »eine große und tiefe memoria birgt den Schatz aller Bewegungen und zweitens die Form, nach der der Tanz komponiert wird«.[57] Das capitulum de memoria bei Guglielmo Ebreo expliziert das.[58] Vollkommene memoria bedeute grundsätzlich eine fortgesetzte Konzentration auf das, was man tut. Dazu gehöre, daß man die zur Ausführung einer bestimmten misura, die man gerade tanzt, notwendigen »Teile« sich im Geiste gegenwärtig halte und daß man beständig »alle Gefühle« versammelt in sich trage, um sie mit Bedacht auf Zeitmaß und Übereinstimmung der Musik in die Form einzuführen. Es ging darum, daß nicht irgendwelche gerade beifallenden Bewegungen, daß vielmehr die der gewählten misura entsprechenden Schritte getanzt wurden. Memoria war insofern die rechtzeitige Erinnerung an die Elemente des Repertoires und das System, unter dem ihnen bestimmte Plätze angewiesen wurden in Schrittfolgen und Taktzahlen. Die Tanzenden mußten ein bestimmtes Repertoire lernen, um es abrufbar im Gedächtnis zu tragen. Sie hatten aber nicht nur, nicht einmal in erster Linie, bestimmte Figuren in der festgelegten Reihenfolge von Schritten zu lernen, die aus inhaltlichen Gründen nur so und nicht anders erfolgen müßten. Über einen derartigen Bezug auf einen Inhalt durch das Stereotype einer Formel, wie ihn tänzerische Rituale von der magischen Bedeutung liturgischer Altarumschreitungen oder der ekstatischeren religiösen Tänze der isidorischen Liturgie* verwirklicht hatten, waren diese Fixierungen hinausgeraten.
Die Tanzenden mußten sich die »Teile« gegenwärtig halten, die zur Form des Tanzes zusammenzusetzen waren, und zwar mußten sie ständig deren Gesamtheit vor Augen haben. Nur

* Neben anderen Quellen wie der ›Encyclopédie‹ Diderots, dem père Menestrier oder Lambert/Daneau bei Prunières.[59] Dergleichen hatte nicht nur in den profanen Ritualen der Hierarchie, sondern vereinzelt auch noch bis zum Ausgang des Mittelalters in christlichen Gottesdiensten sich erhalten. Noch im fünfzehnten Jahrhundert nahmen gelegentlich Priester am »office divin« teil, »die einen mit Masken von Ungeheuern, die anderen in Frauenkleidern, als Irre oder als historische Personen verkleidet«, berichtet Du Tilliot in seinem Buch ›Memoire pour servir à l'histoire de la fête des fous‹.

so konnten sie, zudem die Regel gebotener Abwechslung befolgend, jeweils das Richtige wählen. Auch alle »Gefühle«, die sich den ihnen entsprechenden Schritten und Schrittfolgen zu verbinden hatten, mußten stets bereitgehalten werden, damit eine Choreographie in der vollen Einheit der Formen und mit einem diesen zugeschriebenen Ausdruckscharakter ausgeführt wurde. Memoria ging so schon darin über ein Auswendiglernen von Choreographien hinaus. Unter dem Begriff wurde bei Guglielmo Ebreo vor allem gefordert, die Tanzenden müßten jederzeit zu einer Rekonstruktion des Formganzen aus einem ihnen ebenfalls geläufigen Kanon fähig sein. In dieser Forderung ist die Erkenntnis enthalten, niemals könne ein noch so quantifiziertes System von Elementen durch bloße mechanische Reproduktion des Gedächtnisses in den Formen wiedererstehen, *die seine Möglichkeiten zu inneren Bezügen und Ausdruck entfalten.* Denn es wurde nicht nur die gleichzeitige Präsenz aller dieser Elemente in jedem Moment des Tanzes verlangt, sondern zugleich, die Präsenz müsse dazu gereichen, daß ein Tanz den veränderten Bedingungen von Räumen und Takten entsprechend abgewandelt werden könne.

Wenn entsprechend der misura alle Elemente des Kanons jederzeit verfügbar sein mußten, wurde ihre Vertauschbarkeit zu evident, als daß nicht auch von dieser Seite die Gefahr bestärkt worden wäre, daß die besonderen Schritte und Schrittfolgen schon in den metrischen Werten untergingen, mit denen sie in den Kanon aufgenommen wurden. Nur die dem Verstande nebeneinander gegenwärtigen Vorstellungen können verglichen werden, nur aus dem stets wiederholbaren Vergleich aller zugelassenen Schritte und aller vorgesehenen Gefühle kann die Wahl getroffen werden, durch die Rhythmus und Schritt sowie inhaltliche und äußerlich formale Bedingungen zu dem tänzerischen Erscheinen gelangen, das ihnen gerade angemessen ist. Bei Aufführungen zuvor von Tanzmeistern aufgezeichneter Choreographien war dies letztlich ebenso notwendig wie für Improvisationen, die allererst Spontaneität der Realisierung und Gehörigkeit gegenüber dem System der Regeln und Verhältnisse zu vereinigen hatten. Auch für die Zeit fixierter Choreographien von bassadanza und balletto spielte eine Art von Improvisation in einem begrenzten Verstande des Wortes, das heißt bei strenger Übereinstimmung mit den Regeln, eine wichtige Rolle. Sie wurde als solche den Tänzern zur Aufgabe gemacht[60], sie wurde in der Variation von Vorlagen geübt und hat auch strengen Reproduktionen tanzmeisterlicher Kompositionen mittelbar noch sich mitgeteilt. Der Begriff Improvisation ist indessen bei uns zu sehr als Gegensatz an den der systemhaft vorgefertigten »erschöpfenden« Anweisung gebunden, als daß er ohne weitere kritische Überlegungen zu unseren Vorstellungen zu Klärungen beitragen könnte.

Noch so rigide festgelegte und nachvollzogene Schrittfolgen waren notiert, doch nur nach Stellung und Ortsveränderung der Füße. Zwar sind die Zusammenhänge von diesen »Schritten« mit den Haltungen und Bewegungen des übrigen Körpers durchaus nicht unreflektiert geblieben und werden auch in diesen Überlegungen einen eigenen Platz erhalten müssen; doch ist gerade in diesem Bereich das Detail keineswegs immer aus den Regeln deduzierbar, sondern konnte nur im Kontext der einander ergänzenden Elemente und der in ihrer Gesamtheit bestimmten Folgen gefunden werden. Gerade die relative Unergiebigkeit der Traktate, was diese Details betrifft, beweist, wie viel in der memoria präsent sein mußte. Der Tanz war vollkommen lediglich, wenn die Tanzenden sich nicht »mehr vom Zufall als von einem vernünftigen Maß«[61] leiten ließen. Dieses konnte vernünftig genannt werden, weil in ihm nicht bloß ein System von Regeln beschlossen lag, sondern ein Prinzip, das in der Theorie und der Praxis des Tanzes allen seinen Seiten sich mitteilte. Das theoretische Disponieren nach zeitlichem Metrum, das die misura beinhaltete, trat unter der memoria zur Objektivierung in tatsächlicher Ausführung hervor. Damit ist zweierlei gesagt: Sowohl, daß die regelgerechte Disposition sich in die Konkretion einlassen mußte, in der die Elemente und ihr Kanon auf die einmalige Bestimmtheit der Ausführung durch diese Personen in diesem Raum praktisch bezogen wurden, als auch, daß dazu das an dem Begriff memoria festgemachte Prinzip im Bereich der misura selbst Geltung hatte.

Der Begriff misura umfaßt mehr als ein System von Regeln,

nach denen zwölf Schritte, in naturali und accidentali unterschieden, positive Zeitmaße zugeordnet bekommen, nach denen diese Schritte vier Typen von metrisch definierten misure zugeteilt werden und nach denen Schritte wie misure in exakte mathematische Verhältnisse gebracht werden. Andernfalls gäbe es eine begrenzte Anzahl möglicher Gruppierungen von Schritten für festgesetzte Taktzahlen von bestimmter – rhythmischer – Wertigkeit. Die Tanzenden brauchten dann nur Virtuosität im Umrechnen auf das Vielfache und den Bruchteil der Zeiteinheit, tempo, zu leisten. Das wird durch zwei Dinge undenkbar gemacht. Das erste sind die erwähnten Gefühle. Worin deren Zuordnung zu bestimmten Schritten, Schrittfolgen oder misure begründet sei, ist nicht geradezu zu sagen. Es ist anzunehmen, daß hier der scholastische Grundsatz der adäquatio noch den Stoff für die neuen Bestimmtheiten abgegeben hat. Das zeigt sich an Vorstellungen, die verschiedenen misure seien in einem gewissen Umfang verschiedenen Ständen der Gesellschaft angemessen. Das heißt, sie entsprächen einem charakteristischen Auftreten verschiedener Stände der sozialen Hierarchie, die im ersten Teil eingehender behandelt ist. Diese Hierarchie wurde aber auch in den Charakteren der vier misure selbst noch einmal gesehen, von der bäuerlich simplen piva bis zur königlich gemessenen bassadanza. Auch gilt, es gehörten der höher geachtete langsame und der höher geachtete schnelle Tanz zueinander wie der langsame und der schnelle niederer geachtete.

Ganz sicher geht indessen der Bezug in solcher Zuordnung nicht auf. Die »Gefühle« sind nicht katalogartig aufgeführt. Infolgedessen weiß man nicht recht, wovon die Rede ist. Diese Schwierigkeit weist jedoch auch gerade darauf hin, daß die Gefühle wenigstens eine gewisse Spontaneität haben sollten; sonst würde man genau den vermißten Katalog zumindest in einem systematischen Ansatz finden, weil formelhafte Zuordnung eine positive Fixierung in der Tanztheorie erfordert haben würde. Überzeugend dürfte für unsere Annahme der Umstand sprechen, daß in den Memoriakapiteln verlangt wird, die Tanzenden müßten alle movimenti corporei und alle sentimenti immer gegenwärtig haben, um den jeweiligen Kombinationen Einklang zu sichern. Dem geforderten Prinzip der ragione wird auch keineswegs eine Ablehnung der Spontaneität gegenübergestellt, die doch trotz aller bloß technischen »Beherrschung« den empfohlenen »Improvisationen« nicht ganz abgehen konnte. Vielmehr ist der Gegenbegriff fortuna. Es ist der Sinn der memoria, einen Begriff von Improvisation zu ermöglichen, der dem Zufall verläßlich entzogen ist, indem er *an das je Besondere gebunden* wird und *darüber auf das Systematische vermittelt* wird.

Was die behandelten Traktate unter dem Begriff der misura ausführen, ist anders nicht zu verstehen. Ein durchgängiges System quantitativer Größen kann nur Grundlage von Regeln sein und für ein statisch konservatives Ordnen der Elemente. Die ein solches transzendierenden Züge der misura sind aber bereits deutlich geworden. Die typischen Schrittfolgen konnten unterbrochen werden durch Vertauschung; sie mußten nach Variationen auch selbst wieder deutlich werden und durften nicht in Beliebiges aufgelöst werden. Auf den neuen Charakter des jeweils neuen, freilich an dem Grundmaß bestimmten, Zusammenhanges scheint es anzukommen. Der Terminus zu erstrebender perfectio im Umgang mit den misure ist noch der neuaristotelische der perfectio scientis; dessen Voraussetzung, »die Zahl der Arten des Seienden (species entis) sei endlich«[62], ist aber hier genau überwunden. Nicht die Vertauschbarkeit einer begrenzten Zahl von im Gedächtnis aufbewahrten Elementen wird zur herrschenden Regel, die dadurch imponierte, daß alles Vorkommende restlos auf ihren generellen Nenner gebracht wäre. Auch nicht das zufällige Komposit wird zugelassen.

Der richtige Weg wird kaum in einer pedantischen aristotelischen mesotes gezeigt, für die schon dieser schematische Grundsatz als die Extreme erscheinen würde. Nicht unter dem Begriff der misura, den Philologen mit der mesotes zu verwechseln versucht sein könnten, sondern in Guglielmos capitulum de memoria und im Zusammenhang mit den Begriffen ragione und adduciendosi alla mente le parti necessarie ad essa misura (dem Geist die für diese misura notwendigen Teile zuführen) ist er zu suchen. Zwar sind in der misura die Vermittlungen der formalen Seite mit einer inhaltlichen und mit einem Ausdruckscharakter des Ganzen choreographischer Komplexe entworfen: doch haben sie sich einerseits erst dank dem an der posa entwickelten Prozeß abgehoben und werden andererseits erst unter der memoria konkretisiert.

In dieser Erinnerung kommt mimetisches Lernen, wie es jener Prozeß beinhaltet, auf seinen Begriff. Während man erstarrt in dem Sinne, daß man alles eigene Bewegungswollen entgleiten läßt, kann man sich ganz von dem, was man sieht, bewegen lassen. So ist jene Tugend der »Lässigkeit« zu verstehen. So entsteht in der Vorstellung das Bild des Gesehenen – oder auch Gehörten; man kann dem Gegenstand des Hinstarrens sich übergeben, indem man die Impulse etwa einer gesehenen Bewegung in sich reproduziert.* Diese Reproduktion kann real oder nur in der Vorstellung vollzogen werden, in jedem Falle ereignet sich ein Aneignen des Anderen. Wird es real wiederholt, so erlischt das Vorbild in der Aktion und kann als Bild nur dann bewahrt werden, wenn in einer weiteren Mimesis an dies sein eigenes Agieren das Subjekt sich die Gestalt noch einmal zu verinnerlichen vermag. Dieser ausführliche Vorgang kann bei entwickelten Fähigkeiten zur Abstraktion auch ohne die Aktion sich verwirklichen; dann findet die Umsetzung von Vor-Bild in inneres Bild sozusagen direkt statt. Allerdings wird auch dabei immer, wenngleich unsichtbar, eine physiologisch materiale Dimension im Spiel bleiben, weil auch die Vorstellungen mit leichten Veränderungen der tonischen Systeme verbunden sind, die man vielleicht als potentielle Muskelspannungen verstehen könnte.

Es gibt also zwei Stufen der Aneignung. Auf der ersten wird die Wiederholung nur realisiert, ohne nach der einmaligen Aktion ausreichende Spuren im Innern zurückzulassen. Auf der zweiten geschieht das eigentliche mimetische Lernen. Der mimetische Prozeß impliziert bewußt oder unbewußt die Wiederholung, und zwar zunächst unmittelbar am Körper oder sofort im vorstellenden Verstande. Dadurch, daß zwischen die bloße Realisierung, das bloße Agieren, und das Bewußtsein eine weitere Reflexionsebene eintritt, wie sie die Tätigkeit des

* In gegebenem Zusammenhang wird einmal die Frage mimetischer Reflexe zu behandeln sein, insbesondere an S. Freuds Abhandlung über das Lachen und Ch. Darwins Mimetik der Tiere.

Subjekts auf der präsentativen Ebene des Posaprozesses darstellt, kann an der einmaligen Wiederholung die Gestalt als tendenziell immer wiederholbar reproduziert werden. Damit ist sie auch insofern von dem Subjekt angeeignet, als es sie in dem Beziehungssystem seines Körpers und seiner nachvollziehenden Vorstellungsvermögen wiederholt. Es leistet damit körperliche und geistige Arbeit in einem.
Von dieser Stufe der Mimesis läßt sich ihr noch animalischer Ansatz in der bloßen Mimikry noch einmal und nun deutlicher fassen. Die buchstäbliche Starre im Angesicht der Medusa läßt nicht einmal die agierende Form der unmittelbaren Realisierung zu. Das Hin und Her von Identifikation mit dem Anderen und Entäußerung der aufgenommenen Gestalt bleibt in der absoluten Ekstase, in der ersten, extremen Phase der Identifikation stecken und läßt noch nicht eine objektivierte Ekstase in der Form des Agierens, des produktiven, wenn auch selbstlosen Sich-Identifizierens zu. Über eine solche reflektiertere, etwas freiere Phase der Anpassung kann dann endlich Subjektivität bewußt genug sich dem Prozeß anvertrauen, um in ihm weder vollends zu erstarren noch ganz im Anderen unterzugehen. Die Verinnerlichung des Anderen ist dann reflektiert genug, um auch im eigenen Innern noch etwas von dessen Anders-Sein zu behalten. Gerade dadurch kann sie dem Subjekt neue, inhaltliche Differenzierungen zuführen, und dadurch ist es auch möglich, durch Erinnerung sie neuerlich als Leistung des Subjekts zu entäußern.
Diese Stufe von Bewußtsein ist in der metrischen Gestalt von Abstand zu dem Geschehen vergegenständlicht. Misura ist insofern Voraussetzung und Mittel der memoria. Erinnerung ist Verfügen über Gegenstände, Vorstellungen, die als Formen des Verstandes aufbewahrt werden, und ist Ziel mimetischen Verstehens. Memoria ist darum *das Prinzip, unter dem sich der Kanon und die Regeln mit einer gewissen Spontaneität durchdringen können.* Das Wort bedeutet *Gedächtnis und Erinnern zugleich.* Die zunächst unbegrifflichen Bilder werden verstanden, indem sie in den formalen Kontext systematischer Organisation von Metrum und Regeln eingeführt werden; andererseits bedarf noch das so bestimmte Bild einer Er-Innerung, einer Wiederholung des Aneignungsprozesses, um in

einem bestimmten, choreographischen Zusammenhang aktualisiert werden zu können, sowie einer neuen mimetischen Leistung: Das kanonisierte Bild darf nicht als invariantes Versatzstück zitiert, sondern es muß im Hinblicken auf die jeweilige Situation dem belanglosen Zufall entzogen werden. Ebenso deutlich wird jedoch auch, daß mit jeder neuen Kombination ein neues Lernen verbunden ist, das über diese Bestimmtheit hinausgeht.

Dem entspricht die Forderung, man müsse immer das Ganze der jeweils zu tanzenden misura sich vorstellen – diese Forderung ist als Bedingung abzuleiten aus der explizit von Guglielmo Ebreo formulierten, die für eine misura »notwendigen Teile« müsse man sich gegenwärtig halten, und der anderen, man müsse den Tanz nach den Bedingungen verschiedener Räume zu bestimmen verstehen. Ein derartig qualitativer Begriff von dem Ganzen geht auch über das regelhafte Zusammensetzen, damit über das im voraus Bestimmte hinaus, aber nur in einer auf dieses bezogenen Differenz. Darum muß Cornazano für die Ausführung der komplexesten choreographischen Form – der balliti, die verschiedene misure, strenge Schrittfolgen wie »pantomimische« inhaltliche Passagen umfaßten – memoria in besonderer Weise fordern.[63] Die Analyse der Texte selbst zeigt die Durchdringung zweier Postulate.

Hinter den Forderungen durchgängiger Quantifizierung zum metrischen System steht ein Bestreben, ein vom menschlichen Verstande in sich entwickeltes Erkenntnissystem über das Material hin vorzutreiben. Im bewußten Verzicht auf Erkenntnis der essentiae selbst hat Nikolaus von Cues in Deutschland um die Mitte des Jahrhunderts, an dessen Anfang in Italien Domenico schrieb, um dessen Mitte dort die Traktate von Ebreo und Cornazano entstanden, die beschränkte, aber gewisse Erkenntnisform der Mathematik forciert. Schon »das vierzehnte Jahrhundert war beherrscht vom Ideal der Quantifizierung«.[64] Eine »Ersetzung der Kategorie der Substanz durch die Kategorie der Quantität hatte«, wenn auch ohne methodische und technische Durchführung, »das Ideal der kalkulatorischen Behandlung aller möglichen Probleme konstituiert«.[65] Der Begriff der Substanz hat nur insofern eine Bedeutung in der frühen choreographischen Ästhetik, als die

Bezeichnung akzidentiell für die Zwischenbewegungen den Schluß nahelegt, die Bezeichnung natürlich für die Hauptbewegungen sei im Sinne von Substanz zu verstehen. Tatsächlich mögen dieser Nomenklatur auch Vorstellungen zu Grunde gelegen haben, nach denen die ortsverändernden Schritte die eigentliche und natürliche, den Anlagen des Menschen zur Beweglichkeit im Raum entsprechenden Bewegungen waren. Solche dem »Wesen« menschlicher Bewegung gerecht werdenden Tanzelemente mochten noch am ehesten legitimiert werden, als die sie modifizierenden Ornamente noch in einem Sinne zu Akzidentalien erklärt wurden, in dem alles Tanzen ohnehin das Ziel menschlicher Bewegung verfehlen und dem Verdikt der Kirche verfallen mußte.

Aus einem solchen Schema lassen sich aber die Schritte schon im ersten der Traktate nicht verstehen. Wenngleich auch einige der movimenti accidentali wie das frappamento zunächst noch mehr den Charakter des Beiläufigen zu tragen schienen, so entfaltete doch eben an solchem Ornamentieren sich die Besinnung darauf, woran die einfältig noch den Namen einer Hauptsache tragenden Schritte so etwas wie ein Eigentliches haben konnten. Es bot sich dar in der Er-Innerung, die zu deren Sinn fand.[66] Der Satz Adornos: »Was gestern funktional war, kann zum Gegenteil werden« über die »geschichtliche Dynamik des Ornaments«[67] ist, wie hier sich zeigt, auch in umgekehrter Verknüpfung wahr. Der resignative Verzicht auf menschliches Eindringen in die souveränen göttlichen Setzungen: »Die nominalistischen Erkenntnismittel konnten und durften den unbekannten konstitutiven Prinzipien der Welt nur heterogen sein«[68], trifft nach dem Gesagten auf den choreographischen Tanz des Quattrocento nicht zu. Die »Übereinstimmung« von Teilen und Ganzem, von Schrittfolgen und Musik, von Gesten und Schritten der Personen, von den verschiedenen Tänzern miteinander und mit dem Tanz, von Rhythmus und Ausdruck war emphatischer als bloß partielle Stimmigkeit, die insgesamt der vanitas verfallen wäre.* Quantifizierung hatte in der veränderten Situation, die durch das

* Die vanitas ist die Eitelkeit der Selbstbespiegelung. Ihre Darstellungen blühten im vierzehnten Jahrhundert, wie zum Beispiel an der grande prostituée der Apokalypse-Teppiche von Anjou.

Posaprinzip geprägt war, eine emphatische Funktionalisierung erfahren, und ebenso das wesentlich gewordene Ornament. Guglielmo besteht darauf, den Tanz als scientza liberale zu bezeichnen, die »der menschlichen Natur mehr als irgendeine andere entspreche«.[69] Die in den Formen der Choreographie bestimmten Bewegungen seien wie eine Antwort auf alle unsere Sinne, »gleichsam die natürlichste Nahrung unseres Geistes«.[70] Die Schönheit der Musik wird als die Quelle tänzerischer Beseelung genannt, ohne die der Tanz steril bleibe.[71] Indessen ist in den Begriff von Musik die misura eingegangen. Ebenso die Forderung der Anpassung an den jeweiligen Raum[72], so daß daran dem Tanz noch einmal auch seine eigenen Regeln und seine Spontaneität zum Inhalt wurden. An mehreren Stellen wird gesagt, die Bewegungen der Tanzenden, Schritte und Gesten, seien Ausdruck der Musik wie des eigenen Innern: »Deshalb werden sie von dieser Süße und Melodie dazu gebracht, mit ihrer Person gewisse Bewegungen äußerer Demonstration bedeuten, welche im Innern empfunden werden.«[73] Da also das Verhältnis von Tanz und Musik sich über mimetisches Verstehen als Erkenntnis eines Anderen in dem Verhältnis des Tanzes zu seinem Anderen in dem Einhalten verdoppelt, – dies wurde zuallererst an dem Begriff der posa entwickelt – gilt das, was Guglielmo zur Musik sagte, ebenso eigentlich für den Tanz selbst. So ist es zu verstehen, daß im Vorspruch die große Mythologie des Gesanges wie des Tanzes aufgeführt wird zum Beweise dafür, es könne keiner »so roh und unmenschlich sein«, sich von der Süße des Gesanges oder dem Klang des wohlgestimmten Instrumentes nicht in Bewegung ziehen zu lassen.[74] *Orpheus* wurde zum sehnsüchtig gefeierten, aber fast einsamen *Zeugen von menschlicher Kommunikation mit der Natur.* Nur in den zahlreichen Tafelgemälden der Renaissance und des Barock fand diese Auffassung eine isolierte Fortsetzung. Wo Orpheus spielt, treten sogar die sonst einander fressenden und flüchtenden Tiere zu der sanften Ordnung musikalischer Bewegung zueinander*, als sei alle Not

* Es ist, als habe, bevor noch das explizite System von begrifflicher und technischer Naturbeherrschung in Europa etabliert wurde, eine Ahnung aufgeleuchtet davon, daß die Natur unter der Herrschaft der Interessen, mit denen die vergesellschafteten Menschen sie aneigneten, nicht allein den

des Verfolgtwerdens erst durch die Menschen über sie gekommen und als könnten die Menschen, sobald sie nur selbst der beherrschenden Naturaneignung entsagten, alles Leben überhaupt versöhnen. Selbst die Berge und Steine vermag der zu ihnen Singende durch »die Süße seiner eigensten Natur« zu einem »seligeren« Dasein »zu wandeln«. In dem Sinne eines solchen besseren Lebens wird von der propria vita des Tanzes gesprochen, die nur in der vollkommenen Übereinstimmung aller in ihm zusammentretenden Seiten und Teile wirklich werden könne[76], die neu und köstlich unserem Geist zuteil werde »per la quale tutti a gioconda festa pare che si commuovino«.[77]

Dem werden die Prädikate von virtute und scientza beigelegt, dazu eine »grandissima e singulare efficacia«.[78] Der choreographische Tanz des Quattrocento kann danach keineswegs so angesehen werden, als habe er sich seinem Selbstverständnis nach von der realen Welt eklipsiert. Viel eher ließe sich behaupten, in ihm sei der Doppelsinn des Begriffes scientza von kunstvollem Vertrautsein mit einem Material und allgemein auftretendem Erkenntnisanspruch zu Ansätzen einer Einlösung gebracht worden. Der Doppelsinn war freilich auch der einer historischen Ambivalenz. Unter Scholastik und Nominalismus hatten abstrakte Wissenschaft und handwerkliche Künste einander gegenübergestanden, die nun zum ersten Male in dem Begriff einer scientza liberale, der nicht mehr lateinischen Formulierung, vereinigt werden sollten, wie er auf den Tanz ausgedehnt wurde. Das gelang nicht vollauf. So wenig

Menschen entfremdet wird, sondern historisch bestimmt wird, indem sie gewissermaßen auch noch sich selbst entfremdet wird. Es schien eine Idee davon zu entstehen, wie die Menschen in der Selbstbefreiung auch die Natur von ihrer bloß naturwüchsigen Bezogenheit auf die Geschichte der Menschengesellschaft befreien könnten. Dabei wurde aber natürlich vollkommen übergangen, daß die Interessen der Menschen und die Naturaneignung durch sie bei Strafe des Untergangs, mindestens der Regression auf primitivste Subsistenzformen nicht einfach abgeschafft werden können; möglicherweise konnte das Beispiel einsiedlerischer Askese die Zeit in solch kurzschlüssiger Illusion bestärken. Jedenfalls wurde die Versöhnung mit der Natur ebensowenig als das Ziel historischer Veränderungen konkret verstanden, wie das Verhältnis der Menschen zu der von ihnen angeeigneten Natur überhaupt klar begriffen wurde.[75]

die programmatischen Vorstellungen, die methodisch sichtbar gemacht werden können, alle einzelnen Elemente der Theorie durchdrungen haben und so sehr die prinzipielle Bedeutung von Zusammenhängen, die wir an der posa, der misura, der memoria festmachen, in den Formulierungen der Texte sich in einer Aufzählung der scheinbar gleichwertig nebeneinander stehenden Kategorien verbirgt. Auch der Begriff *Erkenntnis* wurde nicht ausgesprochen. Dennoch steht er unverkennbar hinter dem Vorgang, in dem *die Menschen und die Natur,* wenn der Sänger sie anspricht, *sich ihres eigentlichen Lebens erinnern,* indem eine bestimmte Musik *dem Geist zum Gegenstand der Abarbeitung wird und sich in Bewegungen ausdrückt.*

Dieses emphatische Moment ist das zweite Postulat neben dem systematischer Quantifikation für die frühe italienische Tanztheorie. Über deren Praxis und die historisch gesellschaftliche läßt nur sehr schwer, hier noch kaum etwas sich sagen. Seine Ideengeschichte hat Hans Blumenberg rekonstruiert. Sie fällt als die des Verdrängten und Unterdrückten mit unter die curiositas, die nach Augustinus die Verinnerlichung in der memoria aushöhlt.[79] Memoria steht schon im Neoplatonismus etwa Plotins für die innere Erfahrung; doch gilt alles innere Erfahren von Äußerem als Verfall der Seele an »die Infektion der Welt«, es ist curiositas, »die Zerstörung vollzieht sich im Sehen des Vielen statt des Einen«.[80] Negiert ist hierin das Prinzip der Homoiosis noch erkennbar. »Die in der ganzen antiken Erkenntnistheorie implizierte Homoiosis verbindet potentiell theoretische Neugierde und magische Selbstüberhöhung, indem sie das Erkenntnisvermögen für fähig hält, nicht nur seine Gegenstände zu *haben,* sondern zu ihnen zu *werden.*«[81] Präziser läßt der Zusammenhang von Mimesis und Erkenntnis sich kaum formulieren; er vollzieht sich über *das mimetische Lernen, das der Erinnerung seine Bilder zu bewahren und zum neuen Gewahrwerden übergibt.* Der antike Neuplatonismus konfrontierte indessen die hier einander zugehörenden Bereiche von curiositas und memoria unter antagonistischen Kategorien. Noch Augustinus kannte die »Attraktion der physischen Welt«, die über das Auge auf das Innere der Menschen wirkt, doch ebenfalls ins Negative gedrückt. Er

bestätigte die antagonistische Anschauung, weil er in der Welterkenntnis, in der Offenheit des Subjekts für das Objekt, nicht mehr die Möglichkeit einer Einheit von Erlösung und Erkenntnis[82] und einer Selbsterkenntnis in dem Erkennen des Objekts zu sehen vermochte.[83]
Memoria nahm bei Augustinus die manichäische Lehre, »Erinnerung *ist* schon Wiedergewinnung des Ursprungs«[84], in sich auf, nicht jedoch den Weg über die Erkenntnis des Objekts als legitimen Inhalt der Erinnerung: »Die *memoria*, die in der trinitarischen Analogie Augustins der dem göttlichen Vater nachgebildete Urgrund der Seele ist, steht für den Sachverhalt, daß alles Denken, sofern es nur nicht durch ›Gegenstände‹ okkupiert und abgelenkt wäre, Sich-Selbst-Denken sein müßte und darin die Ebenbildlichkeit eines Gottes repräsentierte, der seit Aristoteles als Sich-selbst-denkendes-Denken begriffen worden war.«[85] Das emphatische Motiv selbst wurde zur Begründung der Verdammnis, weil es vermessen sei. Augustinus, der gegen bloß instrumentalisierendes Indienstnehmen den Begriff des Genusses in die Philosophie eingeführt hat, entsinnlichte andererseits gerade, was er darunter begriff, indem er »die triebhafte Selbstgenügsamkeit des Sichüberlassens an die Welt der ›Erscheinungen‹ verwarf«.[86] So wurde zweierlei tabuiert, das Sich-Selbst-Denken der Menschen und ihr Sich-Überlassen an das Objekt; deren Vereinigung als Mimesis an sich selbst und als mimetisches Lernen war erst recht undenkbar gemacht.
Auf Karl Heinz Haag sich berufend hat Adorno konstatiert, in der ›Civitas dei‹ werde die Welt dem Prinzip überantwortet, das es zu überwinden gelte, um »erst am Jüngsten Tag ... die unverstörte Schöpfung jäh wiederherstellen zu lassen«.[87] Hier ist geschichtsphilosophisch gewandt die Frage behandelt, der wir an der ästhetischen Sache des choreographischen Tanzes nachgehen. Augustinus trieb im Begrifflichen das auseinander, was zusammen wollte, in *Neugierde und Verinnerlichung*. Thomas von Aquin hat *die ideengeschichtliche Dichotomie* noch konkretisiert, indem er sie transponierte in die von erkenntnisbegieriger Seele und einer körperlichen Natur des Menschen, die dazu neigt, »die Mühe der wissenschaftlichen Forschung zu meiden«.[88] *Die Seiten des Hin und des Her*

wurden gegeneinander verselbständigt, so daß sie jede für sich nicht das Reflexionsniveau des Prozesses erreichen konnten. Die materiale Seite hatte, in der Realgeschichte als Mühe der Reproduktion endlos wiederholt, liegenbleiben müssen, während Erkenntnis in der resultierenden Abstraktheit perfektioniert wurde – ihrerseits endlos wiederholt, um im unerkennbaren Jenseits aufzugehen. Die beiden existentiellen Formen ekstatischer Identifikation mit dem Anderen waren zwar komplementär zueinander, aber aus sich nicht einlösbar zur Einheit. Hinter der thomistischen Entgegensetzung tut sich *der Gegensatz von körperlicher und geistiger Arbeit* auf, allerdings idealisiert zu Agilität und Trägheit. Darin kommt zum Ausdruck, daß *der historische Charakter der Dichotomie* ontologisch nicht erkannt wurde, und dies schlug sich in der eigentümlich mechanischen Form der Vermittlung nieder.
Nach aristotelischem Muster wird sie in einer Mitte gesucht, die Mitte nur im wörtlichen Sinne eines quantitativen Durchschnittswertes wäre. Der Gedanke an eine Einheit von körperlicher und geistiger Arbeit kommt nicht einmal in Form einer noch so partiellen Verneinung mehr vor. Dem Ziel einer Vereinigung der Objekterkenntnis und der Selbsterkenntnis durch das Subjekt ergeht es nicht anders; es ist hier tatsächlich so, »daß der Aristotelismus alle gnostischen Restbestände ausgeschaltet und ihre Fortentwicklung unmöglich gemacht hat«.[89] Eine daraus folgende Entwicklung zeichnete sich bei Thomas von Aquin bereits ab: Die Objekterkenntnis konnte als schlechtere Hälfte eine eigene Existenz entfalten, um den Preis allerdings, daß sie gegen die im Innern des Subjekts zu vollziehende Erkenntnis seiner selbst wie – im allgemeinsten gefaßt – des Wesens oder Sinnes der realen Welt isoliert wurde. Die Menschen sollten lernen, »zwischen dem Zugänglichen und dem Unzugänglichen zu unterscheiden«[90] und *sich auf die Beschäftigung mit dem Zugänglichen, aber Uneigentlichen der Erscheinungswelt zu bescheiden.* Beide Teile haben seither ein eigenes Geschick. Im Nominalismus wurde die Lehre vom Antagonismus zur Dichotomie radikalisiert, die Teleologie der Seele bedingungslos in das Unzugängliche verwiesen, aus dem keine Antworten zu erhoffen, nur die Entscheidung – in der Form der Prädestination – zu gewärtigen war. Weder mit der

physischen noch mit der metaphysischen Welt hatte Erkenntnis etwas gemein. Die Menschen standen nun Gott und der Welt in der Äußerlichkeit gegenüber, die ihnen von den Theologen angewiesen wurde. Die Erkenntnis wurde frei für eine In-Dienstnahme für die äußeren Zwecke der Menschen, da sie schon ihren inneren entfremdet war durch das Verbot.

Gewiß, »ganz in dem von Augustinus geschaffenen Schema setzt sich die memoria gegen die curiositas durch«[91], sie schrumpfte aber dabei zur speziellen Funktion wie jene; das Durchsetzen selbst gibt schon einen Vorgeschmack davon, etwa von der exemplarisch bei Blumenberg zitierten Mont-Vantoux-Szene Petrarcas. Seine Feindlichkeit gegen die Natur, die doch eben noch zu mühevoller Bewegung in einer Bergwanderung gereizt hatte, hat der Dichter im Augenblick des Verzichtes zugunsten eines wahreren Jenseits in diese selbst projiziert; er stellt sich vor: »Die Natur leistet dem Zudringen Widerstand«.[92] Noch einmal, und wieder nur in ihrer Verbannung, schimmert bei Dante »die antike *Theorie* in der Verschränkung der für den modernen Interpreten dissoziierten Kategorien des Theoretischen und Ästhetischen als Daseinserfüllung« durch, als er Odysseus bei dem Versuch untergehen läßt, einen unbekannten Berg im Meer hinter den Grenzen dieser Welt, hinter den Säulen des Herakles, zu erreichen.[93] Das Versöhnungsmotiv in dem Zusammenhang mit Erkenntnis taucht bei Petrarca in dem Satz »Aber Freundschaft ist nun einmal durch und durch neugierig«[94] als Entschuldigung für die Mitteilung seiner Erfahrungen auf, so schüchtern, daß es nur den Verzicht noch bestätigt. Der Dialog von Nikolaus Cusanus über mens und mensura klingt so schön: »Ich wundere mich darüber, daß der Geist, den du vom Messen her benannt sein läßt, so begierig darauf ausgeht, den Dingen Maß anzulegen.« Und der Meister antwortet: »Dies hat seinen Sinn darin, daß er das Maß seiner selbst gewinnen will. Denn der Geist ist lebendiger Maßstab, der seiner Fassungskraft dadurch inne wird, daß er anderem sein Maß anlegt. Denn er betreibt alles, um sich selbst zu erkennen.«[95] Aber das ist nicht mehr Selbsterkenntnis durch Objekterkenntnis. Dieser Geist kann nur in dem quantitativen Maß sich selbst erkennen, das er anderem anlegt. Die Bilder, die solches

Messen liefert, werden im Gedächtnis gespeichert, an ihnen gibt es nichts zu erinnern. Die memoria ist zum Gedächtnis herabgekommen.

Damit wurde curiositas in der Tat so beiläufig, wie es vor ihrer wirklichen Abtrennung von Erkenntnis dogmatisch dekretiert worden war. Zugleich wurde der Erkenntniswille, nachdem die Scheu, die über Kommunikation mit der Natur lag, ihm amputiert war, innerhalb der gegenständlichen Welt unbegrenzbar. Der theologische Vorbehalt, was dem Menschen zu erkennen nicht zustehe und, wie Gott selbst, verborgen sein müsse, gewährte schließlich der profanen Erkenntnis Skrupellosigkeit gegen das Objekt und lieh ihr die scheinbare Unschuld, sie werde nicht zur Selbstbehauptung der vergesellschafteten Menschen in Naturbeherrschung betrieben. Dem ist freilich ihre autonome Entwicklung zu verdanken, mit der eine die Natur nachkonstruierende Phantasie zur Möglichkeit wurde. Ernst Cassirer meint: »Der reine Denkakt hat das Sinnliche und Körperliche nicht einfach zum gleichgültigen und indifferenten Substrat, noch bedient er sich desselben als eines bloßen Organs, das ihm selbst wie ein totes Werkzeug gegenübersteht: sondern die Kraft und die Leistung dieses Aktes besteht eben darin, daß er die im Sinnlichen gelegenen Unterschiede als solche erfaßt und vollständig in sich repräsentiert.«[96]

Bisher haben nur am Beginn der Geschichte, die sie verwirklichte, Spiel und Berechnung beieinander sein können, bei Leonardo da Vinci, »in dem zu Beginn der Epoche eben jene Identität von Kunst und Erkenntnis unvermittelt gesetzt ist«, für die es *nach* dem Absolutismus des Cartesianismus »durch hundert Vermittlungen hindurch« vielleicht einen Zeugen[97] gab, der allerdings in reflektierterem Bewußtsein die frühe Leistung als ein Desiderat für die späte Epoche versteht. Eine wie immer veränderte neue Aktualität hat sich noch nicht realisiert. Das Zusammentreten eines mimetischen und eines quantifizierend-konstruktivistischen Postulats – um sie verkürzt einmal so zu nennen – ist offenbar auf die Frage hin zu diskutieren, ob *am Beginn* des choreographischen Tanzes eine solche Möglichkeit der Identität von Kunst und Erkenntnis aufgeleuchtet habe. Die Interpretation des Begriffes memoria, die sich aus der immanenten Analyse der frühen tanztheoretischen Texte ergibt, legt es nahe, in dem von uns an der memoria entwickelten Prinzip ein Aufleben des emphatischen Erkenntnisbegriffes zu vermuten, nachdem dieser durch die Vereinigung von paulinischer Theologie und Aristotelismus unterdrückt worden war.[98] Daß Unterdrücktes und Unterdrückendes in dem Augenblick des Wiederauftauchens nicht unverändert wie Urmotive oder chemische Elemente bei der Analyse festgestellt werden können, ist evident.

»Der Begriff der ›rationalen‹ Selbstbeschränkung, mit dem die christliche Polemik der Gnosis entgegentritt«, hatte sich inzwischen realisiert in der »Kritik der Zahlenspekulation: es dürften nicht aus Zahlenverhältnissen Regeln für Tatsachenverhältnisse abgeleitet werden, sondern die Zahlen selbst müßten aus der Regel begriffen werden, aus der sie hervorgehen«. Das heißt, die Überreste gnostischer Traditionen bestanden zunächst in einer unverstanden von Pythagoras und Plato übernommenen Zahlenmystik; als deren Äußerlichkeit der Sache gegenüber kritisiert zu werden und durch eine zwar ebenso äußerliche, aber systematische Mathematik ersetzt zu werden begann, mag vorbereitet worden sein, daß der gnostische Erkenntnisbegriff – von bloßer Zahlenspekulation, die mit ihm nie gemeint gewesen war, gelöst – in ein neues Verhältnis zu formaler Rationalität treten konnte. Bei einem späten Wiederauftauchen konnte er die Verbindung mit dem strengen System zeitlicher Metrik in dem Memoriaprinzip des Tanzes eingehen, durch das Besonderes und Allgemeines anders als schematisch aufeinander bezogen werden konnten. Wieso war die aristotelische Lehre, der zu erreichende neue Ruhepunkt sei alleiniger Sinn und Inhalt einer Bewegung, so weit überwunden, daß Bewegung, auch die des Menschen, gegen die Scholastik zu einem Phänomen verselbständigt werden und eine eigene Berechtigung für Tanzschritte, die doch für »das Wesen des Menschen« als ganz überflüssig hatten gelten müssen, gedacht werden konnten? Woher kam der Überschuß[99] in den Tanz, um den Ausdruck von Herbert Marcuse in diesem Zusammenhang zu gebrauchen?

Methodologische Zwischenbemerkung

Die im Verbande des mittelalterlich feudalen Ordo lebenden Menschen hatten, wie Hegel gesagt hat, ihr Bewußtsein außer ihnen »in dem Werkzeuge oder dem fruchtbar gemachten, bebauten Acker«[100]; das heißt, ihre Existenzen waren jeweils an bestimmte agrarische Produktionsmöglichkeiten, also an absolut unbeweglichen Boden gebunden oder an Werkstätten, die zwar physikalisch weniger gebunden waren, durch die zünftige Gesellschaftsordnung aber den feudalen Gesetzen von Unveräußerlichkeit und unveränderter Reproduktion ebenso rigide, wenn auch willkürlicher unterworfen. Obwohl die scholastische Philosophie durch antikes und christliches Erbe über die Realgeschichte der Zeit hinaus traditionale Quellen für eine reichere Vielfalt von Denkformen besaß, entsprechen ihre Begriffe dennoch den zeitgenössischen Verhältnissen insofern, als nach der geltenden Lehre die Menschen ihre eigene individuelle Entwicklung nicht als eine freie, sondern als die Realisierung einer metaphysisch, vorgängig ihnen zugeordneten essentia zu betrachten hatten.

Nach den naturwissenschaftlichen Lehrmeinungen, von der aristotelischen Physik beherrscht, konnte eine Bewegung nur solange andauern, wie die sie bewirkende Kraft auf den bewegten Gegenstand fortwirkte. Man kann danach nicht von einem Sich-Bewegen im strengen Sinne sprechen. Das Ereignis einer Bewegung konnte nicht anders als im Hinblick auf deren vorgegebenes Ziel gesehen werden, das wiederum nicht anders als in Abhängigkeit von der essentia des Bewegten verstanden wurde. Causa efficiens und causa finalis waren untrennbar und an die causa formalis gebunden, letztendlich an die essentia rei. Der an dem Begriff posa entwickelte Prozeß manifestiert ein Bewußtsein, das zu dem scholastischen und dem mittelalterlichen Leben in Gegensatz trat und zugleich in einem freieren Abstand zu ihnen doch die Konkretheit behielt, die als Möglichkeit in dem abstrakten System beschlossen lag, nach dem alles Äußere mit allem Inneren, alles Innere mit allem Äußeren verbunden sein sollte. Der Prozeß vollzog sich in einem mimetischen Bereich und in dem positiver Regeln zugleich. Beide Bereiche wurden im Tanz aber nur wie mit verbundenen Augen zusammengebracht. *Die Menschen* standen den beiden Weisen ihrer Bewußtwerdung nicht gegenüber, sie bewegten sich allererst in ihnen; sie *konnten so auch noch nicht deren Ganzes reflektieren, das sie nur erst herzustellen begannen.* Sie waren ganz in diesem Herstellen und konnten also dem Prozeß noch nicht ihre Reflexion zuwenden; sie trieben zwar ihre Intentionen und ihre ersten Erfahrungen dabei zu einer Begrifflichkeit vor, auf die wir uns heute in den Traktaten stützen können, ohne indessen davon selbst einen Begriff zu haben. Ihn hier zu entfalten und unter ihm die einstige Praxis darzustellen ist darum ein Bemühen, das dem Bewußtsein der historischen Subjekte des Quattrocento transzendent ist, das jedoch aus den Artikulationen der Epoche die notwendigen Elemente stringent genug herausheben darf. Am besten gestatten die Erläuterungen der memoria in den Abhandlungen von Domenico bis zu Cornazano zu rekonstruieren, wie die verschiedenen Kategorien und die Dimensionen des choreographischen Tanzes immanent zusammenhingen. An ihr wird auch der tatsächlich zu Grunde liegende historische Stand des Bewußtseins allgemein deutlich, über den die expliziten theoretischen Regeln der misura auf die Praxis choreographischen Sich-Bewegens vermittelt waren. Überdies gewinnen so die Bedeutung und der theoretische Stellenwert des Prinzips an Klarheit, das in ihnen angelegt war, ihrer Formulierung in der damaligen Theorie aber fremd blieb.

Der Begriff, den die Menschen des Quattrocento von ihren neuen Erfahrungen nicht hatten, bildeten sie in der lebendigen Mitte aus, die wir heute in ihrer Tanzpraxis begreifen und an ihrem posa genannten Verhalten festmachen können. Dies war eine praktische Vermittlung von hohem reflexivem Rang. Unter dem Memoriaprinzip sollte sie eigens wirksam gemacht werden. Die ästhetische Forderung ging darauf hin, daß in den tänzerischen Ausführungen eine Reflexion der Tanzabläufe eingelöst werden sollte, daß darüber die Ausführung von hauptsächlich bekannten Schritten und Haltungen zu einem jeweils besonderen Prozeß entfaltet werden müßten. Diese Leistung einer Vermittlung ist gegenüber der Kenntnis des zu beseelenden Schrittkanons eine schon bewußtere Erscheinung des Prinzips, das im ersten Kapitel dieses Teils selbständig dargestellt und posa genannt worden ist. Die memoria ist eine höhere Stufe des in den Regeln der misura nur implizierten Posaprozesses. Als solche stellt sie gleichzeitig ein emphatisches Modell dar, in das Praxis als Reflexionsebene eingegangen ist. Der Begriff der misura umfaßt einen theoretischen Formenkomplex, in dem jener Prozeß faktisch enthalten ist. Mit dem Begriff der memoria wird der Vorgang, durch den er in die Konkretion realer Bewegungskompositionen übersetzt wird, selber erkennbar. Unter dem Metrum als ihr äußerlichem erstarrt zunächst die Zeit zur bloßen Abstraktion, zum bloßen Gegensatz zu der historischen. Wird das abstrakte Metrum auf den Plan gerufen durch eine ihrerseits ungreifbar, unübersehbar dahinfließende Inhaltlichkeit und auf diese vermittelnd bezogen, so kann sie an ihm ihren bloßen Fluß zum bewußten Moment des Prozesses werden lassen. Das ist schon Hegelsche Er-Innerung, memoria. Es ist nicht sinnvoll, im Rahmen dieser Untersuchungen die sich andeutenden Analogien, etwa von posa und Begriff, zum Aufbau der Hegelschen Logik expliziter zu diskutieren, weil damit die Interpretation, um die es hier geht, überlastet werden würde. Ohnehin wird die Frage am Problem der Erkenntnistheorie des Florentiner Neuplatonismus eingehender gestreift werden müssen, wo Kants und Hegels Begriffe von einem intuitiven Verstand klärend heranzuziehen wären. Außerdem wird eine eingehendere Beschäftigung mit den besonders relevanten Komplexen, insbesondere dem wesentlichen Verhältnis und dem Übergang zum Begriff, einer eigenen Studie vorbehalten bleiben.

Den logischen Zusammenhang, in dem sich die Kategorien der frühen choreographischen Ästhetik darstellen und an ihrer Praxis einlösen, muß jetzt noch die Diskussion der hinzutretenden Begriffe wie maniera und aiere korrigieren und ergänzen. Ihr kommt die Aufgabe zu, von der immanenten Analyse überzuleiten zu dem Versuch, die bestimmte Praxis des Tanzes in dem Zusammenhang mit den historischen Verhältnissen zu rekonstruieren. Wenn sie derart, wenigstens ansatzweise, als Moment der gesellschaftlichen Praxis abgeleitet, dem Phänomen der posa also eine gewisse objektive Bedeutung auch für die Interpretation der historischen Epoche insgesamt behauptet werden kann, wird die Frage danach am Platze sein, warum gerade damals und dort die aufgezeigten Veränderungen sich verwirklichten und ob ihre Rekonstruktion einen substantiellen Ansatz zum historischen Verständnis der Epoche überhaupt für uns beizutragen vermag.

Die Kategorien der frühen choreographischen Ästhetik III: maniera, aiere, movimento

Die Begriffe maniera, aiere und movimento stehen zusammen für die Präzisierung tänzerischer Wirklichkeit aller Schritte. Sie bestimmen den Übergang zu der äußersten Stufe von Konkretion, über die die gesamte ästhetische Konstruktion sich endgültig dem ihr zu Grunde liegenden Prinzip verbindet. Das Memoriaprinzip wird hier unter allgemeinen Postulaten über das richtige und notwendige körperliche Verhalten seinerseits praktisch vermittelt auf das Prinzip der posa. Das bestimmte Verhältnis aller Elemente zu dem quantitativen Ordnungssystem und zu der Organisation formaler Einheiten wird als geltend vorausgesetzt. Beide Bereiche sind für sich explizit in den Texten diskutiert. Wie sie aufeinander bezogen seien, konnten wir nur aus den Implikationen der betreffenden technisch-formalen Passagen sowie aus den Stellen rekonstruieren, die allgemein die Bedeutung des Tanzes dort behandeln. Die Erörterungen zum Begriff der memoria und seiner Geschichte haben es uns möglich gemacht, wesenslogische Verbindungen zwischen der Kategorie der Erinnerung und dem an der posa entwickelten Prozeß aufzudecken, als Erscheinungen der Mimesis zu behandeln und als solche spezifisch zu differenzieren. Ein Bewußtsein von diesen Prinzipien, auch von ihren komplexen Zusammenhängen, ist immanent in der frühen italienischen Tanztheorie enthalten; die Theoretiker haben aber noch nicht einen Begriff von solchem Bewußtsein. Dieses drückt noch ganz sich in dem praktischen

Verhalten aus, von dem sie – Vorstufe der Reflexion – allgemeine Postulate abhoben und formulierten. Die Formulierungen erwecken jedoch den Anschein, als handele es sich um eine Anzahl von Forderungen für die Ausführung, denen jeweils großer Nachdruck verliehen wird – »zur Vollkommenheit der Kunst zu tanzen ist es notwendig«, »unerläßlich« etc. –, zwischen denen aber kein systematischer Zusammenhang bestünde.

Dieser Charakter des Kasuistischen wird durch den Wechsel der Begriffe für das entsprechende Postulat bei Domenico und Cornazano noch suggestiver. Dagegen ist ganz deutlich, daß die am Begriff der posa antizipatorisch formulierten Zusammenhänge einer inneren Organisation der Choreographien sich gerade unter maniera, aiere und movimento an entscheidenden Anweisungen für Details der Ausführung festmachen lassen. Was rückblickend als Prinzip benannt werden kann, objektivierte damals sich in der Stringenz des Vollzuges. Nicht in der Theorie, wo ihn die Weisen suchen, sondern in der Praxis fand sich der Schlußstein der zueinander gedachten Tendenzen. Würden die Texte klipp und klar davon sprechen, so wüßten wir viel weniger als so, ob in ihrer Realisierung die Choreographien eine theoretisch behauptete Stringenz erlebten. Noch weniger als in anderen Künsten lassen sich im Ballett Theorie und Praxis auf allgemeine Reflexion und Interpretation zusammenstutzen. Um so notwendiger, *die Evidenzen der Ausführung als Schlußstein der positiv artikulierten Theorie zu verstehen;* anders kämen die Prinzipien wieder zu Regeln, die Organisation des Materials zum System herab, und von den Postulaten wäre nur eines sicher, daß sie nämlich zum Gebäude eines ebenso perfekt verbalisierten wie falschen Bewußtseins gehörten.

Die Vollkommenheit der maniera versteht sich erst, »natürlich und notwendig«, aus der Ausführung selbst.[101] Sie wird als adornamento bezeichnet und als atto o veramente regola beschrieben.[102] Das Ornament wird nicht als Floskel, sondern als Akt und als Postulat zugleich aufgefaßt. »Natürlich« war das Bedürfnis, durch ornamental ausdeutende Bewegungen die Schritte, insbesondere die einfachen Vorwärtsschritte sempio und doppio, zu überhöhen. Die »Notwendigkeit«, die bloß ortsverändernden Bewegungen zum Sprechen zu bringen, wird erst im Bezugsrahmen der misura denkbar, geht aber über diese hinaus. Die Entwicklung der frühen italienischen Choreographie ist geprägt dadurch, daß die einst nur zusammenkommenden Kanonelemente einander durchdrangen: Schritte, pausierendes Schwingen und Ornamente.* Vertikal und horizontal gelangten die Tanzenden über das bloße räumliche Gerichtetsein der Schritte hinaus, wie es der Zweck der Figuren noch gewesen war, die solange prinzipiell geographisch bestimmt blieben, als magisch rituale Altarumschreitungen oder unreflektierte Muster von Vorwärts und Rückwärts, Seitwärts und Drehung bei dörflichen Tanzvergnügen Prinzipien des Tanzes nicht immanent sich entfalten ließen.

Campeggiare hieß das Schwingen der Person nach den Seiten, ondeggiare das leichte Federn auf den Fußspitzen. Es läßt sich nachweisen, daß dieses bei dem saltarello des Cornazano ein Aufgehen zuvor in kleinen Sprüngen ausgeführter Schritte in dem Ganzen der Schrittfolge darstellt. Man müsse die Schritte »adorni et ombreggi con bella maniera«[104] sagt Guglielmo Ebreo und nimmt damit das Motiv jenes Bewegungsschattens wieder auf, in dem – wie in einem Windschatten mechanisch positiver Aktivität – die Einbildungskraft immer neu geboren wird: ombra fantasmatica, die Bedeutung der posa. Demgegenüber erscheint das seitliche Schwingen der burgundischen Tänze, der branle, im Frankreich der gleichen Zeit mit einer gewissen naiven Selbständigkeit die Schrittfolgen abzuschließen. Der branle war selbständige, aber untergeordnete Bewegung, indem er erlaubte, die an den Hauptschritten überstehenden Bewegungsimpulse aufzubrauchen; eine simpel lustvolle Form, die allgemeine gemessene Würde des Schreitens wiederherzustellen. Das Wort ondeggiando schließt eine Metapher in sich, die der über leise Wogen gleitenden Gondel.[105] Die Gondel wird vom Wasser getragen, dessen Oberflächenbewegung den Schwerpunkt des nur auf ihm ruhenden Körpers hebt und sinken läßt. Dieses Auf und Nieder ist bloße Wirkung eines Naturgeschehens, mit dem keinerlei Absicht ver-

* Ingrid Brainard führt dies von dem movimento aus, das in der Fortsetzung der Saltarellokombination von Domenico bei Cornazano mit dem »Manierawiegen« zu einem neuen homogenen Ganzen verschmolzen sei.[103]

bunden sein kann; durch die Sehnsucht der Menschen nach der Versöhnung von Willkür und Wirklichkeit kommt ihr Begriff des Spielerischen dem nahe.

Freilich ist der Weg rückwärts durch unser Bewußtsein verstellt; die »Naturformen«, die »sind, was wir waren«, können nicht, wie Schiller es will, das »sein, was wir wieder werden sollen«.[106] Der Tanzende, der durch ein »virtuosamente esercitando«* im ondeggiare sich übt, *bewegt sich mit einem Körper, dessen Schwere ihm bewußt geworden ist.* Die Gondelparabel fordert von ihm, er solle das Schweben des Bootes auf dem Wasser in seiner Bewegung reproduzieren. Daß er auf dem festen Boden der Erdoberfläche alle Bewegung selbst machen und selbst wollen muß, verdoppelt noch die Deutlichkeit seiner Bedingungen. Nachahmung des Naturvorganges ist nur in einer physischen Reproduktion möglich, in der ein mimetisch – oder reflektorisch messend – in die Vorstellungen des Verstandes aufgenommener Vorgang durch die Bewegungen eines Körpers realisiert wird, die der willkürlichen Enervierung und Koordination bedürfen. Aber die Bewußtheit war nicht vorherrschende Berechnung. Das Gleiten der Gondel konnten die Tanzenden auf Grund einer geeigneten immanenten Organisation ihres Körpers vollziehen; sie wurden ihres Schwerpunktes Herr. Bis man nicht diesen Grad der Bewußtheit erreicht hat, bleibt alle »Nachahmung« bloße Mimikry, die noch nicht von der reinen Außenbestimmtheit ab- und der Er-Innerung zugewandt ist; oder sie ist Symbol, dem Menschen so äußerlich wie dem Objekt.

Die erste Periode choreographischen Tanzes ist als der Beginn dieser Bewußtwerdung zu verstehen. Im Quattrocento ist die Lust, dem einmal realisierten Bewegungsimpuls ausschwingend

* Mabel Dolmetsch scheint mir mit der folgenden Zusammenfassung zwar nicht das Entscheidende an der maniera benannt, aber richtig darauf hingewiesen zu haben, daß bei den mitschwingenden Bewegungen des Körpers die im Schritt angegebenen Impulse unvermittelt fortgesetzt werden: »Die maniera genannte Qualität wird als Bewegung dargestellt, mit der der Körper der Bewegung des Beckens folgt; wenn also der Tänzer einen sempio oder einen doppio ausführt, der vom linken Fuß bestimmt wird, so dreht er seinen Körper nach links, während er sich nach rechts dreht, wenn ein solcher Schritt vom rechten Fuß bestimmt wird. Und diese Drehung wird entsprechend durch den ganzen Schritt beibehalten.«[107]

sich hinzugeben, noch nicht ganz aufgegangen in dessen inhaltlich formaler Funktion für die Integration der choreographischen Formen. Das Spielen mit dem Körpergewicht im Wiegen und Federn ist noch nicht zur absoluten Herrschaft über den eigenen Schwerpunkt radikalisiert. Doch sind die Ansätze zu élévation und dem klassischen Ideal der Schwerelosigkeit klar erkennbar. »Destra leggierèza« ist das Stichwort im ›trattato dell'arte del ballo‹. Im Kapitel aiere findet es sich und faßt die Wirkung von Anmut mit dem Anspruch zusammen, zu gefallen, wie es aus der Praxis des rilievo hervorgeht.[108] »Aeriosa presenza et elevato movimento« werden für die Ausführung ausdrücklich aller Schritte verlangt.[109] Etymologisch ist damit Mabel Dolmetsch gerechtfertigt, wenn sie den entsprechenden Terminus bei Cornazano, das alzamento, als Elevation versteht[110]; die Tanzenden erhoben sich ein wenig auf den Fußspitzen. Freilich war weniger technisch dieses Sich-Erheben während einzelner Phasen gemeint als *ein prinzipielles Einbeziehen der dritten Dimension in Ausführung, Verständnis und Sinn aller Schritte.* Darum konnten gelegentliche Sprünge in der italienischen bassadanza ausfallen und ihren Impuls in ein aiere des Ganzen aufheben.

Dies ist aber nur der Beginn einer veränderten Körperhaltung, die aus den Füßen sich in die ganze Person fortsetzt. Da der ebenfalls auftretende Begriff presenza mehr heißen muß, als die Tanzenden seien überhaupt anwesend, kann nur eine besondere Manifestation dieser Anwesenheit gemeint gewesen sein. Sie geht nicht darin auf, daß ein Mensch einen geographisch bestimmten Ort im Raum für irgendeine Zeitdauer einnimmt. Dies wäre die Situation der Starre in der Mimikry an unbewegte Natur, in ihr wären die Menschen »einzig der äußerlichsten, der räumlichen Beziehung fähig«[111]. Guglielmo Ebreo war sich bewußt, daß der Tanz in keinem Moment mehr hinter die immanente Bestimmtheit, die mit misura und memoria erreicht war, zurückfallen durfte. Er reflektierte die presenza als materiale und verlangte von den Tanzenden, ihrerseits auf deren Bezug zu dem Raum der Aufführung und auf die dem choreographischen Ganzen eigene Zeiteinheit zu reflektieren: »die Ausführung muß streng den Ort berücksichtigen und das Tempo, das für den Geist so wichtig ist.«[112]

In der Realisierung dieser Prinzipien wird erst die Möglichkeit geschaffen, Anwesenheit über die bloß körperliche hinaus evident zu machen – als bewußte.

Nachdem durch die misura die bloß historische Zeit aufgehoben und durch die memoria in eine eigene Geschichtlichkeit überführt worden ist, werden nun der bloße geographische Raum und die bloße biophysische Körperlichkeit des Menschen aufgehoben. Die physikalischen Schwerpunkte der menschlichen Körper, die nach Schwere und Raumverteilung, das heißt, nach der physischen Gestalt sich bestimmen, werden für die im Tanz sich Bewegenden zum Gegenstand des Bewußtseins. Es vermittelt sich über die willkürliche Veränderbarkeit der physischen Gestalt durch die körperlichen Bewegungen und innerhalb der Grenzen der Anatomie. Einen Begriff von diesem Zusammenhang hatten die italienischen Choreographen nicht; er kommt bei ihnen aber zum Ausdruck in den Überschneidungen der Termini, die darum zu Unrecht irreführend[113] genannt worden sind, wo Domenico mesura de terreno sagt, um den Kontext zu bezeichnen, dessen zentraler Begriff tatsächlich il deportamento de tutta la persona heißt.[114] Durch eine ganz bestimmte Haltung in seinem ganzen Körper gibt der Tanzende sich die aeriosa presenza. Scheinbar ist deren Prinzip noch in einer Reihe von zueinander tretenden partiellen Anweisungen verstreut. Aerioso läßt sich jedoch gewissermaßen als Oberbegriff interpretieren. Darin ist die Vorstellung enthalten, die Menschen sollten, tanzend zunächst, soweit sich ihrer Schwere bemächtigen, daß sie *der Erdanziehung entgegen sich in die Höhe stilisieren,* sich mehr den Lüften zurechnend. *Eine Verlagerung des Körperschwerpunktes über den unwillkürlichen Ort im unbewegten Menschen nach oben ist das Mittel.*

Der Prozeß läßt sich sehr genau beobachten an drei Zeichnungen des nur wenige Jahrzehnte nach Guglielmo Ebreo und Cornazano lebenden Michel Angelo zum Thema der Auferstehung Christi.[115] Drei Phasen sind dargestellt: Eine stehende Figur läßt ihr Gewicht eben noch zu einem Teil aufruhen auf den Steinelementen der Grabumrandung, auf denen die Füße stehen, wobei die Masse des Körpers weitgehend schon nach oben gestaut ist, künstlerisch und kinetisch in die Stellungen des erhobenen rechten und des über die Brust greifenden Armes abgefangen. Eine zweite Figur hat mit dem Erdboden nur noch durch die Zehen des linken Fußes Berührung; was das rechte Bein nicht mehr trägt, ist in einem Schwung der Hüften nach oben gezogen, und während der Körper fast ganz an den hochgezogenen Schultern aufgehängt zu sein scheint, geben die Arme dem Unterstützung, indem sie halb frei schwingend nach oben und zur Seite, halb auch in fester Spannung der Muskulatur in die Luft greifen. Der aufsteigende Christus schließlich hat, mit gekreuzt vor sich gehobenen Armen und zurückgewandtem Kopf, seinen Schwerpunkt fast schon oberhalb der Brust, so daß er wie nach oben gezogen wirkt und Leib wie leichtgebeugte Beine als Anhang erscheinen. Als derart physikalisch am menschlichen Körper zu realisierender Prozeß war vordem Auferstehung und Himmelfahrt nicht verstanden worden. Seine Rekonstruktion durch Michel Angelo am religiösen Sujet hat exemplarischen Charakter, sie ist ernsthaftes Gedankenexperiment und hat mehr mit den Flugmaschinen Leonardos als mit den theologischen Dogmen gemein.

Das deportamento war die Frühform des déportement. Mit ihm war schon gemeint, daß die Menschen sich nicht einfach von der Erde tragen lassen sollen; das tun die plumpen Bauern, die vom Lande kommen und selber erdhaft sind, die villani.[116] »La quale agl' innamorati e gienerosi quori, et agli annimi gentili per cieleste indiclinazione, più tosto che per accidentale disposizione è amicissima e con forma aliena in tutto e mortal mimica de'viziosi e meccanichi plebei, i quali le più volte, coll animo corrotto e colla sciellerata mente ...«[117] Die Menschen von vornehmem Sinn sollen im deportamento sich selbst tragen, se porter, und eine Art Emanzipation von bloßer räumlich physikalischer Bestimmtheit ihrer Präsenz durch »eine hohe Haltung« sichtbar erweisen. Das se porter erscheint in verschiedenen Momenten der Ausführung, immer aber bedeutet es, daß die Tanzenden nach der Ausführung eines Schrittes oder einer Schrittfolge, in die später sogenannte erste Position der symmetrisch nebeneinander stehenden Füße zurückkehrend, ihre ganze Person in einem leichten Federn nach oben aufrichten. Der Eindruck entsteht, als habe man *damals*

das anthropologische Ereignis des aufrechten Ganges noch einmal vollziehen wollen, nun aber aus der biologischen Phase der Naturgeschichte in eine des Bewußtseins und damit der Menschengeschichte übertragen. Dieses rilevamento wird als das wirklich Menschliche, als umanissimo bezeichnet.[118]
In den Texten der Tanzmeister läßt sich nicht voneinander scheiden, was aus christlich religiöser oder antik philosophischer Tradition und was aus deren spezifisch neuem Verständnis durch den italienischen Humanismus in diese Konzeption eingegangen ist. »Diese Dinge sind viel leichter und angenehmer für den, der seine Natur vom höchsten Himmel empfangen hat, zu liebenswürdigem Entgegenkommen neigt und der wohl gebaut ist mit einer freien Person, heil und heiter, ohne irgendwelche körperlichen Fehler.«[119] Das Desiderat der angenehmen Erscheinung ist ohne Zweifel ein sehr wichtiges Element in dieser Konstellation. Es löst sich praktisch darin ein, daß »die hohe Haltung« nicht einfach mit der am Ende von Schritten eingenommen ersten Position der Füße identisch ist, sondern als ein eigener Bewegungsvorgang – der auch movimento corporeo heißen kann – in die Komplexe der Formen eingeht. Sie ist eines mit den federnden Bewegungen des ondeggiare während der einfachen und doppelten Vorwärtsschritte; über dieses ist sie dem seitlich schwingenden campeggiare verwandt. Im deportamento kündete sich eine Haltung an, durch die die Menschen ihre Physis selbst über deren naturwüchsig physikalische Bestimmtheit hinaus in die Höhe zu stilisieren bestrebt waren; solche Absicht blieb jedoch *im lustvoll Spielerischen verborgen.*
Über der Unbeweglichkeit der Füße entwickelte sich eine posa, deren Einhalt nur Verzicht auf bloße Ortsveränderung bedeutete, dagegen in der vollkommen zweckfreien Bewegung des Körpers an sich der Entfaltung des Vorstellungsvermögens Raum gab. Hatten derart die Tanzenden sich für einen Augenblick über das Vorwärts, Seitwärts, Rückwärts der Schrittfolgen erhoben, glitten sie in deren Folge wieder zurück. Im Ansetzen zum nächsten Schritt setzte man die Hebung noch soweit fort, daß man den Fuß mit sinkendem Körpergewicht auf den Boden aufsetzen konnte, im Einklang mit der betonten Zeit des musikalischen Rhythmus. Die Beherrschung des

eigenen Körperschwerpunkts war spielerisch; nicht instrumentell und nicht gegen die materialen Bedingungen der Körperbasis verabsolutiert. Zwar mußte man die langsamen Hebungen der Gondel auf die Höhe sachter Wellen in der tänzerischen Nachahmung aus der Anstrengung von Muskelkräften gegen die Gravitation erzwingen; zum Hinabsinken aber konnte man dieser noch einmal lustvoll sich anvertrauen. Das alzamento war einem besonderen Akt des Sich-wieder-Aufrichtens anvertraut, ri-levamento.

In der Konstellation, die von einer Seite durch die ombra fantasmatica und deren variierende Realisierung auch in ondeggiando und campeggiando bestimmt ist, war die Idee der aeriosa presenza zu ambivalent, um als Postulat durchgängige Geltung zu besitzen und aus dem besonderen Akt, atto, in ein allgemeines Prinzip aufzugehen, das unmittelbar für alle Elemente des Kanons, ja für deren Vermittlung aufeinander selbst konstitutiv erklärt worden wäre. Das geschah über den Posaprozeß, dem praktisch auch diese Dimension auf das Ganze zu transportieren aufgegeben war. Das aerioso dürfte sich daneben auch in einem äußerlichen Ideal von körperlicher Anmut zum Teil verloren haben und einem dekorativen Dastehen vor der Öffentlichkeit preisgegeben gewesen sein, das mit einer Spielbein–Standbein-Haltung in der posa der eigentlichen fantasmatica die Konzentration entzog. Dies war indessen der Gang der folgenden Entwicklung des europäischen choreographischen Tanzes. Bei den frühen italienischen Theoretikern sind die Ansätze dazu gegeben, wenngleich sie, zumindest tanzimmanent, zu wesentlich von ihrer Verbindung mit der Hingabe an die spielerische Entfaltung des Triebhaften bestimmt waren, wie Bewegungen sie realisieren, in denen dennoch zuviel vom Impuls ausgekostet und in Rhythmus überführt wurde, als daß bereits für die Zeit um 1420 oder um 1470 der Fortgang prädestiniert erschiene. Das ondeggiando wurde von Cornazano sehr präzise vorgezeichnet.[120] Die Hebungen sollten langsam steigend emporgeführt werden, und das Absinken sollte, wenn auch nicht unvermittelt, so doch rasch geschehen. Die viel schneller ausgeführte Senkung dürfte nicht allein dem Wechsel von Bewegungsanstrengung zum Geschehenlassen der Erdanziehung entsprochen haben. Beide Phasen wurden als Einheit verstanden; bei solcher Bewußtheit konnte die Spannung nicht simpel in den freien Fall sich auflösen, der auch zweifellos alle Intentionen dieses Tanzes durchbrochen haben würde. Im Verhältnis dazu wird nun die Abwärtsbewegung zu rasch gegangen sein, um ein restloses Abbauen der Spannung zu erlauben, das deren Aufbau bis zum Höhepunkt des ondeggiando vergleichbar gewesen wäre. Es dürfte ein Überschuß verblieben sein. Die stille Bewegung, in der er dann am Ende des federnden Vorschreitens sich umsetzt, läßt die dynamisch-technische Seite des Prozesses erkennen, der formal und inhaltlich, das heißt abstrakt, an dem Begriff der posa diskutiert worden ist.

Die posa stand so abstrakt, wie sie hier schließlich hat begriffen werden können, nicht da. Sie war eingebettet in die Figuren und Beziehungen der frühen Kunstform Tanz und war darum von deren kommunikativen Inhalten nicht zu trennen. In dem differenzierten Leben der Höfe, wo es am wenigsten belastet war von Ostentation oder kriegerischem Gehabe der Männer, bildete *jenes still in sich bewegte Einhalten* im Tanzen eine Einheit mit anderen Ausdrucksformen dafür, daß man in einer Begegnung *etwas gewahr wurde und auch etwas von sich offenbar werden ließ*. Die Verwandtschaft der posa mit bestimmten Gesten ist unverkennbar, mit denen auf den Bilddarstellungen der Zeit Menschen einander eine Beziehung ausdrücken. In der Ikonographie ist das Ende des Mittelalters bezeichnet durch Stellungen der Personen zueinander, die es ihnen erlauben, sich gegenseitig anzusehen.

Das begann freilich schon früh, gerade in dem Umkreis der Liebeshöfe und der Minne, und setzte sich dann, zu eigener Deutlichkeit gereift, in den großen Ritterromanen fort. Ein Manuskript des ›Roman de la rose‹ zum Beispiel enthält eine Miniatur, auf der ein Paar sich bei den rechten Händen hält und intensiv einander ins Gesicht schaut.[121] Dabei ist seine linke Hand über dem abgewinkelten Arm zu einer streng stilisierten Geste geöffnet, die sich wie eine Stereotype in ähnlichen Szenen des vierzehnten Jahrhunderts in Frankreich wie auch in Italien wiederfindet. Das für unseren Zusammenhang Bemerkenswerte an ihr wird erst im Übergang des Quattrocento deutlich. Die alte Formel wurde ebenso wie die Vorstellungen des mit ihr verbundenen Sich-Begegnens zu vielfältigen Beziehungen belebt. Besonders schön ist der Wandel wie auch die weiterhin geltende Ambivalenz von Formel und spontanem Ausdruck wiederum in dem schon zitierten Fresko Mantegnas in Mantua zu beobachten. Während der Kardinal, in der Mitte mit Front zum Beschauer aufgebaut, seine Hand ziemlich steif und nach innen gekehrt vor seiner Brust hält, hebt der alte Herzog seine Rechte zum Gruß so seinem zweiten Sohne entgegen, der wie er, aber auf der anderen Seite des Bildes, im Profil erscheint, daß der Andere unterhalb des Gesichtes auch die innere Handfläche sich zugewandt sieht. Es ist eine Geste zwischen Gruß und Segnung, streng noch in ihrer traditionellen Förmlichkeit und doch zart durch die Öffnung gegenüber dem Begegnenden. Das Kind neben ihnen, das mit seiner Hand die der Mutter behutsam berührt, scheint etwas von der Bedeutung auch der Geste des Erwachsenen auszusprechen.

In der Komposition ist auch im übrigen ein merkwürdiger Wechsel von Berühren und Anschauen verbindend durch die Gruppe gezogen. An ihm wird selbst bei einem sonst so repräsentativ strengen Bilde von Menschen wie diesem ihr Gemeinsames fühlbar. Daraus wird auch ein wichtiger Zug des Hintergrundes für den quattrocentonischen Tanz frei. Die Geste des Herzogs findet man nicht nur in vielen Abwandlungen bis zur liebevollsten Hinwendung weltvergessener Paare. Sie gehörte auch zu den Tänzen selber, in die sie an gewissen einschneidenden Punkten eingeflochten wurde, so daß sie zweifellos gerade mit manchen Posahaltungen verschmolzen ist. Der höfische Tanz war überhaupt eine Form des einander sich Zuwendens, *alle Kommunikation von Menschen miteinander wurde auch körperlich emphatisch vollzogen.* Die ganze Fülle vorstellbarer Verwirklichungen bietet sich etwa in dem ›Paradies‹ des Giovanni di Paolo dar.[122] Alle Menschen sind in den intensivsten Beziehungen begriffen, Gespräch, Umarmung und schweigendes Schauen eines jeden in die Augen des Anderen zugleich. Es sind viele Gruppen nebeneinander, aber fast immer von nur zwei, manchmal drei Menschen. Die oben beschriebene Handgeste machen nur wenige, ein besonders würdevoller alter Mann, ein Mönch, auch ein etwas steiferer junger Mann; doch sie erheben beide Hände und sehen tief freundlich dem Anderen entgegen. Die übrigen sind in Umarmungen, manche auch dabei kniend, wenn der Andere ein Heiliger ist, oder mit den Händen sich anfassend dargestellt. Jungfrauen, Greise, Matronen und Jünglinge sind zu zweien beieinander, in allen Zusammenstellungen der verschiedenen Alter und Geschlechter; zwei Mönche neigen sich einander zum Kuß zu. Allen sieht man an, daß sie in ihren gemalten, unveränderten Haltungen stark bewegende Begegnungen haben, während in der ›Hölle‹ vor den anderen Qualen allgemein die dargestellt ist, daß jeder ganz gegen die anderen neben ihm vereinzelt ist. Nur zwei können sich eben noch einmal in die Augen sehen, während schon ein Dämon den einen Menschen entreißt. Nur die Kinder des Paradieses sind ebenso glücklich zu vielen wie auf dem blumigen Rasen mit sich selbst beschäftigt. Die Gemeinsamkeit im gegenseitigen Blick und der feinen Berührung bildete in solchem Nebeneinander der kleinen Gruppen die innere Beziehung, die Einheit des Bildes, bevor es auch äußerlich im objektiven Bezugsrahmen geometrischer Kompositionslinien in ein reflektiertes Ganzes gebracht wurde. Solange die Geometrie des formalen Aufbaus das Innige der Begegnungen nur desto schöner hervorzuheben vermochte – wie vielleicht am strahlendsten in Leonardos Gruppen von St. Anna, Madonna, Kind und Johannesknaben oder Lamm –, schien die Vereinigung zu gelingen, die nur zu bald von unnachgiebigen Formprinzipien bedroht zu werden begann. Im sechzehnten Jahrhundert brachte auch das Ornament nicht mehr die es tragenden Strukturen zu ihrem Sprechen, sondern beanspruchte immer selbständigeres Gewicht, bis es zu einem Überhang an Äußerlichkeit, wenn auch voller repräsentativer Macht geriet. Im Guglielmo-Traktat konnte es dagegen noch heißen, »portando la sua persona libera colli gesti suoi alla detta misura . . .«[123]: Man trägt frei seine Person mit seinen Gesten zu der angegebenen misura vor.

Teil III
Die Ära des Kaufmannskapitals

Handwerksproduktion und weltweiter Handel
Verhältnis zur Produktion
Fernhandel
Heimische Produktion
Geldhandel
Exkurs zur Theorie des Kaufmannskapitals
Wirkung in der Zirkulation
Methodologischer Exkurs
Die Reproduktionsweise
Stand der Arbeitsteilung
Fragen nach Kooperation
Zusammenfassung

Handwerksproduktion und weltweiter Handel

Die Abstraktionen, mit denen der erste Teil im sozialgeschichtlichen Kontext umgeht, haben sich an den ästhetischen Analysen und Rekonstruktionen zum Teil bereits präziser herausarbeiten lassen. Auf dem allgemeinen Hintergrund von Begriffen wie der Vermittlung von je Besonderem auf allgemeine Kategorien oder Kriterien zeichnen sich am Tanz einige Modelle anschaulich vorstellbar ab: das einer Einheit von körperlicher und geistiger Arbeit, das heißt, das Modell einer befreiten Arbeit an der eigenen inneren Natur zu deren Entfaltung; das einer befreiten Interaktion und Kommunikation als kollektive Aneignung von Individualität im wechselseitigen Prozeß; als Bedingung und Vermittlung für diese Modelle erweist sich ein konkreter Vorgang, der dem Begriff einer lebendigen Mitte entspricht.

Als solche Modelle und unter solchen Begriffen treten die Erscheinungen erst dieser heutigen Verarbeitung der Geschichte entgegen; aber keine andere Epoche der europäischen Geschichte hat annähernd stark vergleichbare Phänomene hervorgebracht wie gerade das Quattrocento. Die bloße Tatsache, daß Interpreten dieser Epoche für sie den Namen Renaissance haben finden und an bestimmten geistigen Strömungen der Zeit selbst für ihn haben Anhaltspunkte aufzeigen können, gibt für die in diesem Umfange einzigartigen Manifestationen noch keine irgendwie befriedigende Erklärung. Die italienische Geschichtsschreibung hat, etwa bei Spaventa, einen durchgehenden Bezug zu den Phänomenen der »Renaissance« insofern gefunden, als sie unter geschichtsphilosophischen Vorstellungen konkrete politische Interessen an der italienischen Vergangenheit als Vorgeschichte oder gar Substanz für die Erneuerung der nationalen Bedeutung des Landes hatte. Dieser Bezug ist zwar konkreter als der einer allgemeinen historischen Rückbesinnung, etwa bei Jacob Burckhardt; so kann man aber die Vergangenheit nicht präzise genug auf die Gegenwart beziehen, weil weder die eine noch die andere historische Situation in sich konkret genug analysiert und vorgestellt wird.

»Die Renaissance Burckhardts ist ohne Geschichte«, sagte Cantimori, »wir sehen nicht, wie die Kultur der Renaissance entstand, noch, wie sie sich entwickelte. Sie ist da, im unbeweglichen Himmel des Geistes, ein vollkommenes, leuchtendes Ideal des Lebens, das für die Menschen nunmehr schwer zu erreichen und zu verwirklichen sein wird, so wie das Reich des Augustus für die Menschen des Mittelalters.«[1] Aber auch aus dem nationalen Aspekt war über geistesgeschichtliche Begriffe kein stringenterer Zugang zu finden: »Die Unterscheidung zwischen Renaissance, Humanismus, Rinnovamento, Risorgimento, Quattrocento und Cinquecento ist nicht sehr klar –, weder bei de Sanctis noch bei den Historikern, die seine Vorläufer oder Zeitgenossen waren.«[2] Die Unterscheidungen sind in ganz verschiedenen Richtungen von der folgenden Forschung vorangetrieben worden, haben sich aber immer wieder als wichtige Aspekte, doch weniger als Denken und Realität der Epoche zusammenbringende Theorie erwiesen. Das zeigt zum Beispiel die These, daß die eigentliche Renaissance im zwölften Jahrhundert stattgefunden habe und daß die italienische spätere ganz aus dem hochmittelalterlichen Vorgang zu verstehen sei. Sie wurde von H. Rashdal bis hin zu J. Boulenger und bis zu Panofsky entwickelt. Spaventa hat aus Hegelscher Tradition versucht, die Bewegungen der Epoche zu einer Einheit herauszuarbeiten. Was sich uns im ersten Teil als eine frühe Form von Internationalismus gerade pluralistischen Charakters dargestellt hat, sah er, wie Cantimori zusammenfaßt, an als »wahr, weil vermittelt und konkretisiert durch die Vielfalt der verschiedenen Nationen, in der discors concordia der neuen Kultur«.[3] Wir werden auf den Begriff einer discors concordia im Band II bei Jean Bodin stoßen. Für das Quattrocento ist er ohnehin nicht ergiebig, weil so Einheit damals nicht einmal in der äußerlichen und schematischen Vernunftförmigkeit zu denken ist, die sich dann im sechzehnten Jahrhundert allerdings durchsetzte.

Im folgenden wird der Versuch unternommen, die Interpretation der Epoche nicht einfach als gesamte unter dem – meist geistesgeschichtlichen – Primat eines ihrer Verwirklichungsbereiche zu unternehmen, sondern den verschiedenen Ansätzen auch einen politisch ökonomischen zur Seite zu stellen, dem allerdings eine besondere Bedeutung zukommt. Aus der Rekonstruktion und Analyse der gesellschaftlichen Verhältnisse soll versucht werden, die Abstraktionen zu gewinnen, die als gesamtgesellschaftliche Formbestimmungen bezeichnet werden. Sie stehen als die Strukturen da, in denen sich uns die »Realität« der Epoche darstellt. Im Verhältnis zu ihnen wird dann bestimmt werden können, was die übrigen, abgehobeneren Strukturen, etwa der ideengeschichtlichen oder der ästhetischen Situation für einen »Realitätsbezug« haben konnten. Dazu läßt sich eine Grundkonstellation vorwegnehmen, deren innere Spannung die Kontraste und Widersprüche der Entwicklung abbildet und dem Verständnis einzelner Erscheinungen immer wieder zu Grunde liegt.

Die historischen Erfahrungen der Menschen waren von zwei gesamtgesellschaftlich wirksamen Zusammenhängen geprägt. Die Produktion sowohl von Werkzeugen oder Haushaltsgegenständen wie von Kunstgegenständen oder geistigen Traditionen entsprach der Erfahrungsstruktur handwerklicher Arbeit. In den Jahrhunderten seit den Kreuzzügen etwa und ganz besonders im Quattrocento begann dagegen, jedenfalls für die herrschenden Schichten, die Vorstellung vom Verkehr durch die Erfahrungen im Handel, und zwar gerade im Fernhandel, geprägt zu werden. Während die Produktion und damit die Vorstellung von allem Substantiellen noch tief in dem alten, Person, Interaktion, Produktionsweise und Reproduktionsorientierung zusammenschließenden Prozeß gebunden waren, orientierten sich die Verkehrsformen bereits an einer gerade ganz ungebundenen, weltoffenen und von immer neuen Chancen bestimmten Handelspraxis, die jedoch ebenso intensiv schon von durchgängiger Rechenhaftigkeit wie vom einzelnen Zufall charakterisiert war. Dem je Besonderen, das am unveräußerlichen Zusammenhang der Werkstatt Halt und Grenze zugleich fand, trat die Allgemeinheit grenzenloser Kalkulationen gegenüber, die durch die grundsätzliche Veräußerlichkeit von allem die einstigen Bindungen überwand, aber auch verlor.

Die Frage, warum an den Höfen des Quattrocento eine Haltung und eine Lebensführung möglich waren, zu denen die in ihrem choreographierten Tanz aufgedeckten Versprechungen gehören konnten, führt zu einer Reflexion auf das bestimmende gesellschaftliche Geschehen dieser Epoche. Sie öffnet die Einsicht darein, daß nicht nur unter die großen feudalen Namen sich eine Anzahl von Handel treibenden Großbürgern als politische Hauptfiguren und als Mäzene der sogenannten Renaissance mischten; daß diese vielmehr nur die Repräsentanten der Macht waren, die das agrarisch feudale Italien aufzulösen und die in ihm bestimmend zu werden begonnen hatte: das Kaufmannskapital. Die ganze kulturelle Blüte wurde finanziert aus einem Reichtum, der in Geld beziffert und vorhanden war, der nicht – jedenfalls nicht als solcher – durch den Landbau von Kleinpächtern noch durch die Produktion zünftiger Handwerker erarbeitet war. Trotzdem hatten die ländlichen und städtischen Erwerbsformen ebensowenig den Anschein tiefgreifender Veränderung, wie die kirchliche und weltliche Feudalhierarchie verdrängt erschienen. Eine Verschiebung war nur an Zwischen- und Randzonen manifest, etwa die Verbürgerlichung der in den Städten ansässigen Adelsgeschlechter, die zu kaufmännischer Tätigkeit übergingen, oder der Erwerb von einst feudalem Landbesitz durch reiche Bürger.[4] Von großer Bedeutung war allerdings, daß während des vierzehnten und fünfzehnten Jahrhunderts von der Toskana und der Lombardei ausgehend in ganz Oberitalien die bäuerlichen Feudallasten in ein System von freien Pachtverhältnissen überführt worden waren; doch obwohl damit bereits die gesamte gesellschaftliche Organisation umgewälzt zu werden begann, obwohl sich so der Einfluß der reich werdenden Städte durchsetzte, die den umliegenden Grundherren die bäuerliche Bevölkerung abwarben und ihnen rechenhaftes Wirtschaften aufzwangen, dürfte der Adel seine Titel und Herrschaftsprivilegien einstweilen noch in wenig verändertem Bewußtsein fortgeführt haben.[5] Herkunft und Funktion des neuen Reichtums waren nichtsdestoweniger neuartig. Allerdings hatte sich diese Neuartigkeit schon in der voraufgehenden Periode des Wucherkapitals vorbereitet: »eine Übereinstimmung der Ziele und eine Geistesverwandtschaft traten in dem Bündnis der neuen Aristokratie mit den alten Schichten des Bürgertums zutage.« Und Olschki sagt: »Sie hatten eine neue Waffe, das Geld, dessen dominierende Rolle

den politischen und kirchlichen Geschäften des XIV. Jahrhunderts besonders bezeichnende Züge gibt.«[6]
Der Umfang des Kaufmannsreichtums und seine alles andere als bloß punktuelle Bedeutung erlauben es auch nicht, noch von Wucherkapital zu sprechen. Er war entscheidend für die wirtschaftliche und die politische Tätigkeit unmittelbar einer ganzen Klasse von Großbürgern; mittelbar mußten ihn die meisten Gruppen privilegierter wie unterprivilegierter Bevölkerungsschichten als ihre Existenz bestimmend ansehen. Längst hatte er neue Formen von Interaktion, zumindest für die unmittelbar interessierten Großkaufleute, bedingt. »Die Kreditassoziationen, die sich im 12. und 14. Jahrhundert in Venedig und Genua bildeten, entsprangen aus dem Bedürfnis des Seehandels und des auf denselben gegründeten Großhandels, sich von der Herrschaft des altmodischen Wuchers und den Monopolisierern des Geldhandels zu emanzipieren.«[7] Der auf dem überseeischen und dem transalpinen Warentausch beruhende Großhandel und die großen Bewegungen des neuen Geldhandels sind die zentralen neuartigen Wirtschaftstätigkeiten der Epoche. Die großen Revenuen kamen aus Kaufmannskapital. Der Versuch, diese Situation zu rekonstruieren, muß der Prüfung der sich aufdrängenden These dienen, dieser *Erwerb von Reichtum fern der mühevollen Produktionsarbeit habe die Vorstellung müheloser Reproduktion der Menschen* als nicht mehr illusionär erscheinen lassen. Immerhin wurden zum Beispiel im Getreidehandel mit Sizilien Gewinne bis zu hundert oder hundertundfünfzig Prozent gemacht.[8] So habe *die Utopie von körperlicher Arbeit in der Einheit mit geistiger zur vollkommenen Entfaltung der Individuen* und von einer aus dem Dienst in der arbeitsteiligen Produktion *befreiten Kommunikation* als realisierbar gedacht werden können.

Verhältnis zur Produktion

Der Beziehung dieses Kaufmannskapitals zur Produktion ist in drei Richtungen nachzugehen. Es trat als Vermittler für die

Waren anderer Länder auf, besonders des Orients, die keine festen ökonomischen Verflechtungen und politischen Gemeinsamkeiten mit Italien aufwiesen, und für die Waren anderer italienischer und europäischer Gemeinwesen; es übernahm Handelsfunktionen innerhalb des eigenen Gemeinwesens; und es erschien als Kreditgeld in den großen, vorwiegend staatlichen, Anleihen.

Fernhandel

Der Seehandel des fünfzehnten Jahrhunderts beschäftigte sich damit, einerseits agrarische Produkte der orientalischen Gebiete nach Europa zu importieren, deren Wert den anderen und günstigeren klimatischen Bedingungen dort zugeschrieben werden konnte. Bei dem großen Umfang dieser Importe, insbesondere von Gewürzen, ist zwar anzunehmen, daß in den Ursprungsländern auf Grund dieser Handelsgewohnheiten über lange Zeiträume hinweg durchaus die Produktion ausgeweitet wurde. Indessen konnten die europäischen Kaufleute diese Auswirkung ihrer Tätigkeit nicht als ihr Einwirken auf die fremden ökonomischen Verhältnisse verstehen. Dies um so weniger, als politische Verwicklungen und Kriege sowohl zwischen europäischen und orientalischen Ländern, wie auch innerhalb der Christenheit und zwischen den einzelnen muselmanischen Reichen, auch die Kriege gegen und mit Byzanz, immer wieder einschneidende Unterbrechungen und Verlagerungen erzwangen. Ohnehin hätte substantiell eine Einwirkung nur da genannt werden können, wo erkennbar italienisches Geld zur Schaffung überseeischer Produktionen verwandt wurde. – Daß etwa die Welser auf den Kanarischen Inseln Zuckerplantagen und Raffinerien anlegten, in San Domingo Bergbau betrieben, ist als vereinzelte Frühform von Kolonialismus zu verstehen und auch in dieser Form erst im Laufe des sechzehnten Jahrhunderts vorgekommen.[9] – Der Entwicklungsstand der Produktivkräfte in Ägypten, Nordafrika oder der Levante erforderte von sich aus auch gar keine solchen Eingriffe in die Bedingungen der Produktion; diese war agrarisch und ihre Erweiterung vollzog sich einfach additiv. Im übrigen machte man einen erheblichen Teil der Gewinne mit dem Verkauf von Sklaven. Diese wurden genommen, wo ein Gewaltüberfall gerade Erfolg versprach. Solche Beute fällt zu wie dem Jäger das wilde Tier. Eine dritte Warenart stellten die handwerklichen Erzeugnisse wie Seidenstoffe oder Juwelen dar. Daß deren Herstellung zweifellos ausgeweitet wurde, muß ebenso wie für Pfeffer oder Muskat als ein ausschließlich das Erzeugerland betreffendes Phänomen beurteilt werden.

Andererseits verließen die Schiffe die italienischen Häfen beladen mit heimischen oder aus dem Norden stammenden Tuchen. Im einen Falle wurden die Waren nur importiert, um exportiert zu werden, und es blieb nichts von ihnen als der Preisaufschlag der Zwischenhändler im Lande – gerade wie es für die Vermittlung zwischen dem sogenannten Levantehandel und Frankreich, Holland, Deutschland auch umgekehrt galt. Die Stellung zur einheimischen Tuchproduktion ist für sich zu behandeln. Die Transporte über das Mittelmeer dienten jedenfalls nicht unmittelbar dem Absatz einer bestimmten Produktion, sondern nur ihrem Weiterverkauf. Auch waren große Gelder zum Beispiel dadurch angehäuft worden, daß ganze Kreuzzüge sich gegen hohe Bezahlung von oberitalienischen Handelsherren auf deren Galeeren einschiffen ließen. Man kann freilich die Investition im Schiffbau als Eingriff in die Produktionssphäre bezeichnen. Doch wurde die Situation dadurch charakterisiert, daß man nicht am Bau der Schiffe, jedenfalls primär, sondern mit Hilfe der fertigen Schiffe verdiente. Das ganz abstrakte Verhältnis der Eigentümer zu ihnen kommt unter anderem darin zum Ausdruck, daß ein Schiff oder ein Konvoi jeweils nicht von einem, sondern meist von mehreren Kaufleuten gemeinsam auf den Weg geschickt wurde; und zwar nicht, weil die Kapitalkraft eines einzelnen nicht ausgereicht hätte, vielmehr aus Gründen der Kalkulation des Risikos. Denn dieselben Geldgeber schlossen sich gleichzeitig noch zu anderen Unternehmen zusammen. Überhaupt wurde der Seetransport wohl von den Kaufleuten finanziert, aber mehr in ihrem Auftrage als durch ihre Mitwirkung durchgeführt.[10] Unmittelbar waren sie der Realität nur in der Form des Risikos ausgesetzt, das mehr und mehr durch Verteilung und durch die sich durchsetzende Gewohnheit von Versicherungsverträgen abgewandt wurde.[11] Die Risiken waren so außerökonomischer Natur wie das Auftreten von Stürmen und Seeräubern; gleichwohl wurden sie der Kalkulation unterworfen. Mittel der Vorbeugung waren priesterlicher Segen, fürstliche Geleitbriefe, am besten gut ausgerüstete Geleitschiffe und militärische Stützpunkte. Ausgaben für diese Zwecke blieben der Produktion der Waren, an denen der Gewinn gemacht wurde, ebenso äußerlich wie die entsprechenden wirtschaftlichen und politischen Aktivitäten der Handelshäuser. Zum Beispiel hatte Sizilien damals die bedeutendste Schwefelproduktion Europas. Um sich des Schwefelhandels zu bemächtigen, rüsteten die interessierten oberitalienischen Großbürger zum diplomatischen und kriegerischen Kampf um die entscheidenden befestigten Plätze des Landes; die Zitadelle von Enna heißt heute noch Castello dei Lombardi.

Heimische Produktion

Anders war tatsächlich das Verhältnis zu der heimischen Produktion insbesondere von Tuchen, auch von Seidenstoffen. Schon seit dem vierzehnten Jahrhundert hatte »in den oberitalienischen Städten – Venedig, Genua, Florenz – die Wollindustrie den Charakter einer für den Absatz nach außen produzierenden Hausindustrie« angenommen.[12] Sogar zentrale Werkstätten waren eingerichtet, in denen Lohnarbeiter gewisse Vorarbeiten am Rohmaterial ausführten. Die Arbeitsmittel wurden gestellt, durch Vorschüsse auf den erbärmlichen Lohn selbst die Reproduktion vorfinanziert.[13] »Die Luccheser Seidenhändler gehörten zu den ersten Verlegern Italiens, schon im frühen Mittelalter.«[14] Die Händler sorgten dafür, daß die für sie interessanten Waren in einem Umfang und zu Bedingungen hergestellt wurden, die ihren Geschäften Stetigkeit und ihren Gewinnen wenigstens von der Seite des Einkaufs eine gewisse Höhe garantierten. Für ihre Wollimporte, aus England vor allem, sicherten sie einen gewissen Absatz, indem sie selber das Material an die Weber zur Bearbeitung verteilten, ja auch die Zwischenstufe des Verspinnens durch die weibliche Landbevölkerung selbst organisierten und damit sich kalkulatorisch und organisatorisch von der Vielzahl kleiner Handwerksbetriebe, die sie so beherrschten, unabhängig machten.

Die Hausindustrie, das Verlagssystem, ist die ökonomische Organisationsform, in der die Handelsinteressen so real herrschend werden, daß Handelskapital Verfügungsgewalt über Arbeit und Arbeitsmittel bekommt, ohne jedoch die gewerbliche Produktionsweise entscheidend zu verändern und andere Prinzipien der Gewinnmaximierung als die durch Aufschlag auf den vorgegebenen Warenpreis zu entwickeln. Um diese Frage geht seit langem der Streit. Alfred Doren[15], auf dessen Arbeit sich noch die neusten wichtigen Veröffentlichungen stützen, auch weil im übrigen die »Stoffmasse eben erst zugänglich« wird[16], hat durch offenbar unhaltbare Vorstellungen von der Größe und Bedeutung der Großwerkstätten immer wieder über diesen Punkt Verwirrung hervorgerufen. Obwohl Kulischer schon und noch in den sechziger Jahren etwa de Roover eindeutig Korrekturen gebracht haben, ist auch in einer anderen Tradition, nämlich in den Auffassungen von Grossmann und Borkenau, eine Interpretation des Quattrocento hervorgetreten, nach der in dieser Zeit Produktivkapital eine wesentliche Rolle gespielt haben soll. Bei Doren handelt es sich mehr um eine übertriebene Auslegung der Quellen, bei den beiden anderen Autoren um, dazu gegensätzliche, theoretische Unterstellungen. De Roovers Darstellung ist da völlig klar: »Sowohl die Wollindustrie wie die Seidenindustrie in Florenz waren auf häuslichem oder ›putting-out‹-System aufgebaut (französisch: manufacture à domicile, deutsch: Verlagssystem). Der Großteil der zu bearbeitenden Materialien wurde ausgegeben, und die Arbeit wurde in großem Umfang in den Wohnungen der Handwerker verrichtet.« In der Wollindustrie wurden nur wenige vorbereitende Arbeitsgänge unter der Leitung des lanaiuolo ausgeführt. »In der Seidenindustrie wurde keiner der Arbeitsgänge im Geschäft des setaiuolo durchgeführt. Solch ein Geschäft war keine große Unternehmung, sondern bestand gewöhnlich aus ein oder zwei Räumen, in denen die Rohseide ›bis zu ihrer Verarbeitung‹ aufbewahrt und die Fertigwaren gelagert wurden, bis man sie verkaufte oder versandte. Eine der Hauptaufgaben des lanaiuolo war es, die an die Heimarbeiter oder Handwerker ausgegebenen Materialien zu überwachen ebenso wie die Posten, die sie nach Beendigung ihrer jeweiligen Verrichtung zurückbrachten.«[17]

Gewiß, »der Kaufmann wird direkt Industrieller; dies ist der Fall bei den auf den Handel gegründeten Gewerben, namentlich bei Luxusindustrien, welche von den Kaufleuten mitsamt den Rohstoffen und den Arbeitern aus der Fremde eingeführt werden, wie im fünfzehnten Jahrhundert in Italien aus Konstantinopel«.[18] Doch könnte die Bezeichnung »Industrieller« insofern irritieren, als es sich gerade um Übergangsformen von mittelalterlich zünftiger zu kapitalistischer Gewerbeorganisation handelt. »Außerdem beherrschte Florenz, wer die florentinische Textilindustrie beherrschte. Um dieses Ziel zu erreichen, beteiligte sich Cosimo immer stärker an Alaunkäufen. Denn der Alaun, der aus Kleinasien importiert wurde, war für das Färben der Stoffe unentbehrlich.« Er gründete nicht Manufakturen für Tuche, möglicherweise mit verbesserten Arbeitstechniken und Arbeitsmitteln, sondern hielt den Weg über Kleinasien und dessen Bodenschätze für den direktesten, um eine »Industrie« zu beherrschen.[19]

Die Inhaber des Kaufmannskapitals befaßten sich »ausschließlich mit der Leitung des Produktionsprozesses, ohne sich an der Produktion zu beteiligen«. Präziser und richtiger gesagt, »sie beschaffen den Rohstoff, hauptsächlich aus England, und besorgen den Absatz der fertigen Waren nach anderen europäischen Staaten und nach dem Orient«.[20] Nochmals gebe ich die Ergebnisse von Doren in der überarbeiteten Version von de Roover: »Selbstverständlich hatte Doren ganz recht, auf dem kapitalistischen Charakter der Florentiner Wollindustrie zu bestehen. Sie war sehr gut durchorganisiert und hing in hohem Grade von einem stetigen Kapitalstrom ab. Doch das war zirkulierendes Kapital und kein fixes. Die in Anlagen oder, um die Marxsche Terminologie zu benutzen, Produktionsmitteln investierten Summen waren kaum der Rede wert, und Abnutzung wurde als Kostenfaktor nicht einmal in Betrachtung gezogen. Übereinstimmend mit der Beschreibung, die man noch in ›The Wealth of Nations‹ bei Adam Smith findet, war das Lager oder Kapital eines Wollgeschäftes eine sich umwälzende Summe, die man dazu benutzte, ›arbeitsame Leute zu beschäftigen‹ und ihnen die Materialien zur Verfügung zu stellen, die nach der Bearbeitung verkauft wurden, um die Summe wieder aufzufüllen. Nur einfache Werkzeuge wur-

den benutzt und gehörten in der Regel den Arbeitern. Obwohl diese also das Eigentum an ihren ›Produktionsmitteln‹ hatten, hingen sie von den Löhnen ab, die ihnen von den Arbeitgebern vorgeschossen wurden, die auch das Material beschafften und das Risiko auf sich nahmen, für die fertigen Produkte einen Markt zu finden. Da die Arbeitsteilung weit getrieben war, bedurfte die Produktion einer Organisation.«[21]
In diesem Verstande läßt sich sagen, das Handelskapital habe Produktion unter sich gebracht. Bestimmend war aber gerade, daß es keine ihrem Wesen nach kapitalistische Produktion gab, daß *die Interessen nicht von der Verwertung irgendwelcher in Produktionsanlagen investierter Gelder diktiert* wurden. Die erzielten Gewinne wurden zu einem erheblichen Teil nicht einmal für neue Transaktionen verwandt, sondern in weithin noch als sicherer geltendes Grundeigentum umgewandelt oder für eine großartige und feinsinnige Lebensführung ausgegeben. Geschäftspartner kauften sich aus ihren Verdiensten am Handel unter Umständen mit höheren Anteilen ein; solche Fälle sind aus den Medicichroniken gerade bei Partnern bekannt, die so erst eine ansehnliche Beteiligung zustande bringen mußten. Die Medici selber disponierten ihre Gewinne ebenso wie andere bereits zu großem Reichtum gekommene Familien auch in der anderen Richtung, indem sie große Ländereien kauften und den Handelsreichtum in konventionell beständiger Form anlegten. In jedem Fall waren die Geschäfte, die de Roover irreführend auch Manufakturen nennt, von keinem bedeutenden Umfang. »Die großen Florentiner Vermögen wurden mit Banken und Fernhandelsgeschäften gemacht, nicht mit Manufakturen. Die Medici, die ja gern als das wichtige Gegenbeispiel genannt werden, bildeten keine Ausnahme von dieser Regel, und ihre industriellen Investitionen reichten nicht im entferntesten an die Investitionen im Bankwesen heran und waren ebensowenig eine vorwiegende Profitquelle.«[22]
Ähnlich irreführend taucht bei Herrmann Kellenbenz der Begriff Unternehmer für die Zeit auf, obwohl er selbst nur von Handelstätigkeiten aus dieser Zeit berichtet. Er drückt gerade sehr eindeutig aus, wie wenig man für das fünfzehnte Jahrhundert von einer eigenständigen oder gar als solcher

geplanten Unternehmertätigkeit der Kapitalinhaber sprechen kann. »Sie trieben zur gleichen Zeit Großhandel und verkauften en detail, sie waren Bankiers, beschäftigten sich mit Wechseltransaktionen, mit der Seeversicherung und mit der Spedition, bauten Industrien auf mit Hilfe des Verlagssystems ...« Dazu kamen die unfreiwilligen Rückverflechtungen in die spätfeudalen Zusammenhänge. »Man nahm die Güter und Titel zum Teil in Kauf, weil man eben kein Bargeld bekam.«[23] Geldhandel und Warenhandel ließen sich gar nicht voneinander scheiden – allerdings ließen beide sich von den spätfeudalen Zügen systematisch unterscheiden durch ihre gleichartige Kalkulation und Gewinnorientiertheit.

Geldhandel

Beide Arten von Transaktionen brachten Gewinne, die ihrem Wesen nach ähnlich waren, auch ähnliche Risikofaktoren einschlossen. Es wurden nicht in einem modernen Sinne Kredite vergeben. Anleihen großen Umfangs nahmen weltliche oder Kirchenfürsten auf. Rechenhaftigkeit, Kalkulation in deren Einnahmen und Ausgaben, das heißt, eine Art von öffentlichem Haushalt, entstand erst in dieser Epoche, und zwar vor allen Dingen durch den Einfluß des von ihnen aufgenommenen Geldes. Denn als Sicherheiten, oft auch als Form der Abzahlung wurden den Bankhäusern Steueraufkommen, Monopole zum Beispiel im Bergbau oder Regalien übertragen, aus deren Ausbeutung während einer bestimmten Frist diese sich auf eigene Rechnung und nach eigenem Wirtschaftsgeschick zu entschädigen hatten. Doch bedeutete das nicht nur, daß in die feudalen Herrschaftsapparate die Rationalität von Buchführung und die Dispositionsweise von Handelskontoren einzog; zugleich wurden auch die fortschrittlichen Unternehmen an die Naturwüchsigkeit von Sach- und Entscheidungsstrukturen zurückgebunden. Diese waren historisch im mittelalterlichen Ordo entwickelt worden. Sie hatten dem praktischen Prinzip von einem Vorrang des Besonderen entsprochen, ihre Erscheinungsformen im Quattrocento können aber nur noch als ein nahezu chaotisches Gewirr von positiv geltenden Prärogativen begriffen werden.

Derart stellten sie sich dem Bemühen und dem Zwang, das Gegebene zum Zwecke der Kalkulierbarkeit von Gewinnchancen allgemein zu fassen, entgegen. So mußten die Geldleiher sich mit der unübersehbaren Vielfalt nicht nur der Waren einlassen. »Die Ausbeutung der überlassenen Bergwerke, der Münze, die Verwaltung der Zölle und Steuern usw. machte die Geldleiher nicht nur zu Warenhändlern, sondern auch zu Steuereinnehmern, Münzmeistern, Salinen- und Bergwerksinhabern. Insbesondere steht es für die Italiener fest, daß sie alle diese Berufszweige zu vereinigen suchten, und zwar sowohl in England als in Frankreich, den Niederlanden, dem Königreich beider Sizilien.«[24] Allerdings, von »Berufszweigen« kann man nicht einfach sprechen. Schließlich wurden zum Beispiel den Bardi im Königreich Neapel im vierzehnten Jahrhundert über Jahrzehnte »nach und nach die gesamten Staatseinnahmen, das Finanzwesen ganzer Provinzen mit allen Zöllen und Steuern übertragen. Burgen, Ländereien und Juwelen bis zu den Kroninsignien wurden ihnen immer wieder verpfändet«.[25] Diese Praxis hatte sich in einer langen Periode entwickelt. »Durch finanzielle Spekulationen und kaufmännische Monopole beherrschten diese Magnaten unter anderem den Hof König Roberts II. von Neapel, der damals die Hochburg der italienischen Guelfenpartei war, und sicherten dadurch enge Beziehungen zwischen Florenz, der angiovinischen Dynastie und ihren französischen Verbündeten. Der arme, aber ehrgeizige König Robert war nur ein Werkzeug in den Händen der Acciaiuoli, der Scala, der Bonaccorsi, der Bardi und der Peruzzi, deren geschäftliche Interessen das Königreich Neapel und die päpstliche Wirtschaft beherrschten, um so mehr als beide ihre normalen und unmittelbaren Hilfsquellen infolge drückender Konzessionen, ihrer militärischen Schwäche und der Mißwirtschaft in diesen Staaten eingebüßt hatten.« Wieder ist hier zu eindeutig gezeichnet, die Abhängigkeit zu einseitig verstanden, in der die Fürsten in die konkurrierende Akkumulationspolitik der verschiedenen Städte und Familien gezogen wurden; doch folgt an derselben Stelle indirekt die Korrektur: »Es war florentinische Politik, das Haus Anjou und dessen guelfische Anhänger in ganz Italien zu unterstützen, um ein Bollwerk gegen die Ausdehnungspolitik des Hau-

ses Visconti aufzurichten. Aber der Bankrott der Bardi und der Peruzzi, eine Folge der Einstellung der Zahlungen durch die Krone Englands und den König von Neapel im Jahre 1345, war ein harter Schlag für die Wirtschaft von Florenz und zeitigte in ganz Italien auch sogleich politische Folgen.«[26]
Viel mehr als produktiven Sachverstand mußten die Großbürger strategische Fähigkeiten entwickeln. Nach der langen Vorgeschichte konnte sich bis zum Quattrocento eine eigene Sicherheit ausbilden, in ihren Geschäften die Einheit disponierenden Geschicks durchzusetzen, unter der die Vielfalt spezifischer Problemlagen praktisch bewältigt werden konnte im Hinblick auf das immer gleiche Ziel, Geld. Dessen Gestalt in den verschiedensten Münzen war durch die Praxis des Geldwechsels zwischen den Währungen und Orten, durch Termingeschäfte und Kreditbriefe selbst über lange Zeiträume hin durchschaubar identisch. Nur das Geld erschien »als der eigentliche Reichtum als solcher«[27], sowohl weil keineswegs alle Produkte ohne weiteres als geldwerte Waren betrachtet werden konnten, als auch weil alle Verwandlung von Geld in Waren oder Gläubigerrechte ungeheure Unsicherheiten bedeutete. Schiffe gingen verloren, Könige wiesen Bankniederlassungen aus oder verlangten für schlechte Rückzahlung obendrein neue hohe Anleihen. Der großen Zahl äußerst vermögender Familien standen deshalb ebenso viele Zusammenbrüche gegenüber. Auch behielt darum neben dem Geld Grundbesitz noch die Rolle einer gesicherten, Reichtum verkörpernden Eigentumsform.

Warenhandel war mit Geldhandel, beide waren aufs engste mit Politik verbunden; in den einzelnen Gemeinwesen selbst und im internationalen Maßstab. Venedig und Genua rangen um die Herrschaft im östlichen Mittelmeer, weil es um den Levantehandel ging. Andere italienische Städte unter den eigenen Einfluß zu bringen oder überhaupt dem eigenen Regiment zu unterwerfen, waren politische Ziele mit gleichem Motiv. Mehr aber noch als mit kriegerischen Mitteln mußten die kleinen Staaten und die einzelnen Handelshäuser sich auf dem Gebiet diplomatischer Vorausschau und Verhandlungstüchtigkeit ihre Existenzen zu sichern suchen. Den Papst zum Freunde oder Gegner, den Kaiser von Byzanz zum Gast-

freund, den König von Neapel zum Bundesgenossen und englische Hofleute zu Informationslieferanten zu haben, waren entscheidende Faktoren in der Hauspolitik der Medici. Als Hoflieferant Francesco Sforzas, der die alte Herrschaft der Visconti übernahm – Sohn eines Condottiere und mit Florenz verbündet –, wurde die Mailänder Medicibank einer der Hauptabsatzgaranten der Florentiner Woll- und Seidenwaren.[28] Zusammenhängend damit mußte die wirtschaftliche Konkurrenz im Kampf um die Macht im eigenen Stadtstaat ausgetragen werden. 1469 notierte Lorenzo de' Medici in seinen ›Ricordi‹: ». . . , daß ich die Sorge für die Stadt und den Staat übernähme, wie es der Großvater und mein Vater getan hatten, was ich, da es im Gegensatz zu meinem Alter stand und mit großer Mühe und Gefahr verbunden war, ungern annahm und nur, um die Freunde und unser Vermögen zu erhalten, weil man in Florenz schlecht leben kann ohne den Staat.«[29] Die Zusammenhänge sind vielschichtig. So nahmen die Kaufleute, die als Verlagsinhaber auftraten, über den Staat viel stärkeren Einfluß auf die Produktion als durch unmittelbare Gestaltung der Produktionsweise.
Nachdem die für sie arbeitenden Wollwäscher und Wollkämmer mit bewaffneten Aufständen Lohnerhöhungen durchzusetzen versucht hatten, brachten die Großbürger Gesetze durch, mit deren Hilfe diesen jedes selbst religiöse oder gesellige Zusammentreffen untersagt wurde. Nach der großen Pest wurden zur Mitte des vierzehnten Jahrhunderts schon Maximaltaxen gesetzlich festgesetzt, weil der außerordentliche Bevölkerungsrückgang es schwierig gemacht hatte, selbst die noch sehr beschränkte Zahl von Arbeitsplätzen und zu beschäftigenden Werkstätten zu besetzen. Bei diesem Nachfrageüberhang hätten ohne die Dekrete die Auftrags- und die Lohnabhängigen günstigere Bedingungen erreichen müssen. Später gab es offenbar eher zu wenig Arbeit, ob man nun diesen Umstand als Indiz für den »wirtschaftlichen Niedergang in der Renaissance« beurteilen will, wie die von Cipolla als »stagnationists« kritisierten Autoren R. S. Lopez und H. A. Miskimin das tun, oder ob man dem Streit um diese These[30] lieber keine grundlegende Bedeutung für eine neue Interpretation der Zeit beimessen will, jedenfalls haben die Gesetze gegen Vereinigun-

gen der Arbeitenden, selbst in Form religiöser Bruderschaften, auch im fünfzehnten Jahrhundert ein wirkungsvolles Repressionsinstrument gegen Hungerleider und Meuterer dargestellt. Dagegen, daß die Bäuerinnen die ihnen zum Verspinnen übergebene Wolle veruntreuten, wurden sogar kirchliche Sanktionen erwirkt. Den Frauen drohte Exkommunikation, und die Kleriker wurden verpflichtet, Ermahnungen zu der mit anderen Mitteln offenbar nicht zu erreichenden Rechtlichkeit in die Predigten aller hohen Feiertage aufzunehmen.[31] »In Florenz und zweifellos anderswo auch, ermahnte die Geistlichkeit die Werkleute, ihre Arbeit nicht einzustellen und bedrohte sie mit dem Entzug der religiösen Tröstungen.«[32] Gegen eine gehörige Beteiligung am Ertrage war die Kurie 1466 bereit, einem Tornabuoni fast das ausschließliche Alaunmonopol für Europa zu verschaffen, indem aller übrige Handel mit den kleinasiatischen Lieferanten den christlichen Ländern von ihrem obersten Hirten untersagt wurde.[33]
»Wenn die eigentlichen Banken, die in diesen Stadtrepubliken gestiftet wurden, zugleich als Anstalten für den öffentlichen Kredit sich darstellen, von denen der Staat Vorschüsse auf einzunehmende Steuern erhielt, so darf nicht vergessen werden, daß die Kaufleute, die jene Assoziation bildeten, selbst die ersten Leute jener Staaten und ebenso interessiert waren, ihre Regierung wie sich selbst vom Wucher zu emanzipieren und zugleich sich den Staat mehr und sicherer zu unterwerfen.«[34] Sie waren selbst in Krisenmomenten Nutznießer der von ihnen geschaffenen öffentlichen Anleihefonds. Die innenpolitische Machtstellung schirmte das Kaufmannskapital gegen die Ansprüche der ihm weithin äußerlich gegenüberstehenden, aber von ihm abhängigen Produzenten ab; sie befestigte die Akkumulationschancen der einen Häuser gegen die der anderen; sie sicherte eine Außenpolitik, die der territorialen und diplomatischen Abdeckung der Handelsinteressen eines Gemeinwesens gegen die anderer, das heißt seiner führenden Kontore, den Primat gab. Insoweit kann man also sagen, daß das Kaufmannskapital im Quattrocento real herrschte, in dieser Epoche entscheidende Bereiche der Gesellschaft durchdrang und unter seine Interessen brachte. Diese objektive Formulierung, die nicht den historischen Individuen die Aktivität zu-

schreibt, ist insofern gerechtfertigt, als tatsächlich die Wirkungen weit über den Einfluß der bewußten Tätigkeit der Großkaufleute hinausgingen und mehr durch das Zusammentreffen der verschiedenen Elemente und gegen empirische Vorstellungen zustande kamen als durch das partikuläre Wahrnehmen freilich neuartiger Interessen in den einzelnen Kontorplanungen.

Exkurs zur Theorie des Kaufmannskapitals

Um so entschiedener ist hervorzuheben, daß dieses im Geld- und Warenhandel auftretende Kaufmannskapital etwas ganz anderes ist als das Handelskapital, das es im eigentlichen Sinne nur zusammen mit Waren produzierendem Kapital geben kann. Was dieses charakterisiert, trifft für jenes gerade nicht zu. »Die Operationen des Kaufmanns« sind keineswegs bloß »Operationen, die überhaupt verrichtet werden müssen, um das Warenkapital des Produzenten in Geld zu verwandeln«.[35] Freilich diente es der »Metamorphose« von Waren, deren »Verwandlung in Geld zu vermitteln«, und es tat dies »durch beständigen Kauf und Verkauf von Waren«[36]; aber in dieser Funktion erschöpfte sich seine ökonomische Bedeutung, weil *die Warenproduktion nicht ihrerseits durch Kapital vermittelt* war, sondern unmittelbar, naturwüchsig den Aufkäufern gegenübertrat. Die Inhaber des Kapitals konnten sie zum großen Teil gar nicht, wenn überhaupt, dann nur quantitativ beeinflussen. Der Großhandel hatte die Aufgabe erfunden, als Außenhandel – insbesondere im Austausch mit Indien, der Levante oder Ägypten –ortsgebunden entstehende Produktionsüberschüsse an den Ort ihrer Rarität zu vermitteln. Mit einer Aufgabe für das Warenkapital des industriellen Produzenten in einem geschlossenen System der Metamorphosen läßt sich das nicht verwechseln. Zu einem solchen System gehört es, daß der Gewinn des Kaufmanns nicht autonom, das heißt aus den je zufälligen Bedingungen von Kauf und Verkauf bestimmt wird, sondern als Kaufmannsprofit einer am Produktionskapital bestimmten einheitlichen Profitrate unterliegt.[37] Dies ist freilich nur da möglich, wo rekonstruierbar das Handelskapital den Produktionspreis eines Produktes realisiert.

das mit dem Einsatz von Kapital hergestellt ist, welches seinerseits mit dem Handelskapital wesenhaft identisch ist, das heißt, *nur wo beide Formen von Kapital vertauschbar und über einen gemeinsamen Markt miteinander vermittelt sind.* Handelskapital im strengen Sinne kann nur eine Erscheinungsform »*des* Kapitals« sein.

Dessen Universalität ist äußerlich über die quantitative Gleichheit der Profitrate hergestellt. Die Profitinteressen müssen überall dieselben sein. Wesentlich ist eine solche Profitrate daran gebunden, daß sie nicht autonom in der Zirkulationssphäre gebildet wird, sondern in ihr nur – wie der gesamte Produktpreis – realisiert wird und deren Entstehung anteilig als Mehrwert in der Produktion anfällt. Nicht allein abstrakte menschliche Arbeit als dessen Basis, sondern *allgemeine gesellschaftliche abstrakte Arbeit gibt die wahrhafte Vermittlung.* Wenn auch Lohnarbeiter als Wollkämmer austauschbar waren, wenn auch die Konkurrenz zwischen handwerklichen Webern diese als ersetzbar erscheinen ließ, war im Quattrocento die bestimmende Voraussetzung doch in keiner Weise gegeben. »Das Handelskapital«, im weiteren Sinne, »oder das Geld, wie es als Kaufmannsvermögen auftritt, ist die erste Form des Kapitals, d. h. des Werts, der ausschließlich aus der Zirkulation (dem Austausch) hervorgeht . . .«[38] Es kann, »vor der kapitalistischen Produktionsweise, als *Kapital quand même*« gelten.[39]

Als ein System stellt sich jedoch ein anderer Zusammenhang dar: der von Kapitalakkumulation, Handel und politischer Organisation. »Der Kreislauf der italienischen Städte von Bestandteilen patrimonialer oder feudaler Verbände durch eine Zeit revolutionär errungener Selbständigkeits- und eigenständiger Honoratiorenherrschaft, dann der Zunftherrschaft zur Signorie und schließlich zu Bestandteilen relativ rationaler patrimonialer Verbände hat in dieser Art kein volles Gegenbild im übrigen Okzident«[40], sagt Max Weber, freilich im Stile einer Phänomenologie der Herrschaft. »Verschiedene Ratsgremien, die mit erfahrenen Verwaltungsbeamten besetzt waren, besorgten die Geschäfte der Zentralregierung, die alte fürstliche Kanzlei und die Kammer wurden vergrößert, um die steigende Masse der Angelegenheiten bewältigen zu können.

So tolerant der Herzog gegenüber der Organisation der städtischen Verwaltung auch sein mochte, er war ein erbitterter Feind feudaler und geistlicher Immunitäten.« Eine solche »zunehmende Zentralisierung der Verwaltung« fand auch in weiten anderen Bereichen Oberitaliens statt.[41] Einer ihrer Angelpunkte war die 1427 in Florenz erfundene systematische Besteuerung, die in die Finanzen der Stadtstaaten Kalkulierbarkeit im Interesse der Handelshäuser brachte.[42] Diese innenpolitische Situation verdoppelte sich in der gesamteuropäischen Bedeutung Oberitaliens. Denn es »lagen die Wurzeln aller großhändlerischen Tätigkeit und Erfahrungen bis zum Ende des fünfzehnten Jahrhunderts in Italien, und Florenz und Venedig bildeten in dieser Zeit die hohe Schule der Kaufleute. Hier entstanden zuerst die durch und durch vom Großhandel beherrschten, souveränen und expansiven Stadtstaaten, hier entwickelten sich – in Florenz, Mailand, Lucca, Pisa – noch in Verbindung mit dem Handwerk die großen kaufmännischen Tuchverleger und aus dem Wechselgeschäft die Bankiers, die bald alle europäischen Finanzoperationen in ihre Hand bekamen und an allen wichtigen Handelsplätzen zu finden waren.«[43] Innerhalb der italienischen Situation übertrug sich der ökonomisch beherrschende Einfluß des Kaufmannskapitals nach und nach auch auf die übrigen Bereiche des gesellschaftlichen Lebens und veränderte die Bedingungen für Erfahrung und Selbsterfahrung der Menschen. Schon im vierzehnten Jahrhundert wurde die alte Aufgliederung des Jahres und die Orientierung von Zeitabläufen an den kirchlichen Festen aufgelöst. Zunächst wurden die Abrechnungen der Kontore zum I.I. und zum I.VII. eingeführt. Dann griffen diese neuen, kalendarisch neutralen Ordnungsschemata auch in das übrige Leben ein. So wurde der alte Tageslauf, der sich über Sonnenaufgang, Frühmesse, Mittag, Vesper und Angelusandacht bis in die nächtliche Dunkelkeit entwickelte, in zwei mal zwölf Stunden eingeteilt.[44] Wenn danach die Glocken von den Türmen erklangen, orientierte sich der Gang der einzelnen Verrichtungen nicht länger an dem gemeinsamen Ritual jeweils besonderer Formen der Andacht und des Jenseitsbezuges zusammen mit der Veränderung der natürlichen Tageszeiten; statt dessen war die allgemeine Stundeneinteilung mehr ein schematisches, aber in sich verläßliches Gerüst für die jeweiligen Erlebnisse der Einzelnen. Freilich erlebte man die Arbeit, die eben Lohnarbeit zu werden begann, so auch als abstraktes Pensum und immer weniger als organischen Teil eines hinzunehmenden Weltlaufes.

Wirkung in der Zirkulation

Aus dem grundsätzlichen Verhältnis von Handel und Produktion in dieser Epoche ist geklärt, wieso die Großkaufleute weder irgendein »Gesetz der Verwertung« realisierten noch daran dachten, »von vornherein gesellschaftliche Durchschnittsarbeit« in Anspruch zu nehmen.[45] Ihr Kapital schaffte auch nicht indirekt, wie das Handelskapital der entfalteten kapitalistischen Produktion, Wert oder Mehrwert. Diese Funktion kann jenes nur dadurch erfüllen, daß es die Zirkulationszeit verkürzt, in der das Produkt in Geld verwandelt wird.[46] Die völlige Selbständigkeit der die Zirkulation ausmachenden Tätigkeiten ermöglicht aber keinen derartigen Bezug. Es gibt dann auch in diesem Sinne *keine Zirkulationssphäre;* dies um so weniger, als mit der vorherrschenden Bedeutung des Seehandels die Warenbewegungen zwischen einander nur ganz peripher berührenden Gemeinwesen den typischen Inhalt der kaufmännischen Aktivität ausmachen. Dennoch war das Kaufmannskapital der Bardi, Medici oder Strozzi nicht »müßiges Kapital« und nicht »Kapital der Müßigen«[47], obwohl es seinen Inhabern Reichtum und Macht erbrachte, ohne daß erkennbar gewesen wäre, wie diese aus einer körperlichen, Werte schaffenden Arbeit abgeleitet waren. Es war nicht erfahrbar, daß die Gewinne durch Preisaufschlag letztlich doch der Umformung von Naturstoff durch Arbeit zu verdanken waren; denn sie wurde von Produzenten geleistet, mit denen man generell nicht mehr zu tun hatte, als daß man ihnen die ohnehin von ihnen gefertigten Waren abnahm.
Vielleicht kam mit der Zeit noch das Bewußtsein hinzu, durch Umfang und gewisse Regelmäßigkeit dieser Abnahme werde man zu Wohltätern derer, die man derart »in Brot setze«. »Es war eine alte Tradition in den Florentiner Familien, selbst wenn sie ausgedehnte Landbesitzungen hatten, ein Woll- oder

Seidegeschäft auf seine Rechnung führen zu lassen oder zu betreiben, um ›den Armen‹ Arbeit zu geben.«[48] Dadurch mußte aber deren Einkommen als von dem Handelsreichtum abgeleitet erscheinen, nicht aber dieser als von der Arbeit der anderen. Freilich begleitete eben dieser Schein auch die späteren Phasen bis zur voll entfalteten Zirkulationssphäre bei kapitalistischer Produktion. Das bürgerliche Bewußtsein wurde sogar zunehmend und *immer typischer von der Täuschung geprägt, die Marx als den Geldschleier analysiert hat.*[49] Die Täuschung hatte *aber zur Zeit des Kaufmannskapitals* noch eigenen objektiven Charakter, weil es *noch nicht Ideologie im strengen Sinne geben konnte.* Wenn sich auch gesellschaftlich der Einfluß des Handelskapitals als herrschend begreifen läßt, so stellten sich den Einzelnen ihre Erfolge doch vorwiegend als individuelle oder familiäre dar.

Eingeschränkt wurde diese Vorstellung am ehesten durch die Gemeinsamkeit der Geschäftsführung und Geldanlage mit zahlreichen Mitinhabern einer Firma, die in aller Regel zugleich Familienmitglieder waren. Den Risiken und den Chancen für Akkumulation sahen sich die Häuser grundsätzlich isoliert gegenüber. Gemeinsames Handeln war punktuell; nur von Fall zu Fall schlossen sich Konkurrenten zu gemeinsamen Unternehmungen zusammen, um das Risiko zu verteilen. Ein Banksystem gab es nicht. »Das Vorhandensein eines aus den Einlagen der beteiligten Gesellschafter gebildeten Gesellschaftsvermögens, das zuweilen noch durch Einlagen Außenstehender vermehrt wurde, versetzte die Gesellschaften in die Lage, Waren in größeren Mengen zu erwerben, ja sämtliche Vorräte einer Ware aufzukaufen. Die Möglichkeit solcher Aufkäufe war für die Gesellschaften um so mehr gegeben, als ja im Mittelalter die zu Markte gebrachten Warenmengen meist nur gering waren; eine größere Handelsgesellschaft konnte demnach, wenn sie dieselben an sich gebracht hatte, die Preise nach ihrem Ermessen bestimmen.«[50] Diese Situation bestand grundsätzlich bis weit ins fünfzehnte und sechzehnte Jahrhundert fort. Es wird deutlich, daß die Handelsherren die beherrschende Stellung ihres Kaufmannskapitals gerade aus der Punktualität der einzelnen von ihnen gewagten Unternehmungen verstehen mußten. Eine Art Privatcharakter jedes

Geschäftes war in gar keiner Weise über die universelle Vermittlung eines etablierten und überschaubaren Geldmarktes aufgehoben. Die oft genug hemmungslose Entwicklung der Persönlichkeit erscheint hier von zwei Seiten durch die historische Situation der sogenannten ursprünglichen Akkumulation bedingt und gefördert. Die Geschäfte fanden grundsätzlich im Konkurrenzkampf um die Handelschancen statt. Und dieser Kampf spielte sich weitgehend vereinzelt ab, zwischen Individuen und deren Anhang, aber nicht als ein gesamtgesellschaftlich begriffenes und geregeltes Phänomen, wie es später dem etablierten Bürgertum sich im Markt, in der Zirkulationssphäre objektiv darstellte. »Verschiedene, weniger erfreuliche menschliche Züge kamen in ihrem«, Kellenbenz spricht von den Großkaufleuten, »Wesen zum Ausdruck. Alle waren sie ausgeprägte Ich-Menschen, bedacht auf ihren Profit, ständig bestrebt, die Konkurrenz aus dem Felde zu schlagen. Ihre Habgier kannte keine Grenzen, sie schonte nicht den eigenen Geschäftsfreund und ließ sich durch kirchliche Verbote nicht davon abhalten, den Ungläubigen Kriegsmaterial und Sklaven zu liefern, während sie ihre Arbeiter schlecht bezahlten, vorwiegend aus der Erwägung heraus, die Löhne niedrig zu halten, um auf dem internationalen Markt konkurrenzfähig zu bleiben. Verschiedene von ihnen scheuten nicht davor zurück, unehrenhafte Mittel zu gebrauchen. Über dem Bestreben, möglichst viel Erfolg zu haben, möglichst große Gewinne zu machen, wurden religiöse, sittliche und gefühlsmäßige Erwägungen, so gut es ging, unterdrückt. Solche Züge waren wohl schon bei den Geschäftsleuten des vorausgehenden Jahrhunderts vorhanden, denn nur dies kann den gewaltigen wirtschaftlichen Aufstieg der italienischen Unternehmerschicht erklären, aber erst jetzt werden diese Eigenschaften als hervorstechend sichtbar, weil die Zahl dieser Unternehmer nun größer ist, weil sie reicher sind, weil ihre Haltung noch klarer und bewußter ausgeprägt wird. Diesen ausgesprochenen Realisten geht die scharfsinnige Erkenntnis der Wirklichkeit über alles, ihre betont rationale Einstellung läßt sie entsprechend zielbewußt und skrupellos auftreten.«[51] Diese Schilderung ist von keinem kapitalfeindlichen Klassenstandpunkt oder ähnlichen Motiven bestimmt; im Gegenteil vielleicht, sie überzieht etwas die Entschiedenheit und den Erfolg der frühen »Unternehmer«. Sie hat aber den entscheidenden Vorteil einer Orientierung der historischen Arbeit an dem ökonomischen Geschehen. Sie ist geeignet, das strahlende Bild voller Persönlichkeitsentfaltung »des Renaissance-Menschen« bei Burckhardt nüchtern zurechtzurücken und klarzustellen, daß die Vorurteilslosigkeit der großen Männer der Zeit historisch auch Unbestimmtheit und individuell auch Skrupellosigkeit war. De Sanctis Satz, »ihre Freiheit lag in der Tat«[52], klingt weniger heldisch, wenn man sich vergegenwärtigt, daß diese Tat zwar Selbstbefreiung von der Angst vor den außerordentlichen Risiken bedeutete, aber sich ebenso in Raub und Ausnutzung von Abhängigen realisieren konnte wie in der Begeisterung für die Kunst Leonardos, die Vergnügungen des ›Decameron‹ oder in der inneren Konzentration der posa. Weder Markt noch Geld zwangen zu eindeutig ökonomisch kalkulatorischer Konseqenz.

Allerdings hatte die Geldzirkulation quantitativ sich außerordentlich ausgeweitet. Die bäuerlichen Feudalabgaben waren in vertragsmäßige monetäre Pachtleistungen umgeformt. Die Lehensherren konnten nicht mehr Verpflichtungen durch die Verleihung von an den Boden gebundenen Rechten einlösen, so daß derart naturaliter entschädigte Gläubiger auch ein von Fürsten übertragenes Grundeigentum nach seinem voraussichtlichen Rentenertrag in Geld kalkulierten. Die kirchlichen Abgaben, insbesondere für einzelne Vorhaben wie den Türkenkreuzzug oder ähnliches, hatten erheblich diese Entwicklung vorangetrieben. Auch die großen Landherren aus der Feudalzeit, die einstige Lehen praktisch weitgehend in eine Form von veräußerlichem Privateigentum umgewandelt hatten, akkumulierten Geld. »So wurde der Ankauf neuer Gebiete durch Geld ein üblicher Weg, den jene Machthaber gingen, die ihre Besitzungen ausdehnen wollten.«[53] Das setzten sie zwar nicht selbst kaufmännisch ein, es begann aber zunehmend in den Banken und Handelskontoren der Großbürger zu arbeiten.* Trotzdem kann man für diese Zeit im strengen Sinne nicht

* Zum Beispiel die großen Erträge der neapolitanischen Barone aus ihrem Getreideexport.[54]

eigentlich von einer Geldzirkulation sprechen. Es wurde nicht einfach Geld von den Kaufherren kontrolliert, sondern ihre Handelstätigkeit schuf überhaupt erst einen bedeutenden Teil des verfügbaren Geldes. Am deutlichsten ist dies, wo es sich um Zahlungsmittel in der Form von Wechselbriefen, von Schuldverschreibungen, unter den Firmen selbst handelte. Andererseits war die Metamorphose von anderen Verfügungsrechten in Geld nicht ohne weiteres antizipierbar. Sie konnten etwa in landesherrlicher Prägung von Gold oder anderem Edelmetall bestehen, aber auch in Gerechtsamen oder Naturalleistungen. Deren Transformation war indessen notwendig, wenn sie zum Kauf von Waren oder zur Ablösung von monetär festgesetzten Verpflichtungen – etwa dem Lehenstribut eines Fürsten an den Papst oder einen anderen Lehensherren – verwandt werden sollten. *Aus dem alten Verbund gelöst standen die Elemente der feudalen Struktur isoliert nebeneinander.* Man behalf sich mit *Ansätzen neuer Formen realer, ökonomischer Kommunikation* und stand im übrigen hilflos Problemen gegenüber, für die Lösungen nur äußerst schwierig und schon gar nicht aus der Fortsetzung mittelalterlicher Herrschaftsformen gefunden werden konnten. Die Inhaber des Kaufmannskapitals haben es recht und schlecht unter diesen Bedingungen übernommen, durch je besonderes Handeln jene Rudimente unter neuen Prinzipien miteinander zu verbinden. Darum waren ihre Profite ökonomisch gesehen autonom, insgesamt aber mehr zufällig als willkürlich, weil die Transaktionen von der disparaten Naturwüchsigkeit der politischen Machtverhältnisse wie der geographischen Varietät der Warenproduktion jeweils spezifisch abhingen. »Ursprünglich war der Handel Voraussetzung für die Verwandlung des zünftigen und ländlich-häuslichen Gewerbes und des feudalen Ackerbaus in kapitalistische Betriebe. Er entwickelt das Produkt zur Ware, teils indem er ihm einen Markt schafft, teils indem er neue Warenäquivalente und der Produktion neue Roh- und Hilfsstoffe zuführt und damit Produktionszweige eröffnet, die von vornherein auf den Handel gegründet sind, sowohl auf Produktion für den Markt und Weltmarkt wie auf Produktionsbedingungen, die aus dem Weltmarkt herstammen.«[55] Erst im Zusammenhang mit Überlegungen, daß eine derartige

Entwicklung zu ökonomisch bestimmter Interdependenz später möglich wurde, ist es logisch sinnvoll, für die davor liegende Epoche von einer Kontingenz der einzelnen Faktoren zu sprechen. Andererseits bekommt der Begriff Kontingenz seinen vollen historischen Inhalt nur dann, wenn man – parallel zum Marxschen Ansatz – noch einmal inhaltlich einzuholen versucht, was es bedeutet, daß jenes »Kapital quand même« unter Voraussetzungen sich durchsetzte, die ökonomisch nicht definierbar sind.

Die Elemente der gesellschaftlichen und geographischen Situation, die die großen wirtschaftlichen Interessen bestimmten, waren zwar »nicht außerökonomisch«, doch ein jedes noch ganz sui generis. Das Geld der Handelskontore stand eben den »vorkapitalistischen« Verhältnissen gegenüber.[56] Noch in den Phasen des entwickelten Kapitalismus, für die von einer Zirkulationssphäre im strengen Sinne gesprochen werden kann, ist die »Äußerlichkeit und Begriffslosigkeit des Umschlags des Kaufmannskapitals« und seine Tätigkeit für »die Umschläge sehr verschiedener produktiver Kapitale gleichzeitig oder der Reihe nach« festzustellen.[57] Da in der frühkapitalistischen Phase kein ökonomischer Zusammenhang sie hätte unterlaufen können, mußte solche »Äußerlichkeit und Begriffslosigkeit« um so absoluter herrschen; freilich konnte sie auch um so weniger bewußt oder auch nur problematisiert werden. Zugleich war das Kaufmannskapital angereichert mit der historischen Fülle des Besonderen, wie es sich vor dem Raster der neuen Allgemeinheit einheitlichen Kalkulierens je und je abzeichnete. Schon zwei bis drei Jahrhunderte zuvor hatte das Wucherkapital begonnen, in dieser Richtung zu wirken; auch einfach zentralisiertes Geldvermögen hatte eine gewisse revolutionierende Bedeutung ausgeübt, »indem es die Eigentumsformen zerstört und auflöst, auf deren fester Basis und beständiger Reproduktion in derselben Form die politische Gliederung beruht«.[58] In der Ära des Kaufmannskapitals wird dieser Einfluß dagegen aktiv und herrschend, insofern die politischen und die Eigentumsverhältnisse immer stärker explizit den Handelsinteressen unterworfen werden. Dieser Unterschied muß doch gegenüber manchen Autoren geltend gemacht werden.

Marx selbst hat im ›Rohentwurf‹ gerade auch an den italienischen Städten seinen Satz entwickelt, daß bereits das »Handelsvermögen als selbständige ökonomische Form« anzusehen sei.[59] Er verwendet oft für die frühe Phase neben dem Begriff Kaufmannskapital den von Handelskapital oder Handelsvermögen so, daß er nicht ohne weiteres abgesetzt erscheint gegen den Begriff von Handelskapital im strengen Sinne, das bei entwickelter kapitalistischer Produktion als »verselbständigtes« Warenhandelskapital nur »Zirkulationsagent« der Produzenten ist.[60] Deshalb nenne ich jene frühe »selbständige ökonomische Form« Handelskapital im weiteren Sinne oder Kaufmannskapital. Im Gegensatz zu den ›Grundrissen‹ werden im ›Kapital‹ die früheren Verhältnisse fast ausschließlich von denen des entfalteten Kapitalismus her gesehen, um dessen Erkenntnis alles zu tun ist, aber auch weil erst so eine klar strukturierte Auseinandersetzung mit den vergangenen Perioden möglich wurde. So wurden die logischen Verknüpfungen zwischen den einzelnen Phänomenen der politökonomischen Struktur zurückprojiziert, und sei es als Negation. Anders könnte auch eine bestimmte Begrifflichkeit gar nicht entfaltet werden.

Mir geht es hier um die Erkenntnis einer bestimmten Epoche, die wir frühkapitalistisch nennen, allerdings unter doppeltem Aspekt. Von Bedeutung ist sie zweifellos auch hier nur im Hinblick auf die Vorgeschichte unserer Gegenwart, deren Bornierungen und Perspektiven auch schon in dieser Epoche entscheidend mit konstituiert worden sind und sich nur aus einer Rekonstruktion dieser Phase und der Entwicklung durch die weiteren bis heute analysieren lassen. Die historisch erst für die spätere Phase voll zulässigen Begriffe und Kriterien werden deshalb nur insofern benutzt und diskutiert, als es notwendig und zweckmäßig erscheint, auf diesem Wege spezifische Differenzen zu bezeichnen, auch Verwechslungen auszuräumen. »Dies ist der Grund, warum Marx selbst immer wieder zum Vergleich mit der kapitalistischen die feudale, die antike und die asiatische Produktionsweise heranzieht.«[61] Marx begründet diese Methode in den ›Grundrissen‹ so: »Die bürgerliche

Gesellschaft ist die entwickeltste und mannigfaltigste historische Organisation der Produktion. Die Kategorien, die ihre Verhältnisse ausdrücken, das Verständnis ihrer Gliederung, gewähren daher zugleich Einsicht in die Gliederung und die Produktionsverhältnisse aller der untergegangenen Gesellschaftsformen, mit deren Trümmern und Elementen sie sich aufgebaut, von denen teils noch unüberwundene Reste sich in ihr fortschleppen, bloße Andeutungen sich zu ausgebildeten Bedeutungen entwickelt haben etc.«[62] Damit wird ein logischer Vorrang der bürgerlich ökonomischen Kategorien erklärt und damit begründet, »daß die letzte Form die vergangenen als Stufen zu sich selbst betrachtet«[63] und betrachten darf, weil sie in ihr aufgehoben sein sollen. *Marx hat die Totalität dieses Ansatzes selber hinterfragt.* Einmal muß dazu die Überlegung auffordern, daß eben nicht alle Elemente der vergangenen Situation – jedenfalls irgendwie erkennbar – in der folgenden aufgehoben sind; die Geschichte ist keineswegs immer auf der Höhe der Situation, im Gegenteil werden Ansätze abgebrochen und unterdrückt oder gehen verloren. Marx hat dies für die Geschichte der Produktivkräfte vor dem Stadium des Weltmarktes gezeigt. Zum anderen hat er sich entschieden, im ›Kapital‹ seine Untersuchungen logisch und historisch auf die Erkenntnis des klassischen und des Industriekapitalismus zu konzentrieren. Damit sind frühere Epochen ausdrücklich als die Vorstufen dazu behandelt worden, ohne daß Marx die Absicht gehabt hätte, sie in dieser Weise seinem Erklärungsmodell unterzuordnen.[64]

Der Ansatz meiner Arbeit unterscheidet sich davon aus zwei Gründen. Der Geschichtsschreibung unter dem Aspekt einer Rekonstruktion der gegenwärtigen Lage soll noch einmal die Tiefendimension dessen zurückgewonnen werden, was in ihr nur schlecht oder gar nicht aufgehoben worden ist; das heißt zugleich, daß gefragt werden muß, wie wir uns die vergangenen Situationen vorzustellen haben, in denen unter anderen Hoffnungen und Zwängen der Menschen sich das hergestellt hat, was wir sonst nur unter dem Aspekt des resultierenden Status zu interpretieren vermögen. Ein solches Vorgehen muß insbesondere in unserer eigenen spätkapitalistischen Phase legitim sein, in der neuerdings die Kategorien des entfalteten

Kapitalismus nicht ohne erhebliche spezifische Differenzen gebraucht werden können, wenngleich alle sofort gewarnt sein mögen, die meinen, nun ließen sich die berühmten Parallelen zwischen Vor und Nach herstellen und aus Frühkapitalistischem unmittelbar Erklärungsformen für spätkapitalistische Verhältnisse entwickeln. Das ist ein bedeutender weiterer Schritt, um den es hier noch nicht gehen kann. Meine Rekonstruktion früher Epochen der europäischen Neuzeit steht unter der Frage nach dem Verhältnis der Menschen zu ihrem eigenen Körper, die an der Geschichte des choreographierten Tanzes aufgerollt wird und über deren historische Bedingungen und Bestimmtheiten auch die übrigen Bereiche gesellschaftlicher Entwicklungen einbezieht. Sie dient nur dem Versuch, eine späte Situation auf Grund der sie konstituierenden Geschichte zu klären. Dabei können zweifellos auch die Kriterien und Kategorien dieser Klärung als einer Beurteilung für bestimmte Gegenwartsfragen nur aus dieser Geschichte und dem Bedeutungswandel der Phänomene durch die verschiedenen Konstellationen hindurch herausgearbeitet werden. Zu diesem Ziel muß allen Vermittlungszusammenhängen noch einmal explizit am historischen Material nachgegangen werden. Darum ist es in einem gewissen Maße sinnvoll, unter dem Aspekt späterer Phasen gebildete Begrifflichkeit auf ihre Stringenz für frühere eingehend zu überprüfen und aus dieser Konfrontation die differencia specifica für diese wie für jene zu erarbeiten; andererseits muß daneben versucht werden, aus der historischen Immanenz bestimmte Abhängigkeiten und Tendenzen herauszulösen und zu einem eigenen Begriff zu bringen. Solche eigenen Begriffe lassen dann sich im spezifischen Gegensatz zu der unter den späteren Verhältnissen gebildeten Begrifflichkeit entwickeln, so daß die historischen Bildungen, die nicht einfach in der Vorgeschichte aufgehen, dennoch als Dimension auf die gegenwärtige Situation bezogen werden können.

Sonst gelangt man dahin, nach dem Modell der Marxschen Erklärung des entfalteten Kapitalismus für voraufgehende Epochen entsprechende zentrale Begriffe zu suchen und diese zu Universalien zu erheben. In den Versuchen materialistischer Geschichtsaufarbeitung ist es bislang meist noch so gegangen. So ist es Henryk Grossmann unterlaufen, »Anfänge der kapitalistischen Produktionsweise« und »das Eindringen des Geldkapitals in die Produktionssphäre« gleichzusetzen.[65]* Es besagt dann nichts mehr, wenn man das Verlagssystem den »ersten kapitalistischen, wenn auch dezentralisierten Großbetrieb« nennt. Der Begriff kapitalistisch ist hier vollkommen ausgehöhlt, wie es auch sinnlos ist, das Verlagssystem als die Dezentralisation einer schließlich nicht von ungefähr erst Jahrhunderte später entwickelten Organisationsform der Produktion zu bestimmen. So kommt man nur dahin, universelle Kategorien zu hypostasieren und das Material in Analogien von zweifelhaftem Erkenntniswert oder einfach irreleitend zu organisieren. Darin ist es Grossmann nicht besser ergangen als dem von ihm kritisierten Borkenau.

Warentausch und Besonderes

Über seine Auswirkungen auf die anderen Gruppen der Gesellschaft war der Reichtum der italienischen Großkaufleute bis zu einem gewissen Grade gesellschaftlicher Reichtum. Das Kaufmannskapital wurde gleichwohl weder in einer unmittelbar gesellschaftlich zu benennenden Funktion noch mit einer anderen als rein individuellen subjektiven Motivation eingesetzt. Es sollte einzelnen Familien Reichtum bringen, über den politische Macht, vor allem aber ein differenzierte Bedürfnisse hervorbringendes und entfaltendes Leben möglich werden sollte. Es wurde zu diesem Zweck in sehr verschiedene Daseinsformen verwandelt, unter denen Waren aller erdenklichen Art nur eine Gruppe bildeten. Gläubigerforderungen gegen andere Geschäftsleute und gegen Fürsten, gegen ständische Korporationen, gegen adlige Grundeigentümer und gegen orientalische Handelspartner bildeten eine andere. Das

* Die Zitate aus dem 24. Kapitel des ›Kapitals‹ Bd. 1, auf die Grossmann sich dort stützt, sind nicht sonderlich überzeugend; das volle Zitat muß lauten (die von G. weggelassenen Teile des Satzes sind kursiv gesetzt, R. L.): »*Obgleich* die ersten Anfänge kapitalistischer Produktion uns schon im 14. und 15. Jahrhundert in einigen Städten am Mittelmeer sporadisch entgegentreten, *datiert die kapitalistische Ära erst vom 16. Jahrhundert.*« Neben den zumindest irritierenden Verkürzungen wäre auch gerade fraglich, *in welcher Weise* »kapitalistisch« diese Ära war.[66]

Geld wurde aber ebenso auch gegen Ausbeutung von Bodenschätzen, Besteuerungs- und Verzollungsrechte, gegen Absatzgarantien und Monopolchancen, gegen Kirchenwürden und Pfründen wie gegen Herzogstitel vertauscht.
Es wurden »der Warentausch selbst und die ihn vermittelnden Operationen – getrennt von der Produktion und vollzogen vom Nichtproduzenten – als bloßes Mittel der Vermehrung« betrieben, soweit das Geld überhaupt durch die »Metamorphose« in Waren vermehrt werden sollte, soweit »das treibende Motiv und der bestimmende Zweck« »G-W-G«[67] war. Je zufälliger die Tauschrelationen dabei waren, desto mehr war der Kaufmannsgewinn bloß »Veräußerungsprofit«. Erst und nur »der fortgesetzte Austausch hebt die Zufälligkeit mehr und mehr auf«.[68] Zunächst wird diese Zufälligkeit aber nur dadurch abgelöst, daß für den Einzelnen die wechselseitigen Abhängigkeiten zwischen seinen Käufen und den Einkaufspreisen sowie zwischen seinen Verkäufen und Verkaufspreisen überschaubar werden. Seine Tätigkeit beginnt erst, ein Zirkulationssystem zu etablieren, in dem nicht nur sein eigenes Handeln den Zufall beschränkt. Solange übt er wohl den Tausch, wenn auch zwischen Währungen, Waren und Rechten, die alle keine oder kaum eine Beziehung aufeinander aufweisen außer den von ihm selbst hergestellten. *»Durch seine Bewegung selbst setzt er die Äquivalenz.«*[69]* Ebenso wie seine Bewegung erst die Tauschbarkeit bestimmter Produkte und alles übrigen hervorbringt und erweist, so setzt sie auch erstmals einen Tauschwert, indem sie das Fazit der kontingenten historischen Bedingungen des Tausches in der Form eines Geldpreises zieht. Dieser muß als Ausdruck unter allgemeinen Regeln für die besondere Lage gelten. Freilich entspringt die Allgemeinheit dieser Regeln ihrerseits der Einförmigkeit des »Ziels und Zwecks«, den die Individuen bei allen ihren Operationen verfolgen. »Zweck ist Vermehrung des Werts (...) als Geld«, »seine Metamorphose in alle diese Formen, die aber nur der Verkleidung dienen«.[70]

* Vgl. die irrige Übertragung eben dieses Satzes auf den eher etablierten Markt des späteren sechzehnten Jahrhunderts durch Michel Foucault, cf. Bd. II., Teil III.

Zu ihnen gehörte auch die Umwandlung von Geld in Wollimporte, deren Verwandlung in Tuche und die Rückwandlung in Geld, das durch den fernen Verkauf der exportierten Stoffe wieder eingelöst wurde; denkbar auch, daß als Gegenleistung, das Äquivalent für die Tuche, bestimmte Waren angeboten und vereinbart wurden, so daß Geld erst wieder aus deren Verkauf in Italien oder gar Weiterverkauf nach England oder den Niederlanden erlöst wurde. »Das Geld als Handelsvermögen (...) ist indes bloß das vermittelnde Bewegen zwischen den Extremen, die es nicht beherrscht, und Voraussetzungen, die es nicht schafft.«[71] Die Extreme sind nicht etwa an sich Beliebiges. Wenn sie vom Handel vermittelt werden, der ihnen äußerlich bleibt, vermitteln sie eine Anschauung der Fülle von Eigenartigem. Der Individualität, die sich in den immer neuartigen und isoliert von einzelnen zu konzipierenden Unternehmungen der Großkaufleute als die Einheit des Ziels prinzipiell durchsetzt, entspricht in dieser Epoche die der entgegentretenden Güter. Noch sind diese weit mehr als bloßes materiales Substrat der Kalkulationen.
So sehr erscheinen alle glückhaften und alle brutalen Wendungen des Schicksals in den Waren, die in den Tausch gezogen werden, zusammengezogen, daß Antonio, Kaufmann von Venedig, zwischen dem Verlust seines Fleisches und dem Gewinn seiner ausgelaufenen Schiffe, die er gegeneinander versetzt hat, sein Leben sich entscheiden sieht; das Gericht muß jede Vereinbarung gelten lassen, weil noch das Ungewöhnlichste das Alltägliche ist. Die Überlieferung, auf der Shakespeares Drama fußt, macht das am Absurdum klar. Der Handel führt das Entfernteste, immerhin tauschend, zueinander. »Der Handel faßt immer zusammen«[72], freilich ist diese Synthesis noch nicht stringent und allumfassend. Doch wird sie immerhin formal denkbar. Man kann zwar nicht behaupten, daß die geistesgeschichtlichen Phänomene dieser Epoche, die Spaventa im Hinblick auf die Religion Indifferenz oder die De Sanctis die »Vorurteillosigkeit der Männer der Renaissance, verbunden mit ihrer Gleichgültigkeit«[73] genannt haben, aus der ökonomischen Entwicklung zur Allgemeinheit von Ware und Geldwert zu erklären seien. Offensichtlich sind die Entwicklungen nicht nur wechselseitig abhängig, sondern auch

parallel zueinander zustande gekommen. Man muß aber sehen, daß im ökonomischen Bereich grundlegende Erfahrungen gemacht wurden, welcher Art die neue Systematik von Allgemeinheit sein konnte und mußte, die ideengeschichtlich nur »Indifferenz« oder »Gleichgültigkeit« heißen kann, weil sie keine inhaltliche, sondern nur eine formal auf die Sachen bezogene Allgemeinheit war. Darin schlug sich aber bereits ein wesentlicher Unterschied gegenüber der Zeit des Wucherkapitals nieder, das eine ähnlich gesamtgesellschaftlich formende Funktion noch nicht einnehmen konnte.

Die Reproduktionsweise

Bedingten schon die Beziehungen des Handels zu den Waren, daß er ihnen äußerlich blieb, so wurde die Äußerlichkeit noch durch deren Beziehung zur Reproduktionsweise verdoppelt. Die Waren blieben nämlich ihrem Gebrauchscharakter nach dem durchschnittlichen Reproduktionsbedarf der damaligen Massen äußerlich, größtenteils berührten sie ihn überhaupt nicht. Die wichtigsten Güter waren entweder selbst Luxusartikel – Gewürze, Juwelen, kostbare Stoffe – oder Roh- und Hilfsstoffe für deren Herstellung wie Wolle, Alaun, Farben. Primäre Bedürfnisse großer Bevölkerungsgruppen wurden von diesem Handel gar nicht tangiert.* Ihre Kleidung bestand kaum aus weither importiertem Stoff oder aus Stoffen, die in den berühmten Verlagssystemen der eigenen Länder erzeugt wurden. Für ihre Nahrung, selbst wo sie gelegentlich an Festen und Feiertagen üppig ausfiel, kam aus den Erzeugnissen der näheren Umgebung. Die ländliche Bevölkerung dürfte sich fast ausschließlich, die einfache städtische auch noch weitgehend aus eigenem Gartenbau und eigener Kleinviehhaltung ernährt haben. Soweit die Produkte untereinander zu tauschen waren oder von anderen gekauft wurden, übten die Hersteller auf den Märkten selbst die Funktion des Verkaufs ihrer Waren aus; im übrigen übernahmen Kleinhändler die

* Grossmann hat richtig festgehalten: »im 16. Jahrhundert verbreitet sich der Luxus, der im 15. Jahrhundert auf adlige und geistliche Kreise beschränkt war ...«[74]

Vermittlung. Wo überhaupt Tausch und Ware die Gesellschaft bestimmten, da herrschten die einfache Warenproduktion und der einfache Tausch vor. Die Großkaufleute waren in diesen Prozeß der Reproduktion der Menschen nicht eingeschaltet. Wenn auch die Bäuerinnen, das heißt, die Frauen der Kleinpächter, von den Verlagsherren gegen Lohn mit dem Spinnen ihrer Wolle beschäftigt wurden, so blieb doch der agrarische Sektor ziemlich unberührt von neuen Wirtschaftsformen. Produktionsweise und Verteilungsorganisation dürften sich, für den Bereich der eigenen Ernährung im Lande selbst, kaum verändert haben. Die monetären Bewegungen entwickelten sich mehr an der Oberfläche der bestehenden spätfeudalen Verhältnisse. Darum spricht Cipolla von »ghost moneys«. Im Mittelalter »sah für Jahrhunderte niemand je ein Pfund in Wirklichkeit; aus dem einfachen, wenn auch paradoxen Grunde, daß sich das Pfund während des größten Teils seiner Existenz nie in eine wirkliche, sichtbare und anfaßbare Münze verwandelte«.[75] Selbst wo nach Geldwerten gerechnet und getauscht wurde, war gar nicht immer Geld selbst im Spiel, auch noch im fünfzehnten Jahrhundert. Der Naturaltausch zwischen den Produzenten war kein eigentlicher Naturaltausch mehr, weil die Güter in Geldwerten verglichen wurden, die sich für die heimischen Produkte längst etabliert hatten. Dieser Bereich war aber erst recht nicht in ein gemeinsames System mit dem Großhandel einbezogen, mit dem ihn eben nicht einmal nennenswert der Strom derselben Münzen verband. Die Pächter hatten große Schwierigkeiten, ihren Pachtzins in Münzen abzuführen; denn sie gelangten kaum an größere Bargeldbeträge. So kann man sich vorstellen, daß der geringe Lohn der Bauersfrauen für das Spinnen beim Wollverleger zur Zahlung der Pacht benötigt wurde.

Um so mehr mußte sich der Großhandel als ein Geschäft darstellen, das wenigen die Selbstverwirklichung in schönen Bauten, der Entfaltung von Künsten und gelehrten Wissenschaften ermöglichte, niemandem schadete und darüber hinaus vielen indirekt nützte, indem er Reichtum und Aufträge in die Heimatstadt brachte. Doch schon zur Erneuerung des bescheidenen Produktionskapitals in Form handwerklicher Werkstätten und Webstühle trug das Kaufmannskapital nichts bei.

Deren Beschaffung blieb den einzelnen Handwerkern überlassen wie je. De Roover weist darauf hin, daß in den Mediciberichten die Behauptungen von Doren nicht bestätigt würden, nach denen die Verlagsherren durch Vorschüsse und ähnliches die Weber in Abhängigkeit gebracht hätten. »Tatsächlich zeigen diese Berichte, daß die Manufakturherren den Webern bei der Anschaffung von looms halfen und ihnen gestatteten, diese Auslagen durch wöchentliche Abzüge vom Lohn abzuzahlen.«[76] Auch wenn die Medici das nicht ausdrücklich so genannt, vielleicht nicht einmal bewußt so geplant haben, stellte dieser Vorgang selbstverständlich eine Abhängigkeit der Weber und auch ein Druckmittel auf sie dar. Was de Roover nicht klar genug erkennt, ist die faktisch sehr geschickte Ausnutzung der scheinbar fortgesetzten Selbständigkeit der Kleinhandwerker durch die Verlagsherren. Die Handwerker waren durch die lohnähnliche Form ihrer Einnahmen ohnehin, durch die Abzahlungsverpflichtungen zusätzlich gegenüber den Kapitalinhabern abhängig. Ihre Produktionsmittel gehörten immer mehr nur noch dem Titel nach ihnen selbst; trotzdem mußten sie selbst aus ihrem Lohn die Neuanschaffungen bezahlen, statt, was ihnen sowieso immer weniger Handwerkerunabhängigkeit garantierte, ihre Ausstattung wenigstens von den Kapitalinhabern bezahlt zu bekommen. Lediglich auf das schon Vorhandene wurde die Herrschaft des Kaufmannskapitals abstrakt ausgedehnt, indem etwa viele Weber ihre Stühle den Verlegern verpfänden mußten und indem durch amtliche Bestimmungen ihre eigene Arbeitskraft ihrer freien Disposition entzogen wurde; so, wenn es verboten wurde, für mehrere Verlage gleichzeitig zu arbeiten, wodurch sonst die Verleger in die schwächere Position der um die Arbeit Konkurrierenden hätten geraten können; oder wenn die Großbürger einer größeren Unabhängigkeit der Handwerker, die zwei oder mehrere Phasen eines Verarbeitungsprozesses bei sich vereinigen wollten, durch Zunftgesetze zuvorkamen.

Stand der Arbeitsteilung

Der geschilderte Warenverkehr muß noch einmal ausdrücklich unter dem Gesichtspunkt beginnender großräumiger Arbeitsteilung gesehen werden. Offensichtlich war in einigen Produktionen eine recht starke Spezialisierung in bestimmten Landschaften oder Ländern erfolgt. Die entsprechenden Produkte gingen als Waren in die verschiedenen Gebiete, in denen sich ein ausreichend hohes Konsumniveau hatte bilden können oder in denen bestimmte Produktionsweisen auswärtiger Rohstoffe bedurften. In England wurde Wolle durch Schafzucht gewonnen, in Italien verarbeitet und dort oder anderswo verkauft und als Kleidung getragen. Gewürze und Seidenraupen wurden im Vorderen oder im Fernen Orient gezogen, zum Teil dort auch verarbeitet, und in die europäischen Länder zum Gebrauch transportiert. Solche Produktionen konnten in den Konsumländern entweder aus klimatischen Gründen nicht unternommen werden oder weil ihre handwerkliche Tradition sie nicht dazu befähigte. Mineralien, wie etwa der Alaun, ließen sich natürlich nur da gewinnen, wo Lager vorhanden waren; damit die Wollfärberei über diesen Stoff verfügen konnte, mußte er denen abgekauft werden, die ihn bei sich abbauen konnten.

Voraussetzung solch großräumiger oder internationaler Arbeitsteilung und Folge zugleich ist ein gewisser Grad von Arbeitssteilung im Lebensbereich derer, die den Austausch vermittelten. In rein agrarischen Reproduktionsgemeinschaften werden keine Händler und erst recht keine Großkaufleute freigesetzt. Die Arbeitsteilung zwischen Stadt und Land war bereits in gewissem Umfang vorangegangen; die Großbürger waren nicht durch den Zwang, selber für die primitiven wie die erweitertsten Formen ihrer Reproduktion sorgen zu müssen, behindert. Einerseits konnten sie auf ländliche Produktion als Käufer zurückgreifen; andererseits konnten sie Handwerker, Pachtbauern und Lohnbedienstete gegen Bezahlung selber zu entsprechenden Produktionstätigkeiten anstellen. Allgemein herrschte in den Städten einfache Warenproduktion vor. Handwerker produzierten also noch weitgehend einer

für den Gebrauch des anderen, während manche Bereiche des eigenen Konsums auch im Hause selbst oder im eigenen Stückchen Land gedeckt wurden. Noch weniger machte sich Arbeitsteilung auf dem Lande bemerkbar, wo im fünfzehnten Jahrhundert, auch in Oberitalien, noch der größte Teil der Bevölkerung lebte. Allerdings produzierten auch die Bauern und Kleinpächter nicht mehr für einen eng begrenzten feudalen Reproduktionszusammenhang, auch nicht allein für den eigenen Bedarf. Auch sie waren in gesamtgesellschaftliche Tauschzusammenhänge streckenweise einbezogen, etwa indem sie als Selbstverkäufer oder über Lieferungen an die großen Landherren Getreide und Wein an einen Markt brachten.
Im übrigen herrscht selbstverständlich auch in einem Feudalverband auf der Grundlage einfacher agrarischer Produktion eine Reihe von Arbeitsteilungen, auch wenn diese nicht innerhalb der Produktion fallen. Solche Strukturen waren und wurden noch lange nicht etwa aufgelöst, sondern bestanden in veränderter Bedeutung fort. Die konkreten Formen von Herrschaft waren verselbständigte Elemente dieser früheren Situation. Was die Kleinpächter für ihre Produkte und Leistungen bezahlt erhielten, mußten sie als Pacht an die noch mehr oder weniger feudalen Landherren entrichten. Diese Verpflichtung hatte einmal im Lehenssystem zusammengehangen mit einer Art von Arbeitsteilung zwischen Landbau und kriegerischer Verteidigung. Vielleicht kann man sich eine historische Situation vorstellen, in der einmal Feldbestellung und Sicherung nach außen als äquivalente Bestandteile einer horizontalen Arbeitsteilung gelten konnten. Für einen solchen Kontext könnte man auch die Krieger als greifbar an der Reproduktion des Gemeinwesens beteiligt bezeichnen, in einer grundsätzlich dem Ackerbauern vergleichbaren Weise. Doch ist die Feldbestellung viel mehr an einen bestimmten Kreislauf von Tätigkeiten gebunden, die von Jahreszeit und Boden und Fruchtart vorbestimmt sind. Historisch ist meines Wissens eine solche horizontale Arbeitsteilung auch nicht bekannt. Tatsächlich sind Kriegerkasten festzustellen, die auch schon immer Leitungsfunktionen in irgendeiner Form ausübten; ihre Funktion ist real nicht von Herrschaft über die zu scheiden, die unmittelbar aus Aneignung von Natur produzieren.

Am Ende des europäischen Mittelalters war jedenfalls der Prozeß außerordentlich weit fortgeschritten, in dem solche Leitungsfunktionen zu herrschaftlichen Privilegien bei der Kriegerkaste geworden waren, während die Funktion eines militärischen Schutzes sich längst verselbständigt hatte. Zwar waren die Bauern tatsächlich weitgehend noch vom aktiven Waffendienst freigesetzt. Doch die militärischen Aufgaben wurden weder vom Feudaladel getragen, noch hatten sie etwas mit den bäuerlichen Interessen zu tun. Der alte Adel, besonders in den Städten, scharte allenfalls wilde Haufen um sich, um selber an dem Kampf um die Beherrschung von Städten und Landschaften teilzunehmen, in dem jeder sich ein Stück Macht und Reichtum zu erbeuten versuchte. Die großen Heere waren bereits Söldnerheere in ihrer Masse und wurden von den Städten, insbesondere von den Großbürgern für Zwecke finanziert, die dem Schutz der Landbewohner kaum mehr dienten. Die herkömmlich mit ihren Feudalrechten verbundenen Pflichten der Adligen waren zu gewissen standesspezifischen Qualifikationen geworden, mit denen sie sich – mehr oder weniger noch Einnahmen aus den einstigen Lehensgütern im Hintergrund – so gut es ging in die neuen Verhältnisse einreihten. Sie huldigten noch allem mittelalterlichen Ritterethos. Aber sie beteiligten sich entweder an den Machtkämpfen zwischen einzelnen Familien im kleinen, wobei Mord und Totschlag nicht gespart wurden, oder sie gingen an die Höfe der Großen, oder sie übernahmen gewisse organisatorische Aufgaben als Heerführer. All das taten Mitglieder großer und groß werdender Bürgerfamilien ebenso. Wenn die Fürsten und Adligen, die als Gonfalonieri oder Kapitäne im Auftrage oder im Dienste der Signorien und Stadtherzöge kämpften, wurden sie von diesen eigens bezahlt, so daß sie ihren feudalen Lebensstil gegen das Geld eintauschten, mit dessen Hilfe sie ihn weiterzuführen suchten. Die ländliche Bevölkerung indessen mußte ihre Zahlungen fortsetzen, während sie kaum Schutz gegen die furchtbaren Verwüstungen der Kriegshandlungen erhoffen konnte. Inzwischen waren es nicht mehr die Burgen, sondern die befestigten Städte allein, von denen aus Gebiete verteidigt wurden. Das Land aber wurde vom Feinde unverändert als deren Hinterland und Nahrungsquelle vernichtet. Sonderabgaben und Einquartierungen der eigenen Obrigkeit dürften sich nur durch eine bessere Organisation von den Plünderungen unter feindlichen wie eigenen Truppen unterschieden haben.

Aus den Interdependenzen der alten Arbeitsteilung fielen zwei Gruppen bereits weitgehend heraus, während der Rest noch faktisch in ihnen befangen war, wie sehr auch neuerlich entstellt. Die eine konnte sich über die alten, inzwischen disfunktional gewordenen Herrschaftsprivilegien abheben: Der Adel, der bei den Este, Sforza, Medici oder Montefeltro Hofdienste annahm oder der auf seinen Ländereien eigene kleine Hofhaltungen einrichtete, hielt sich heraus. Er sah auf den Kaufmannsgeist hinunter, partizipierte indirekt am neuen Reichtum, lebte unmittelbar noch von Abgaben aus seigneuralem Recht und behauptete, eine gesellschaftliche Funktion zugleich mit den Idealen von Edelmut und Ritterlichkeit im Waffenführen zu erfüllen.* Der Klerus war grundsätzlich in gleicher Lage. Er hatte immer seine Freisetzung für bestimmte kultische und intellektuelle Aufgaben als Herrschaft ausgeübt. Seine Privilegien erlaubten ihm, sich in ähnlicher Weise gegen den Grundbau der Gesellschaft zu verselbständigen; dabei konnte er einen starken politischen Einfluß bewahren, sogar zu eigener Politik hervortreiben. Dafür hatte seine Selbstinterpretation noch weniger mit dem konkreten Reproduktionsgeschehen zu tun als die des Adels; seine jenseitige Berufung hatte mit körperlicher Arbeit und Handelsprofit scheinbar gar nichts gemein. Adel und Klerus ließen gewissermaßen unter Berufung auf mittelalterliche Herkunft und Funktion das neu kursierende Geld in aller Unschuld durch ihre Taschen gehen, während ihre Einnahmen als Einlagen in den Bankhäusern arbeiteten und sie selber von den Großbürgern für wissenschaftliche Werke, Intrigen oder Condottieredienste bezahlt wurden. »Urbino besaß in dem großen Federigo (1444 bis 1482), mochte er nun ein echter Montefeltro sein oder

* Graf Baldesar Castiglione liefert in seinem ›Libro del Cortegiano‹ von 1528 zahlreiche Beispiele für diese Selbstauffassung, die zweifellos für das fünfzehnte Jahrhundert Geltung haben, schon weil der Autor die darin aufgezeichneten fiktiven Gespräche als zu Ende des Quattrocento in Urbino entstanden bezeichnet.

nicht, einen der vortrefflichsten Repräsentanten des Fürstentums. Als Condottiere hatte er die politische Moralität der Condottieren, woran sie nur zur Hälfte schuld sind; als Fürst seines kleinen Landes befolgte er die Politik, seinen auswärts gewonnenen Sold im Lande zu verzehren und dasselbe möglichst wenig zu besteuern. Von ihm und seinen beiden Nachfolgern Guidobaldo und Francesco Maria heißt es: ›Sie errichteten Gebäude, beförderten den Anbau des Landes, lebten an Ort und Stelle und besoldeten eine Menge Leute; das Volk liebte sie.‹«[77]

Die zweite Gruppe bildete sich in den Großkaufleuten. Ihr See- und Großhandel entwickelte die Zentren aller Elemente von Zirkulation, von Geldverkehr, von neuem Reichtum. Gerade darin blieben ihnen aber konkrete Bezüge auf diejenigen, die die materiellen Ansätze und Voraussetzungen ihres Lebens und Gewinns produzierten, ebenfalls völlig fern. Ihr außenwirtschaftlicher Warentausch hatte auch Produkte ausgebeuteter Arbeit zum Gegenstand; aber wie auch immer die Produktionsverhältnisse im Ursprungsland beschaffen sein mögen – noch ganz gemeinwirtschaftlich oder durch irgendeine Form ausbeuterischer Arbeitsteilung charakterisiert –, für die Händler eines anderen Gemeinwesens gehört das nicht zu den Bestimmtheiten der Waren. Solange dieser Handel nicht selber in Produktion im Ausland kapitalistisch umschlägt, hat er objektiv nichts mit den Vergesellschaftungsstrukturen dort zu tun. »Warentausch hingegen, welcher zum Träger des innergesellschaftlichen Nexus geworden ist, hat essentiell Produkte von ausgebeuteter Arbeit zum Gegenstand. (. . .) In der synthetischen Vergesellschaftung«, deren Vorstufen im Zusammenhang mit Geldzirkulation, Pächtersystem, Lohnarbeiten und anderen monetär wirksamen Phänomenen erörtert worden ist, »greift die Spaltung von Natur und Gesellschaft und die Scheidung von intellektueller und manueller Arbeit Platz.«[78] Alfred Sohn-Rethel sagt, daß »die gesellschaftlich synthetische Funktion dem Warentausch auf der geldwirtschaftlichen Stufe zugeschrieben werden muß, und zwar in seiner Eigenschaft als Aneignungsverhältnis und also in seiner inhaltlichen Gegensätzlichkeit und raum-zeitlichen Getrenntheit von der Arbeit«.[79] Das heißt, daß in dieser Phase die Arbeit selber zu wenig auf dem Wege ihrer Vergesellschaftung fortgeschritten ist, als daß die vergesellschaftende Kraft des Warenverkehrs aus ihr abgeleitet werden könnte. Allerdings ist mit der Formel »Dialektik der direkten Herrschafts- und Knechtsschaftsverhältnisse«[80] völlig offen gelassen, wie wahrhaft der Warentausch auf die Arbeit bezogen ist. Die wesenslogische Rekonstruktion der »Realabstraktion« kann so nicht befriedigend geleistet werden.

Für die Verhältnisse des fünfzehnten Jahrhunderts ist der Hinweis trotzdem von großem Wert, weil hier gerade die Unvermitteltheit zu begreifen ist, mit der die frühe autonome Geldwirtschaft der Werte schaffenden Arbeit gegenüberstand. Dies ist nicht die Äußerlichkeit, die das Spiel von Nachfrage und Angebot auf durchgängig etablierten Märkten, das heißt innerhalb einer bestehenden Zirkulationssphäre scheinbar gegenüber den Tauschzusammenhängen aufweist. Diese Äußerlichkeit war vielmehr wirklich und bestimmte die Epoche; deshalb kann sie auch nicht spezifisch mit der Marxschen Methode für die kapitalistischen Marktverhältnisse erklärt werden. »Im europäischen Mittelalter stand die Entwicklung von Keimzellen frühbürgerlicher Produktionsverhältnisse in den Städten nicht in einem unlösbaren Gegensatz zur agrarischen Basis.« Im Spätmittelalter und im Quattrocento ließ sich die Arbeitsteilung, die in einem Gewirr von verschiedensten Formen bestand, nicht mehr und noch nicht wieder einheitlich als System fassen; es bedeutete »gewiß noch nicht den Übergang zu industriekapitalistischer Produktion«.[81] Deshalb ist auch die strenge Teilung in produktive und unproduktive Arbeit problematisch, nach der die Kaufleute ihre eigene intellektuelle Tätigkeit und ihren Einsatz objektiv nicht als Grund ihres Reichtums hätten begreifen dürfen. Subjektiv taten sie es ohnehin, sofern nicht Glück und Unglück sich schicksalhaft geltend machten. Allgemein waren die Verhältnisse tatsächlich so, daß die Handelsfunktionen weitgehend isoliert dem gesamtgesellschaftlichen Zusammenhang gegenüberstanden, insofern die Tätigkeiten der Großkaufleute und Kontore nicht ihrer Sache nach von der Produktion abhingen. Sie hingen nur über eine Form zusammen, die selber nicht von der Sache hervorgebracht war.

Die Klasse der Großbürger hatte die Klasse der Handwerker in großem Umfange politisch und ökonomisch in einem Jahrhunderte währenden Kampf unter sich gebracht. Aber zwischen ihren eigenen außerordentlich differenzierten Anstrengungen in den Geschäften und der unverändert gebliebenen körperlichen Arbeit gab es keine innere Beziehung. Daß sie im Laufe des dreizehnten Jahrhunderts durch Macht in den Zünften politische Macht über die Zünfte bekommen hatten, war die Voraussetzung für ihre Akkumulation. Damit lösten sie den Zwangscharakter der naturalwirtschaftlichen und zünftigen Reproduktionsordnung gerade soweit auf, wie sie selbst ihre Interessen durchsetzten; im übrigen wurden die fortbestehenden Zünfte zu einem Mittel der herrschaftlichen Disziplinierung, sie blieben bestehen, aber jetzt als Instrument der Großbürger.[82] Diese nahmen die körperliche Arbeit der anderen dennoch in ähnlicher Weise hin, wie der Meister die des Gesellen. Sie war grundsätzlich fraglos und immer begriffslos Voraussetzung. Die Existenzen der Arbeitenden, die doch zum größten Teil Handwerker geblieben waren, galten soweit auch als unabhängig von den Käufern ihrer Produkte. *Der Käufer eignete sich eben Arbeitskraft niemals als solche, sondern nur durch die Vermittlung der Ware an, in die sie eingegangen war,* schon, bevor sie in den Handel eintrat. Die Arbeit des Bauern wurde verächtlich zur »bäurischen Einfältigkeit«* herabgesetzt. Dagegen bildeten die Großbürger ein großes Selbstbewußtsein von der Bedeutung und dem Wert ihrer geistigen Tätigkeiten aus, der sich in gelungenen Geschäften niederschlug. Lorenzo de Medici sagte zu einem Emsigen, der ihn noch spät im Bett antraf: »Was ich in einer Stunde geträumt habe, ist mehr wert, als was Ihr in vier getan habt.«[83]

* Dieser Topos taucht in aller wissenschaftlichen und belletristischen Literatur der Zeit, auch in den Tanztraktaten, auf.

Fragen nach Kooperation

Neben dem Ansatz zu einer gesellschaftlichen Synthesis durch den Warentausch innerhalb der eigenen Gemeinwesen müßte man nach zusammenfassender Wirkung von Arbeitszusammenhängen fragen. In der Epoche wurde dies ebensowenig durch den Status der Lohnarbeit unter kapitalistischer Produktion realisiert, wie auch die Ausbeutung der Arbeit noch nicht kapitalistisch genug vor sich ging, um in den Waren gesellschaftliche Arbeit wiedererkennen zu lassen. Arbeitsteilung in der Gesellschaft bringt aber immer Verbindungen zwischen Individuen nicht allein über den Tausch, sondern auch im Zusammenhang mit der Produktion mit sich. Deren Intensität und Bedeutung hängt von der Produktionsweise ab, das heißt, hier von der technischen wie der gesellschaftlichen Organisation der Produktionsprozesse. Im Mittelalter gab es das nur innerhalb der agrarisch oder handwerklich arbeitenden Großfamilien und gelegentlich bei außergewöhnlichen gemeinsamen Anstrengungen etwa zum Festungsbau oder Uferbefestigungen und dergleichen sowie bei kriegerischen Operationen. Im Oberitalien des fünfzehnten Jahrhunderts waren nur wenige Ansätze darüber hinausgeraten. In der Landwirtschaft hatten einige Großgrundbesitzer schon versucht, den Boden auf Grund einer vergleichsweise intensiven Ausbeutung der Arbeit, mit Lohnarbeiterkolonnen, auszubeuten. Diese Versuche hatten sich aber nicht gehalten, und im allgemeinen hatte sich nicht viel an der Bebauung durch Kleinbauern geändert. Eine Familie verrichtete neben der anderen gleiche Tätigkeiten, wenn auch im Zuge des verstärkten Gartenbaus die angebauten Früchte sich mehr voneinander unterschieden. Die Produktion war also viel mehr als früher auf den Markt bezogen.
Das aber brachte Beziehungen des Austauschs mit der Stadt, nicht der Kollaboration auf dem Lande mit sich. Der Großteil der Gewerbebetriebe hatte unverändert die Form kleiner Werkstätten. »Diese Produktionsweise unterstellt Zersplitterung des Bodens und der übrigen Produktionsmittel. Wie die Konzentration der letzteren, so schließt sie auch die Kooperation, Teilung der Arbeit innerhalb derselben Produktionspro-

zesse, Beherrschung der Natur und gesellschaftliche Regelung, freie Entwicklung der gesellschaftlichen Produktivkräfte aus. Sie ist nur verträglich mit engen, naturwüchsigen Schranken der Produktion und der Gesellschaft.«[84] Obwohl die Bezeichnung »Hausindustrieller« für die Handwerker, die unter Verlagssystemen arbeiteten, eine ganz andere Vorstellung suggeriert, hatte sich an deren Arbeitsweise gar nichts geändert. Veränderungen betrafen ihr Bewußtsein, weil sie bei gleicher Technik ein anderes grundsätzliches Verhältnis zu ihrem Material bekamen; dies gehörte nicht mehr ihnen selbst, sondern dem Kaufmann, für den sie die Verarbeitung durchführten. Unter Umständen konnte sich dieser Anspruch des übermächtig gewordenen Käufers bis in das Verhältnis zu den Gehilfen fortsetzen, wenn die Meister gleich diesen, nicht gerade lohnabhängig, so doch auftragsabhängig waren und nach Vertrag bezahlt wurden. Schließlich entglitt den einzelnen Handwerkern, soweit sie unter Verleger gerieten, die Verkaufsfunktion vollends. Zwar konnten sie zunächst noch zwischen verschiedenen Verlegern wechseln; solcher Rest von Autonomie wurde aber hinfällig durch die ökonomische Abhängigkeit und durch die Gesetzgebung, die im Interesse des Großhandels die Möglichkeiten des Wechselns administrativ politisch unterband. Selbständigkeit wurde bei den Großkaufleuten kumuliert. Ihr Kampf um die eigene Durchsetzung hatte Selbständigkeit überhaupt erst denkbar und durchführbar gemacht. So setzten sie zunächst im Kampf gegen die kollektive Entscheidungsgewalt der Zünfte ihre individuelle. Nachdem sie gesiegt hatten, wandten sie solches Bewußtsein und solche eigenständige Handlungsfähigkeit einerseits auf die Vielfalt der Akkumulationschancen im Handel; andererseits entwickelten sie ihre Macht auf Kosten jener bescheidenen Eigenbestimmung der zünftig organisierten Handwerker, die sich wenigstens Herr im eigenen Hause hatten fühlen dürfen. Olschki sagt: »Aber die Massen des ›kleinen Volkes‹, die zur Zeit der lombardischen ›pataria‹ eine so wesentliche Rolle gespielt hatten, traten im öffentlichen Leben längst nicht mehr in Erscheinung und stellten nur einen politischen Machtfaktor dar, der unter besonderen Umständen, je nach den Absichten der herrschenden Klassen und der Machthaber, eingesetzt werden konnte.«[85]

Neu in der Tat waren die Formen der Zusammenarbeit außerhalb der Produktion, in den Kontoren der Handelshäuser selbst. In der Durchführung rechnerischer, kalkulatorischer Operationen ließen sich schnell die Transaktionen zusammenfassen, weil »im Handel viel mehr als in der Industrie dieselbe Funktion, ob im großen oder kleinen verrichtet, gleichviel Arbeitszeit kostet. Daher zeigt sich auch die Konzentration im Kaufmannsgeschäft historisch früher als in der industriellen Werkstatt.«[86] Zugleich wurde die neue Selbständigkeit der Individuen nicht nur als die Konkurrenz aller gegen alle – innerhalb der vielleicht wenigen Hunderte großbürgerlicher Familien –, vielmehr geradeso als die Möglichkeit neuartiger Kollaboration praktiziert und erfahren. Grundsätzliche Individualität wirtschaftlicher Entscheidungen, Risiken, Gewinne ging mit punktueller Beratung, Risikoverteilung, Gewinnbeteiligung zusammen. Exemplarisch mag die Situation des Filippo Strozzi bei Paul Wescher dargestellt sein. »Daß Filippo seine disponiblen Kapitalien nicht nur im eigenen Geschäft verwandte, sondern, wie damals häufig, auch in den Unternehmungen anderer Kaufleute plazierte, geht aus einer Nachricht hervor, wonach er im Jahre 1465 Gewinnanteile und Einlagen ausbezahlt erhielt für die Beteiligung an den Handelsfahrten, die Niccolo Ardinghello nach der Levante unternahm. Eine einzige solche Fahrt brachte 8000 fl. Reingewinn. Seit 1468 war auch Lorenzo, Filippos jüngerer Bruder, der zehn Jahre in der Brügger Filiale tätig gewesen und durch seine Heirat mit Antonia di Francesco Baroncelli Schwager des Tomasi Portinari geworden war, im Neapler Geschäft. Nach Niccolos Tod führte die Firma den Namen beider Brüder.«[87]
Über die punktuell gemeinsamen Aktionen hinaus waren noch familiäre Abstützungen und Verbände, bedingt durch die Anforderungen der großen Filialnetze vieler Häuser über halb Europa sowie durch die Machtkämpfe in den einzelnen Städten, die in Form von Verschwörungen, Attentaten, Verbannungen ständige Bedrohungen brachten, von großer Bedeutung. Das hing mit der Situation eines bellum omnium contra omnes dieser Akkumulationsphase zusammen. »Auf diese Weise erlitten die Alberti 1387 ihre erste Verbannung, und 1402 wurde die ganze Familie ins Exil geschickt. Andere Mit-

glieder der kaufmännischen Autokratie folgten, und die herrschende Gruppe wurde immer kleiner und immer ängstlicher vor den Familien, die sie angegriffen hatte, und vor der Bevölkerung als ganzer, die schwer mit Steuern belastet war, nicht nur wegen der Verteidigungskriege gegen Mailand, sondern auch wegen der Eroberung von Pisa (1402–1406) und anderer Erwerbungen.«[88] Diese außen- und innenpolitische Lage war nicht nur für Florenz kennzeichnend, und nicht nur Florenz »wurde politisch von einer Reihe oligarchisch geordneter Familien von Kaufleuten beherrscht«.[89] Nicht allein ihre Verflechtung in die große Politik der kirchlichen und weltlichen Fürsten unmittelbar machte die Maximen und die Selbsterfahrung der Großkaufleute in weitem Bereich jenen ähnlich.

Die Unzahl von kleinen und größeren Kriegen, von Unterwerfungen und Feindschaften, von Morden, Verschwörungen und Verbannungen überdeckt zunächst dem Beobachter der Epoche die Ansätze zu einer neuen ökonomischen Ordnung. Außerdem waren diese selbst so punktuell und so sehr einer gesamtgesellschaftlichen Systematik äußerlich, daß es nicht verwunderlich ist, wie sehr die bürgerliche Geschichtsauffassung die Greuel und die Pioniertaten als Ausdruck irgendeines Prinzips nach dem Muster »ewig menschlicher Eigenschaften« verstanden hat, das sie Tatmensch, Geniezeitalter oder ungehemmte Vitalität genannt hat. Der Krieg aller gegen alle hatte auch das Verwirrende an sich, daß in Kriegen der Städte um einen Hafen und in den fehdeartigen Familienfeindschaften, das heißt in Plünderung und Verheerung ganzer Gegenden und in den täglichen Querelen eines Adelsklans mit einem anderen ein Gemeinsames zu erkennen war: Rücksichtsloser Durchsetzungswille. Aus diesem Durcheinander von heldenhaften Überzeugungstätern und gedungenen Mördern, von Eiden auf römische Mannestugend und Erbgier gegen die eigenen Brüder muß aber ein Phänomen herausgearbeitet werden, das dem neuen Ordnungsprinzip seiner Natur nach zugehört.

Das modernisierte Heerwesen hatte zweifellos die fürchterlichsten Folgen für Land und Bevölkerung; aber es stellte die erste große Anstrengung dar, für bestimmte Zwecke Massen von Menschen zu disziplinieren und zu organisieren, die sich für diese Zwecke verkauft hatten und infolgedessen solche Bedingungen nicht grundsätzlich ablehnen konnten. In den Söldnerheeren wurden zum ersten Mal die Menschen vertauschbar. Sie hingen nicht mehr an einer bestimmten Werkstatt, einem bestimmten Stück Land oder einer bestimmten Lebensgemeinschaft an der Scholle oder im Heerbann. Auch wenn dieser Zusammenhang bis dahin oft genug für sie und ihre Interessen wenig oder gar nicht erkennbar gewesen war, hatte doch keiner ganz ins Leere fallen können. In der Ära der Kontorkriege wurde das ganz anders. Unter dem Aspekt der Kooperation haben sie die Bedeutung, die ersten mechanischen Formationen von Menschen in den völlig unorganischen Figuren von Reih und Glied hervorgebracht zu haben. In diesen Heeren wurde sicherlich keine nennenswerte Disziplin nach außen, gegen die Bevölkerung, geübt. Aber nach innen war Disziplin an die Stelle einstiger Bindungen getreten; der formale Verband ersetzte die Identifikation mit dem Kriegsziel in einer Zeit, in der es auch keinen gerechten Krieg mehr im Sinne religiöser Rechtfertigungen geben konnte. Die späte Klage Macchiavellis, daß Bürgerheere und damit ein verläßliches Fundament der Macht geschaffen werden müßten, wäre schon lange vor 1500 ebenso anachronistisch gewesen wie seine patriotische Hoffnung, einer der neuen Machthaber werde nicht nur sein eigenes Glück, sondern auch die Rettung Italiens erkämpfen. Identifikation des Heeres mit dem Kriegsziel gab es erst wieder in den Bauernkriegen und in bestimmten Phasen der Religionskriege; sie wurde dort von der bürgerlichen und monarchischen Ordnung unterdrückt oder wenigstens verurteilt – selbst wo die Lehre etwa der Protestanten in Frankreich ihnen nahestand –, sobald ihrer neu etablierten Ordnung dadurch die Kontrolle entrissen zu werden drohte.

Die Heere der condottieri müssen die ersten großen Auffangorganisationen gewesen sein für die brotlos freigesetzten Teile der einst feudal versorgten Landbevölkerung. In ihnen zählten zum ersten Male die Menschen systematisch nach einem durchschnittlichen Effekt ihrer Kraft. Sie wurden der Rechenhaftigkeit unterworfen. Diese Rechenhaftigkeit war die Voraussetzung einer neuen Entdeckung, die ein Phänomen zum Gegenstande hat, das bis dahin freilich bei gemeinsamen

Anstrengungen vieler auch wirksam gewesen, aber nicht von dem Zusammenhang mit der spezifischen Situation hatte getrennt werden können. Erst als die Einzelnen vertauschbar und rein additiv in Einheiten zusammengefaßt wurden, kam zutage, daß sie gemeinsam mehr vermögen als die Summe aller einzelnen Anstrengungen. Nicht zufällig dürfte Marx von dem Vergleich mit einer militärischen Einheit ausgehen, wo er das Phänomen einführt: »Wie die Angriffskraft einer Kavallerieschwadron oder die Widerstandskraft eines Infanterieregiments wesentlich verschieden ist von der Summe der von jedem Kavalleristen und Infanteristen vereinzelt entwickelten Angriffs- und Widerstandskraft, so die mechanische Kraftsumme vereinzelter Arbeiter von der gesellschaftlichen Kraftpotenz, die sich entwickelt, wenn viele Hände gleichzeitig in derselben ungeteilten Operation zusammenwirken. (...) Es handelt sich hier nicht nur um Erhöhung der individuellen Produktivkraft durch die Kooperation, sondern um die Schöpfung einer Produktivkraft, die an und für sich Massenkraft sein muß. Abgesehen von der neuen Kraftpotenz, die aus der Verschmelzung vieler Kräfte in eine Gesamtkraft entspringt, erzeugt bei den meisten produktiven Arbeiten der bloße gesellschaftliche Kontakt einen Wetteifer und eine eigene Erregung der Lebensgeister (animal spirits).«[90] Beide Seiten, Gesamtpotenz und erhöhter Eifer, sind in allen Gemeinschaftsarbeiten dieser Art am Werk. Beim Burgenbau der Pilger im heiligen Land wurden sie Gott zugeschrieben und unter der kapitalistischen Produktion dem Kapital. In der Ära des Kaufmannskapitals, insbesondere eben in den Söldnerheeren war die Möglichkeit gegeben, diesseits göttlicher Inspiration kalkulatorische Zurechnungen vorzunehmen. Gleichzeitig gab es keinen Produktionszusammenhang, auf Grund dessen die Möglichkeit einer solchen Kalkulation hätte verwirklicht werden können. Die Söldner bekamen zwar, sofern sie nicht mit Plünderungsrecht abgefunden wurden, einen durchschnittlichen Sold; aber der Sold hatte keine Berechnungsbasis wie ein Lohn – der Soldat war eben nicht »produktiv« –, so daß es bei dem bloßen Beginn mechanischer Menschenorganisation blieb. Immerhin hängt mit diesem Beginn zusammen, daß die ersten großen Maschinen, die man nicht nur erfand, sondern auch baute und nutzte, in Europa überall die Kriegsmaschinen waren, vor allem die Handfeuerwaffen und die Kanonen.

Arbeitssparende Maschinen als technologische Utopie

Gerade mit dem Hinweis auf die Erfindung von Maschinen hat Henryk Grossmann versucht, in die Diskussion dieser Epoche nicht nur den Begriff von moderner Naturwissenschaft, auch den von kapitalistischer Produktion einzuführen.[91] Er geht dabei aus etwa davon, daß Leonardo da Vinci »der Begriff der mechanischen Arbeit bereits zu Ende des 15. Jahrhunderts wohl bekannt« war.[92] Er soll zustande gekommen sein, indem Leonardo die Arbeit mit den von ihm entworfenen Maschinen, zum Beispiel eines wassergetriebenen Rades, verglichen habe. Entscheidend ist in diesem Argument, welchen Stellenwert Maschinen im fünfzehnten Jahrhundert haben konnten und welches von der historischen Bestimmtheit der Arbeit her der Vergleichspunkt sein konnte. Diese Maschinen Leonardos wurden weder auf Bestellung von irgendwelchen produzierenden Anwendern entworfen noch wurden sie überhaupt realisiert. Nur für einen ausgenommenen Zweck gilt das Verhältnis von Bestellung und praktischer Anwendung: für den der Belagerungsmaschinen und anderer Kriegsgeräte. Cesare Borgia war Leonardos Auftraggeber.[93] Die Entwürfe für ein Verfahren zum Guß riesiger Kanonen gehören bezeichnenderweise zu den ganz wenigen, auf denen viele Menschen in der gemeinsamen untergeordneten Anstrengung gezeichnet sind, die der Ersatz von menschlicher Arbeitskraft durch Maschinen immer zur Folge gehabt hat.[94] Doch diese Kanonenprojekte sind nicht ausgeführt worden; der Beginn ähnlicher Arbeitsanwendung gerade in der damaligen Metallverarbeitung war so weit noch nicht vorangetrieben.
Außerdem spielte hier schon die Repräsentation eine gewisse Rolle. Nachdem Brunellesco in Florenz für ein religiöses Fest eine Maschine für die Darstellung der Marienerscheinung konstruiert und ausgeführt hatte, setzte bei Leonardo die praktische Nutzung von technischer Phantasie für herrschaftliche Feste, für die reine Repräsentation ein. »In Mailand

leitete Lionardo da Vinci die Feste des Herzogs und auch diejenigen anderer Großen; eine seiner Maschinen, welche wohl mit derjenigen des Brunellesco wetteifern mochte, stellte in kolossaler Größe das Himmelssystem in voller Bewegung dar.«[95]

Es war keinerlei Veränderung der faktischen Produktionsweise mit den Entwürfen verbunden; nicht als Anregungsbasis und auch nicht als Folge. Sie waren Entwürfe einer theoretisch-technischen Phantasie, die nicht durch die Beobachtung von Formen der Arbeitsteilung in den Werkstätten hinreichend provoziert worden wäre. Die handwerkliche Produktion, zumal in ihrer zünftischen Verfassung, war aus sich heraus zu derartigen Neuerungen nicht in der Lage; das ist die »Borniertheit«, die mit dem »Kunstsinn« gepaart war, wie Marx sagt. Der Fortschritt über die Entwicklung der Produktivkräfte in neuen Produktionsweisen und mit neuen Produktionsmitteln konnte nur von dem neuen Phänomen her initiiert werden, das sich über die entwickelte Geldwirtschaft und den Handel in der Geschichte niederschlagen konnte: über das Kapital. Die reine Handwerkstradition war an einem toten Punkt angekommen, obwohl der handwerkliche Produktionsprozess in sich doch noch immer etwas von einer lebendigen Mitte hatte. Der Kapitaleinfluß, der zur Vertauschbarkeit von Arbeitern und zur Verallgemeinerung der Prozesse und Qualitäten führte, tötete nach und nach diese Lebendigkeit innerhalb des Prozesses ab und setzte fortschreitend ein immer toteres Resultat als die gesellschaftliche Mitte, nämlich die Ware als Tauschwert. Die Antinomien unserer Geschichte manifestierten sich schon in dieser Epoche darin, daß gerade durch diesen Einfluß die gesamtgesellschaftlichen Verhältnisse lebendiger wurden, insofern der Reproduktionszusammenhang erweitert und neue Mitten in die komplizierteren Strukturen eingeführt wurden. Dies geschah indessen – und das erklärt den säkularen Widerspruch von größerer Lebendigkeit und Erstarren der Lebendigkeit im Prozeß und in den durch ihn geprägten Menschen – bei strenger Teilung von Produktionserfahrung und kapitalistischer Organisation der Produktion, also unter der Herrschaft dieser speziellen, ihrerseits »bornierten« Art geistiger Arbeit über die körperliche.

Im Quattrocento stellte sich diese Teilung vorerst noch nicht systematisch als solches Herrschaftsverhältnis dar, sondern nur als naturwüchsige Abhängigkeit der handwerklichen Produzenten vom kaufmännischen Kapital. Deshalb konnte auch vom Kapital die Produktion noch nicht in ihrem Innern organisiert werden. Die Verlagsherren hatten das Recht, in die Werkstätten zu gehen und die Qualität der Arbeit sowie den Umgang mit dem von ihnen gestellten Material zu kontrollieren.[96] Soweit er selbst im Stücklohn oder im Tagelohn Arbeiter und Handwerker anstellte, hatte er mit der Arbeit ebenfalls nur indirekten Kontakt. Im einen Falle kontrollierte er ihre Resultate, im anderen bezahlte er nur eine Art von Vorarbeitern, die capodieci, die ihrerseits auf eigene Rechnung die eigentlichen Arbeiter anwarben und ansetzten.[97] Menschliche Arbeit war nirgends soweit zur abstrakten Arbeit gemacht worden, daß sie durch Maschinen hätte ersetzt werden können, um den Gewinn eines Kapitaleinsatzes maximieren zu helfen. Die Maschinen, die damals erfunden wurden, waren auch nicht vom Typus der arbeitssparenden, wie zum Beispiel die Spinnmaschinen oder mechanischen Webstühle des achtzehnten und neunzehnten Jahrhunderts.

Die Entwürfe gerade Leonardos waren mehr Konstruktionen, in denen eine Potenzierung der menschlichen Vermögen vorgestellt wurde. Insofern waren die Maschinen, mit deren Hilfe Menschen fliegen sollten, nicht wesentlich unterschieden vom wassergetriebenen Rad, durch das Kraft zur Verfügung gestellt wurde. Gewiß wurde menschliche Arbeit mit der Leistung einer Maschine vergleichbar, sobald deren Möglichkeit wenigstens auf dem Papier vorlag. Der Vergleich braucht aber nicht so angestellt und durchgeführt zu werden, wie das im Falle der Spinnmaschine geschah. Man interpretiert ganz falsch einen instrumentellen Charakter des Verwertungsinteresses in die Versuche der quattrocentonischen theoretischen Technik, wenn man behauptet, sie könnten oder müßten unter Gesichtspunkten von Arbeitsersparnis und Arbeitsanwendung konzipiert und verstanden worden sein. Die Entwürfe wurden nicht ausgeführt, sie wurden überhaupt größtenteils gar nicht bekannt. Die Generosität Albertis, »der seine größten Erfindungen umsonst wegschenkte«[98], ist darum weniger erstaunlich; *die Freiheit dieser technischen Phantasie von Verwertungsinteressen* förderte nur die »Mitteilsamkeit« an andere in der Liebe zur Erkenntnis. Aber auch wenn man sie besser gekannt haben würde, hätte doch von der bloßen Kenntnis dieser Erfindungen nicht eine instrumentalisierende Rückwirkung auf die arbeitenden Menschen von ihnen ausgehen und abgeleitet werden können. Die kalkulatorische wie die technische Strategie konnte in der Produktionssphäre nur von einem systematisch kalkulierenden Produktionskapital ausgehen, das es noch nicht gab.

Erfindungen sind immer viele gemacht worden und ökonomisch gesehen durchaus zur Unzeit. Die meisten sind nie genutzt worden. Die Chinesen hatten das Pulver, ohne damit Sprengungen oder Waffen zu bewerkstelligen. Die präkolumbianischen Kulturen kannten am Spielzeug ihrer Kinder das Rad, ohne es für Transportmittel zu benutzen. Die Geschichte der Erfindungen ist wie die der Ideen nicht einfach aus der Geschichte der Produktionsweisen abzuleiten, noch weniger sind es diese aus jenen. Robert S. Lopez hat das gerade für die Epoche des Quattrocento und der »Renaissance« überhaupt noch einmal in Abgrenzung gegen Spekulationen über ökonomische Expansion auf Grund bekannt gewordener Erfindungen festgestellt, und soweit muß man ihm offensichtlich folgen, auch unabhängig von den Konsequenzen für seine Thesen zum sogenannten »wirtschaftlichen Niedergang in der Renaissance«: »Mir scheint, man kann den Stand der Erfindungen nicht danach beurteilen, wieviele Neuerungen erfunden worden sind oder welche vermutliche Bedeutung man ihnen beimessen könnte. S. Lilley, der das in ›Men, Machines, and History‹ (London 1951) zu tun versucht hat, erkennt jedenfalls der Periode zwischen 1200 und 1350 zwölf wichtige Neuerungen und einen Stand von 69 Punkten zu, der Periode zwischen 1350 und 1550 aber nur sechs wichtige Neuerungen und einen Stand von 34 Punkten. Genauer gesagt, ich bezweifle, daß eine von Gewichten betriebene Mühle die Landwirtschaft (ein berühmtes Beispiel von Cipolla in dem erwähnten Streit, R. L.) in demselben Maße revolutioniert hat wie die Verwendungen von Wasser- und Windmühlen in der früheren Periode.«[99] Trotzdem ist es richtig,

in der Zeit Leonardos mehr Erfindungen anzunehmen, weil sie auch in einem zwar nicht verwertungslogischen, aber in einem theoretisch logischen Zusammenhang systematischer entstanden als je in Europa zuvor; denn seit Vitruvius kamen die wichtigen Neuerungen zum wesentlichen Teil durch die Begegnung mit anderen Gesellschaften, vor allem den Arabern, in die christlichen Länder und standen in keinem inneren Kontext mit der ökonomischen oder geistigen Tradition hier.
Erfindungen sind Nebenprodukte, Überschüsse über den jeweiligen Stand der Produktionsverhältnisse und besagen nichts darüber, ob die Produktionsgeschichte in den an ihnen sich abzeichnenden Entwicklungsbahnen fortschreiten wird, stehenbleibt oder andere Wege geht. Sie stellen die Wurzel für Produktivkräfte dar, die nur in ganz bestimmten Situationen der ökonomischen Entwicklung historisch wirksam werden können. Es wird eben nie in einer Epoche ausschließlich gedacht, was in ihre Ökonomie paßt oder gar aus ihr sich ableiten läßt; und es ist *nicht jeder Gedanke Indiz für einen gleichartigen Unterbauvorgang derselben Zeit*, der dazu noch beherrschende Bedeutung hätte haben müssen. Für das eine spielt schließlich auch das Reservoir der Vergangenheit eine wichtige Rolle. »Zum großen Teil sind seine Kriegsmaschinen (Leonardos, R. L.) nach Vorbildern entworfen, die Vittuvius und Valturius beschrieben haben; sie sind aber von ihm in so gewaltigen Proportionen entwickelt worden, daß sie kaum je hätten gebaut und in der Praxis erfolgreich hätten verwendet werden können«, sagt Olschki. Zum anderen machte der mangelnde Basiskontext sich sehr wohl in einer gewissen theoretischen Hilflosigkeit bemerkbar, der allerdings auch der utopische Charakter zu verdanken ist, weil er nur als positive Wendung der Ungleichzeitigkeit zustande kommen konnte. »Er hat den Fragen der Luftfahrt eingehende Studien gewidmet, dabei aber fast alle wesentlichen physikalischen Probleme der Bewegung, des Luftwiderstandes und der Beschaffenheit der Werkstoffe vernachlässigt. Über die statischen Auffassungen der herkömmlichen aristotelischen und scholastischen Mechanik ist er niemals hinausgekommen . . .«[100]
Dennoch möchte ich, anders als Olschki, aus den dargelegten Gründen in den Konstruktionen mehr sehen als »eine Menge

anregender literarischer Fragmente«, »geistvoller Entwürfe«. Sie sind ein, vordergründig ökonomisch allerdings irrelevanter, *Ausbruch aus simpler Determination der Gesellschaft durch ihre Produktionsweise.* Dergleichen Geschlossenheit läßt sich wohl höchstens in sehr frühen Kulturen finden, deren wenige praktische und theoretische Elemente in recht engem Zusammenhang stehen mögen, obwohl auch da gerade die Paarung von Primitivität der Werkzeuge und großer Abstraktheit der geistigen Vorstellungen einen undialektischen Materialisten irritieren wird. Und andererseits läßt sich das Phänomen als hoher Grad von Vergesellschaftung unter der Herrschaft des Kapitalismus finden, in dem freilich auch noch unzählbare Ungleichzeitigkeiten fortleben.

Die Ära des Kaufmannskapitals war, wenn sich aus dem Durcheinander der geschichtlichen Ebenen und Ereignisse ein grundlegender Entwicklungsansatz zu erkennen gibt, eine Epoche, in der Neuerungen und Hoffnungen auf eine andere Wirklichkeit möglich wurden, bevor irgendeine Vorstellung von den konkreten Formen und damit von den Erfordernissen eines Weges dahin sich durchsetzen konnte. Leonardos Erfindungen sind deshalb weder so marginal einzuschätzen wie vielleicht die des Pulvers in China noch so instrumentell wie die der Spinnmaschine in der entwickelten kapitalistischen Phase. Freilich sollten sie Instrumente sein. Aber sie standen noch nicht im Zusammenhang mit der Subsumtion menschlicher Arbeitskraft neben den Maschinen und gleich den Maschinen unter der Verwertungsstrategie des Kapitals. Ihr utopischer Charakter muß hervorgehoben werden. Bedeutung und Erfolg dieser Entwürfe liegen vor allem darin, daß die Befreiung der Menschen von den Mühen körperlicher Arbeit real möglich schien. Diese Utopie blieb eine Art von technischer Esoterik. *Die Möglichkeit einer Befreiung von körperlicher Arbeit aus den Mühen der Reproduktion tauchte auf verbunden mit der Vorstellung, Arbeit könne nun der Entfaltung der Menschen in das bislang Unerreichbare,* dem Fliegen zum Beispiel, *zugewandt werden.* Es blieb auch nicht bloß bei einem Mythos vom Goldenen Zeitalter; vielmehr schienen die Menschen selber konstruieren zu können, was Mythen und Religionen nur jenseits des geschichtlichen Handelns hatten versprechen können. Trotzdem war diese Möglichkeit noch nicht mehr als nur denkbar geworden. Noch bis ins siebzehnte und achtzehnte Jahrhundert wurden Maschinen weder zur Befreiung noch zur Subsumtion der körperlichen Arbeit gebaut. Die technisch bedeutendsten Neuerungen wurden noch lange Zeit entweder auf dem Gebiet des Kriegswesens realisiert oder im Dienste höfischer Festaufführungen. Das jeweils Fortgeschrittenste war in den folgenden Jahrhunderten Vehikel der Zerstörungsgewalt oder staatsoffizieller Träumerei, die freilich beide Mittel der Herrschaft, wenn auch sicher nicht ohne gewisse fortschrittliche gesellschaftliche Funktionen waren.

Um so weniger läßt sich aber der späte Umstand, daß die technische Entwicklung seit der Manufakturperiode in den Dienst des Kapitals und nicht in den Dienst der unmittelbaren Produzenten gestellt wurde, auf die inzwischen längst in Vergessenheit geratenen Entdeckungen des fünfzehnten Jahrhunderts zurückprojizieren. Es gab damals keine Form der Rückkoppelung des Denkens an die konkreten Produktionsverhältnisse. Kein irgendwie stringenter, zwingender Kontext erlaubt es, das Selbstverständnis oder die Ideen eines Künstlers im Quattrocento derart unter den Ideologiebegriff zu bringen. Für die Epoche des Kaufmannskapitals blieb vorherrschend menschliche Arbeit noch ein je Besonderes, das freilich auch noch in der Besonderheit seiner Zusammenhänge – Werkstatt, Werkzeug, Boden – unterging. Die Veränderungen der Organisation der Arbeit blieben ihr äußerlich, soweit es um die Formen der Aneignung von Naturstoff ging; sie griffen aber sehr viel tiefer, insofern sie die Arbeit aus ihren existenziellen Zusammenhängen herauslösten und damit ihre allgemeine Vereinzelung vorbereiteten, während die feudalen Lebenseinheiten ihrerseits zerfielen und der Grund der Besonderheiten verschwand. Etwa wenn die Lehensherren den Boden in Privatbesitz umwandelten, ihre Sorgepflicht aufkündigten und ihre Rechte in Geldzins verlangten. Die wichtigsten Vorbereitungen vollzogen sich, indem »ein Arbeitsanwender selbst von der Handarbeit zu entbinden« war, indem einige eine bestimmte Geldsumme anhäuften, aus der sie dann Löhne zu zahlen vermochten, sobald sie beginnen konnten, nicht mehr

sich mit Bestellung und Aufkaufen von Produkten zu begnügen, sondern die Arbeit selber zum Zwecke der Produktion zu organisieren. Daß diese faktische Entwicklung eingetreten ist, kann niemand als eine immanente Notwendigkeit der Verhältnisse bezeichnen. Marx macht gerade im Kapitel über die sogenannte ursprüngliche Akkumulation immer wieder darauf aufmerksam, daß man nur hinreichende Voraussetzungen dazu aufzeigen kann. Im Folgenden wurde tatsächlich »der Befehl des Kapitalisten auf dem Produktionsfeld (...) so unentbehrlich wie der Befehl des Generals auf dem Schlachtfeld«.[101] Die Großkaufleute aber befahlen einstweilen nur den Transfer der Waren von einem Lande in das andere und auch schon, daß und wann ein entstehendes Produkt aus einer Werkstatt zu seiner weiteren Bearbeitung in die nächste gebracht wurde. Das ist keine kapitalistische Produktion, und Formen der Kooperation können für sie nicht diskutiert werden; aber es war eine Überleitung dazu, daß »die Leistung des Kapitalisten (...) zugleich Funktion der Ausbeutung« wurde.[102]
Dieser Umstand läßt für den späten Beobachter der Verhältnisse und ihres Progresses die Erfindung von Arbeit ersetzenden Maschinen im nachhinein tatsächlich so erscheinen, als hätten sie zu keiner anderen Funktion entwickelt worden sein können als der, die historisch später verwirklicht worden ist. Dieser Eindruck verstellt aber nur das Verständnis der frühen Epoche; er führt überdies dazu, daß in den späteren Epochen Gewichte und Tendenzen zu einseitig und nicht mehr im Kontrast gesehen werden zu dem, was auch in ihnen sich der herrschenden Entwicklung entzog oder entgegenstellte.

Zusammenfassung

Formal wurden Ansätze zu einer gesellschaftlichen Synthese durch den Warentausch ausgebildet. Sie erschienen in einer Einheit mit den verbindenden Bewegungen des Handels zwischen den Ländern und Nationen, die mit großen Gefahren, Abenteuern und exotischen Reizen verbunden waren.

Auch innerhalb des eigenen Gemeinwesens stießen die Zirkulationsanfänge auf kaum kalkulierbare Risiken, auf ungeahnte Chancen und auf je neue Gegenstände überhaupt. Beide Bereiche stellten sich als Einheit dar; das allgemeine neue Prinzip der vermittelnden Bewegung wurde immer wieder damit konfrontiert, das je Besondere vorgegebener Verhältnisse begreifen zu müssen. Die Handel Treibenden mußten immer wieder vor den Gegenständen einhalten und zu einer neuen Besinnung kommen. Diese Besinnung hatte zwar nur die formale Bedeutung, im stets gleichen Maß des Geldwertes möglichst hohe Gewinne zu machen; sie war aber dabei von der inhaltlichen Besinnung des Handwerkers auf sein je ihm vorliegendes Stück Material und die Möglichkeiten und Notwendigkeiten, es im Sinne seiner geltenden Produktionsweise zu bearbeiten, nicht ganz verschieden.
Um so eher verband sich dem formalen Modell gesellschaftlicher Synthesis das inhaltliche Modell einer Vereinigung von Bearbeitung, Werkzeug und Werkstoff im jeweiligen Vorgang realer Aneignung von Natur. Die »Trennung von Natur und Gesellschaft« begann erst an wenigen Stellen. Die Einheit von körperlicher und geistiger Arbeit war im »bornierten Kunstsinn des Handwerkers« noch soweit enthalten, daß ihre emphatische und bewußtlose Verwirklichung in der Erfindung von Flugmaschinen oder im Hoftanz nicht als abgelöst von den traditionellen ökonomischen Verhältnissen zu verstehen ist. »Für Leonardo war das ›sapere vedere‹, das rechte Sehen, Anfang und Ende sowohl der Kunst als auch der Wissenschaft. Als spekulativer Maler sah er in Erkenntnis und Abbild zwei verschiedene Formen ein- und derselben Deutung der gegebenen Wirklichkeit, die er studierte und im Bilde wiedergab. Mit dieser handwerklichen und realistischen Auffassung von Wesen und Methode der Erkenntnis steckte er zugleich auch die Grenzen seiner Intuitionen und wissenschaftlichen Eroberungen ab.« Ein gewisser Spielraum für spekulatives Zusammendenken und utopisches Erweitern des recht Gesehenen war geschaffen. Die Allgemeinheit des Prinzips, daß Geld mehr Geld will, hatte sich in der Sphäre des Großhandels durchgesetzt. Aber sie war nur formalen Charakters, und das formal Allgemeine konnte zu Geltung nur als das zum jeweils

Besonderen Hinzutretende, nicht aus selbständiger Bedeutung gelangen. »So konnte es Leonardo nicht gelingen, die von ihm sogenannte ›regola generale‹ zu finden, ein System von innerer Gesetzmäßigkeit, das maßgebend wäre für die mechanischen Leistungen seiner Maschinen, die physiologische Bestimmung der von ihm zergliederten Körperteile und für viele Aspekte der Natur, die er mit solcher Leidenschaft und meisterhafter Phantasie gemalt hat.«[103]
Ebenso erklärt sich das in dieser Einheit ausgedrückte Verhältnis von Menschen zu ihrer eigenen physischen Daseinsweise als einem Teil der Natur überhaupt und im Zusammenhang mit bestimmten Teilen äußerer Natur daraus, daß die Menschen ihre Reproduktion noch so gebunden an die natürlichen Voraussetzungen begriffen, wie tatsächlich deren Überhang in der Produktion noch galt.* Eine Freiheit entstand nur gegenüber der einst notwendigen Einheit des Modells mit der Bewältigung der Reproduktion, indem das Erlebnis einer außerordentlichen Ausweitung der Möglichkeiten durch den großen Handel eröffnet wurde und das Körper- und Gegenstandsbewußtsein der einfachen Warenproduzenten auf eine befreite körperliche Arbeit in Einheit mit geistiger übertragen werden konnte. Die Kunst gab dafür in gewisser Weise ein Vorbild. Doch hätte ihm niemand folgen können, solange der Körper faktisch ganz und bewußtlos in seine naturwüchsigen Reproduktionsfunktionen eingebunden war und auch solange das moralische Tabu noch rigide wirkte, das die Kirche entgegen solcher Naturwüchsigkeit des Verhältnisses zur eigenen Natur über ein eigenes Körperbewußtsein verhängt hatte.
Im Quattrocento wurde es wenigen möglich, sich in diese Dimension hinein zu entfalten; im frühen choreographierten Tanz wurde die noch unbefragte Einheit von bewußter und physischer Daseinsweise der Menschen aus ihrer Bewußtlosigkeit gelöst: Aber so wenig sie selbst von diesem Vorgang ein Bewußtsein entwickelten, während sie ihm schon hoffnungsvollen Ausdruck gaben, so wenig zerstörten sie mit Hilfe der neuen formalen Freiheit die alte inhaltliche Einheit. Von dem

* Vgl. oben S. 269 f. (Anm. 78, 79, 80) und S. 273 (Anm. 84) mit den Zitaten von Sohn-Rethel und Marx.

berühmt vielgewandten Leon Battista Alberti wird berichtet, er lernte »alle Fertigkeiten der Welt, indem er Künstler, Gelehrte und Handwerker jeder Art bis auf die Schuster um ihre Geheimnisse und Erfahrungen befragte«.[104] Dies war noch die konkrete Gestalt mimetischen Lernens in der Tradition der Produktionsweisen einfacher Warenproduzenten. Wenn Alberti und da Vinci sie zu einer emphatischeren Bedeutung entfalten konnten, gleichwohl an ihr Prinzip weiterhin gebunden, so waren sie darin Sokrates ähnlicher als modernen Forschern und Künstlern. Die emphatischen Entwürfe solcher Choreographien ebenso wie der Flugmaschinen, der Kunst und der Philosophie dieser Ära sprechen deshalb eine Verheißung aus, von der im Sinne unserer Gegenwart niemand etwas wußte und von der damals kaum jemand etwas hatte. Als die Wahrheit, als die sie hier rekonstruiert werden kann, ist sie erst denkbar, seit die historische Entwicklung eher die ökonomischen Bedingungen für befreite Arbeit geschaffen hat.

Sie steht parallel zur Geschichte der ausgebeuteten Arbeit selbst. Ende des vierzehnten Jahrhunderts manifestierte sie sich in ökonomisch begründeten Aufständen wie dem »tumulto dei Ciompi« 1378. Olschkis Bewertung des Vorganges als der ersten »klaren gewerkschaftlichen Organisation« von »Proletariern« ist gewiß verfrüht. Vielmehr dürfte gerade noch ein letzter Rest mittelalterlicher Rechtsvorstellungen, wie sie auch in den Gesellenaufständen Deutschlands, sogar im Frankreich des sechzehnten Jahrhunderts noch unzeitgemäßen Boden für kollektive Artikulation von Ausgebeuteten abgaben, entscheidend gewesen sein. Die entfremdete Arbeit als solche war so weit nicht gelangt. Eben der Kontrast zur handwerklichen Einheit von Produktion und Reproduktion, Planen, Ausfertigen und Verkaufen ermöglichte die militante Selbsthilfe gegen die Einführung der Lohnabhängigkeit in ihren ersten Phasen. Sowohl der Ciompi-Aufstand in Florenz wie ähnliche Erhebungen sind übrigens weniger gegen unzumutbare Arbeitsbedingungen oder gegen das Lohnsystem als funktionierendes System zustande gekommen, sondern wurden aufgrund von Hunger und Arbeitslosigkeit, also im indirekten Zusammenhang mit den neuen Verlagspraktiken durchgeführt, die als kapitalistische Strategien nicht erkannt werden konnten und das bewußt auch noch nicht ganz waren.[105] Trotzdem ist es wichtig zu betonen, daß »jenseits der Alpen sich auch die Landbevölkerung mit besonderem Eifer beteiligt und diesen Bewegungen einen ausgesprochen religiösen Charakter« gab; »die Wollkämmer aber haben um weltlicher und sozialer Ziele willen revoltiert«.[106]

Allerdings kann ich nicht sehen, welchen Sinn es haben könnte, diese Kämpfe schon spezifisch als »ein Vorspiel der modernen Klassenkämpfe« und als »von den Idealen der sozialen Befreiung getragen« zu bezeichnen, weil dergleichen doch nur metaphorisch angewandt werden kann für eine Zeit, in der es einen entsprechenden Freiheitsbegriff auf Grund der fortwirkenden mittelalterlichen existenziellen Reproduktionsgemeinschaft noch nicht geben konnte. In dem Sinne allerdings, in dem diese Arbeit überhaupt die Frühzeit der kapitalistisch bestimmten Geschichte Europas aufnimmt – man könnte von einer Nachträglichkeit wie Freud sprechen – können diese Kämpfe ebenso als eine Antizipation verstanden werden wie die technische Utopie. Das Revolutionäre an ihnen war weniger in dem frühen Ansatz zu einem Klassenbewußtsein begründet als in dem bedingungslosen Rechtsbewußtsein der Aufständischen, in dem die eigenen Leidenserfahrungen mit der Überzeugung konfrontiert waren, daß alle Menschen einen Anspruch auf eine Existenz in ihrer Gesellschaft haben. Erst die Freisetzung der Lohnarbeit, die einem Aussetzen der Lohnarbeiter in dem von Grund auf ungleichen Kampf mit den Eigentümern des Kapitals gleichkam, hat die heute unabdingbare Forderung nach der Gleichheit möglich gemacht. Zugleich ist diese Gleichheit heute so prinzipiell unbefriedigend formal selbst als Forderung, daß die einstigen Vorstellungen unter entsprechend veränderten Grundbedingungen noch einmal aktuelle Bedeutung erhalten: Daß auch der qualitative Anteil an der Gesellschaft als Lebensgemeinschaft, wie er unter den freilich schlechten und ungleichen Verhältnissen des Mittelalters selbstverständlich war, ein unabdingbarer Anspruch ist. Die Geschichte des Proletariats, das allein ihn historisch realisieren kann, sollte in dieser Perspektive allerdings bis in die Situationen auch des Ciompi-Aufstandes rekonstruiert werden.

Teil IV
Die Vorstellung einer versöhnbaren Welt

Zur historischen Verbindlichkeit – Florentiner Akademie oder Adamitensekten
Liebe als Erkenntnis
Unter der ratio Platonica bei Ficino
Pomponazzis radikalerer Ansatz gab mehr preis
Liebe als Beziehung auch zum Objekt
Erkenntnismodell und Tauschform im Quattrocento
Das Besondere in der Einheit von körperlicher und geistiger Arbeit
Kommunikationsmodell und gemeinsame Arbeit im Quattrocento
Sprache – Ersatz für inhaltliche Vergesellschaftung oder Objektivation von Erfahrungen
Einheit von körperlicher und geistiger Arbeit als Kommunikation
Die Ambivalenz der Harmonie von Besonderem und Allgemeinem, von Teilen und Ganzem

Zur historischen Verbindlichkeit – Florentiner Akademie oder Adamitensekten

In der Ära des Kaufmannskapitals bildete sich ein bedeutender Reichtum aus dem Großhandel und dem internationalen Geldverleih. Er wurde erworben und angesammelt von einer neuen Klasse von Großbürgern; die Prinzipien und Praktiken, mit denen er gewonnen und weiter genutzt, auch zum Teil wieder verloren wurde, standen in einem die gesellschaftliche Entwicklung vehement vorantreibenden Widerspruch zu den Prinzipien des Handelns in der agrarischen und zünftigen Feudalgesellschaft und den Praktiken ihrer spätmittelalterlichen Verfallszeit. Beides führte dazu, daß die Sphäre des Großhandels, wenn sie auch ökonomisch noch nicht als durchgehend etabliert betrachtet werden kann, sozialgeschichtlich doch sich abhob und das noch Fortbestehende in eine ungleichzeitige Gleichzeitigkeit zu verweisen begann. Ihre Selbständigkeit war aus der äußerlichen Herkunft des Reichtums begründet; dessen Auswirkungen machten sich dagegen in fast allen Bereichen der Gesellschaft bemerkbar. Der florentinische Geschichtsschreiber aus dem sechzehnten Jahrhundert, Francesco Guicciardini, der »kein ausgesprochener Freund der Medici gewesen« sein soll[1], hat von dem Florenz unter Lorenzo gesagt: »Die Stadt genoß den vollkommenen Frieden; die führenden Bürger waren einig und hielten fest zusammen, und ihre Regierung war so mächtig, daß niemand ihr zu widersprechen wagte. Jeden Tag ergötzte sich das Volk an Schauspielen, Festen und Neuigkeiten. Die Stadt war im Überfluß mit Lebensmitteln versehen, und alle Gewerbe standen in Blüte. Die Männer von Geist und Talent fanden ehrenvolle Aufnahme und die Möglichkeit, alle Wissenschaften, alle Künste, alle Begabungen zu pflegen ...«

Die Einigkeit zwischen den mächtigen Familien löste deren Machtkämpfe ab, die unter ihnen selbst Mordanschläge und Verbannungen bedeutet, ihren Anhängern Existenz und Leben gekostet hatten. Die Etablierung von unwidersprochener Herrschaft muß als Sicherung gegen einen in Italien schon früher als im Norden ausgebrochenen bellum omnium contra omnes verstanden werden, nicht allein als der Beginn einer disziplinierenden Innenpolitik im unmittelbaren Interesse des Kapitals. Um so mehr mußte im Selbstverständnis der Inhaber des Kaufmannskapitals diese von ihnen herbeigeführte Situation als die Objektivierung ihrer individuellen Interessen und als die Verallgemeinerung der Chance begriffen werden, aus dem Handel eine mühelosere und eine außerordentlich verbesserte Reproduktion der Menschen gewährleisten zu können. Die »Männer von Geist und Talent«, die um den Hof der Medici versammelt wurden, bedurften nicht etwa eines besonderen Auftrags aus diesem Selbstverständnis, um in dessen Sinne Vorstellungen zu entwickeln, die Ausdruck der Situation wurden. So ist zum Beispiel der ›Pan Saturnius‹ von Luca Signorelli eine Darstellung »des ersehnten ›Goldenen Zeitalters‹ fern von Krieg und Zerstörung«.[2] Diese Kultur war inzwischen auf dem Wege zur Klassenstrategie; denn in der offiziellen und herrschaftlich institutionalisierten Form dieser Paradiesesentwürfe, vor allem in der Behauptung des Geschichtsschreibers vom allgemeinen Wohlstand wurde ein immer größerer Bereich überhaupt nicht mehr berücksichtigt. Arbeitslosigkeit und Hungerlohn der auftragsabhängigen oder lohnabhängigen Handwerker und Arbeiter begannen offenbar als unerheblich zu gelten, weil Leistung und Schicksal dieser Unterschicht zu dem notwendigen, aber scheinbar unwesentlichen Motor des Gattungsfortschritts wurden. Dieser begann sich stolz über die dumpfe Grundlage seiner Möglichkeit zu erheben und sich über seine Opfer hinwegzusetzen.

Sozialgeschichtlich hatten zwar die adamitischen Lehren und Praktiken ihren Ort gerade an Stätten des Bürgertums oder sogar des Großbürgertums; trotzdem scheinen sie einer gewissen naiven Selbstverständlichkeit mittelalterlicher Gemeinsamkeit noch nahe genug gestanden zu haben, um alle Menschen in ihre Versöhnung einbeziehen zu wollen.

Das unter anderen bei Guglielmo Ebreo ausgeführte Orpheusmotiv ist eine der wichtigsten Erscheinungen der Idee, die Menschen und sogar die ganze Welt lebender Wesen und anorganischer Stoffe könnten miteinander versöhnt werden. Es hat zwar in der Einleitung zu dem Tanztraktat zentrale Wichtigkeit, es ist aber in der übrigen Kunst und Literatur der Zeit zum Teil viel bedeutender entfaltet worden, vor allem, wo sie Manifestation realgeschichtlicher Bewegungen waren. Wilhelm Fraenger hat ein überzeugendes Signal für das Verständnis der Epoche gegeben, als er einen Teil der Werke von Hieronymus Bosch im Zusammenhang mit den Lehren der niederländischen Adamitensekte ganz neu deutete.[3] Diese Sekten revozierten die Jenseitigkeit der christlichen Heilslehre und kehrten deren Erlösungsverheißungen gegen die augustinische Verbannung alles »Weltlichen« aus dem wesenhaften Erkenntnisprozeß der Seele. Und nicht nur die Höllenqualen, die in den von der Kunstgeschichte als absurd mißverstandenen Boschszenen dargestellt sind, wurden innerweltlich begriffen, das heißt von den einen Menschen den anderen, von den Menschen sich selbst bereitet – an diesem Stück nahezu eine Vorwegnahme von Sartre. Auch die paradiesischen Zustände wurden *in dieser realen Welt für die noch lebenden Menschen verkündet.*

Um den Quell des Lebens ziehen auf der Mitteltafel des Triptichons ›Garten der Lüste‹[4] die Tiere und die Hochzeit feiernden Menschen mit ihnen. An einem in diesem Zuge mitgeführten Fisch voller Rogen entwickelt Fraenger einmal mehr den Kern seiner gesamten Interpretation: »Ein christliches und ein pythagoräisches Symbol der Auferstehung bilden demnach den Ankergrund der Mitteltafel. Diese Doppelwurzel gibt uns die ganze ›Radikalität‹ des freigeistigen Pantheismus zu erkennen, der als verschlungener Doppelstamm das ganze Bild durchwächst. Strebt doch mit der hier einsetzenden Mittelachse die Klimax einer Jenseitszuversicht empor, deren Sinnbilder sich als reine Konkordanz der christlichen und orphischen Erlösungshoffnungen entfalten.«[5] Allerdings scheint mir das Wort Jenseitszuversicht nicht richtig im Sinne auch der Interpretation selbst. Die orphische Versöhnung ist diesseitig und kann nichts anderes sein; sie wird auch gerade so in die Auslegung von Bosch eingeführt. Fraenger erweist, daß sie gerade als innerweltliche in den adamitischen Bildern gemeint war, wo von dem irdisch realen Paradies des Tausendjährigen Reiches die Rede ist. Auch im übrigen hat Fraenger gerade geschildert, wie so konkrete Formen der Begegnung zwischen den Menschen wie die erotischen bei den

Adamiten zum Bestandteil ihres Kultus wurden, in dem die Praxis einer Selbsterkenntnis durch die Erkenntnis des anderen, alle sinnliche Wahrnehmung einschließend, offenbar ganz ernst genommen wurde.
Diese Sekten waren seit der zweiten Hälfte des fünfzehnten Jahrhunderts in Basel, in anderen Gegenden am Rhein und besonders in den Niederlanden verbreitet– also in den nördlichen Zentren des großen Handels. Am Niederrhein hatten sie ihre Stützpunkte in den von Großbürgern prächtig ausgestatteten Höfen des Beguinenordens. Sie wurden von der Kirche verfolgt und unterdrückt, ihre Ausstrahlung gelangte nicht sehr weit über ihr Land und ihre Ära hinaus, es sei denn als eine neue Stärkung des Unterstroms abendländischer Tradition, zu dem auch die mit ihnen später verbundenen Lehren des Agrippa von Nettesheim gehören. André Breton hat ihn bis auf den französischen Surrealismus rekonstruiert.[6]
Die Sozialsituationen von Adamiten und Quattrocento waren eng verwandt und ebenso ihre zentralen Ideen. »Das Fundament, auf dem Ficin seine Seelenlehre und seine Lehre von der individuellen Unsterblichkeit aufbaut, ist nicht sowohl seine Grundansicht von der menschlichen Erkenntnis als vielmehr seine Grundansicht vom menschlichen Willen. Die Lehre vom Eros ist der eigentliche Angelpunkt von Ficins Psychologie. Sie wird zum Mittelpunkt aller philosophischen Bestrebungen der Florentinischen Akademie (...) Von diesem Zentrum gehen alle die Wirkungen aus, die die Akademie auf das geistige Gesamtleben der Zeit, die sie auf die Literatur und die bildende Kunst des Quattrocento geübt hat.«[7] So stellt Ernst Cassirer das, jedenfalls in diesem Zusammenhang, wichtigste Motiv von Ficino dar, und als Motiv ist es eng mit den Zielen und Vorstellungen der Adamiten verwandt. Nur haben die Sekten die traditionellen gesellschaftlichen Institutionen konsequent bekämpft und an der Stelle toter Autoritäten rituelle Prozesse von lebendigen Beziehungen zwischen den Menschen entwickelt. Darin waren sie sozialrevolutionär und den noch mittelalterlichen Bewegungen der Waldenser und Albigenser vergleichbar. Die späteren Wiedertäufer unterschieden sich von beiden früheren Phasen dadurch, daß die weltlichen Gegensätze zu ihrer Zeit stärkeres Gewicht und

systematischeren Charakter hatten; wie alle protestantischen Richtungen hatten auch sie schon mit dem deutlichen Beginn einer dichotomischen, einer Klassengesellschaft zu tun und waren entsprechend zwanghafter in das Schema von realgeschichtlicher »Notwendigkeit« und seelischer »Innerlichkeit« eingesperrt. Bei dem Quattrocentophilosophen Ficino tauchte das Versöhnungsmotiv gegenüber diesen beiden Ansprüchen ziemlich frei noch auf; seine Heiterkeit ist zum Teil aber auch seiner gesellschaftspolitischen Unverbindlichkeit zuzuschreiben. Orpheus, Adam und emphatische Begegnung entfalteten sich für ihn im Windschatten der von ihm anerkannten religiösen und herrschaftlichen Institutionen – und freilich damit auch in deren Schatten, also fast als esoterische Lehre für den Privatgebrauch der Herrschenden. Dem Savonarola, der bereits den Beginn einer neuen Epoche bezeichnet, schloß Ficino sich nicht an.

Liebe als Erkenntnis

Unter der ratio Platonica bei Ficino

Den Begriff der ratio Platonica versteht Paul Oskar Kristeller bei Ficino ganz im Sinne seiner Interpretation der Philosophie des Florentiners, den er doch wohl mehr für einen Theologen mit teilweise neuen, eben platonischen Mitteln hält. »Denn alle die, welche philosophisch gebildet und somit der ratio allein zu folgen gewohnt sind, können nur mit Hilfe einer ›frommen‹ Philosophie, eben der ratio Platonica, den Weg zur Religion und damit zum ewigen Heil finden.«[8] Kristeller ordnete bei seiner Einschätzung den Weg, den Ficino mit seiner Wiederentdeckung von Plato ging, dem erklärten kirchlichen Ziel unter. So zitiert er, daß Polizian dem Ficino für die Wiederbelebung der Platonischen Weisheit den Ehrentitel eines »glücklicheren Orpheus« verliehen hat[9], betont aber die eigene Bedeutung dieser Tradition in der Lehre von der Liebe als Erkenntnis gerade nicht, während ich trotz solcher be-

rechtigter Einschränkungen eben dieses neue Moment hervorheben möchte. »Der Name Platon bezeichnet für Ficino nicht so sehr eine einmalige philosophische Erscheinung, als vielmehr den Vertreter und Vollender einer uralten Tradition der ›Theologie‹«, sagt Kristeller. »Merkurius Trismegistus, so heißt es in der Vorrede zur Übersetzung des ›Pimander‹, erhob sich als erster unter den Philosophen von der Physik und Mathematik zur Betrachtung des Göttlichen ... Er ist daher als der erste Begründer (auctor) der Theologie bezeichnet worden. Ihm folgte Orpheus und erhielt den zweiten Platz in der alten Theologie. In die Geheimnisse des Orpheus wurde Aglaophemus eingeweiht, auf Aglaophemus folgte in der Theologie Pythagoras, welchem Philolaus anhing, der Lehrer unseres göttlichen Platon. Daher ist eine einzige, in sich übereinstimmende Sekte der alten alten Theologie aus sechs Theologen in wunderbarer Ordnung gebildet worden, beginnend mit Merkurius und vollendet vom göttlichen Platon.«[10]
Mir scheint zwar wichtig, daß die platonische Tradition als »Theologie« ausgegeben wird – vielleicht ebenso, wie innerhalb der Ahnenreihe auch eine problematische Zuordnung eher manichäischer Überlieferungen zur Philosophie Platons zu denken gibt; trotzdem halte ich doch für das Wesentliche den Bezug auf diese Traditionen, während Kristeller auch Ficinos Anlehnung an Augustinus betont. Er stellt soweit allgemein die Dimension der »inneren Erfahrung« bei Ficino dar: »Die innere Erfahrung bezeichnet einen ganz bestimmten Bereich des Bewußtseins, und sie ist daher von dem empirischen Bewußtsein wohl zu unterscheiden, welches alle unsere Erlebnisse ohne Ausnahme umfaßt und dem alle wirklichen Dinge zum Gegenstand werden können. Sie ist aber auch nicht mit dem transzendentalen Bewußtsein gleichzusetzen, da sie nicht wie dieses ursprünglich und ausschließlich auf Vorgänge des Erkennens eingeschränkt ist.« Ich meine, die Unterscheidung ist hier zu sehr nach dualistischem Prinzip vorgenommen und der inneren Erfahrung auch und gerade bei Ficino können tatsächlich »alle wirklichen Dinge zum Gegenstand werden«, nur nicht als die Objekte eines instrumentellen Denkens, sondern in einer anderen, emphatischeren Wirklichkeit. Kristeller nennt das die Berührung mit dem modernen Existenzbegriff.

Aber er entscheidet die Ambivalenz, in der historisch die »innere Erfahrung« der Florentiner Akademie stand, ziemlich einseitig im Hinblick auf die erwähnte, aber wohl doch nicht so eindeutige Anlehnung an Augustinus. »Unter innerer Erfahrung verstehen wir vielmehr, um es kurz zu sagen, einen Zustand gesteigerter Bewußtseinshaltung«, und nun kommt die Abwendung von der Selbsterkenntnis durch Objekterkenntnis in liebevoller Konzentration, »welcher unabhängig von allen äußeren Begegnungen, ja im Gegensatz zu ihnen erfahren wird, seine eigene Gewißheit in sich trägt und seinerseits auf die Form und Deutung aller übrigen Erlebnisse zurückwirkt.«[11] Eine solche metaphysische Unabhängigkeit innerlicher Erfahrung von der empirischen Welt wurde bei Ficino gewiß auch aus der mittelalterlichen Tradition fortgeführt; sie war aber nicht das Spezifische seiner Philosophie. Diese drückte vielmehr die neuen Erfahrungen ihrer Epoche da aus, wo sie den Menschen möglich machte, sich in schöner Bewußtheit den konkreten Menschen, Dingen und Situationen um sie herum zuzuwenden und diese Begegnungen zu Erfahrungen reifen zu lassen.

Das Haupt der neuplatonischen Akademie in Florenz, die von den Medici nach der Mitte des fünfzehnten Jahrhunderts gegründet wurde, gestand dem Orpheus zwar keinen vergleichbaren Einfluß auf seine gesamte Philosophie, wohl aber eine hervorragende Rolle zu. Marsilio Ficino vertrat in einer erneuerten, besonders vom ›Timaios‹ und vom ›Symposion‹ bestimmten Form platonische Lehren, suchte diese aber vollkommen in Einklang zu bringen mit den Lehren vom Seelenheil in der römischen Kirche, der er als Priester angehörte. Immerhin heißt es in seiner Interpretation des ›Gastmahl‹, Orpheus halte die Schlüssel des Weltalls, weil er das »eingeborene Verlangen« nach »vollkommener Entfaltung« in allem fördere.[12] Diese Rolle sah Ficino eingebettet in eine große kontinuierliche Tradition, die er einerseits über Zoroaster nach Persien und über den – von ihm übersetzten – Hermes Trismegistos nach Ägypten zurückverfolgte, andererseits von Orpheus und Aglaophemos auf Pythagoras und auf Platon, schließlich auf Plotin übergehend darstellte. So erschien dem Ficino in einer historischen Verkettung, was er selbst in seinen Schriften gedanklich zusammenzog. Das Orpheusmotiv stand nicht im Mittelpunkt seines Denkens, wurde dafür aber von ihm in den Zusammenhang mit der platonischen Lehre von der Liebe und der pythagoräischen Zahlensymbolik gezogen, den er zu bestimmender Bedeutung brachte. In einem Brief an Cosimo de' Medici schrieb er: »Vor einigen Tagen sang ich den Hymnus des Orpheus, in dem er den Kosmos, das ist das Weltall, besang . . .«[13]

Die Werke Ficinos wurden rasch und sehr weit in Europa verbreitet. So erschienen in Deutschland zu Beginn des sechzehnten Jahrhunderts mehrere Übersetzungen. Der italienische Einfluß in England, der sich in der Kunstgeschichte in der elisabethanischen Zeit, bei Inigo Jones, manifestierte, ging auf eine bereits viel frühere Rezeption von Ficino zurück.[14] Ob Verbindungen zwischen der um etwa fünfzig Jahre späteren neuplatonischen Akademie von Florenz und den philosophischen Implikationen der Tanztraktate des frühen bis mittleren Quattrocento dennoch bestanden haben, läßt sich, jedenfalls bis heute, nicht feststellen. Es kommt auch wesentlich nicht darauf an, die Genesis aller entsprechenden Strömungen und die der wichtigsten neuplatonischen Schulen der Frührenaissance soziologisch auf ein gemeinsames historisches Faktum zurückzuführen. Die Vermittlungen liegen eben tiefer. Sie manifestierten sich durch den außerordentlichen Einfluß Ficinos zunächst in Italien selbst. »Seine weltbewegende All-Liebe, sinnlich und verstandesmäßig in einem, wurde in kürzester Zeit zum geistigen Wesenselement der italienischen Kultur, zu einer der merkwürdigsten kulturellen Bewegungen, die die Geschichte kennt.«[15] Die Bewegung war nicht allein »kulturell«, ihre Bedeutung hing eng zusammen mit der ihrer objektiven Möglichkeit. Sie läßt in der dargelegten Weise politökonomisch sich begründen; daneben darf man aber wohl auch nicht übersehen, daß eine besondere Sehnsucht nach einem froheren diesseitigen Leben der Zeit vorausging. »Gegen Ende des Mittelalters ist der Grundton des Lebens bittere Schwermut«, sagt Huizinga und ist bereit anzunehmen, »desto inniger« sei »jene Sehnsucht« gewesen.[16]

Auf der Vermittlungsebene, die Huizinga sich vorstellen – und mit seiner mythisch egalisierenden Anthropologie vereinbaren*

– kann, ist sein Bedenken gegen eine politisch-ökonomische »Erklärung des spätmittelalterlichen Parteikampfes« übrigens ganz berechtigt.[17] Man kann gewiß nicht die einzelnen Parteikämpfe auf »wirtschaftliche Gegensätze, die ihre Geschlechter kennzeichnen«, zurückführen. Die weltliche Ordnung im Mittelalter hatten die großen und kleinen Lehensträger getragen. Durch die neuen fürstlichen Herrschaftsformen wurden sie ihrer Aufgabe entledigt und so in die Wirren eines Existenzkampfes gegeneinander wie gegen die neuen Zentralgewalten getrieben. Huizinga sieht dies Faktum, nur nicht in seiner Verknüpfung mit der Gesamtsituation; hieran hat eine politökonomische Erklärung notwendig einzusetzen. Das hat Norbert Elias auch soweit überzeugend versucht, wo er die Wechselwirkungen von mächtigem und über weitere Räume ausgreifendem Handel und dem Erstarken von zentralen Herrschaftsapparaten zunächst mittlerer Größe, dann im Umfange von Staaten wie dem Königreich Frankreich ableitet.[19]

Dem Zusammenhang des ersten choreographierten Tanzes mit der Philosophie Ficinos ist, obwohl beide im Oberitalien des Quattrocento entstanden, nur auf dem Hintergrund einer ähnlichen Vermittlung nachzugehen, wie sie für das Auftauchen des Orpheusmotivs im Florentiner Neuplatonismus und in den niederländischen Adamitensekten angedeutet wurde. Wenn auch in den Traktaten noch deutlich Auffassungen aus aristotelischer Tradition, wie sie auch in Florenz erst während der letzten Jahrzehnte des Jahrhunderts von den Platonikern zurückgedrängt wurde[20], herrühren, so müssen doch zentrale Begriffe im neuplatonischen Kontext diskutiert werden: harmonia, imitatio, variatio und der am Begriff der posa entwickelte Prozeß mimetischen Erkennens. Den dogmatisch dekretierten Widerspruch von curiositas und memoria, von Objekterkenntnis und Selbsterkenntnis in Gott, konnte die Wiederaufnahme Platos durch Ficino nicht einfach auflösen. Im Platonismus selbst entsprach ihm in gewisser Weise der Gegensatz zwischen den göttlichen Ideen und deren physischer Er-

* »Eine instinktive Überzeugung sagt uns, daß die Summe alles Lebensglücks, aller Fröhlichkeit und heiterer Ruhe, die den Menschen je beschieden ist, in den verschiedenen Epochen nicht allzusehr voneinander abweichen kann.«[18]

scheinung, zwischen den reinen Formen und ihrer Vereinigung mit realen Körpern, zwischen der großen Ruhe des Vollkommenen und der unruhigen Bewegung des nach notwendiger Vollkommenheit erst Strebenden. Insofern die Bewegtheit als Ausdruck realer Unvollkommenheit galt, entsprach es also durchaus der kirchlichen Lehre, wenn Ficino die an die Welt gebundene Seele durch fortwährende Bewegtheit charakterisiert sah. Neu war indessen, daß er diese Bewegung von einem Objekt zum anderen rechtfertigte – zwar nicht ohne weiteres, aber doch auf dem Hintergrund der Lehre Platos, nach der die Bewegungen nicht in ihre Unvollkommenheit verbannt sind, sondern der Rückkehr des Unvollkommenen zur Reinheit zu dienen vermögen[21] – wie die Lehre von der Seelenwanderung.[22] So wurden die Bewegungen der Seele nicht mehr von der Tätigkeit der bloßen Triebe im Menschen getrennt; gerade in diesen Bewegungen, die sich mit den Sinnen verbinden, wurde »das vernünftige Prinzip« entdeckt.[23]

Diese Interpretation konnte sich darauf stützen, daß nach dem ›Timaios‹ der Weltenschöpfer eine ordnungslose Bewegung vorgefunden hat, an die Stelle der Unordnung die Ordnung setzte und das Weltganze von Körper, Seele und Vernunft schuf, »um so das seiner Natur nach schönste und beste Werk zu vollenden«.[24] Da nun den Menschen Vernunft zuteil wurde, kann ihre Bewegung ungeordnet und doch vernünftig sein. Ficino hat ein Kunststück zuwege gebracht: Im Christentum gab es nur irdische Verwirrung und jenseitige Klarheit; zunächst ebenso ontologisch unterschied Plato die Reinheit einer Bewegung, »die gleichmäßig und auf derselben Stelle«[25] erfolgt, von einer »fortschreitenden«, die man doch nur der »Ungleichartigkeit zuschreiben« kann.[26] Ficino stellte beide Lehren analog nebeneinander, dann aber macht er sich jenen Widerspruch bei Plato zunutze, in dem zu der ontologischen Trennung eine Verheißung steht, die Unvollkommenheit von Bewegung auf ungleicher Bahn könne das Versprengte dem Zentrum, dem Vollkommenen wieder nahebringen. »Die Welt der Erscheinung und die der Liebe stehen nicht mehr einfach einander gegenüber; sondern die Erscheinung selbst ›strebt‹ nach der Idee. (...) Dieses Streben ist die Grundkraft, aus der alles Werden hervorgeht; dieses innere Ungenügen stellt die ewig belebende ›Unruhe‹ dar, die allem Geschehen eine bestimmte Richtung, die Richtung auf das unwandelbare Sein der Idee, vorschreibt. Aber innerhalb des Platonischen Systems ist diese Richtung nicht umkehrbar. Es gibt zwar ein ›Werden zum Sein‹, eine γένεσις εἰς οὐσίαν: nicht dagegen gibt es ein Wirken vom Sein zum Werden, von der Idee zur Erscheinung hin.«[27] Dabei ist noch zu betonen, daß, über diese Unterscheidung hinaus, bei Ficino ein wechselseitiges Durchdringen mitgedacht wird, das tendenziell die strenge Begriffsentgegensetzung von Sein und Erscheinung unter einem Primat des Werdens auszuhöhlen beginnt, obwohl er selber noch mit diesen Begriffen arbeitet.

Allerdings obsiegt letzten Endes doch ein einseitig metaphysischer Abschluß der Lehre von Ficino über diese Ansätze. Weiter konnten sie in der Zeit sich nicht gegen eine noch naturwüchsige Objektivität durchsetzen. In seiner ›Theologia Platonica‹[28] bedeutet darum cogitatio jene schrittweise Annäherung an das Zentrum – Gott –, das die Menschen nicht erkennen, dem sie aber durch die Beschäftigung mit seiner Schöpfung ähnlicher werden können. »Gott kann nicht unmittelbar erfaßt werden, weil die Seele in das Nichtseiende, die Materie, gebannt ist. Sie muß daher Gott in der Welt suchen, und, da sie zu schwach ist, das ganze Universum in einem zu fassen, schrittweise alle Dinge durchlaufen . . .«[29], faßt Borkenau zusammen. »In diesem Leben Gott wahrhaft zu erkennen, ist ganz unmöglich«, sagt Ficino in seiner Interpretation des ›Gastmahl‹, – die nicht nur im gelehrten Latein, sondern auch auf italienisch den Laien zugänglich gemacht wurde, weil sie die frommen Gemüter weniger gefährden konnte als der unkommentierte vorchristliche Text selbst, – »ihn aber wahrhaft zu lieben, auf welche Weise man ihn auch erkennen möge, ist möglich und leicht zu tun . . .«[30] Das kirchliche Dogma wurde unterlaufen. Olschki sagt: »Von dieser Lehre kann man nicht sagen, daß hier die Philosophie die Magd der Theologie sei, sie ist vielmehr ihre Partnerin; sie ist (. . .) weniger ein rationales Denksystem als eine Vision des Universums.«[31]

Ernst Cassirer hat betont, daß ein dem Ganzen der Zeit entsprechender und ihre neuen Strömungen zusammenfassender Ausdruck des Quattrocento in seiner Philosophie nicht gefunden werden könne.[32] Er beruft sich auf die oberflächlichen und philologischen Formen, in denen weitgehend der Streit zwischen Aristotelismus und Neuplatonismus ausgetragen worden sei. »So bleibt denn auch dieser Kampf zuletzt ohne eigentlichen geistesgeschichtlichen Ertrag: an Stelle der scharfen Scheidung zwischen dem sachlichen Grundgehalt und Grundprinzip der Platonischen und Aristotelischen Lehre tritt alsbald wieder die Forderung und der Versuch ihrer synkretistischen Verschmelzung.«[33] Cassirer betrachtete offensichtlich die Florentiner Akademie als Einheit, wenn er Pico della Mirandola zum Gesamtbeweis für seine These anführt. »Gerade die Florentinische Akademie, die sich als Hüterin des echten Platonischen Erbguts fühlt, geht in diesem Versuch am weitesten.«[34] Unter dem Gesichtspunkt des bleibend wirksamen »Ertrages« muß man dieser Auffassung auch zustimmen; gewiß, »in solchem Vereinigungsstreben verlieren die großen philosophischen Systeme zuletzt ihr eigenes Gesicht«. Wenn man jedoch auch auf dem insistiert, was sich, zum Teil auch noch halb überdeckt durch traditionale Argumentation, in einer Zwischenzeit manifestiert hat, dann kann man durchaus einen der nachträglichen Verschmelzung sich entziehenden Ansatz erkennen. Wenn »bei Ficino Moses und Platon, Zoroaster und Hermes Trismegistos, Orpheus und Pythagoras, Vergil und Plotin angeführt werden«[35], so hat das schon wesentlichere Bedeutung als die einer etwas willkürlich erscheinenden Zeugenreihe. Cassirer selbst hat in dieser Richtung Jacob Burckhardt kritisiert, indem er dessen völligen Verzicht auf eine philosophiegeschichtliche Dimension seines Renaissancebildes bloßstellt und argumentiert, daß auch der noch »wesentlich theologische« Charakter von Philosophie im fünfzehnten italienischen Jahrhundert kein ausreichender Vorwand sei. Vielmehr seien neue Prinzipien gerade auch in der Praxis der Zeit zu erkennen und deren Abtrennung von expliziter Theorie für die »Renaissance« womöglich noch weniger zulässig als für andere Perioden.[36] In derselben Richtung, meine ich, muß das Argument geführt, aber noch entschiedener durchgeführt werden, nämlich bis zu der Uminterpretation der traditionellen Themen und Begriffe im historischen Kontext der Lehre von Ficino. »Die drei großen Probleme: Gott, Freiheit,

Unsterblichkeit« sind sicherlich aus der Scholastik übernommen worden, aber doch mit ebenso verändertem Stellenwert, wie ihre Behandlung im einzelnen ganz neue Haltungen erbrachte. Der traditional theologische Tenor wurde doch weitgehend mediatisiert und in den emphatischen Charakter weltzugewandter Erkenntnis als Erfahrung umgewandelt. Daß gerade diese Intention sehr bald schon wieder verlorenging, hängt mit ihr äußerlichen Voraussetzungen wesentlich mehr zusammen als damit, wie sie erst zaghaft aus den abgekapselten Formen der mittelalterlichen Lehre ans Licht zu wachsen vermochte.

In einem neuen Sinn, der die Vernunft ins Spiel brachte, wurde die unio mystica – deren Verkündung durch Meister Eckehart noch dem päpstlichen Verdikt verfiel – erneuert. Der Begriff jener Erkenntnis, die Ficino als unmöglich bezeichnen muß, wird damit nicht erhöht, vielmehr entwertet. Die Erkenntnis wird abgespalten als das, was vorab vordergründig weltlichen, und das heißt hier, begrenzten Zwecken dient. Sie näherte sich noch dem, was ohnehin mit Gott nichts gemein haben kann, darum sich aber ohne Verdienst und ohne Schaden für die Seele der Dinge zu endlichen Zielen annehmen darf. Um den Preis solchen Verweises auf die Bahn der Instrumentalisierung zweckbestimmter Erkenntnis konnte aber – theologisch – gerettet werden, wonach das Bedürfnis überstark geworden war; unter dem Begriff der Liebe zu Gott in dem von ihm Geschaffenen durften die Menschen sich der diesseitigen Welt auch emphatisch zuwenden: Wir lieben Gott in allem Schönen.[37] Daher die theologische Diktion. »Die Liebe selbst kann sich nicht anders denn in dieser doppelten Form verwirklichen: sie ist ebensowohl der Drang des Höheren zum Niederen, des Intelligiblen zum Sinnlichen, wie sie die Sehnsucht des Niederen nach dem Höheren ist. (...) ›Es ist die Eigenheit aller göttlichen Geister, daß sie, indem sie das Höhere schauen, nicht aufhören, auf das Niedere zu blicken und für dasselbe zu sorgen. Dies ist auch die Eigentümlichkeit unserer Seele, die sich nicht nur des eigenen Körpers, sondern auch des Körpers aller irdischen Dinge und der Erde selbst annimmt, um sie zu pflegen und zu fördern‹.«[38] »Seine Lehre gipfelte in der Vergottung der menschlichen Seele durch ihren Aufstieg zum göttlichen Urquell alles Guten, aller Schönheit und Erleuchtung.«[39] Es ist unverkennbar, daß jene gnostische Seite von Erkenntnis in diesem Begriff der Liebe zum Schönen aufgehoben wurde. Anders vermochten beide sich nicht durchzusetzen in einer Epoche, in der der Dualismus der christlichen Dogmatik nicht zu überwinden war; in der nicht eine Erfahrung der Produzierbarkeit der Reproduktionsbedingungen durch die Menschen ihnen die Basis eines selbstbewußten Vertrauens zu der Objektwelt vermitteln konnte, da selbst die gesellschaftliche Produktion noch naturwüchsige war. Für eine kurze Dauer aber konnte der Begriff der Vernunft mit der Hinwendung zum Objekt verbunden werden, durch die nichts anderes geschehen sollte, als daß die Seelen sich selbst im Anderen und so langsam zu Gott fänden.

Pomponazzis radikalerer Ansatz gab mehr preis

Allerdings ist ein Zeitgenosse Ficinos weiter gegangen als er, indessen auch weniger einflußreich geworden. Pietro Pomponazzi hat sich nicht der Mühe unterzogen, umständlich seine neuen Lehren mit denen der, im übrigen von ihm unangefochtenen, Kirche zu vereinbaren.[40] Er sah im Platonismus nur den »strengen metaphysischen Dualismus« ontologischer Trennung von Ideenreich und Sein.[41] Daran wird deutlich, welch zentrale Bedeutung doch die christliche Heilslehre für Ficinos emphatische Platointerpretation gehabt hat, wenn dies auch mit dem Opfer verbunden sein mußte, daß letztlich ein Primat des Jenseitigen nicht vermieden werden konnte. Pomponazzi hat sich dagegen an die Lehre des Aristoteles von der Einheit gehalten, in der die Seele Form des Körpers ist, damit aber auch an dessen diesseitige Leibhaftigkeit gebunden bleibt. So gelang es ihm, Individualität der Menschen nicht erst aus der tendenziellen Überwindung körperlich naturhafter Erkenntnisvorstufen zu konzipieren, sondern gerade in der diesseitigen Konkretion der Seele in dem Körper zu behaupten. Er mußte folgerichtig die Objektwelt nun nicht bloß als sinnvolle Durchgangsstation einer zu ihrer eigenen Reinheit aufstrebenden Seele verstehen: gegenüber der in sich viel autonomeren aristotelischen leib-seelischen Einheit des Subjekts stand bei

ihm auch den Objekten, wenn überhaupt sie noch in einem Erkenntnis ermöglichenden Verhältnis zueinander stehen sollten, eine größere Autonomie zu, so daß in Pomponazzis Formulierungen die bei Ficino nur angedeutete Wechselbeziehung viel stärker ausgedrückt wird. »Die Besonderung des Subjekts des Bewußtseins läßt sich nicht denken, ohne daß wir ihr eine entsprechende objektive Besonderung zur Seite stellen. Eine individuelle Seele kann als solche nur begriffen werden, wenn sie als Form eines individuellen *Leibes* gedacht wird. (...) Durch sie unterscheidet sich der Leib von der bloßen ›Materie‹; durch sie wird er zum organischen Leib, der in seiner individuellen Bestimmtheit der Träger eines bestimmten, konkret-individuellen *Lebens* ist. Die ›Seele‹ tritt demgemäß zum ›Körper‹ nicht als ein äußerlich-bewegendes und äußerlich-belebendes Prinzip hinzu, sondern sie ist dasjenige, was den Körper erst gestaltet, was ihn zu einem in sich unterschiedenen und in dieser Unterscheidung gegliederten Ganzen macht.«[42]
Auf Grund der scholastischen Tradition, die Pomponazzi vertrat, mußte eine solche radikale Diesseitigkeit aber immer pessimistische Züge tragen, weil Emphase nur jenseitig denkbar war und die Unsterblichkeit der Seele nicht geopfert werden konnte – letzte Konsequenz der »aufgeklärten« Lehre dieses »letzten Scholastikers«, wie sie genannt wird –, ohne daß nicht auch die Vorstellung einer produktiven Versöhnung von Spirituellem und Materiellem, von Subjekt und Objekt aufgegeben werden mußte. Deshalb war Pomponazzi auch einen Schritt hinter Ficino zurück. Er war nicht in der Lage, wenigstens über eine Teilstrecke eine so produktive Theorie wie die von der Liebe als Erkenntnis auszubilden. »Wie Ficin in seinem Kampf für das Recht und die Eigenart des individuellen Ich den Supranaturalismus und die Transzendenz, so ruft Pomponazzi in dem gleichen Kampf den Naturalismus und die Immanenz zu Hilfe.«[43] Immerhin bleibt der Einfluß Ficinos auf seine Zeitgenossen durch *die* Partien seines Werkes, in denen die Teilstrecke zur wesentlichen erhoben, in denen ein wesentlicher Durchgangscharakter der Objektwelt für die erkennend bewegte Seele hervorgehoben wurde, daß das Objekt einen Hinwendung verlangenden Sinn hat. Die Vereinigung von Erkenntnis durch Liebe und geliebtem Gegenstand war als zen-

tral Wesentliches für die Zeit nur in der Form einer Projektion ins Metaphysische möglich, und dort kam traditionellerweise dem einen wie dem anderen die Rolle demütigen Dienens zu. Radikale Emphase mit einem diesseitigen Endpunkt im irdischen Paradies konnte nur an wenigen Punkten aufleuchten wie in einigen esoterisch gebliebenen Kulten der Templer, in einigen Ahnungen und Sitten der Albigenser, in dem Gemeinschaftsleben der Adamiten. Diese Dimension war zur passageren Subkultur verdammt. Es ist bezeichnend, daß in deren Verurteilung ebenso wie in den Jeremiaden über das Unheil des Tanzens, also abwechselnd von beiden Seiten ansetzend, Unzucht, heidnisch esoterische Riten und freie lustvoll rhythmische Körperbewegungen immer zu einem Schreckgespenst der gottesfürchtigen Christenheit vereinigt wurden. Gegen das »hurische Umfangen« meinte selbst der jenen magisch ritualen Traditionen gegenüber in manchem offene Agrippa von Nettesheim etwa durch Verfluchungen das abgrenzen zu müssen, was ihm am Tanz das bessere Eigentliche zu sein schien.[44]

Liebe als Beziehung auch zum Objekt

Ficino paraphrasiert Plato, indem er sagt, der Liebende sterbe in seinem Körper und lebe wieder auf in dem des Geliebten.[45] »Indem nun der Geliebte sich in dem Liebenden wiedererkennt«, muß der ihn seinerseits lieben.[46] »Wenn Bosch den Konzentrationspunkt als Pupille faßte, befolgte er ein Konzentrationsrezept, das sich in dem platonisch apokryphen ›Alkibiades I‹ findet. Dort leitet Sokrates den Sinn der delphischen Weihe-Inschrift γνῶτι σεαυτόν und den Prozeß der Selbsterkenntnis geradewegs aus einer Selbstbeschauung in der Pupille eines Gegenauges oder im Spiegelbild des eigenen Auges ab: ›Sokrates: . . . Gesetzt, sie spräche zu unserem Auge, als sei es ein Mensch, so riete sie ihm damit an, auf einen Gegenstand zu blicken, in welchem es sich selbst erkennen kann‹.«[47] Fraenger meint, bei einer Konzentrationsübung gehe es »zunächst darum, unter Ausschaltung der Außenwelt und jedes irgendwie bestimmten Wollens, sich auf ein anfangs ganz gedankenloses, wort- und begriffsloses ›Starren‹ « einzustellen.

Er greift nur die abstrakte Seite der meditativen Konzentration, das »Starren« auf; darüber geht ihm die ebenso »selbstvergessene«, aber auf ein Objekt gerichtete Form der Konzentration verloren, die vom »Hinstarren« kommt. Immerhin spricht er von einer Erkenntnis aus dem Anschauen. Der Begriff des Starrens ist bereits im Zuge der Interpretation der Tanztraktate erörtert worden. Was dabei mimetisches Erkennen heißen soll, muß hier noch einmal entwickelt werden; zumal der Terminus des Hinstarrens durch Husserl besetzt ist, ergibt sich die Notwendigkeit, den Prozeß abzusetzen gegen das etwas umstandslose Übergehen des Objekts in die Einbildungskraft des Subjektes, das heißt, wie die »reine Phänomenologie« das konzipiert.
Alle »Künste«, zu denen er selbst die Landwirtschaft zählt, sagt Ficino, verstehen sich als Liebe zum Gegenstand.[48] Klarer kann nicht ausgesprochen werden, daß Lieben ein Erkennen enthält. Nur geht es in gar keiner Weise darum, daß dem Subjekt ein von ihm nicht affizierter Begriff des Objekts zuteil werden solle, indem etwa das von ihm sinnlich wahrgenommene Rot in ihm sich verselbständigte zu der abstrakten Vorstellung eines »Rotmoments«. Das Interesse der »reinen Phänomenologie« war es, Idealismus und Subjektivität in einem zu überwinden und den Einfluß der »Erkenntnisvermögen« aus der Objektbeziehung auszuschalten. Wäre ein direkter Bezug der quattrocentonischen auf die Husserlsche Philosophie erlaubt, so müßte man sagen, sie habe geradezu das Gegenteil verfolgt. Daß ein bestimmter Erkenntnisbegriff in der Philosophie der Liebe aufging, bedeutete nicht allein eine Flucht vor dem kirchlichen Verdikt gegen die Hingabe an die Erforschung der physischen Welt. Eben im Austausch zwischen Liebenden, im Tausch ihrer Körper sollte sich der Erkenntnisprozeß vollziehen, und zwar als einer des Erkennens wie des Selbsterkennens in einem. Die Hinwendung zum Objekt war nicht die an ein metaphysisch garantiertes. »Auch Ficin hat in seinem Hauptwerk, der ›Theologia Platonica‹, und in seinen Briefen die Lehre von der Einzigkeit des ›aktiven Intellekts‹ ständig bekämpft. Auch er beruft sich hierfür auf die unmittelbare Erfahrung, die uns das, was wir unser Ich und was wir unser Denken nennen, immer nur in schlechthin individueller Form

zeige.«[49] Die *Abarbeitung des Subjekts an dem Anderen* war gemeint, *über die es verändert zu sich zurückkommen sollte, um durch seine eigene Veränderung vom Anderen, bei dem es weilte, Kenntnis zu erhalten.* Darum sagt Guglielmo Ebreo vom Tanzen: »Solche Kunst ist virtuose Kontemplation.«[50]

Erkenntnismodell und Tauschform im Quattrocento

An dieser Stelle muß eine allerdings nicht anders als spekulativ durchführbare Überlegung aufgenommen werden.[51] Die äußere Verbindung ist schon angedeutet in einer älteren Feststellung, in deren Formulierung freilich besonders die Worte »intellektuell« und »liebeskrank« stören, weil sie eine viel zu moderne Verselbständigung der Äußerungen suggerieren: »Der intellektuelle und erotische Kult der Schönheit verwandelte Italien, das damals ein tätiges, bewegtes Land von Kaufleuten, Männern des praktischen Lebens und Gelehrten von gesuchtestem Frommsinn war, in eine liebeskranke Nation.«[52] Das führt auf die Frage, welche auf den ersten Blick unsichtbaren Zusammenhänge sich zwischen dem Kaufmannsdasein wie der auf das Kaufmannskapital gerichteten politischen Machtausübung und dem emphatischen Bezug zu Liebe und Schönheit, die zum Erkenntnismodell erhoben wurden, sich vorstellen lassen.

Das Interesse der Handeltreibenden bleibt immer dasselbe – Geld soll mehr Geld bringen, und man muß möglichst gute Methoden entwickeln, die jeweiligen Chancen dafür sich im voraus errechnen zu können. Im Gegensatz zu den persönlichen Verhältnissen zum Boden ist das Geld die abstrakte Identität; »l'argent n'a pas de Maître«, sagte Marx.[53] Interesse und Geld der Großkaufleute konkretisieren sich dagegen fortlaufend in anderen Waren. Daß diese Waren für die Ära des Kaufmannskapitals ein je und je Besonderes blieben, daß sie nicht etwa über die Durchgängigkeit von Profit, Zins und abstrakter gesellschaftlicher Arbeit vorab und generell unter eine geltende Allgemeinheit gebracht waren oder hätten gebracht werden, vorab unter ein Allgemeines subsumiert werden können, ist gezeigt worden, auch, daß in jeder Situation die großkaufmännischen Unternehmungen die Hinwendung zu dem einmaligen Charakter ihres Gegenstandes und seinen besonderen historischen Bedingungen erforderten. Im Augenblick des Tausches setzte die eine Konkretion aus, um einer neuen ihren Platz einzuräumen, und, was noch entscheidender ist, erst durch die jeweilige Realisierung eines Gewinnes im Tausch einer Ware gegen eine andere wurden die Äquivalenzen gesetzt. Das heißt, der Tausch war logisch der Augenblick, in dem der jeweilige Wert beider Waren erkennbar wurde, der einen in der anderen ausgedrückt. Es war *die Situation des Naturaltausches auf dem Niveau einer partiell herrschenden Geldwirtschaft, so daß das Verhältnis der Gebrauchswerte der Waren zueinander sich immerhin in der Allgemeinheit von abstrakten Einheiten fassen ließ, dabei aber ihre Besonderheit nicht als bloß akzidentiell erscheinen konnte.* Sohn-Rethel sagt dazu, die Natur halte gleichsam »im Warenkörper ihren Atem« an.

Deutlicher läßt sich die Analogie zu der »Starre« des Posaprozesses nicht hervorheben, in dem ein bestimmtes Metrum der Bewegung reflektierend aufgehoben und so in ein anderes übersetzt wird. Diese Analogie ist, wie ich hoffe gezeigt zu haben, Ausdruck der Tatsache, daß der Erkenntnisbegriff der gesellschaftlichen Praxis des Warentausches folgt, an der er sich entwickelt und real erfährt, und ihr entsprechend das handwerkliche Produktionsmodell der Zeit zu spezifischer Bedeutung bringt. Der Primat, der dem Besonderen eingeräumt wurde, hatte sehr wohl seine historische Basis. Daß im Quattrocento ein Neuplatonismus aufblühte, war nicht bloß deshalb kein Zufall, weil verschiedene Schulen die Lehren aufnahmen und sie auch im Denken von Individuen großen Einfluß hatten, die nicht unmittelbar mit diesen Schulen in biographische Verbindung gebracht werden können.

In der griechischen Polis wurde die körperliche Arbeit der Produktion vorwiegend von Sklaven ausgeführt; die Herrschenden bildeten eine großbürgerliche Klasse, die ihren Reichtum an dem Handel mit den Produkten einheimischer Sklavenarbeit oder fremder machten. Aufgrund dieser Trennung gab es in der Polis keine ökonomischen Entwicklungen zu einer qualitativ neuen Stufe. In der Sklavenwirtschaft gab es keine Anreize an die Bürger, ihren angesammelten Handelsreichtum zu einer Veränderung der ökonomischen Strukturen zu benutzen – jedenfalls fehlten jene naturwüchsigen Verstrickungen, über die Verlagsherren zum Beispiel fast unversehens Eigentümer der Produktionsmittel abhängiger Handwerker wurden. So konnten die athenischen Bemühungen um politische Stabilität nicht nach dem Modell entsprechender ökonomischer Erfahrungen entwickelt werden, wie man sich die Voraussetzungen des Reichtums durch Systematik und aktive Veränderung aneignen könne. Das Konservative der Platoschen Konzeption scheint mir darauf zurückzuführen zu sein. Grundsätzlich war das Verhältnis des Kaufmannskapitals zu den unmittelbaren Produzenten der Waren, in denen es sich konkretisierte, ähnlich. In dem Maße, wie die italienischen Großkaufleute aber den Beginn zu einer Kapitalisierung der gesellschaftlichen Verhältnisse legten, und entsprechend den Fortwirkungen ganz anderer politischer Beziehungen innerhalb des gemeinsamen mittelalterlichen Lebensverbandes, *veränderte auch die Rezeption im fünfzehnten Jahrhundert Plato und den antiken Neoplatonismus. In der Betonung des Vernünftigen in den Bewegungen der Seele durch die Objektwelt hindurch* bei Ficino deutet sich das an. Der Zusammenhang, in dem sein neuer Erkenntnisbegriff sich bei Leonardo da Vinci wiederfindet, vergegenwärtigt eine weitere Perspektive. Zugleich wird dabei klar, wie weit die Grossmannsche Interpretation davon abführt, daß bei Leonardo wohl sich die Versenkung in den Gegenstand zu systematisieren beginnt, aber noch nichts von der gezielten, experimentellen Naturwissenschaft seiner späteren Nachfolger hat.

»Die Seele, als aktive Denkkraft, ist nicht nur im Leibe, wie in einer äußeren Behausung eingeschlossen, sondern sie drückt alle in ihm bestehenden Differenzen und alle in ihm vorgehenden Veränderungen mit größerer oder geringerer Deutlichkeit aus. So besteht zwischen Seele und Leib nicht nur ein Verhältnis der Verbindung, sondern der durchgehenden ›Angemessenheit‹: der durchgängigen Proportion, wie Cusanus es nennt.«[54] Diese Zusammenfassung von Cassirer konkretisiert sich an der

Forderung Leonardos, die aus dessen eigener Erfahrung von reflektierender Verarbeitung in sinnlichem Wahrnehmen artikuliert ist. Der Maler »muß einen Verstand haben, der sich jeweils den verschiedenen Gegenständen, die vor ihn treten, anpaßt und sich von anderen Sorgen fernhält (cervello mutabile secondo la varia dirizione delli obietti che dinanti se li oppongano).«[55] In demselben Text ›von den zehn Aufgaben des Auges, die alle zur Malerei in Beziehung stehen‹ kehrt das Pupillenmotiv als Spiegelmetapher wieder. »Und hauptsächlich muß man mit seinem Geist der Beschaffenheit einer Spiegelfläche gleichen, die sich verwandelt in ebenso viele Farben, wie es diejenigen der Gegenstände vor einem sind (e sopra tutto essere di mente equale alla natura che ha la superfizie dello specchio, la quale si transmuta in tanti vari colori, quanti sono li colori delli sua obietti).« Leonardos Begriff der cognizione verbindet geradezu den der aristotelischen cognitio und den des Erkennens durch Liebe bei Ficino: »Jede unserer Erkenntnisse beginnt bei den Empfindungen (ogni nostra cognizione prencipia da sentimenti).«[56] »Dazu kommt, daß die Philosophie den Eros zum Grundprinzip des Universums erhebt. Die Liebe wird damit vergeistigt, sie wird zu etwas Höherem als dem bloßen Mittel zur Fortsetzung und der körperlichen Vereinigung zweier menschlicher und aller anderen Lebewesen in Natur und Weltall. Mehr als Ficinos ganzes System, über dessen inneren Zusammenhang und methodische Schlüssigkeit verschiedene Meinungen möglich sind, war es diese von ihm in den Mittelpunkt gestellte Auffassung der Liebe, die so viele Dichter, Künstler und Intellektuelle faszinierte.«[57]

Wir setzten noch einmal an der Idee eines mimetischen Erkennens an. »Vorvergangene Mimesis« mag, bis in animistische Frühstadien menschlicher Gesellschaft, bedeutet haben, die Menschen hätten versucht, *die Bedrohung durch das Unbekannte zu überwinden, indem sie ihm sich ähnlich werden ließen;* »der Bann des Natürlichen wäre dadurch gebrochen, daß man ihn beschwichtigend nachahmt«[58], sagt Adorno in der ›Negativen Dialektik‹. In späteren Stadien der Gattung ist die Auseinandersetzung der sich reproduzierenden Menschen mit Natur genereller organisiert. Es wird *einerseits dieses Verhalten durch planvolle Naturbeherrschung abgelöst;* in ihrem Zuge kann Begrifflichkeit bis zur *Projektion logischer Verknüpfungen in die Natur als Gesetz* sich entwickeln. Erkennen heißt dann nicht mehr, dem anderen ähnlich zu werden und über die dabei an einem selbst vorgegangenen Veränderungen seiner inne zu werden. Dergleichen verkommt zum Aberglauben, wo Unterprivilegierte auf dem neuen Stande der Gattung nicht an deren Progreß teilhaben, sondern nur durch fortschreitende Arbeitsteilung ihrer Arbeit immer mehr entfremdet werden. *Andererseits können die* – doppelt durch Freisetzung von der körperlichen Arbeit, durch Herrschaft und durch das Monopol auf progressives Wissen – *Privilegierten den alten Vorgang zu einer eigenen Art des Erkennens* überhöhen. Dies insbesondere da, wo nicht ihre Tätigkeit im Dienste der physischen Reproduktion steht. Die Erfahrung der Ära des Kaufmannskapitals mußte einem solchen Erkennen Vorschub leisten. Ihm nachzugehen war vor allem eine Idee an den Höfen und besonders dort den Frauen als Aufgabe zugeschrieben.

Das Besondere in der Einheit von körperlicher und geistiger Arbeit

Mimesis hat Anteil an der Geschichte und steht für einen Prozeß, der dem Begriff mehr Inhalt gibt, als der des Intuitiven aufzuweisen hat. Kant hat ihn mit einem gewissen Vorrang des Besonderen verbunden, wie mit der Idee einer Erkenntnis ohne Begriffe. Zwischen beidem tut eine Aporie sich auf, die Kants regressiver Rekurs auf »Urbildliches« nicht verdeckt. Zwar schien das Quattrocento sich weithin noch für das Besondere *und* das Allgemeine, für die Sinnlichkeit *und* den Verstand, für die Realität *und* den Begriff entscheiden zu können. *Realhistorisch* waren jedoch nur die Vorteile des Warentausches festzustellen, die Konsequenz abstrakter Arbeit stellte sich noch nicht dar. Soweit die Last der persönlichen Herrschafts- und Knechtschaftsverhältnisse schon als Blockierung freier individueller Entfaltung aufgefaßt wurde, konnte es scheinen, als sei sie auflösbar, ohne daß eine schlimmere würde an ihre Stelle treten müssen. Es *blieb,* was *mimetisches Erkennen* für diese Zeit genannt werden mag, ohne eine intensive und dauerhafte Verbindung *neben begrifflichem Denken stehen.* Es kam Leonardo nicht darauf an, zu welchen »Erkenntnissen« der Einstieg in eine Untersuchung über die »Empfindungen« führte; es lohnte sich noch, alles zu erkunden, was mit dem Fliegen zu tun haben mochte. Ging es doch um die Möglichkeit des Fliegens und nicht um die Lieferung der und der Konstruktionen. Die Abfolge der Tanzschritte war abgemessen genug, um dem je Auftauchenden Platz und Zeitpunkt zu geben, aber die Regeln liefen nicht Gefahr, von dem Unvorhergesehenen chaotisch verwirrt zu werden.* Darum läßt sich mimetisches Erkennen für das Quattrocento nicht weiter auf das begriffliche Erkennen hin bestimmen. Darum bringt uns ein derartiger Versuch vor eine Aporie, ähnlich derjenigen, in der der Rationalismus sich befand.

Erst was Adorno mit Hegel die Anstrengung des Begriffs genannt hat, gibt eine prinzipielle Vorstellung davon, daß in der Mimesis wie im Begriff eine Bewegung zwischen Subjekt und Objekt hin und her geht, daß aber die »Wahlverwandtschaft von Erkennendem und Erkanntem«[60] nicht einfach sich ausdrücken könne, daß sie vielmehr über »ein mimetisches Moment« der in Begriffen fortschreitenden Erkenntnis sich werde objektivieren lassen. Ficino konnte noch unbefangen den Progreß der Seele entwerfen, die durch Wahrnehmen, Vergessen, Nachdenken und Erinnern die Welt in ihre Erkenntnis aufnimmt; ein Verlorenes wird jeweils durch ein Neues ersetzt: »Auf diese Weise behält das Veränderliche in der Seele und im Körper Bestand, jedoch nicht, weil es sich gleich bliebe –

* Zwischen dem präzisen und differenzierten Kanon von Schritten, den die Choreographie des fünfzehnten Jahrhunderts in Italien hervorgebracht hat, und dem zwischen ihnen spontan sich Ereignenden stand ein Repertoire von bestimmten Schritten, die aber nicht streng notiert waren in dem Gebäude der Interdependenzen. »Von dem umfangreichen Schritt- und Bewegungsrepertoire der quattrocentistischen Hoftanzpraxis erfaßt die Tanztheorie nur einen kleinen Teil. Lediglich die zwölf wichtigsten der rund vierzig Passi und Movimenti, aus denen die Figuren der glanzvollen und schwierigen italienischen Choreographien zusammengefügt sind, werden in der theoretischen Einleitung der Traktate Domenicos und des A. Cornazano genannt. ... Bei Gugl. Ebreo fehlt eine solche Systematisierung der wichtigsten Schritte ganz.« – Man kann hinzufügen: *noch* ganz, sie hat sich in den nächsten Generationen von Tanzmeistern fortschreitend durchgesetzt.[59]

denn dies ist allein den übersinnlichen Wesenheiten eigentümlich –, sondern das Verschwindende hinterläßt einen ihm gleichenden Nachfolger. Durch dieses Hilfsmittel verähnlicht sich das Sterbliche dem Unsterblichen.«[61] Im Idealismus herrschte ein Selbstvertrauen auf »gleich Bleibendes« im Subjekt, nämlich auf die reinen Verstandesformen. Kant griff auf Plato im Gegensatz zu Ficino gerade da zurück, wo die Ideen verläßliche und unveränderliche Formen der Wahrheit verbürgen, und behauptete für die Menschen einen möglichen Zugang zu ihnen. Damit wird das in dem Zitat auftauchende Problem der Zufälligkeit, in der sich die Phänomene dem Verstand gegenüber organisieren, ganz aus der Verantwortung des Subjekts verdrängt, das nicht etwa durch seine eigene Veränderung in Lernprozessen einem Anderem »ähnlich« werden müßte. Ficino bekümmerte die Zufälligkeit, die Kant vom Subjekt her kritisiert, nicht. Sein Rückgriff auf die platonischen Urbilder stellt einfach die Hypostase dar, Ganzes und Teile stimmten harmonisch zusammen und die Subjekte könnten sich daran orientieren. Wie in der späteren bürgerlichen Geschichte und ihrer Philosophie konnten die Individuen bereits als solche sich in eigenen, lebensgeschichtlichen Lernprozessen auf diese Orientierungen beziehen, statt noch mittelalterlich in eine große Heilsgeschichte mit einem allerdings persönlichen Anteil eingebunden zu sein. Gleichzeitig waren diese Individuen noch keinem innerweltlichen Harmoniemodell untergeordnet, wie es später die bürgerliche Gesellschaft im Markt gesehen hat. Es gab noch keine explizite Subsumtion der Individuen unter ein Abstraktum – das Kapital –, von der real als gesellschaftliche sich vollziehenden Synthese der arbeitenden Einzelnen zu dem ihnen vom Kapital »zufällig« vorgegebenen Ganzen einer funktionierenden Produktionssphäre; auch die gesellschaftliche Synthese durch die Realabstraktion des alles auf sich beziehenden Warentausches, die Sohn-Rethel zum Prinzip seiner Erklärung macht, war noch keineswegs durchgesetzt – das Allgemeine der Profiteinheit Geld mußte jeweils noch als Maß und Regel an den Prozeß der Reichtum abwerfenden Metamorphosen des Kaufmannskapitals angetragen werden. »Indem Leonardo aber die Beobachtung und Wiedergabe natürlicher Erscheinungen in den abstrakten Raum der euklidischen

Geometrie stellte und auf der Wichtigkeit der Mathematik als universalem Kriterium der Wirklichkeit und der wissenschaftlichen Erkenntnis bestand, entfernte er sich von den Denkgewohnheiten der Forscher und Denker seiner Zeit; denn in dieser seiner Ansicht der Wissenschaft ist er platonisch.«[62]
In der Erkenntnistheorie des fünfzehnten Jahrhunderts sicherten die platonischen Urbilder generell die Möglichkeit von Erkenntnis ab. Für die metaphysische Ontologie der Eleaten hat Hans-Jürgen Krahl eine emanzipierende Funktion gegenüber der ersten Natur aufgezeigt, die der Absicherung gegenüber einer undurchschaubaren zweiten Natur für das frühe Bürgertum in Form der neuplatonistischen Urbilder und Ideen vergleichbar ist.[63] Die grundsätzliche Einheit und logische Untrennbarkeit von Ästhetik und selbst mathematischer Wissenschaftlichkeit, die aus den neuplatonischen Erkenntnisvorstellungen hervorging, ist von der modernen Begriffstrennung her so zusammengefaßt worden: »Selbst wissenschaftliche Genies waren mehr von ästhetischen als von rein wissenschaftlichen Fragen angezogen, wie dies die Tätigkeit vieler Künstler beweist, wie z. B. die des Leon Battista Alberti, des Pierro della Francesca und des Leonardo da Vinci. Fünfzig Jahre lang war der Mathematiker Luca Pacioli der Mittelpunkt eines großen Kreises von Künstlern und Ingenieuren, die sich mit praktischer Mechanik, arithmetischen Berechnungen und wissenschaftlichen Spekulationen befaßten. In dieser geistigen Atmosphäre entwickelte sich die geometrische Auffassung des Raumes als ein ästhetisches Gesetz, als eine wissenschaftliche Methode und philosophische Intuition völlig unabhängig von den Anschauungen und Lehren der Schulen.«[64]
Die Seiten vereinigten sich in der neuplatonischen Geometrie. Zwar mit einer Verschiebung oder Verzerrung durch den bewegten Gang der unvollkommenen Welt; doch in Bezug, Ziel und Aussicht auf Vereinigung mit diesem Ziel erschienen Erkennen und Erkenntnismöglichkeit in prästabilierter Entsprechung. Im Schutze gewissermaßen solcher Absicherung konnte die Beschäftigung mit dem Besonderen sich entfalten. Gerade die dekretierte Vorstellung, als das empirische Individuum dem konkreten Objekt sich zu nähern wie ein »Liebender«, war das Prinzip dieses Erkennens. Der Prozeß, als ein begriffsloser und

nicht tendenziöser, läßt wohl anders sich nicht fassen, als daß *ein Subjekt durch seine Anähnelung an das Objekt Veränderungen an sich selbst erfahre;* diese führen ihm zugleich einen neuen, vom Objekt herkommenden Inhalt zu und vermitteln in der so bestimmten Objektivierung der eigenen Möglichkeiten zur Selbstveränderung eine Erkenntnis von ihm selbst. Alles kommt auf die Inhaltlichkeit dieser Vermittlung an; denn als eine rein formale ist sie selbst Kant unentbehrlich. Wenn er sagt, »das Bewußtsein meines eigenen Daseins ist zugleich ein unmittelbares Bewußtsein des Daseins anderer Dinge außer mir«[65], so ist es gerade diese »Unmittelbarkeit«, die zwar von allen Inhalten der Dinge absieht und doch als Mittel des Bewußtseins des eigenen Daseins dient: existentiell. So wird dem Dasein anderer Dinge der Makel einer Hilfskonstruktion zur Möglichkeit des Satzes »ich bin« angeheftet. Es wäre diese Diskussion an dem Begriff von Erfahrung fortzuführen, wie er aus der Deduktion und dem Schematismus der reinen Verstandesbegriffe zurückbleibt.

Kommunikationsmodell und gemeinsame Arbeit im Quattrocento

Sprache – Ersatz für inhaltliche Vergesellschaftung oder Objektivation von Erfahrungen

Mit dieser Problematik der Objekterfahrung hängt die der Kommunikation zwischen den Subjekten aufs engste zusammen. Nicht allein die Unterschiede, die für die Individuen verschiedener Klassen sich aus der Aneignung des fortgeschrittenen Verhältnisses zur Natur durch die Privilegierten ergeben, bedingen sie. Kant fordert für Naturbeurteilungen apodiktisch deren effektive Mitteilung von Subjekt zu Subjekt; das deckt eine weitere Abhängigkeit auf. Wohl wäre denkbar, daß in der sprachlichen Kommunikation der erste Schritt einer Anamnese der mimetischen Erkenntnis in die begriffliche versucht würde. *Dann wäre Kommunikation durch Sprache das Medium, in*

dem je besondere Erfahrungen der Subjekte an den Dingen vergesellschaftet würden, wie Subjekte und Sprache es vorab sind. Formale Allgemeinheit würde dann *angemessener Ausdruck dafür sein, daß die Subjekte* auf Grund gleicher, aus ihrem gesellschaftlichen Dasein resultierender Modelle *an den gleichen Dingen Erfahrungen machen, die, wenn nicht gleich, so doch vergleichbar wären.* Sie würden wahrhaft alle wissen, wovon sie sprechen. Objektivität der Aussage hieße, die Rede aller sei in gleicher Weise sachhaltig, weil ihnen allen die Sachen nicht bloß äußerlich wären, sondern weil zugleich die Erfahrungen an den Dingen durch die gleichen Erfahrungen der Subjekte aus vergesellschafteter Arbeit vermittelt wären.
Unter dem Rationalismus kehrte sich jedoch eine solche Möglichkeit ebenso in eine *Ersatzfunktion* um, *wie die ausbeuterische Arbeitsteilung* die Idee einer *Interaktion von frei assoziierten Individuen zur ideologischen Verbrämung herabwürdigte.* Die Subjekte haben dann am Objekt nur das Substrat tautologischer Bestätigung der Kategorien, unter deren Apriorität es subsumiert wird. Komplementär suchen sie in der Gesellschaft die Objektivierung, die ihre rationalistisch übermütige Autonomie gegenüber der Natur ihnen an den Objekten zu gewinnen verbietet. Über die Souveränität, mit der die Metaebene der bloßen Rede beherrscht wird, gewinnt man an Stelle von Aneignung durch Abarbeiten an den Gegenständen Kompetenz im Sprechen *über* sie. Deren Realitätskontrolle liegt freilich ganz bei der historischen Konvention. Die *Anerkennung* des eigenen Geschmacksurteils durch einen allgemeinen – und objektiv *genannten – ist der formale Ersatz für die inhaltliche Selbsterkenntnis durch Objekterkenntnis.* Die Anerkennung bleibt dann der Sache so äußerlich wie den Individuen. Denn deren Kommunikation miteinander setzt logisch die mit der Natur voraus. Was die Individuen in gemeinsamem Abarbeiten und Begehren durch Erkenntnis in sich aufgenommen haben, bedarf keiner solchen Anerkennung; *es wäre kommunizierbar über die reale Vermittlung durch Kooperation.* Sprache würde diese zum selbständigen Ausdruck erheben, statt Ersatz zu sein für fehlende gemeinsame und tätige Aneignung.
Die Zusammenarbeit der Inhaber des Kaufmannskapitals

schien in manchem dem ähnlich zu sein. Freilich schien sie es nur entgegen den konkurrierenden Interessen und in der politökonomischen Isolation gegenüber der übrigen Gesellschaft, insbesondere der Produktion. Der Schein aber war historisch wirklicher. Das setzte gegen die spätmittelalterliche Praxis selbst der sogenannten Liebeshöfe sich mit einer neuen Qualität reflektierterer Bewußtheit ab, die man mit dem höfischen Lebensstil im Sinne des Ficino zu vergleichen geneigt sein könnte. »Die Liebeslehre des Ficino mit ihrem Kult menschlicher und natürlicher Schönheit setzte an die Stelle der höfischen Liebe, deren Wesen in Italien niemals volles Verständnis und Nachfolge gefunden hatte, den neuplatonischen Eros, eine Auffassung, die gehaltvoller und höher zu sein schien, da sie den Horizont des Weltalls eröffnete und zugleich religiöser Natur war. Sie besagte, daß es dem Menschen zukomme, in der Schönheit des Körpers das Abbild göttlicher Vollendung zu erkennen und in den Formen der Natur und der Kunst den Abglanz göttlichen Geistes zu verehren.«[66]

Einheit von körperlicher und geistiger Arbeit als Kommunikation

Wir haben zwei Aspekte der Re-Naissance des gnostischen Erkenntnisideals berücksichtigt, die Lockerung der traditionalen kirchlichen Blockierungen und die Bedeutung einer Realabstraktion als Auswirkung des Kaufmannskapitals. Wir müssen nun noch auf eine weitere Wirkungsrichtung der Großhandelspraxis zurückkommen, die ebenfalls bereits im dritten Teil ausgeführt worden ist. Erst in der Tätigkeit der Großkaufleute konnte die Einbindung der Individuen in den feudalen Agrarbetrieb und die Zunftordnungen durch neue Erfahrungen aufgelöst werden. »Galeazzo Maria (Herzog von Mailand, 1466–1476), ein Virtuose der äußeren Erscheinung, war stolz auf seine schöne Hand, auf die hohen Besoldungen, die er bezahlte, auf den Geldkredit, den er genoß, auf seinen Schatz von zwei Millionen Goldstücken, auf die namhaften Leute, die ihn umgaben, und auf die Armee und die Vogeljagd, die er unterhielt. Dabei hörte er sich gerne reden . . .«[67] Solange hatten die Menschen nur zu dem Boden und dem Werkzeug, der

Werkstatt gehört, denen sie ihre Arbeit zusetzten, um das in diesen objektiven Faktoren liegende Versprechen, ihre jeweilige Reproduktion zu sichern, realisieren zu können. Unter solchen Verhältnissen – wie sie freilich bis auf die dünne Oberfläche des Gesellschaftsaufbaus auch weiterhin bestehen blieben – konnten die Individuen nicht selbst Träger wesentlicher Verhältnisse sein noch scheinen. Erst die neue Möglichkeit wenigstens einiger, Individualität über kaufmännisches und herrschaftliches Disponieren aus der Perspektive des Einzelnen zu entwickeln, veränderte die Voraussetzungen. »Die pseudo-aristotelische ›Economia‹, die Bruni 1419–20 für Cosimo de'Medici übersetzte, führte ihn zu der Erklärung, daß der Besitz äußerer Güter ›eine Gelegenheit bietet, Tugend zu erwerben‹; bei Martial fand Bruni die Beobachtung, daß Entbehrung die Tugend eines Mannes mindern könne; und in der ›Nicomachischen Ethik‹ des Aristoteles fand er Freisinn verbunden mit Tugend, und Tugend also verbunden mit materiellem Besitztum.«[68] Nun konnten genügend Energien im Besonderen konzentriert und besonders vor dem Hintergrund auch eines bloß Allgemeinen hervortreten, um bilaterale Beziehungen zu ermöglichen und als wesentlich erscheinen zu lassen. Bezeichnend ist, daß sie *sowohl als intersubjektive Beziehungen* verstanden wurden *wie als Beziehungen auf Gegenstände*. Die besondere Art von Individualität im Quattrocento stand zwischen den Extremen, die für Mittelalter und Neuzeit, für ihr Vorher und ihr Nachher, typisch sind. Die Einzelnen waren nicht mehr bloß aufgehobene Teile im Beziehungsganzen des Ordo, in dem sie zwar nicht isoliert und fallengelassen werden konnten, der ihnen aber auch keinen Weg öffnete, irgend etwas in absolut einmaliger Weise auf sich zu beziehen. Um explizit dergleichen leisten zu können, muß schon ein Ich bis zu gewisser eigenständiger Stärke ausgebildet sein. Andererseits war die Menge der empirischen Individuen noch nicht aufgeteilt in die Einzelnen, die bloß über additive Vorstellungen und positive Regeln als Einheit sich begreifen durften. Die Menschen waren *noch nicht zu isoliertem Selbst stilisiert*, von dem her nur noch formale, nicht mehr substanzielle Verbindungen zum Anderen konzipiert werden können.

Eben diese sozialpsychologische Dimension weist auf den notwendig mitzudenkenden Übergang von Ästhetik im allgemeinen Sinne zur Erkenntnistheorie hin. »Das 15. Jahrhundert ist zunächst vorzüglich dasjenige der vielseitigen Menschen«, sagt Burckhardt, der sich freilich auf die kleine Schicht der fortgeschrittensten Individuen beschränkt, für die allein er sich zu interessieren vermag. »Keine Biographie, welche nicht wesentliche, über den Dilettantismus hinausgehende Nebenbeschäftigungen des Betreffenden namhaft machte. Der florentinische Kaufmann und Staatsmann ist oft zugleich ein Gelehrter in beiden alten Sprachen; die berühmtesten Humanisten müssen ihm und seinen Söhnen des Aristoteles Politik und Ethik vortragen; auch die Töchter des Hauses erhalten eine hohe Bildung, wie denn überhaupt in diesen Sphären die Anfänge der höheren Privaterziehung vorzüglich zu suchen sind. Der Humanist seinerseits wird zur größten Vielseitigkeit aufgefordert, indem sein philologisches Wissen lange nicht bloß wie heute der objektiven Kenntnis des klassischen Weltalters, sondern einer täglichen Anwendung auf das wirkliche Leben dienen muß.«[69] Leon Battista Alberti ist gewiß ein exemplarisches Individuum des Quattrocento in der Allseitigkeit und in dem Ansatz seines Erkenntnisdranges. Burckhardt nennt die »tiefste Quelle seines Wesens« »ein fast nervös zu nennendes, höchst sympathisches Mitleben an und in allen Dingen. Beim Anblick prächtiger Bäume und Erntefelder mußte er weinen; schöne und würdevolle Greise verehrte er als eine ›Wonne der Natur‹ und konnte sie nicht genug betrachten; auch Tiere von vollkommener Bildung genossen sein Wohlwollen, weil sie von der Natur besonders begnadigt seien; mehr als einmal, wenn er krank war, hat ihn der Anblick einer schönen Gegend gesund gemacht.«[70] Die Entdeckung einer Natur, die des Liebens und Erkennens wert wäre, erlaubte es auch den Menschen, in sich die Natur wahrzunehmen und auch wieder in der Natur ihre eigene Geschichtlichkeit gespiegelt zu finden. »Die verstärkte Neigung der Menschen, sich und andere zu beobachten, ist eines der Anzeichen dafür, wie nun die ganze Frage des Verhaltens einen anderen Charakter erhält: die Menschen formen sich und andere mit größerer Bewußtheit als im Mittelalter.«[71]

In der Praxis höfischer Unterhaltungskunst wurde dies ausge-

drückt. Es hieß etwa, »daß ohne diese vollkommene Freundschaft die Menschen sehr viel unglücklicher sein würden als alle Tiere«[72] oder daß es Sinn von Unterhaltungen sei, vor allem, wo die Frau sie führe, »die Eigenschaften dessen, mit dem sie spricht, zu erkennen«.[73] Damit floß auch die Praxis der höfischen Tänze zusammen. Die Mitglieder der Höfe sollten malen können; »wenn sie dies aber könnten, würden sie ein noch sehr viel größeres Vergnügen haben, weil sie die Schönheit, die in ihren Herzen derartige Befriedigung erzeugt, weit vollkommener erkennen würden«.[74] Der Sinn der Forderung, bei ihrem ondeggiando mögen die Tanzenden wie eine Gondel sein, die langsam auf einer Welle hinauf- und rasch wieder hinabgleitet, war der gleiche. Der in der Kunst des Nachahmens berühmte Roberto da Bari machte andere Menschen nach, um ihnen gleich zu werden, wie er sagte, und dazu gehöre Klugheit und »viel Rücksicht auf Ort, Zeit und Personen«.[75] Diese Forderung, der besonderen Bestimmtheit einer Situation durch Ort und Zeit immer sich bewußt zu sein, durchzieht noch alle Ideale Castigliones am Ende des Quattrocento. Der Eigenart eines anderen sich anzugleichen, des je Einmaligen von Ort und Zeit inne zu werden, ist dem Subjekt aber nur dann möglich, ohne in Nachäffen zu verfallen und seine Existenz in ein unvermitteltes Nacheinander von punktuellen Situationen aufzulösen, wenn es sein Ich kennt. Dann erkennt es sich in dem Anderen wieder oder wird sich des Gegenübers bewußt. »Dadurch bekommt«, so Borkenau, »der cusanische Satz von der Gleichmäßigkeit in der Natur eine tiefere Bedeutung. Bei Cusanus war es eine allgemeine Beobachtung, bei Ficino hingegen ist es eine konkretisierte Lehre; jede Seele folgt in ihrer spezifischen für sie immer gleichen Art ihren Begierden.«[76]
Das Gleichmäßige, so lehrte Ficino nach Plato, war das Vollkommene. Die Lehre hing zusammen mit den Vorstellungen im ›Timaios‹, bestimmte geometrische Formen seien die Inbegriffe von Reinheit, Güte und Schönheit; alle Bewegungen seien unvollkommene Kreisbahnen, alle Dreiecke seien verzerrte rechtwinklige, zwei von diesen ergeben das Quadrat und so fort.[77] So sehr die Bezogenheit aller realen Bewegungen vorab auf solche Urbilder hin dazu beigetragen hat, dogmatisch die Bewegungen der Seelen in der Wirklichkeit zur Würde

eines wesentlichen Prozesses und dazu eines vernunftfähigen zu erheben, so stark bannte sie auch alle individuelle Bewegung in das Schema formalster Idole. Darin verdoppelte sich die Ambivalenz kaufmännischer Initiative in der Vorgegebenheit formaler gesellschaftlicher Bezüge von ständischer Herkunft, zumal die platonische Lehre von den Formen eine strenge Hierarchie etabliert. Nur scheinbar konnten die Ideen einer Kommunikation mit anderen Subjekten und mit den Objekten sich dieser Ambivalenz entziehen. Seltene Pflanzen und Tiere wurden »um ihres merkwürdigen Anblickes willen«[78] gesammelt und in besonderen Gärten gehalten. Die Beachtung des Besonderen mischte sich mit dem Stolz auf Rarität, Erkenntnis durch sinnliche Freude mit Exotik. Die Harmonie, zu der die Menschen in sich und aus sich finden sollten, mußte nach einem metaphysischen Vorbild stilisiert werden. Sie wurde durch eine Prästabiliertheit des Seienden in dem Wesen der Ideen eines Weltenschöpfers gesichert, die zugleich als harmonisch präjudizierte, was doch dazu erst am Ende seiner Bewegungen sich entfalten konnte.

So drohte die Forderung, in Ort, Zeit und Person das Besondere jeweils zu reflektieren, zugleich der Unterdrückung des Besonderen zu dienen. Sobald die Objekte als historische Bestimmungen aufgefaßt wurden, die nicht in den verändernden Prozeß als selbst zu Veränderndes hineingezogen werden, sondern als unveränderliche Gegebenheiten diesen Prozeß nur bestimmen sollten, sobald sie nicht mehr Gegenstand des Erkennens, sondern dessen Voraussetzungen waren, mußte die Selbsterkenntnis durch Objekterkenntnis nach Maßgabe des Bestehenden zurechtgestutzt werden. Zwischen innerer individueller und allgemeiner Harmonie vermittelt das mimetische Verhalten nur dann, wenn nicht von vornherein die eine Seite durch Übermacht zum Unbeweglichen erklärt ist, wozu der höhere Wert der in sich ruhenden Formen bei Plato die Rechtfertigung abgeben könnte. Zwar entwirft Plato das Postulat einer dialektischen Synthesis: »Nur zwei Bestandteile aber ohne einen dritten wohl zu verbinden, ist nicht möglich; denn inmitten beider muß ein verknüpfendes Band entstehen. Das schönste aller Bänder ist nur das, welches das Verbundene und sich selbst so viel wie möglich zu einem macht; . . .«[79] Doch darin ist das Dritte nicht Ergebnis des Prozesses, sondern immer schon vorhanden, ja desto besser zu der Aufgabe des Verbindens geeignet, die gleichwohl nicht mechanisch intendiert ist, je mehr es ein Vorgegebenes, ein Urbild ist.

Die Ambivalenz der Harmonie von Besonderem und Allgemeinem, von Teilen und Ganzem

Den als Memoriaprozeß entwickelten Zusammenhang habe ich als Modell einer wahrhaften Vermittlung des je auftauchenden Besonderen auf die Allgemeinheit von Regeln dargestellt. Diese Regeln, die festen Relationen zeitlicher Maße vor allem, sind das Mittel, an dem die Veränderungen im mimetischen Verhalten so lange zum Einstand gebracht werden können, bis die Tanzenden nicht nur unbestimmt empfunden haben, daß ein Wandel an ihnen überhaupt eingetreten ist, sondern bis er vergleichend hat ausgelotet werden können – Konzentration. Der Vergleich kann so auf die Situation während eines genau bestimmten Zeitabschnittes an einer anderen Stelle der Choreographie bezogen werden. Die Reihenfolge der Zeiteinheiten, in denen bestimmte Schritte von bestimmten Personen ausgeführt wurden, läßt sich rekonstruieren, statt daß sie unwiderruflich einmalig im bewußtlosen Fluß der bloß historischen Zeit versinkt. Variationen oder Wiederholungen, Gegensätze und Wiederaufnahme von Tempi oder Schritten und so fort lassen an der Allgemeinheit des unveränderten metrischen Gerüstes sich vergegenwärtigen. Die Er-Innerung macht Regeln und Maße zum Medium und bildet in diesem das Neue sich ein.

Dieser Vorgang ist tendenziell ein Modell des Quattrocento; an den Abhandlungen zum choreographierten Tanz läßt er sich entwickeln. Dem kam aber zugute, was die neuplatonistische Harmonienlehre zu überwinden begann; aus der nominalistischen Tradition konnten die einzelnen Bestimmungen als abgesprengt genug betrachtet werden, um, wo sie in dem Sinnzusammenhang eines zur Erinnerung erhobenen mimetischen

Prozesses eingeführt werden, auch selber nicht mehr unveränderlich zu bleiben. Hierin waren gewissermaßen atmosphärisch Harmonieideen und Vorstellungen der Selbstverwandlung zu größerer Vollkommenheit am Objekt aufgegriffen worden. Wo der Neuplatonismus nun systematisch mit jenen gewissen gnostischen Implikationen auch den Rekurs auf die Kosmogonie durchführte, wurde deren progressive Wirksamkeit zugleich gefährdet, weil die Kosmogonie nicht zur gesellschaftlichen Organisation umgesetzt wurde. Vorkonzipiertes Ganzes und reale Teile blieben einander äußerlich; was in der Tat über das bloß Additive emphatisch hinausging, wurde doch von der metaphysischen Vorgabe in der Philosophie, im noch anstehenden ständischen Bau der Gesellschaft zurückgenommen. Immerhin öffnete zwischen beiden sich eine Spanne.

Dem Zeitalter galten besonders vollkommene Menschen als Vorbilder, die man nachahmen sollte, ihre individuelle Konkretheit wurde insoweit allgemeinen Morallehren vorgezogen. Auch dieser Zug hat gleichermaßen die Beziehungen zur äußeren Natur geprägt. Die bildende Kunst liefert das Kriterium dafür: »Die Ersetzung der ›Nachahmung‹ der Meister durch das Studium der Natur wird theoretisch erst von Leonardo da Vinci durchgeführt«, vermerkt Arnold Hauser.[80] Die theoretische Seite dieser Veränderung, mit der man sich gegen die alte Dogmatik von Darstellungsprinzipien zur Wehr setzte – noch die Schule von Siena war durch spätbyzantinische Tradition bestimmt –, blieb dabei selber nicht lange von der Gefahr eines neuen Dogmatismus verschont. »Die Entwicklung beginnt damit, daß man die Autorität der Meister durch die Vorbildlichkeit der Natur ersetzt, und endet mit dem fertigen Lehrgebäude des akademischen Unterrichts, in dem die Stelle der alten diskreditierten Muster neue, ebenso streng gebundene, aber nunmehr wissenschaftlich begründete Kunstideale einnehmen.«[81]

Wenn es so wissenschaftlich in den Werkstätten auch noch nicht zuging, die Auffassung und die Wiedergabe der Gegenstände wurden doch methodisiert und damit rationalisiert. Vorlage für die Methoden waren wiederum die geometrischen Formen. »Die Lehrlinge werden bereits im frühen Quattrocento neben der praktischen Unterweisung auch mit den Anfangsgründen der Geometrie, der Perspektive und der Anatomie bekannt gemacht«[82], also mit bestimmten theoretischen Auffassungen von Natur. Unter dem fortbestehenden scholastischen Zwang, sich gegenüber den etablierten Wissenschaften zu legitimieren, bezogen die Begründer der neuen Auffassung sich schon früh recht rigide auf die mathematisch-formalste Seite der Platoschen Ästhetik. Alberti »spricht als erster den Gedanken aus, daß die Mathematik der gemeinsame Boden der Kunst und der Wissenschaft sei, da sowohl die Lehre von den Proportionen als auch die Theorie der Perspektive mathematische Disziplinen sind.«[83] Und Blumenberg schreibt: »Die Bedeutung des Platonismus für die Geschichte der Wissenschaft erweist sich als ambivalent: einmal hat er mit der Lehre von den Ideen und von der sie nachahmenden Erscheinungswelt die Voraussetzung sanktioniert, daß in den Erscheinungen die Norm auffindbar sein müsse, andererseits aber hat er der Resignation Grund gegeben, daß eine adäquate Erfassung dessen, worauf es der Erkenntnis ankommt, in den Erscheinungen gerade nicht möglich sei.«[84]

Dieser Ambivalenz wäre jedoch die andere voranzustellen, nach *der ein Bezug der Dinge auf abstrakte Ideen sie zu würdigen Gegenständen des Erkennens machte, während mehr und mehr das metaphysische Modell der Ideen den Erkenntnisdrang auf die Norm lenkte.* Solche Suche nach Normen gelangte allzu leicht dahin, in einer umformulierten Wiederentdeckung des bereits Herrschenden zu enden, wo es um Fragen der Gesellschaft ging, und das Besondere, das Lebendige der »Erscheinungen« über der Begeisterung für Indizien der Normierung zu vergessen. Es wird noch im folgenden Bande ausführlich entwickelt werden, welche äußeren und auch inneren Zusammenhänge zwischen der Verlängerung antiker Geometrie in das moderne Prinzip der Perspektive und dem Phänomen der herrschaftlichen Repräsentation bestanden haben. Doch deutet sich eine solche Tendenz schon in der Psychologie der spätquattrocentonischen Höfe an, wo die Lehre vom Vorrang der lebendigen Vorbilder entsprechend den hierarchischen Verhältnissen verbogen wurde. Grundsätzlich zählten nämlich durch ihre Funktion die Fürsten zu den Vorbildern, und zwar durchaus eingestandenermaßen auch deshalb, weil von ihrer

Macht die anderen abhängig waren. »Durch die Wertschätzung seitens hoher Herren«, so Castiglione, konnte »eine zu gute Meinung von jemandem am Hofe sich durchsetzen oder eine zu schlechte.«[85] Castiglione hat nicht nur Einschmeicheln bei den Fürsten empfohlen. Die Männer der Höfe sollten durchaus zu dem höheren Ziele arbeiten, auch die Herrscher zu wandeln und damit über deren Veränderungen eine reale Harmonie zwischen der Wirklichkeit und ihrem Handeln zu fördern: »das Herz des Fürsten, dem er dient, zu gewinnen, daß er diesem die reine Wahrheit über alles, was ihm zu wissen zukommt, ohne Furcht oder Gefahr des Mißfallens sagen kann und stets sagt«.[86] Es heißt jedoch zugleich, daran mangele es sehr, und wie sollten nicht auch Furcht und Gefahr den Prozeß der Kommunikation, der noch auf die Vertrautheit der miteinander lernenden und sich wandelnden Freunde bezogen war, zur Anpassung ans Stärkere verkehren. Diese Spannung findet sich als eines der wichtigsten dramaturgischen Modelle der in Italien spielenden Stücke Shakespeares wieder.

Die Rezeption des Neuplatonismus in den Herrschaftsverhältnissen des fünfzehnten Jahrhunderts konnte ihre Ambivalenz nicht lange behaupten. Die Lehre von der kosmischen Prästabiliertheit der Formen und ihrer Harmonie vor aller realen Welt wurde nur zu rasch von der ganz unharmonischen Herrschaftsrealität der Welt usurpiert. Eine Weile ließ sich noch das ständische Eigengewicht eines Ritters in der ritterlichen Tugend fortführen, nach der man den Dienst schlechter Fürsten besser quittierte, als sich in ihm zu korrumpieren. Doch die Machtkonstellation, die diese innerhalb des Lehenssystems doch auf ihrem Lehen weitgehend Selbständigen in den Dienst der Höfe – von Territorialherren aus altem Geschlecht oder von neuen Herzögen aus Kaufmannskapital nach Art der Medici – gebändigt hatte, setzte auch den spätritterlichen Illusionen bald ein Ende. Was konnte anderes geschehen, wenn man Gott um gute Fürsten bitten mußte, »denn wenn man die Herren einmal hat, muß man sie zwangsläufig erdulden, wie sie sind«.[87] »Ort, Zeit und Personen« einer Handlung zu berücksichtigen hieß dann eben, daß man seine großartigen Taten »wenn möglich vor den Augen seines Königs oder des Herrn« vollbringen mußte, um zu etwas zu kommen.[88]

Auch bei Castiglione taucht das Orpheusmotiv mehrfach auf, von der Musik, »die nicht nur die menschlichen Herzen sanft macht, sondern oft auch die wilden Tiere zähmt«. Doch bei der Reflexion auf die Praxis schrumpft der große Entwurf rasch zur vielfältigen Lebenshilfe zusammen. Harmonie erscheint dann als eine relative Erträglichkeit des Bestehenden. Musik tröstet den einsamen Wanderer, richtet die unglücklichen Seeleute im Sturm auf und macht den betrübten Gefangenen ihre Fesseln und Blöcke erträglich, sie hilft schließlich über die Mühsal des Ackerbestellens wie des Spinnens hinweg.[89] Nach dem Grund der Disharmonie wird nicht gefragt; sie ist Schicksal des irdisch Unvollkommenen. Die Arznei der Musik wie die des Lachens wird den Leidenden verabfolgt, die um ihretwillen sich Mensch gegenüber den Tieren fühlen dürfen. » . . . nicht allein die Feldarbeiter, Seeleute und alle, die harte und bittere körperliche Arbeit zu verrichten haben, sondern auch heilige Gottesmänner und Gefangene, die jeden Augenblick den Tod erwarten, suchen irgendwelche Mittel und Arzneien, um sich zu erholen.«[90]

Objektiv ließ indessen sich diese allgemeine Naturwüchsigkeit beim damaligen Stand von Produktivkräften und Produktionsweisen nicht aufheben. Im Bereich des Kaufmannskapitals ereigneten sich erste Ansätze dazu. Entsprechend erhielt auch die Hypostase der Allgemeinheit von Harmonie unter dem Himmel platonischer Idole eine Funktion des Abschirmens. Sie schenkte einer Bildungswelt von Privilegierten die Naivität, ihr emphatischer Entwurf sei tendenziell schon allgemeine Realität. Sie ermöglichte damit vor dem Beginn der Geschichte bürgerlicher Utopien diese erste Utopie, die sie noch vor dem Syndrom von Verzweiflung, Trotz und Resignation bewahrte. Dies war möglich freilich nur um den Preis der Borniertheit.[91] Die Hypostase löste sich regressiv ein; *die Versöhnung gelang nur zum Stil,* an dem *die Beherrschten durch ohnmächtige Bewunderung teilnehmen durften.*

Es gelang aber, die Behauptung realer Harmonie in die Wirklichkeit der lebenden Menschen zu ziehen. Im Quattrocento wurden Formen der Produktion wie die Musik, nun aber auch die Architektur oder die Malerei, die bis dahin als Handwerke, nicht als artes liberales gegolten hatten, und die Physis des Menschen selber zum Ort von Harmonie erhoben.[92] – Diese Erhebung ist vergleichbar der ideellen Bedeutung von Galileis Astrophysik zu Beginn des siebzehnten Jahrhunderts, über die er der Erde die Würde eines Sternes gewann, indem er die christlich-platonische Dichotomie zwischen den ewigen Sphärenläufen und der Erde relativierte.[93] – Die Motive dazu wurden weitgehend an den Begriffen von Schönheit und Güte, Liebe und erkennender Bewegung im Sinne des Platonismus festgemacht. Das formale Mittel wurde in der Mathematik gefunden, die ebenfalls auf die platonische – und pythagoräische – Zahlenmystik zurückgeführt wurde. Der Satz Ficinos, daß die Schönheit »in etwas anderem besteht, als in der Anordnung der Teile«[94]; die allgemein verbindliche Anschauung, das Zusammenspiel aller Glieder des Körpers zu einer Bewegung müsse erreicht werden; die Forderung, weder Heftigkeit noch gekünsteltes Zusammenstimmen dürften die Anmut kunstvoller Einheit in der Geste, überhaupt der Erscheinung der Menschen im Stückwerk stecken bleiben lassen; alle diese Postulate waren der Idee untergeordnet, das Ganze habe durch die besondere Zusammensetzung seiner Teile eine eigene Qualität. Theoretisch ging diese allerdings in der jeweiligen Konkretion ewiger Zahlenproportionen auf. Besonders deutlich zeigen die vitruvischen Menschendarstellungen seit Giorgio und Alberti – dann Leonardo –, wie unvermittelt das ideale Zahlenschema dem Wirklichen übergestülpt wurde. Die reale Erscheinung der Menschen wurde seit dem fünfzehnten Jahrhundert auf einen vollkommenen Typus abgezogen: »Als Beweis für die Harmonie und Vollendung des menschlichen Körpers beschrieb er, wie ein wohlgebauter Mann mit ausgestreckten Händen und Füßen genauestens in die perfektesten geometrischen Figuren, in Kreis und Quadrat paßt.«[95] Kreis und Quadrat wurden äußerlich angetragen; dazu mußte *der menschliche Körper* außerdem in eine ganz bestimmte Proportion versetzt werden. Er *mußte sich tüchtig strecken nach dem, was eigentlich aus seiner Konstitution hätte hervorgehen sollen.* Dieser Umstand hatte doppelte, ambivalente, Wirkung. Wiederum wurde entdeckt, daß die Bewegungen geeignet waren, zu ihrer Vollkommenheit zu gelangen; die Menschen wurden *ermutigt*, sich die ihnen *eigene Harmonie zu er-finden. Andererseits* war die Entdeckung noch zu sehr auf die Gattungsgeschichte fixiert und konnte noch zu wenig auf die empirischen Individuen bezogen werden, als daß sie nicht zu *anthropologischen Invarianten* geführt hätte: *Der* Mensch. Wenn man zu klein oder zu groß war, löste man laut Castiglione eine »gewisse verächtliche Verwunderung« aus. »Denn außer daß die allzu großen Menschen oft einen stumpfen Verstand haben, sind sie auch jeder Übung unfähig, die Geschicklichkeit erfordert.«[96] Wenn das Äußere der Menschen, ihre Gesten und ihre Kleidung, ganz Ausdruck des Inneren sein sollten*, so blieb Differenzierung schließlich doch weitgehend reproduziertes Nebeneinander von sozialen Rollen der einzelnen, von genormten Charakteren der sozialen Situationen Kampf, Fest, Hochzeit, Geschäft. Beide Seiten können erst in der Diskussion einer späteren historischen Epoche entwickelt werden.

Wo dagegen die harmonische Einheit derart verselbständigter Seiten von innen und außen durch mythische Spekulation zunächst gesetzt galt, da verlor sie sich gänzlich in der Folgezeit. *Der Traum vom androgynen Menschen* durchzog die neuplatonischen Tendenzen und Schulen Italiens wie die Lehren der Adamitensekte in den Niederlanden. *Dann wurde er in die untergründige Alchimie verstoßen.* Die Überlieferung wollte, daß Orpheus verkündet habe, Zeus sei männlich und weiblich zugleich; und die christliche Rezeption dieser Tradition fügte hinzu, daß Gott die Menschen, die männlichen wie die weiblichen, nach seinem Bilde gemacht habe. Beides in einem sei das über die Teile hinaus Edle, wie Körper und Seele zusammen.[98] Ficino hat natürlich von Plato aus dem ›Gastmahl‹ unmittelbar die Vorstellung übernommen, die wahren Menschen seien, wie die Kugel, Einheit der Hälften gewesen, die nun einander wieder suchend zu versprengt umherirrender Existenz verurteilt seien.[99] Er hat auch die Verheißung daraus in die Realität zu ziehen versucht, als er den Sinn menschlicher Liebe bestimmte: »Sie ist das Verlangen, im schönen Objekt zu zeugen und immerwährendes Leben in sterblichen Wesen zu erhalten.«[100] Es sah so aus, *als könne die Liebe bereits als eine har-*

* Der Hofmann solle »durch seine Gewänder für das gehalten werden was er will«.[97]

monische Arbeit verstanden und aus dieser die Reproduktion konzipiert werden.
Im »schönen Objekt«, im Zeugen aus Liebe ist schöpferische Kommunikation zwischen den Menschen wie zwischen ihnen und der Natur gedacht. Daß dergleichen in der politökonomischen Realität sich nicht einlöste und nicht einlösbar war, verweist auf die Frage nach der realen Basis der Antizipation zurück. Nur in der körperlichen Arbeit derer, die von den Mühen der unmittelbaren Produktion freigesetzt waren, konnte eine Praxis sich abzeichnen, in der körperliche und geistige Arbeit zueinander kämen. Dadurch, daß Tanz in der Physis der Menschen entworfen und zugleich objektiviert wird, kommt ihm besondere Bedeutung zu. Der Tanz läßt sich lesen als eine Projektion der Arbeit in ein Reich der Freiheit, das im Verhältnis ausbeuterischer Arbeitsteilung in die projektlose Unfreiheit der Reproduktion gesetzt ist, derer man doch in allem bedarf. Allein Analysen von Choreographien würden es ermöglichen, die theoretisch in den Traktaten entwickelte Konzeption und das tendenziell in den Ansätzen gegenwärtige Bewußtsein mit der realen Entfaltung im höfischen Tanz des Quattrocento zu konfrontieren und zu sehen, wieweit sie den Bedingungen einer ihm ganz und gar unähnlichen objektiven Situation erlagen. Nur geben selbst die ausgezeichneten neuen Rekonstruktionen von einer ziemlich großen Zahl dieser frühen Choreographien nicht ausreichende Ansatzpunkte. Trotz allem, was in ihnen angelegt war, blieben diese Tänze nach Länge und Kompliziertheit der Form doch bescheiden. Um so mehr würden die Rekonstruktionen selbst in den entscheidenden Zügen nur am Detail der Ausführung sich überprüfen lassen, kaum an Grundrissen und Schrittfolgen, die uns lediglich summarisch überliefert sind.

Zusammenschau und Übergang: Die quattrocentonischen Höfe als Verkündung von spätritterlicher Ideologie und Kaufmannskapitalpraxis

In den Teilen II bis IV wurden die Beziehungen der Menschen im Quattrocento zu ihrer eigenen körperlichen Gegenständlichkeit und deren Bedingungen im ästhetischen und im ideengeschichtlichen Bereich sowie in den politökonomischen Verhältnissen untersucht. Dabei haben sich gewisse Analogien einerseits, zugleich aber auch ein gemeinsames Interpretationsmodell ableiten und formulieren lassen. Während in der Einleitung Rechenschaft für solches Vorgehen unter dem methodischen Gesichtspunkt gesucht wurde, daß ein Sinn dafür im Kontext gegenwärtiger Reformulierung praktisch bezogener Gesellschaftstheorie anzugeben wäre, ist im Teil I versucht worden, die in sich zunächst spekulativen Ansätze auch als historischen Zusammenhang auszuweisen. Soziologisches und sozialpsychologisches Material der Epoche, auch kunsthistorisches, habe ich so ausgewählt und dargestellt, daß die realgeschichtlichen Verschränkungen, Abhängigkeiten und Rückwirkungen hervortreten können. Dabei können freilich nicht alle Momente einer logisch spekulativen Interpretation einer Ära des Kaufmannskapitals, die doch nur eine vorherrschende Tendenz bestimmen kann, in dem Aufweis von historischen Kausalzusammenhängen eingelöst werden. *Insofern* wird eine solche Interpretation immer eine Art idealtypischen Entwurfs bleiben, auch wenn dieser Idealtypus ausdrücklich für nur eine einzige Epoche der Geschichte entwickelt wird: Die Unzahl von einzelnen Zusammenhängen innerhalb der Epoche kann unmöglich jeweils zureichend und erschöpfend mit einer gemeinsamen, als die herrschende Tendenz der Epoche abstrahierten Formel erklärt und beschrieben werden. Ungleichzeitigkeiten werden immer zurückbleiben, selbst solche, deren Ungleichzeitiges sich nicht vollauf wenigstens negativ auf die herrschende Tendenz beziehen läßt. Auf allen Gebieten lassen sich Phänomene zeigen, die nicht befriedigend oder vielleicht gar nicht

mit dem Modell der Ära des Kaufmannskapitals interpretiert werden können.
Dennoch ist die Fülle des Materials, das ein solches Vorgehen erlaubt und geradezu verlangt, überzeugend genug, um die abstrakt systematisch abgeleitete Einheit entscheidender Züge des Geschehens in den soziologischen Zusammenhängen verdoppelt darstellen zu können. Besonders auffällig dürfte zunächst die scheinbare Diskrepanz gewesen sein zwischen dem gesellschaftlichen Ort des Kaufmannskapitals im städtischen Großbürgertum und dem des choreographierten Tanzes an den Höfen, zwischen der fast esoterisch erscheinenden Lehre des Florentiner Neuplatonismus und der tumultuarischen Brutalität der politischen Verhältnisse, zwischen Handelsreichtum und feudalen Traditionen. Doch konnte gezeigt werden, wie über eindeutige Interessen der Höfe am neuen Gelde und seinen Gewinnen die Kalküle der Großkaufleute sich bei den politisch Privilegierten durchzusetzen begannen, wie umgekehrt die Großbürger die Politik der Höfe, aber auch deren spezifische Lebenshaltung gleichzeitig durchdrangen und übernahmen. Dabei entstand erstmals so etwas wie der Ansatz zu einer Privatsphäre, indem abseits von Politik und Handel kleine Zirkel sich thematischen Gesprächen oder literarischen, auch tänzerischen oder sportlichen Übungen hingaben. Im Mittelalter hatten dergleichen Unterhaltungen in keinem vergleichbaren, reflektierten Gegensatz zu den offiziellen Funktionen gestanden, wie denn auch im fünfzehnten und noch im sechzehnten Jahrhundert zum Beispiel die Budgets der fürstlichen Haushaltungen nicht systematisch von einem Staatshaushalt getrennt waren. Eine solche Trennung setzte sich aber in dieser Zeit nach und nach unter dem Einfluß kaufmännischer Rechenhaftigkeit und in der Richtung auf einen selbständigen Begriff von Öffentlichkeit durch. Die neuen Möglichkeiten einer gewissen individuellen Identität erschienen als strategische Fähigkeit in souveränen Großhandelsdispositionen und politischen Führungsrollen von gewissermaßen persönlichem Stil; und sie deuteten sich an in den neuen Formen ästhetischer Kommunikation, deren intensive Beziehungen der Individuen aufeinander doch die intensivere, wenn auch noch wenig bewußte Selbsterfahrung gleichfalls voraussetzte. Die beiden Seiten, nach de-

nen sich diese Entwicklungen realisierten, waren faktisch in der Einheit des Hoflebens und seiner Verbindlichkeit auch für das Großbürgertum zusammengefaßt. Ebenso auch die traditionellen Formen von Herrschaft und die neuen Methoden und Ziele. In dieser Konstellation entstand das, was wir unter der modernen Kategorie der Repräsentation begreifen müssen, als höfischer Lebensstil und als Selbstdarstellung derer, die daneben jene private Sphäre zugleich zu entfalten und abzugrenzen begannen.

Entsprechend müssen die Bedingungen diskutiert werden, unter denen den einstigen Rittern und den einstigen Handwerkern nach einem langen Auflösungsprozeß zum ersten Mal eine Erfahrung von befreiter körperlicher Arbeit möglich wurde. Die Lehenspflichtigen hatten als Teil der agrarischen Reproduktionsgemeinschaft der feudalen Gesellschaft gar keine Unterscheidung gekannt, auf Grund derer Herrschaftsfunktionen, persönlicher Genuß, körperliche Arbeit als Krieger und so weiter hätten jede für sich eigenen Sinn und eigene Geltung haben können. Ebensowenig hätten die Zunftmeister die verschiedenen Seiten ihres Lebens gegeneinander abgrenzen und zu ihnen als verselbständigten Dimensionen eines Lebens eine Beziehung gewinnen können, das seine individuelle Identität außerhalb oder oberhalb der bloß faktischen Summe von Aktivitäten doch nicht hätte finden können. Die Auflösung solch unbegriffener Einheit von Selbstrealisierungen setzte sich in zwei privilegierten Gruppen der Gesellschaft endgültig im Quattrocento durch. Das bedeutete zugleich, daß Selbstrealisierungen allererst als solche begreifbar wurden und infolgedessen auch, daß deren Einheit in einem Selbst gefunden werden mußte. Die Manifestationen der Individualität in der Epoche des fünfzehnten Jahrhunderts sind als qualitativ sehr verschiedene und inhaltlich gar nicht vergleichbare Formen der Suche nach dieser Art von Selbsterfahrung und Ichidentität zu werten.

Die üblichen Vorstellungen von der Renaissance als einer Orgie des Persönlichkeitskults treffen also einen richtigen Kern; sie projizieren aber ganz falsch den heutigen europäischen Stand von Ichbildung in eine seiner entscheidenden Entstehungsphasen. Deshalb schildern sie uns das Durcheinander von

Söldnerführern, Botticelli, Leonardo, Sinnesfreuden, Giftmord, Machtgier und Musenfürstinnen, als hätten sich im modernen Sinne identische – und das heißt auch unter einer repressiven Identität, einer Rollenidentität leidende – Menschen einmal tüchtig ausgelebt. In Wirklichkeit müssen wir uns vorzustellen versuchen, daß all die spektakulären wie die innigsten Weisen von Handeln auf dem Weg zu verselbständigter Individualität gemeinsam charakterisiert sind durch *ihre temptative Bedeutung. Das einheitliche Prinzip ist nicht das einer fertig ausgebildeten Persönlichkeitsstruktur*, sondern gerade einerseits die existenzielle Bewußtlosigkeit auf einem neuen Weg, andererseits aber eine dazu völlig äußerliche Faktizität noch anstehender historischer Verhältnisse. »Der italienische Despotismus«, schreibt Olschki schon für das vierzehnte Jahrhundert, in dem allerdings die Dichotomie noch ziemlich umstandslos in den beiden verselbständigten Seiten des mittelalterlichen Ordo bestand, »hat sich in einem völligen moralischen Vakuum entwickelt. Dieselben ›signori‹ aber waren gleichwohl immer bemüht, ihre Seelen im Jenseits zu retten.«[1] Wo eine Klasse von der unmittelbaren Reproduktionsmühe freigesetzt wurde und die so befreite körperliche Arbeit vernünftigeren Zusammenhängen widmen zu können schien, da waren doch diese Zusammenhänge nicht frei genug von Zwecken wie insbesondere dem der Ostentation in ihren neuen herrschaftlichen Funktionen und ihren konservativen Angeboten für Selbstverständnis und Selbstdarstellung.

Ansätze entwickelten sich für ein Leben als Ausdruck der Individuen, wie für autonomen Ausdruck überhaupt, am bekanntesten in der Kunst. Gleichzeitig blockierten die traditionellen Inhalte, in eine spätritterliche Stilisierung übergeleitet, die entstehenden Möglichkeiten. Die feudale Ordnung war noch zu gegenwärtig, um nicht als formales Legitimationsprinzip übernommen zu werden. In einer Vielzahl ihrer Elemente lebte sie fort; allerdings so, daß prinzipiell gesellschaftliche Geltung nach Form und Maß der Vergangenheit behauptet wurde, während realiter alte Funktionen, Normen und Desiderate nur in der Brechung romanhafter Erinnerung in die höfische Spätritterlichkeit eingingen. Die entsprechende feinschmeckerhafte Ubiquität bemächtigte sich der Sitten und Gesetze, die jeweils aus der besonderen Geschichte bestimmter feudaler Lebenseinheiten gewachsen waren; es entstand ein höfischer Internationalismus in einer Epoche, die kunsthistorisch dem Manierismus vorausging. Eine Vielfalt von Verhaltensregeln war zwar noch nicht zu der schematischen Allgewalt und Allgegenwart geraten, die für das sechzehnte Jahrhundert kennzeichnend wurde. Soweit hatte sich noch nicht ganz eine europäische Bürgerklasse etabliert. Immerhin waren die Verhaltensformen noch an die europäische Adelstradition angelehnt und noch inhaltlich begründet, aber doch zu äußerlich, als daß sie nicht die eben möglich werdende individuelle Entfaltung in ihrem Keim hätten treffen müssen.

Die Veränderungen in den geschlechtsspezifischen Rollenbildern stellen sich ähnlich dar. Wohl schienen die Frauen aus Fürstenfamilien, höfischem Adel und Großbürgertum eine selbständige Bedeutung einzunehmen, die über die fast imaginäre Dimension der spätmittelalterlichen Liebeshöfe hinaus gesellschaftliche Anerkennung und Wirksamkeit erhielt. In diesen Schichten erhielten Töchter eine weitgehend gleiche Erziehung wie die Söhne; das hing selbstverständlich mit dem allgemein innerlicheren Charakter einer humanistischen Ausbildung im Gegensatz zum einstigen Knappendienst zusammen. Aber wie nur die Frauen der herrschenden Klasse in diese Öffnung einbezogen werden konnten, so wurde ihre Rolle auch fast im gleichen Zuge in deren neuen Herrschaftsstil eingeschlossen. Die Funktionen der Herrschaft wandelten sich, indem die Fürsten um ihres Machtinteresses willen Mäzenatentum und Bildung zeigen, selbst starke Abneigung dagegen nicht erkennbar werden lassen durften, wie Macchiavelli sie später belehrte. Noch in der Phase wüstester Gewaltanwendung bereitete sich auch eine gewaltlosere Form fürstlicher Macht vor. Sie hieß Repräsentation und wurde zu vielen Erscheinungsweisen entwickelt. So blieben insgesamt die Anfänge einer selbständigeren Rolle der Frauen da stecken, wo sie funktionalisiert und zu Elementen eines Stils fixiert wurden.

Das gleiche geschah den choreographierten Tänzen und auch den bildenden Künsten, sobald sie den Status von Staatsaktionen zugeteilt erhielten. Vielleicht haben in diesen Elementen verkapselt dennoch sich jene kaum bestimmten Wünsche und

Bedürfnisse immerhin bis in die Gegenwart fortsetzen lassen. Gewiß trifft das jedenfalls zu für den notwendigen Plan, die Menschen von dem Druck der Reproduktionsmühen zu befreien und ihnen immer neue Dimensionen aneignender Erfahrungen zu eröffnen: Wir müssen die technische Phantasie Leonardo da Vincis, seine arbeitssparenden und seine Flugmaschinen als eine Utopie dieser Art verstehen, da wir heute seine damals im allgemeinen ganz unpraktisch auftretenden Erfindungen am Ende der kapitalistischen Produktionsgeschichte sehen, die wenigstens diese Befreiung real möglich hat werden lassen. Daß die gleiche Geschichte heute die Realisierung dieser Möglichkeit nicht zuläßt, kann nur einer der grundlegenden Aspekte ihrer Rekonstruktion sein.

Dieses Buch zeigt immer wieder »die Vorstellung von einer versöhnbaren Welt« und deren Übergang dazu, daß ihre Möglichkeit, die von Anfang an objektiv uneinlösbar erschien, historisch im Aufbau der modernen europäischen Ökonomie und ihrer Staaten kassiert wurde. Als gegen 1400 der Umwandlungsprozeß der Herrschaftsform abgeschlossen war, begann auch die Repräsentation ihre eigentliche Funktion zu übernehmen. »Der ältere Begriff ›Bürger‹ weicht nun dem neu eingeführten Ausdruck ›Untertanen‹ (subditi domini); Giangaleazzo verbot den Gebrauch des Wortes ›popolo‹. Seine Untertanen konnten ihm nur durch ein ausgeklügeltes Protokoll persönlich gegenübertreten.«[2] Trotzdem kann auch hier nicht allein und einfach von der These der ›Dialektik der Aufklärung‹ ausgegangen werden, der Prozeß sei in der Etablierung perfekterer Herrschaft aufgegangen, obwohl diese These erst eine substanzielle, differenzierte Interpretation möglich macht. Olschki scheint mir für diese eine ganz spezifische Epoche zu Recht zu formulieren, was in seiner Verallgemeinerung jeder Geschichtsschreibung ihren politischen Grund nimmt und sie damit in einem radikalen Sinn ahistorisch macht: »Man möchte aus der Gleichförmigkeit und Phantasielosigkeit der Ergebnisse aller Politik den Schluß ziehen, daß die politische Intelligenz auf der Stufenleiter menschlicher Betätigungen einen niedrigen Rang innehat. Was als Berufspolitik damals, und wahrscheinlich immer und überall, betrieben worden ist, kann nur durch die Vision großer Männer auf anderen Gebieten, in der Philosophie, der Dichtung und Wissenschaft oder auch nur in Utopien überwunden werden.«[3] Olschki hat sein Votum auf die Vorphase des Quattrocento noch auf die Zeit Dantes und Petrarcas gefaßt, so daß die nur und gerade am herrschenden Kaufmannskapital zu entwickelnde historische Stringenz dieser Interpretation nicht einmal voll erreicht ist. Um so deutlicher aber wird auch die geschichtsphilosophische Resignation, die überhaupt herrscht. Das geht bis zum Verzicht auf historische Einordnung bei einem Autor wie Denis Hay, der die neuen Bildungen des Quattrocento den schönen Unwägbarkeiten zurechnet: »Ich glaube nicht, daß man eine solche Entwicklung genau erklären kann, denn alle Erklärungen einer Erscheinung neigen dazu, diese zum Verschwinden zu bringen.«[4] Seit Burckhardt über Max Weber bis in die Gegenwart versuchen bürgerliche Autoren, die erkenntnispraktischen Ziele von Marx abzuwehren, indem sie seine Methode zu ignorieren vorgeben oder in spezifischer und geeigneter Weise ad absurdum interpretieren, zum Beispiel Sombart. Die Projektion aller politökonomischen Zusammenhänge in ein Spezialabteil Berufspolitik und der tröstlich idealistische Ausgleich in dem Olschkizitat sind dafür ebenso Symptom wie die eingangs besprochenen »Renaissance-Probleme«. Der ganz unqualifizierte Gebrauch des Wortes »Volk« ist sicher das deutlichste und wichtigste Indiz für die grundsätzliche Ahistorizität. Ich beziehe mich hier darauf, weil einerseits die Arbeiten von Olschki wichtige Kenntnisse und Erkenntnisse vermitteln können, und andererseits die Kritik an diesem Verarbeitungsansatz sowohl eine notwendige Distanz auch zu anderen Werken der Geschichtsschreibung, wie etwa auch Huizinga, zu bezeichnen erlaubt als auch bestimmte Probleme der hier behandelten Epoche selbst deutlich macht. Die spezifische Kontingenz, die von der Zeit aufgewiesen wird, darf nicht zu einer Universalie erhoben werden, sondern muß, wenn ihre Feststellung überhaupt Erklärungswert gewinnen soll, gerade für das Quattrocento noch als eine Bestimmung für das Verhältnis der historischen Elemente zueinander rekonstruiert werden. Schon das sechzehnte Jahrhundert erfordert einen eigenen Ansatz, der freilich sich noch auf das gleiche Problem der Kontingenz beziehen muß. Der neuralgische

Punkt dieser Auseinandersetzungen ist immer wieder auch die These von der »Refeudalisierung« im Quattrocento und danach. Auf einer gewissen Ebene phänomenologischer Betrachtungen zeigt tatsächlich das Großbürgertum des Quattrocento einen ausgeprägten Drang, sich durch Landbesitz, Titel und spätritterliches Gehabe feudale Lebensweisen noch einmal zu eigen zu machen. Vielleicht kann auch eine hermeneutische Interpretation dieser Erscheinung, wie behauptet wird, nicht die spezifischen veränderten Intentionen und Bedeutungen solchen Verhaltens herausarbeiten, die eine politökonomische Analyse der gesellschaftlichen Verhältnisse und der in ihnen sich durchsetzenden Tendenzen und Strategien erkennen läßt. Für eine solche historisch materialistische Untersuchung kann allerdings kein Zweifel darüber bestehen – bei aller Unsicherheit in manchen einzelnen Aspekten –, daß feudal an jener Refeudalisierung nur die Elemente waren, von diesen aber ein moderner Gebrauch gemacht wurde. Das Interesse an Boden in den agrarischen Gebieten war bestimmt von dem Bedürfnis nach Sicherheit vor den Handelsrisiken, die es im Lehenszusammenhang in keiner vergleichbaren Weise gab, und von dem Bedürfnis nach Ostentation einer ganz neuen Art von Macht und Herrschaft mit den traditionellen Mitteln und Symbolen. Ebenso war das Selbstverständnis der neuen Landherren und der ihnen sich weitgehend angleichenden alten nunmehr kalkulierte Ausbeutung von Grund und Arbeit einerseits, andererseits der idyllische Genuß von Landschaft und Muße im Gegensatz zur Abstraktheit der organisatorischen Funktionen von Großkaufleuten und städtischen Betriebsamkeiten und Gefahren. Auch dem entspricht ein vergleichbares Phänomen im Frankreich des sechzehnten Jahrhunderts, freilich wiederum in ganz spezifischer und entscheidender Verschiebung, wo das reiche Bürgertum sich weniger zu kleinen Hofhaltern selber stilisiert, sondern mehr als Amtsadel in die Hierarchie unter dem König einreiht. An dieser Entwicklung wird auch die Frage der Konstitution von Ichidentität und Selbst als kalkulatorischer Instanz weiter aufgezeigt und deutlicher erkannt werden können.

Zwischen beiden Epochen möchte ich noch einmal einhalten und die fortgeschrittenste Vorstellung der Ära des Kaufmannskapitals an einem Satz von Leonardo da Vinci in Erinnerung bringen: »Die Seele will in ihrem Körper bleiben, weil sie ohne ihre Organe weder sehen noch hören kann.« Leonardo ist als Maler und Kanalarchitekt in Frankreich am Hof von Blois gestorben. In der Zeit seiner Versuche und Erfindungen in Italien hat er gesagt, dem Menschen, der mit seinem Flugapparat fliegen könne wie ein Vogel, fehle noch die Seele des Vogels: »Dieser Seele des Vogels muß die Seele des Menschen zu gleichen versuchen.«

Anmerkungen

Einführung

1 Karl-Otto Apel.
2 Jürgen Habermas, *Zur Logik der Sozialwissenschaften. Materialien,* Frankfurt a. M. 1970, S. 301.
3 Gregorio Bermann, *Eine neue Medizin für die Massen, Sozialpsychiatrie in China,* Frankfurt a. M. 1973.
4 Theodor W. Adorno, *Philosophische Terminologie. Zur Einführung,* hrsg. von Rudolf zur Lippe, Bd. II, Frankfurt a. M. 1974, S. 25.
5 entfällt.
6 Jürgen Habermas, *Erkenntnis und Interesse,* Neuaufl., Frankfurt a. M. 1973, S. 61.
7 Karl Marx, *Grundrisse der Kritik der politischen Ökonomie,* Berlin 1953, S. 599.
8 Habermas, *Erkenntnis und Interesse,* a. a. O., S. 77.
9 l. c., S. 85.
10 Vgl. etwa Alfred Sohn-Rethel, *Geistige und körperliche Arbeit,* Frankfurt a. M. 1970; Hans Dieter Bahr, *Politische Technologie,* Frankfurt a. M. 1970.
11 Vgl. Georg Wilhelm Friedrich Hegel, *Jenenser Realphilosophie II,* Hamburg 1968.
12 Karl Marx, *Das Kapital,* Bd. I, *MEW 23,* Berlin 1969, S. 192
13 Gerard Radnitzky, *Contemporary Schools of Metascience,* 2. Aufl., New York, Göteborg 1970, Bd. II, S. 48.
14 Hans-Georg Gadamer, etwa in: *Martin Heidegger und das Sein,* in: *Kleine Schriften,* Bd. I, Tübingen 1967.
15 Etwa in dem affirmativen Bezug auf Schillers Naturbegriff, den Lukács in *Geschichte und Klassenbewußtsein* anderen bürgerlichen Naturbegriffen, insbesondere dem Kantischen, entgegenstellt. Vgl. Georg Lukács, *Geschichte und Klassenbewußtsein,* Amsterdam 1967, S. 122 ff., wo es um die Antinomien des bürgerlichen Denkens geht.
16 Rüdiger Bubner, in: *Neue Hefte für Philosophie,* H. 5, S. 50 ff.
17 l. c., S. 52.

Teil I

1 Leonardo Olschki, *Italien, Genius und Geschichte,* Darmstadt 1958, S. 209.
2 Jacob Burckhardt, *Die Kultur der Renaissance in Italien,* Stuttgart 1960, S. 75.
3 l. c., S. 62.
4 Antonio Cornazano, *Dell' arte del danzare,* Neudruck, hrsg. von Mazzi, fol. 1 r.
5 l. c., in der Widmung, fol. 2 r. und 2 v.
6 Antonio Cornazano, *De re militari,* novamente impresso, Venedig 1515, Buch I, Kapitel 1.
7 Baldassare di Castiglione, *Il libro del Cortegiano,* deutsch: Bremen o. J., S. 40.
8 l. c., S. 82.
9 l. c., S. 88 f.

10 l. c., S. 82.
11 l. c., S. 47 f.
12 Max Weber, *Wirtschaft und Gesellschaft*, Bd. II, Köln 1964, S. 827.
13 l. c., S. 828.
14 Castiglione, a. a. O., S. 42.
15 Burckhardt, a. a. O., S. 131.
16 l. c., S. 89.
17 l. c., S. 99.
18 Olschki, a. a. O., S. 214.
19 Vgl. zum Söldner als uneigentlicher Vorform des Lohnarbeiters und seinem Einsatz durch den »Staat, um Zuwachs an Macht und Reichtum zu gewinnen«, Marx, *Grundrisse der Kritik der politischen Ökonomie*, a. a. O., S. 428.
20 Cornazano, *De re militari*, a. a. O., Buch III, Kapitel 2.
21 l. c., Buch I, Kapitel 8.
22 l. c., Buch I, Kapitel 2.
23 l. c., Buch III, Kapitel 2.
24 l.c., Buch III, Kapitel 3.
25 Ebd.
26 Ebd.
27 l. c., Buch I, Kapitel 7.
28 l. c., Buch I, Kapitel 10.
29 l. c., Buch I, Kapitel 7.
30 l. c., Buch III, Kapitel 5.
31 l. c., Buch III, Kapitel 3.
32 Castiglione, a. a. O., S. 57.
33 Ebd.
34 l. c., S. 119.
35 l. c., S. 48.
36 l. c., S. 51.
37 Emile Durkheim, *Les formes élémentaires de la vie religieuse*, Paris 1968, S. 543 f.
38 Olschki, a. a. O., S. 226.
39 Castiglione, a. a. O., S. 119.
40 Ebd.
41 Durkheim, a. a. O., S. 544.
42 Ferdinando Reyna, *Histoire du ballet*, Paris 1964, S. 19.
43 *The Holkham Bible Picture Book*, Ms. der Badleian Library, Oxford, fol. 21 v. oben. Im Druck herausgegeben und mit einem Vorwort von M. A. Hassal, London 1954.
44 Reyna, a. a. O., S. 20.
45 Burckhardt, a. a. O., S. 80 f.
46 Curt Sachs, *World History of the Dance*, New York 1963, S. 299.
47 Vgl. Domenico, *trattato del arte del danzare*, (MS.) fol. 4, zit. nach Ingrid Brainard, *Die Choreographie der Hoftänze in Burgund, Frankreich und Italien im 15. Jahrhundert*, Diss. Göttingen 1956. S. 171; auch Sachs, a. a. O., S. 301.
48 Brainard, a. a. O., S. 114.
49 Sachs, a. a. O., S. 341.
50 l. c., S. 300.
51 l. c., S. 341.
52 Vgl. Jan Kott.
53 Max Horkheimer, *Egoismus und Freiheitsbewegung*, in: *Kritische Theorie*, Bd. II, Frankfurt a. M. 1968.
54 Castiglione, a. a. O., S. 120.
55 Norbert Elias, *Über den Prozeß der Zivilisation*, Bd. I, *Wandlungen des Verhaltens in den weltlichen Oberschichten des Abendlandes*, Bern und München 1969, S. 286.
56 Zitiert nach Burckhardt, a. a. O., S. 390 f.
57 Elias, a. a. O., S. 297.
58 Vgl. Niccolo Macchiavelli, *Il Principe* und die entsprechenden Ausführungen im Band II, Teil III.
59 Castiglione, a. a. O., S. 246.
60 l. c., S. 252.
61 l. c., S. 251.
62 l. c., S. 224.
63 l. c., S. 254.
64 l. c., S. 233.
65 l. c., S. 254 f.
66 Brainard, a. a. O., S. 154 f.
67 Castiglione, a. a. O., S. 344.
68 l. c., S. 343.
69 l. c., S. 48.
70 l. c., S. 142.
71 l. c., S. 90. (Hervorheb. R. L.)
72 l. c., S. 43.

73 l. c., S. 41.
74 Elias, a. a. O., S. 101.
75 Norbert Elias, *Über den Prozeß der Zivilisation*, Bd. II, *Soziogenetische und psychogenetische Untersuchungen*, Basel 1939, S. 355 f.
76 Castiglione, a. a. O., S. 150.
77 l. c., S. 152.
78 l. c., S. 133.
79 l. c., S. 147.
80 l. c., S. 156.
81 Elias, a. a. O., S. 337.
82 l. c., S. 339.
83 l. c., S. 350.
84 l. c., S. 127.
85 l. c., S. 338.
86 l. c., S. 207.
87 Burckhardt, a. a. O., S. 79.
88 Elias, a. a. O., S. 178.
89 Guglielmo Ebreo, *Trattato dell' arte del ballo di Guglielmo Ebreo Pesarese*, Testo inedito del secolo XV., Bologna 1873, S. 7.
90 Elias, a. a. O., S. 172.
91 l. c., S. 53.
92 l. c., S. 70.
93 Elias, a. a. O., S. 52.
94 l. c., S. 215.
95 Castiglione, a. a. O., S. 68.
96 Brainard, a. a. O., S. 342.
97 l. c., S. 310.
98 l. c., S. 190.
99 Domenico, fol. 4 v., zit. nach Brainard, a. a. O., S. 171.
100 Brainard, a. a. O., S. 187.
101 l. c., S. 274.
102 l. c., S. 79.
103 Reyna, a. a. O., S. 20, und Sachs, a. a. O., S. 341 f.
104 Burckhardt, a. a. O., S. 348.
105 Brainard, a. a. O., S. 154.
106 Cornazano, *De re militari*, a.a. O., Buch I, Kapitel 7.
107 Vgl. etwa die Einleitung zu: *Briefe des Mediceerkreises*, aus: *Marsilio Ficino's Epistolarium*, aus dem Lateinischen übersetzt und eingeleitet von Karl Markgraf von Montoriola, Berlin 1926.
108 Brainard, a. a. O., S. 263 f.
109 Castiglione, a. a. O., S. 5.
110 l. c., S. 67.
111 Ebd.
112 l. c., S. 80.
113 Olschki, a. a. O., S. 335.
114 Castiglione, a. a. O., S. 128.
115 l. c., S. 129.
116 l. c., S. 140.
117 l. c., S. 79.
118 Max Weber, *Wirtschaft und Gesellschaft*, a. a. O., S. 827.
119 Cornazano, *De re militari*, Ende von Buch III, Kapitel 4.
120 Burckhardt, a. a. O., S. 117.
121 Castiglione, a. a. O., S. 37.
122 Arnold Hauser, *Sozialgeschichte der Kunst und Literatur*, München 1969, S. 301.
123 l. c., S. 303.
124 Castiglione, a. a. O., S. 37 f.
125 Hauser, a. a. O., S. 294.
126 Castiglione, a. a. O., S. 136.
127 l. c., S. 47.
128 Ebd.
129 l. c., S. 48.
130 Vgl. Karl Marx, *Grundrisse*, a. a. O., S. 388; die Stelle wird bei Alfred Schmidt, *Der Begriff der Natur in der Lehre von Karl Marx*, Frankfurt a. M. 1971, S. 67, in den Zusammenhang mit der Frage nach dem Primat des Objekts gezogen.
131 Ebd.; das Zitat: Karl Marx, *Nationalökonomie und Philosophie, Sammlung der Pariser Manuskripte*, Hrsg. v. E. Thier, Köln und Berlin 1950, S. 150.

Teil II

1 Jacob Burckhardt, *Die Kultur der Renaissance in Italien,* a. a. O., S. 101.
2 Guglielmo Ebreo, a. a. O.
3 Baldassare di Castiglione, *Il libro del Cortegiano*, a. a. O., S. 99.
4 Ingrid Brainard, *Die Choreographie der Hoftänze in Burgund, Frankreich und Italien im 15. Jahrhundert*, a. a. O., S. 305.
5 l. c., S. 219.
6 Curt Sachs, *World History of the Dance*, a. a. O., S. 299.
7 Domenico, a. a. O.
8 Brainard, a. a. O. Auf diese Aufarbeitung der ersten europäischen Tanztraktate stützen sich die folgenden Überlegungen mehr als auf irgendeine der übrigen Arbeiten zur Tanztechnik dieser Periode. Der Verf. verdankt ihr die für diesen Abschnitt hilfreichsten Vorarbeiten am historischen Material.
9 l. c., S. 289.
10 l. c., S. 286 ff.
11 l. c., S. 291.
12 »Die bestimmte Gestalt geht somit noch zu keiner Beziehung auf Anderes aus sich heraus, sondern bleibt in der inneren Beschlossenheit der Einheit mit sich. Dies gibt die Situationslosigkeit ...« Hegel, *Ästhetik*, hrsg. v. Friedrich Bassenge, Bd. I, Frankfurt a. M. o. J., S. 199.
13 Arnold Hauser, *Sozialgeschichte der Kunst und Literatur*, a. a. O., S. 288.
14 Guglielmo Ebreo, a. a. O., zit. nach Brainard, a. a. O., S. 151.
15 Domenico, a. a. O., fol. 2.
16 Hegel, *Phänomenologie*, a. a. O., S. 41.
17 l. c., S. 45.
18 Vgl. dazu George Herbert Meads behavioristische Erkenntnisanthropologie.
19 Karl Marx/Friedrich Engels, *Die deutsche Ideologie, MEW* Bd. 3, Berlin 1969, S. 31.
20 Immanuel Kant, *Kritik der Urteilskraft*, Hamburg 1968, § 25 (S. 84).
21 l. c., § 23 (S. 75).
22 l. c., § 25 (S. 83).
23 Brainard, a. a. O., S. 292.
24 Ebd.
25 l. c., S. 90.
26 Mabel Dolmetsch, *Dances of Spain and Italy from 1400 to 1600*, S. 4 f.
27 Domenico, a. a. O., fol. 2 verso.
28 Zit. nach Dolmetsch, a. a. O., S. 5.
29 Dolmetsch, a. a. O., S. 4.
30 Antonio Cornazano, fol. 7, fol. 30–30 v., fol. 18 ff., fol. 27 ff. Die Hinweise sind den vergleichenden Untersuchungen von Ingrid Brainard zu danken, a. a. O., S. 285 f.
31 Cornazano, a. a. O., fol. 7.
32 So z. B. Serge Lifar in seinem *Traité de Danse academique.*
33 Brainard, a. a. O., S. 230.
34 Sandro Botticelli, *Allegorie auf den Frühling*, Florenz, Uffizien.
35 Hauser, a. a. O., S. 292.
36 Andrea Mantegna, Fresko im Palazzo Ducale in Mantua, Camera degli Sposi, datiert auf nach 1474.
37 Übersetzt nach Guglielmo Ebreo, a. a. O., S. 12 f.
38 l. c., S. 13.
39 Dazu Brainard, a. a. O., S. 161.
40 Domenico, fol. 3, zit. nach Brainard, a. a. O., S. 164.
41 Guglielmo Ebreo, a. a. O., S. 26.
42 Domenico, fol. 4 verso, zit. nach Brainard, a. a. O., S. 178.

43 Übersetzt nach dem Zitat bei Dolmetsch, a. a. O., S. 14.
44 Cornazano, fol. 10 verso und 11, zit. nach Brainard, a. a. O., S. 167.
45 Brainard, a. a. O., S. 174.
46 l. c., S. 271.
47 Domenico, fol. 6, zit. nach Brainard, a. a. O., S. 174.
48 Domenico, fol. 7, zit. nach Brainard, a. a. O., S. 175.
49 Domenico, fol. 6, zit. nach Brainard, a. a. O., S. 170.
50 Cornazano, fol. 7, zit. nach Brainard, a. a. O., S. 253.
51 Guglielmo Ebreo, a. a. O., S. 23. Auf diesen Teil seiner Theorie weist besonders Mabel Dolmetsch hin, a. a. O., S. 11 ff.
52 Diese Teile des Ambrosio-Traktates, fol. 25 und 25 verso, werden bei Brainard, a. a. O., S. 135, zitiert.
53 Sachs, a. a. O., S. 298 f. Die Zitate sind vom Verfasser ins Deutsche zurückübersetzt.
54 l. c., S. 329.
55 Guglielmo Ebreo, a. a. O., S. 23 f. Vom Verf. übersetzt.
56 Brainard, a. a. O., S. 154.
57 Zit. nach Brainard, a. a. O., S. 149.
58 Guglielmo Ebreo, a. a. O., S. 14 f.
59 Du Tilliot, *Memoire pour servir à l'histoire de la fête des fous*, Lausanne/Genève 1751, S. 12, zit. nach Henry Prunières, *Le Ballet de Cour en France avant Benserade et Lully*, Paris 1944, S. 2.
60 Vgl. Cornazano, fol. 9, bei Brainard, a. a. O., S. 150.
61 Guglielmo Ebreo, a. a. O., S. 15.
62 Hans Blumenberg, *Die Legitimität der Neuzeit*, Frankfurt a. M. 1966, S. 332.
63 Cornanzo, fol. 9, zit. nach Brainard, a. a. O., S. 146.
64 Blumenberg, a. a. O., S. 347.
65 l. c., S. 344.
66 Theodor W. Adorno, *Funktionalismus heute*. in: *Ohne Leitbild. Parva aesthetica*, Frankfurt a. M. 1967, S. 106.
67 Ebd.
68 Blumenberg, a. a. O., S. 345.
69 Guglielmo Ebreo, a. a. O., S. 3.
70 Ebd., »quasi si come ella fusse di nostri spiriti naturalissimo vibo«.
71 Zit. nach Dolmetsch, a. a. O., S. 11.
72 Guglielmo Ebreo, a. a. O., S. 28 f.
73 l. c., S. 33.
74 l. c., S. 3.
75 l. c., S. 4.
76 l. c., S. 31.
77 l. c., S. 32.
78 l. c., S. 6.
79 Blumenberg, a. a. O., zu Augustinus, insbes. dort S. 303, 324 ff.
80 l. c., S. 268.
81 l. c., S. 264.
82 l. c., S. 270.
83 l. c., S. 303 f.
84 l. c., S. 270.
85 l. c., S. 304.
86 l. c., S. 298.
87 Theodor W. Adorno, *Fortschritt*, in: *Stichworte, Kritische Modelle 2*, Frankfurt a. M. 1969, S. 43.
88 *Summa theol.* II 2 q 166 a. 2 ad 3, zit. nach Blumenberg, a. a. O., S. 325.
89 Blumenberg, a. a. O., S. 325.
90 Zit. nach Blumenberg, a. a. O., S. 327.
91 Blumenberg, a. a. O., S. 337.
92 Petrarca, *Epistolae de rebus familiaribus* IV 1, zit. nach Blumenberg, a. a. O., S. 336 f.
93 Blumenberg, a. a. O., S. 340, Anm.
94 Petrarca, a. a. O., V 7, zit. nach Blumenberg, a. a. O., S. 340, Anm.
95 Nikolaus Cusanus, *De mente* 9, zit. nach Blumenberg, a. a. O., S 358.

96 Ernst Cassirer, *Individuum und Kosmos in der Philosophie der Renaissance,* Leipzig, Berlin 1927, S. 137.
97 Theodor W. Adorno, *Der Artist als Statthalter,* in: *Noten zur Literatur I,* Frankfurt a. M. 1965, S. 179.
98 Blumenberg, a. a. O., S. 274.
99 Vgl. etwa Herbert Marcuses Aufsatz *Zur Kritik des Hedonismus* in der *Zeitschrift für Sozialforschung,* Bd. 7, 1938.
100 G. W. F. Hegel, *Jenenser Realphilosophie II,* Ausg. Johannes Hoffmeister, Hamburg 1969, S. 198.
101 Guglielmo Ebreo, a. a. O., S. 19.
102 l. c., S. 18 f.
103 Brainard, a. a. O., S. 241.
104 Guglielmo Ebreo, a. a. O., S. 29.
105 Domenico, a. a. O., d. ganze Passage zit. nach Dolmetsch, a. a. O., S. 3.
106 Zit. nach Georg Lukács, *Geschichte und Klassenbewußtsein,* a. a. O., S. 151.
107 Dolmetsch, a. a. O., S. 10 f.
108 Guglielmo Ebreo, a. a. O., S. 18.
109 l. c., S. 17.
110 Dolmetsch, a. a. O., S. 15.
111 Horkheimer/Adorno, *Dialektik der Aufklärung,* Amsterdam 1947, S. 212.
112 Guglielmo Ebro, a. a. O., S. 18.
113 Brainard, a. a. O., S. 153.
114 Domenico, a. a. O., fol. 2, zit. nach Brainard, a. a. O., S. 153.
115 Im British Museum, Departement of Prints and Drawings.
116 Die Stelle scheint nur in dem Pariser Manuskript zu stehen. Sie ist hier zitiert nach Dolmetsch, a. a. O., S. 9.
117 Guglielmo Ebreo, a. a. O., S. 9.
118 l. c., S. 17.
119 l. c., S. 20. »Uno alzamento tardo di tutta la persona et l'abassamento presto« heißt es bei Cornazano, a. a. O., fol. 10, zit. nach Brainard, a. a. O., S. 47.
121 Manuskript des *Roman de la rose* in der Biblioteca Medicea Laurenziana, Florenz, fol. 13 verso.
122 Giovanni di Paolo, *Il Paradiso,* Tafelbild, Nationalgalerie in Siena. Dort auch sein *Inferno.*
123 Guglielmo Ebreo, a. a. O., S. 13

Teil III

1 Delio Cantimori, *Sulla storia del concetto di Rinascimento, Annali della R. Scuola normale di Pisa. Serie II,* 1 (1932) (deutsch in: *Zur Geschichte des Begriffs Renaissance,* hrsg. von August Buck, Darmstadt 1969, S. 55).
2 l. c., S. 88.
3 l. c., S. 80.
4 Vgl. Weber, *Wirtschaft und Gesellschaft,* a. a. O., Kap. IX, 7. Abschn., § 4.
5 Josef Kulischer, *Allgemeine Wirtschaftsgeschichte des Mittelalters und der Neuzeit,* München, Wien 1965, Bd. I, S. 137.
6 Olschki, *Italien, Genius und Geschichte,* a. a. O., S. 215.
7 Karl Marx, *Das Kapital,* Bd. III, *MEW* Bd. 25, Berlin 1968, S. 615.
8 Hermann Kellenbenz, *Der italienische Großkaufmann und die Renaissance,* in: *Vierteljahresschrift für Wirtschafts- und Sozialgeschichte,* Bd. 45 (1958), S. 160.
9 Paul Wescher, *Großkaufleute der*

Renaissance, Frankfurt a. M., o. J., S. 24.

10 So auch Wescher, a. a. O., S. 70.

11 Vgl. Kulischer, Bd. I, a. a. O., Kap. 26.

12 l. c., S. 218.

13 l. c., S. 219.

14 Wescher, a. a. O., S. 66.

15 Alfred Doren, *Studien aus der florentinischen Wirtschaftsgeschichte,* Stuttgart, Berlin 1901 ff., Bd. I: *Die florentiner Wollentuchindustrie vom 14. bis zum 16. Jahrhundert.*

16 Kellenbenz, a. a. O., S. 145.

17 Raymond de Roover, *The Rise and Decline of the Medici Bank 1397–1494,* in: *Harvard Studies in History Business XXI,* Cambridge/Mass. 1963, S. 171.

18 Marx, *Das Kapital,* Bd. III, a. a. O., S. 348.

19 Wescher, a. a. O., S. 41.

20 Kulischer, Bd. I, a. a. O., S. 218.

21 Roover, a. a. O., S. 176.

22 l. c., S. 172.

23 Kellenbenz, a. a. O., S. 148 u. S. 163.

24 Kulischer, Bd. I, a. a. O., S. 270 f.

25 Wescher, a. a. O., S. 30.

26 Olschki, a. a. O., S. 224.

27 Marx, *Das Kapital,* Bd. III, a. a. O., S. 611.

28 Wescher, a. a. O., S. 46.

29 Zit. von W. Roscoe, *The Life of Lorenzo de' Medici,* Basel 1799, bei Emmy Cremer, *Lorenzo de' Medici,* Frankfurt a. M., 1970.

30 R. S. Lopez und H. A. Miskimin sowie Carlo M. Cipolla zu: *The Economic Decline of the Renaissance,* in: *Economic History Review,* Scd. Ser., Bd. 14 (1961-62).

31 Kulischer, Bd. I, a. a. O., S. 219 f.

32 Olschki, a. a. O., S. 229.

33 Wescher, a. a. O., S. 56.

34 Marx, *Das Kapital,* Bd. III, a. a. O., S. 615.

35 l. c., S. 281.

36 l. c., S. 285.

37 Vgl. hierzu und zum folgenden l. c., S. 318 f.

38 Marx, *Grundrisse,* a. a. O., S. 739.

39 Marx, *Das Kapital,* Bd. I, a. a. O., S. 778, Hervorheb. R. L.

40 Max Weber, *Wirtschaft und Gesellschaft,* Bd. II, a. a. O., S. 1000.

41 Denis Hay, *Geschichte Italiens in der Renaissance,* Stuttgart 1962, S. 93 u. S. 97.

42 l. c., S. 103.

43 Wescher, a. a. O., S. 18.

44 Kellenbenz, a. a. O., S. 153.

45 Marx, *Das Kapital,* Bd. I, a. a. O., S. 343.

46 Marx, *Das Kapital,* Bd. III, a. a. O., S. 291.

47 l. c., S. 620.

48 Roover, a. a. O., S. 167.

49 Marx, *Das Kapital,* Bd. I, a. a. O., S. 99 ff.

50 Kulischer, Bd. I, a. a. O., S. 293.

51 Kellenbenz, a. a. O., S. 150 f.

52 Zit. nach Cantimori, a. a. O., S. 88.

53 Olschki, a. a. O., S. 225.

54 Wescher, a. a. O., S. 30.

55 Marx, *Das Kapital,* Bd. III, a. a. O., S. 348 f.

56 Marx/Engels, *Die deutsche Ideologie,* a. a. O.

57 Marx, *Das Kapital,* Bd. III, a. a. O., S. 317.

58 l. c., S. 610.

59 Marx, *Grundrisse,* a. a. O., S. 741 f.

60 Marx, *Das Kapital,* Bd. III, a. a. O., S. 349 u. S. 324.

61 Karl August Wittfogel, *Die natürlichen Ursachen der Wirtschaftsgeschichte,* in: *Archiv für Sozialwissenschaft und Sozialpolitik,* Bd. 67, Tübingen 1932, S. 437.

62 Marx, *Grundrisse,* a. a. O., S. 25 f.

63 l. c., S. 26.

64 Wittfogel, *Die natürlichen Ursachen der Wirtschaftsgeschichte,* a. a. O., S. 486.
65 Vgl. Marx, *Das Kapital,* Bd. III, a. a. O., S. 338.
66 Henryk Grossmann, *Mechanistische Philosophie und Manufaktur,* in: *Zeitschrift für Sozialforschung,* Bd. 4, 1935, S. 172. Das Marxzitat bei Grossmann habe ich im *Kapital,* Bd. I, a. a. O., S. 743, identifiziert.
67 Marx, *Das Kapital,* Bd. III, a. a. O., S. 338.
68 l. c., S. 342.
69 Ebd.
70 Marx, *Grundrisse,* a. a. O., S. 739.
71 l. c., S. 740.
72 Ebd.
73 Vgl. Cantimori, a. a. O., S. 88 u. S. 87.
74 Grossmann, a. a. O., S. 186.
75 Carlo M. Cipolla, *Money, Prices, and Civilization in the Mediterrenian World, Fifth to Seventeenth Century,* Princeton 1956, S. 38.
76 Roover, a. a. O., S. 179.
77 Burckhardt, *Die Kultur der Renaissance in Italien,* a. a. O., S. 71 f.
78 Sohn-Rethel, *Geistige und körperliche Arbeit,* a. a. O., S. 188.
79 Ebd.
80 Ebd.
81 Wittfogel, a. a. O.,
82 Hauser, *Sozialgeschichte der Kunst und Literatur,* a. a. O., S. 297 ff.
83 Castiglione, *Il libro del Cortegiano,* a. a. O., S. 199.
84 Marx, *Das Kapital,* Bd. I, a. a. O., S. 789.
85 Olschki, a. a. O., S. 229.
86 Marx, *Das Kapital,* Bd. III, a. a. O., S. 306.
87 Wescher, a. a. O., S. 70.
88 Hay, a. a. O., S. 103.
89 Ebd.
90 Marx, *Das Kapital,* Bd. I, a. a. O., S. 345.
91 Grossmann, a. a. O.
92 l. c., S. 170.
93 Olschki, a. a. O., S. 372.
94 Handzeichnung in der königlichen Bibliothek in Windsor.
95 Burckhardt, a. a. O., S. 447.
96 Roover, a. a. O., S. 179.
97 l. c., S. 170 u. S. 177.
98 Burckhardt, a. a. O., S. 171.
99 Robert S. Lopez, *Economic Depression in the Renaissance?,* in: *Economic History Review,* Scd. Ser., Bd. 16 (1963-64), S. 525 f.
100 Olschki, a. a. O., S. 374.
101 Marx, *Das Kapital,* Bd. III, S. 349 f.
102 Ebd.
103 Olschki, a. a. O., S. 375.
104 Burckhardt, a. a. O., S. 170.
105 Vgl. auch de Roover, a. a. O., S. 177, obwohl der Autor grundsätzlich neutralisierende und verharmlosende Erklärungen sucht.
106 Olschki, a. a. O., S. 230.

Teil IV

1 So zitiert nach Emmy Cremer, *Lorenzo de' Medici,* a. a. O., S. 39.
2 l. c., S. 45.
3 Insbesondere Wilhelm Fraenger, *Hieronymus Bosch – das tausendjährige Reich, Grundzüge einer Auslegung.* Neudruck Amsterdam 1969, und weitere Veröffentlichungen.

4 Hieronymus Bosch, *Garten der irdischen Lüste,* Prado, Madrid.
5 Fraenger, a. a. O., S. 187.
6 André Breton, *Le surréalisme et la peinture,* deutsch: Berlin 1967.
7 Ernst Cassirer, *Individuum und Kosmos,* a. a. O., S. 138.
8 Paul Oskar Kristeller, *Die Philosophie des Marsilio Ficino,* Frankfurt a. M. 1972, S. 15.
9 l. c., S. 10.
10 l. c., S. 13. Das Ficinozitat in: *Opera,* 1836 (vgl. ebd.).
11 l. c., S. 189.
12 Marsilius Ficino, *Über die Liebe oder Platons Gastmahl,* übersetzt v. Karl Paul Hasse, Leipzig 1915, S. 85.
13 *Briefe des Mediceerkreises aus Marsilio Ficino's Epistolarium,* aus dem Lateinischen übersetzt und eingeleitet von Karl Markgraf von Montoriola, Berlin 1926.
14 Ernst Cassirer, *Die Platonische Renaissance in England und die Schule von Cambridge,* Leipzig 1932.
15 Leonardo Olschki, *Italien, Genius und Geschichte,* a. a. O., S. 331.
16 Johan Huizinga, *Herbst des Mittelalters, Studien über Lebens- und Geistesformen des vierzehnten und fünfzehnten Jahrhunderts in Frankreich und in den Niederlanden.* Stuttgart 1961, S. 36.
17 Ebd.
18 l. c., S. 21.
19 Norbert Elias, *Über den Prozeß der Zivilisation,* a. a. O., Bd. II, erster und zweiter Teil.
20 *Briefe des Mediceerkreises,* a. a. O.
21 Plato, *Timaios,* o. O. 1969. Stephanusziffer 57e ff.
22 l. c., Stephanusziffer 42b ff.
23 Franz Borkenau, *Der Übergang vom feudalen zum bürgerlichen Weltbild,* Paris 1934, S. 65.
24 Plato, a.a. O., 30a f.
25 l. c., 40a.
26 l. c., 58a.
27 Cassirer, *Individuum und Kosmos,* a. a. O., S. 139.
28 Marsilius Ficino, *Platonica Theologia,* zuerst erschienen 1482.
29 Borkenau, a. a. O., S. 66.
30 Marsilius Ficino, *Über die Liebe,* a. a. O., S. 100.
31 Olschki, a. a. O., S. 330.
32 Cassirer, *Individuum und Kosmos,* a.a. O., S. 1 ff.
33 l. c., S. 2.
34 Ebd.
35 l. c., S. 3.
36 l. c., S. 4.
37 Ficino, *Über die Liebe,* a. a. O., S. 68.
38 Cassirer, *Individuum und Kosmos,* a. a. O., S. 139.
39 Olschki, a. a. O., S. 330.
40 Cassirer, *Individuum und Kosmos,* a. a. O., S. 86.
41 l. c., S. 146.
42 l. c., S. 144.
43 l. c., S. 148.
44 Agrippa von Nettesheim, *Die Eitelkeit und Unsicherheit der Wissenschaften und die Verteidigungsschrift,* hrsg. v. Fritz Mauthner, Bd. I, München 1913, (Bd. V der Bibliothek der Philosophen), S. 88.
45 Ficino, *Über die Liebe,* a. a. O., S. 74 f.
46 l. c., S. 76.
47 Fraenger, a. a. O., S. 84.
48 Ficino, *Über die Liebe,* a. a. O., S. 82 ff.
49 Cassirer, *Individuum und Kosmos,* a. a. O., S. 138.
50 Vgl. insbesondere Alfred Sohn-Rethel, *Geistige und körperliche Arbeit,* a. a. O., S. 40 f.
51 Guglielmo Ebreo, *Trattato dell'arte del ballo di Guglielmo Ebreo Pesarese,* Testo inedito del secolo XV., Bologna 1873, S. 7.

52 Olschki, a. a. O., S. 331.
53 Karl Marx, *Ökonomisch-Philosophische Manuskripte,* Reinbek 1966, S. 48.
54 Cassirer, *Individuum und Kosmos,* a. a. O., S. 137 f.
55 Leonardo da Vinci, *Philosophische Tagebücher,* italienisch und deutsch, Hamburg 1958, S. 84 f., C. A. 184 v. a.
56 l. c., Triv. 20 v., a. a. O., S. 26 f.
57 Olschki, a. a. O., S. 331.
58 Theodor W. Adorno, *Negative Dialektik,* Frankfurt a. M. 1966, S. 134.
59 Ingrid Brainard, *Die Choreographie der Hoftänze in Burgund, Frankreich und Italien im 15. Jahrhundert,* a. a. O., S. 159.
60 Hegel, *Phänomenologie,* a. a. O., S. 53.
61 Ficino, *Über die Liebe,* a. a. O., S. 168.
62 Olschki, a. a. O., S. 375.
63 Vgl. Hans-Jürgen Krahl, *Ontologie und Eros,* in: *Konstitution und Klassenkampf,* Frankfurt a. M. 1971, S. 115.
64 Olschki, a. a. O., S. 452.
65 Immanuel Kant, *Kritik der reinen Vernunft,* B 276, Hamburg 1967, S. 274.
66 Olschki, a. a. O., S. 331.
67 Jacob Burckhardt, *Die Kultur der Renaissance in Italien,* a. a. O., S. 67.
68 Denis Hay, *Geschichte Italiens in der Renaissance,* a. a. O., S. 111.
69 Burckhardt, a. a. O., S. 168 f.
70 l. c., S. 171.
71 Elias, a. a. O., S. 102.
72 Baldassare di Castiglione, *Il libro di Cortegiano,* a. a. O., S. 148.
73 l. c., S. 248.
74 l. c., S. 94.
75 l. c., S. 178.
76 Borkenau, a. a. O., S. 69, unter Berufung auf Ficino, *Theologia Platonica,* Buch IX, Kap. 4.
77 Plato, a. a. O., 53c bis 55c, S. 175 ff.
78 So auch bei Burckhardt, a. a. O., S. 319.
79 Plato, a. a. O., 31c, S. 156.
80 Arnold Hauser, *Sozialgeschichte der Kunst und Literatur,* a. a. O., S. 341.
81 l. c., S. 342.
82 Ebd.
83 l. c., S. 343.
84 Hans Blumenberg, Einleitung in: *Galileo Galilei, Siderius Nuncius,* Frankfurt a. M. 1965, Das Fernrohr und die Ohnmacht der Wahrheit, S. 61.
85 Castiglione, a. a. O., S. 39.
86 l. c., S. 335.
87 l. c., S. 137.
88 l. c., S. 115.
89 l. c., S. 86 f.
90 l. c., S. 172.
91 Vgl. Marx/Engels, *Die deutsche Ideologie,* a. a. O., S. 417.
92 Vgl. Rudolf Wittkower, *Architectural Principles in the Age of Humanism,* London 1967, bes. S. 9.
93 Vgl. Blumenberg, a. a. O., S. 28 und S. 55.
94 Ficino, *Über die Liebe,* a. a. O., S. 110.
95 Wittkower, a. a. O., S. 14. W. zitiert insbes. Vitruvius Libr. III, Kap. 1, i.
96 Castiglione, a. a. O., S. 45.
97 l. c., S. 145.
98 l. c., S. 258.
99 Ficino, *Über die Liebe,* a. a. O., S. 87 ff.
100 l. c., S. 167.

Zusammenschau und Übergang

1 Olschki, *Italien, Genius und Geschichte*, a. a. O., S. 210.
2 Hay, *Geschichte Italiens in der Renaissance*, a. a. O., S. 93.
3 Olschki, a. a. O., S. 200.
4 Hay, a. a. O., S. 106.